W0040132

Vera F. Birkenbihl

Das innere Archiv

Vera F. Birkenbihl

Das innere Archiv

GABAL

Die Deutsche Bibliothek – CIP-Einheitsaufnahme
Ein Titelsatz für diesen Titel ist bei der Deutschen Bibliothek erhältlich.

ISBN 3-89749-241-5

Umschlaggestaltung: Neppe Mediengestaltung, Hainburg
Umschlagmotiv: Vera F. Birkenbihl, Odelzhausen
Satz: JUNFERMANN Druck & Service, Paderborn
Druck: Salzland Druck, Staßfurt

© 2002 GABAL Verlag GmbH, Offenbach

Alle Rechte vorbehalten. Vervielfältigung, auch auszugsweise, nur mit schriftlicher Genehmigung des Verlages.

www.gabal-verlag.de – More success for you !

Inhalt

* Überblick: Alle ABC-Listen werden im Stichwortverzeichnis aufgeführt

Hier geht's los ...

Dies ist wieder ein **Buch-Seminar.** So führe ich die Tradition weiter, die mit meinem *„Der Birkenbihl Power-Tag"* begonnen wurde. Sie entscheiden:

Wollen Sie den Seminar-Charakter dieses Buches für sich nutzen?
Nehmen Sie bitte zur Kenntnis: **Es gibt nur ein einziges erstes Mal.**

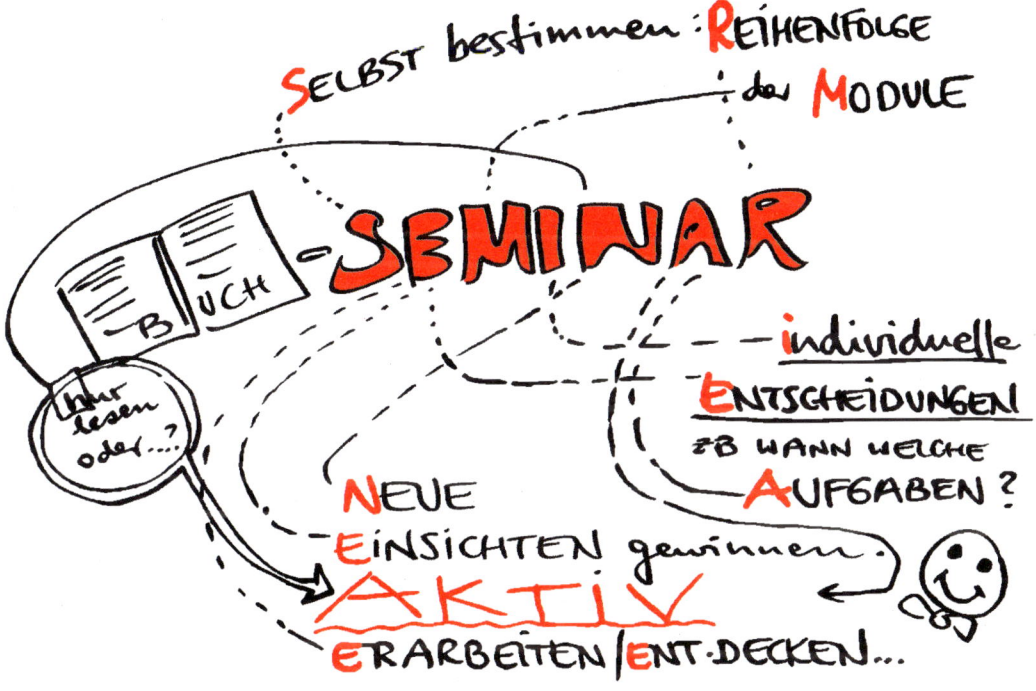

Die Experimente und Aufgaben im ersten Teil des Buches (Kapitel 1 und 2) haben weniger Trainings-Charakter, sondern sie dienen Ihrer **Inventur** (es gibt nur ein einziges erstes Mal!); die Aufgaben und der Rest des Buches helfen Ihnen, sich selbst zu beweisen, worum es geht! Sie sollen also nicht meinen „hehren Worten" glauben, sondern Ihren eigenen Erfahrungen!

Arbeiten Sie die Kapitel 1 und 2 bitte chronologisch (linear der Reihe nach) durch, sie stellen das Basis-Seminar dar. Danach können Sie sich in den Modulen nach Lust und Laune herauspicken, was Sie gerade interessiert?

Aber: Wer das analografische Denken noch nicht kennt, möchte zuerst Merkblatt Nr. 1 erarbeiten, es bietet das **Fundament** (den Keller!), auf welchem das Erdgeschoß (Kapitel 1 und 2) ruht.

Quizfrage

Beginnen wir mit einer kleinen Quizfrage: Worin unterscheiden wir Menschen uns von einer Pflanze? Bitte notieren Sie Ihre erste spontane Reaktion (Stichworte genügen)!

Über das Geistesleben von Pflanzen ist noch zu wenig bekannt, wiewohl wir inzwischen wissen, daß sie (allerdings auf der Geruchs-Ebene) „Warnrufe" ausstoßen. Diese veranlassen die Artgenossen in der Gegend, sofort Stoffe zu produzieren, die einem Schädling schaden; deshalb grasen z.B. Elefanten oder Giraffen immer nur kurz, denn in wenigen Minuten werden die Blätter der Bäume/Sträucher bitter, was die Tiere dazu bewegt, weiter zu ziehen; so schützt die Natur nicht nur einzelne Pflanzen, sondern ganze Nachbarschaften vor Überweidung.

Nun stellt sich eine strategische Doppel-Frage: *Haben Sie etwas notiert? Haben Sie überhaupt Schreibzeug griffbereit?* Ich wiederhole: Es gibt nur ein einziges erstes Mal. Nachfolgende Gedanken in diesem Buch werden oft auf Ihrer Handlung aufbauen, so daß Sie das wesentliche „Aha!" versäumen, wenn Sie nur lesen. Es ist natürlich Ihre Wahl ... Also, zur Antwort: Pflanzen wachsen Zeit Ihres Lebens (so können Bäume tausende von Jahren alt werden), aber sie wachsen (zumindest) physisch weiter und weiter und weiter.

Zu viele Menschen hingegen hören einfach auf, sich weiterzuentwickeln. Wir sollten uns jedoch fragen, ob wir **geistig weiter wachsen**:

So wie das physische Wachstum bei Planzen auf deren Gesundheit schließen läßt, so erlaubt geistiges Wachstum Rückschlüsse auf die Gesundheit des Menschen.

Alzheimer-Studien zeigen z.B. klar, **wie entscheidend geistiges Wachstum als Vorbeugung** nützt, weil geistiges Wachstum diese entsetzliche Hilflosigkeit (in der man nicht nur Dinge und Tätigkeiten, sondern sogar sich selbst „vergißt") mindestens **hinausschieben**, teilweise sogar **verhindern** kann. Damit muß man allerdings beginnen, solange man noch dazu fähig ist (am besten gleich heute)!

Oder Sie bezeichnen es, wie die Misfits sagen würden, als „Anti-Altersheimer".

Somit können Sie die Übungs-Anweisungen dieses Buch-Seminars (für den Bau und Ausbau **Ihres inneren Archiv**s) auch als **Anti-Alzheimer-Maßnahme** sehen. Wichtig ist, daß Sie mittels der in diesem Buch vorgestellten Techniken nicht nur „besser merken" und denken, sondern Ihre **Intelligenz und Kreativität maßgeblich erhöhen können!**

In einigen Modulen gehen wir auf die Tatsache ein, daß unser Schul-System (d.h., das Schul-System fast aller Industrie-Nationen) das eigentlich intelligente und kreative („geniale") Denken noch verhindert. Um Ihnen das Herumblättern zu ersparen, erlauben Sie mir, mich auszugsweise zu zitieren:

1 **Viele heutige Menschen erbringen Denk-Leistungen, die früher nur ganz wenigen Menschen vorbehalten waren (Lesen, Schreiben und eine minimale Rechenfähigkeit, z.B. um einzukaufen).**

Vor einigen hundert Jahren hätte eine Studie zutage gefördert, daß es **nur eine ganz dünne Elite** von Menschen gab, die zu diesen großartigen geistigen Leistungen fähig waren.

2 **Dieses geniale Denken fordert einen Denk-Stil, der heute genau so wenig an die Massen weitergegeben wird, wie einst das Lesen, Schreiben und Rechnen.**

3 **Da in der Zukunft die Geisteskraft ihrer Bürger die einzige Ressource der Staaten im Wettbewerb untereinander sein wird (sowie der Wettbewerbsvorteil der Einzelnen innerhalb ihrer Gesellschaften), sollten wir dringend umdenken.**

Als Kaiserin Maria Theresia einen Feldzug für den Schulzwang eröffnete, waren viele noch überzeugt, daß es gefährlich wäre, wenn Hinz und Kunz lesen, schreiben und (bis zu einem gewissen Grad) rechnen könne.

4 **Heute hingegen sind sich genügend Entscheidungsträger in Politik und Wirtschaft bereits einig, daß die Zukunft den Denk-Fähigen gehört.** Nur: während das Lesen, Schreiben und Rechnen an den Universitäten und in den Klöstern bereits bekannt war und man daher (in allen aufkeimenden Industrie-Nationen) **fast über Nacht** beginnen konnte, den Massen diese Kenntnisse zu vermitteltn, sieht es bezüglich eines genialen Denkens noch armselig aus.

5 **Hier stehen wir an einem Punkt, an dem die Menschheit vor ca. 5000 Jahren stand.**

Nachdem Schrift erfunden war, machte sie ihren weltweiten Siegeszug sehr schnell. Analog können wir sagen, daß wir bezüglich der Fähigkeit „genial" zu denken, an einem ähnlichen Punkt stehen! Zwar haben wir den Buchdruck schon, aber wir haben noch immer zu wenige Denk-Techniken, um geniales Denken zu transportieren. Wir stehen in der Erforschung dessen, was uns genial denken „machen kann", erst ganz am Anfang. Ich bin seit 1963 an diesem „Ball". Zuerst für mich selbst: Als klassische Schulversagerin mußte ich einen neuen Weg finden, sonst wäre ich umgekommen. Später (Ende 1969 in den USA) begann ich, meine eigenen Ergebnisse auch anderen zu vermitteln, und so habe ich mich im Laufe dieser vier Jahrzehnte Schritt für Schritt immer näher her-

„genial"

Genial

⇑
2000++

Lesen
Schreiben
+
minimal
rechnen

„genial"

⇑
1000++

(fast niemand)
genial =
0 ++

Das Ergebnis ist, neben der vollständigen Überarbeitung des Klassikers *„Stroh im Kopf?"* (in der 36. Auflage), der Analograffiti-Zyklus (derzeit 3 Titel), der mit *„Das innere Archiv"* endlich (nach drei Jahren) fertig wird! Nachdem ich viele Jahre lang nichts hierüber publiziert hatte, war dieser Analograffiti-Zyklus überfällig.

angerobbt. Nach vielen Umwegen und Sackgassen glaube ich seit ca. 1997 erstmals **ziemlich klare, einfache Instruktionen für „geniales Denken"** entwickelt zu haben.

Das heißt, wer die Aufgaben in diesem Buch aufgreift, wird mehrere Ziele auf einen „Streich" erreichen können: als großes Ziel könnte man sich dem genialen Denken nähern wollen (und sei es auch nur, um unseren Kindern einen besseren Start in Ihre Zukunft zu ermöglichen). Aber selbst, wenn Sie das ganze als **Anti-Alzheimer-Training** verstehen wollen — welch tolles **Sahnehäubchen** auf dem Kuchen Ihrer wachsenden geistigen Kapazität —, allein das würde sich lohnen. Aber Sie könnten es sogar umgekehrt sehen:

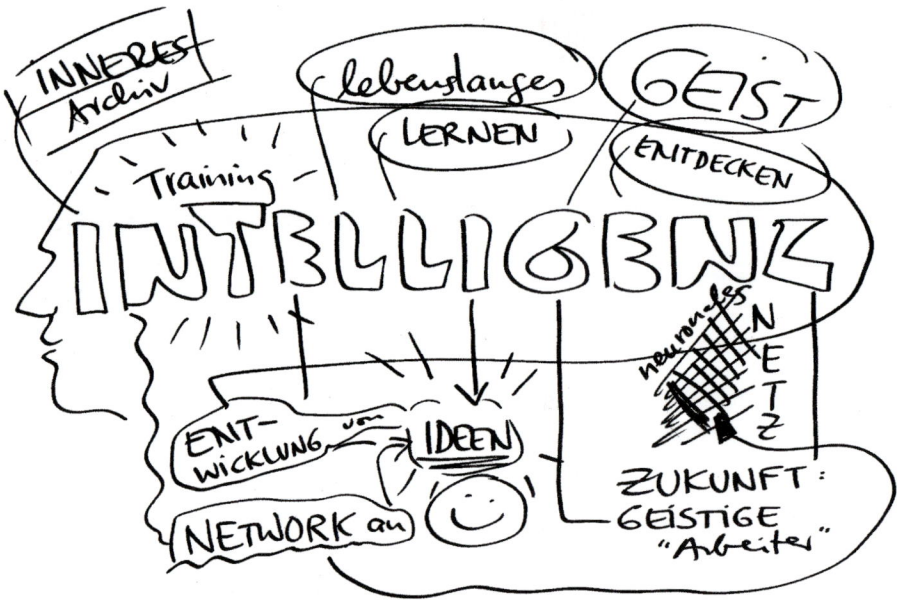

Sie können **die wachsenden geistigen Kapazitäten als Sahnehäubchen** auf dem **Kuchen der Anti-Alzheimer-Strategien** betrachten. Entscheiden Sie selbst, welche Position die Ihre ist. Allerdings möchte ich hier mit Aristoteles behaupten: **Tertium non datur** (ein Drittes ist ausgeschlossen), nach dem Motto: Sie sollten die dritte Möglichkeit (Stillstand) gar nicht in Betracht ziehen, denn: **in der Zukunft gewinnen die Kopfarbeiter!***

---

* Selbst in einer Fabrikhalle siegen heute diejenigen „Arbeiter", die Roboter und CAD-Systeme managen (oder programmieren) können. Nach Alvin TOFFLER („*Der Zukunftsschock*") und Lester THUROW („*Die Reichtums-Pyramide*").

Bis Ende des 19. Jahrhunderts bestritten ca. **95 % der Menschen** ihren Lebensunterhalt im weitesten Sinne mit **Lebensmittel-Produktion**.

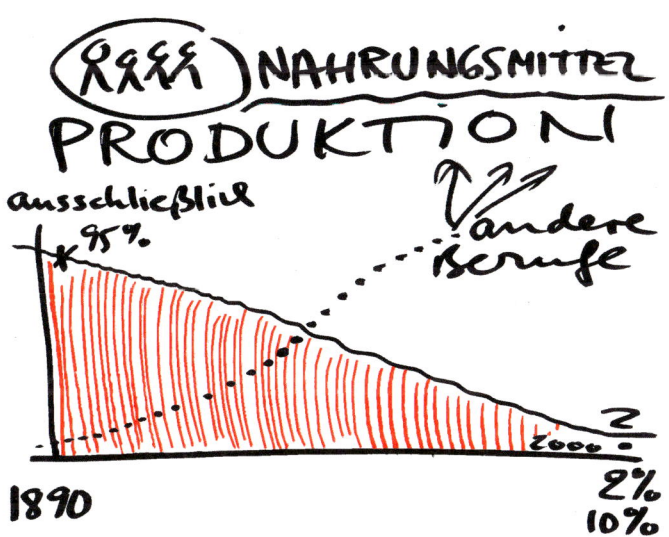

Natürlich waren nicht alle 95 % der Menschen Bauern, viele arbeiteten als …

A   Arbeiter (in allen folgenden Betrieben)

B   Bäcker

G   Gastwirte (die Reisende mit Nahrung und Schlafgelegenheit versorgten)

H   Händler (die mit allem Handel trieben, was man um die Landwirtschaft herum brauchte, von Saatgut über Nutztiere bis zu den Pflügen, später Traktoren, etc.)

H   Hirten

K   Käserer

L   Ladenbesitzer (damals entstanden landesweit Lebensmittel-Läden)

M   Metzger, Müller

S   Schmiede (die z.B. die landwirtschaftlichen Nutztiere beschlugen)

T   Tagelöhner (landwirtschaftliche Produkte weiterverarbeitend)

V   Viehzüchter (z.B. Pferde, um die Wagen zu ziehen)

W   Wagenbauer (um landwirtschaftliche Produkte zu transportieren), etc.

Heute:
2 % arbeiten ausschließlich als Bauer, Müller etc.;
10 % schließen kleinere Teilzeit-Bauern, (-Müller) ein, die den Hof (die Mühle) als „Nebenerwerb" betreiben müssen.

Nehmen Sie die Art der alphabetischen Auflistung vorläufig bitte nur zur Kenntnis. Analograffiti-KennerInnen wissen schon Bescheid, andere erfahren noch, welche Bewandtnis es damit hat.

Ende des 19. Jahrhunderts waren viele dieser Menschen in die Massenproduktion von Waren (Fabriken) abgewandert, nun schufteten 80 % als Arbeiter bzw. Mechaniker. Sie warteten die fertigen Produkte (z.B. als Auto-Mechaniker), ehe wir dazu übergingen, fast nur noch Wegwerf-Produkte zu erfinden. Mitte des 20. Jahrhunderts begann das Verhältnis zu kippen. Seit 1967 arbeiteten in den USA (nach TOFFLER) erstmals gleich viele „Weißkragen-Leute" in der Industrie (z.B. in Einkauf, Verkauf, Management, Aus- und Weiterbildung, Administration, Buchhaltung, Controlling, Werbung usw.). Seit den späten 1970er Jahren wandern immer mehr Menschen in den Dienstleistungs-Sektor.
Quellen: Alvin TOFFLER („Der Zukunftsschock", 1969, seine späteren Werke) und THUROW, op. cit.

Diese Entwicklung spiegelt einen weit größeren Wandel wider. Betrachten wir einmal kurz die ferne Vergangenheit und den Weg, den wir bisher gekommen sind.

Die Evolution des Individuums?

Man könnte aus der Geschichte, insbesondere aus der fernen Vergangenheit eine Menge lernen, wenn man unseren langen Weg bis heute verfolgt, insbesondere was die derzeit ablaufende Zeit und vor uns liegende Zukunft angeht. Wollen wir einmal extrem vereinfachen: Der Frühmensch brachte sicher einen Großteil seiner wachen Stunden mit **Nahrungserwerb** zu sowie, in zunehmendem Maße, mit dem Knüpfen von **sozialen Beziehungen** in den Gruppen und Verbänden, in denen er lebte. Manche Forscher meinen, daß hier die Wurzel zur Intelligenz „höher" entwickelter Tiere, besonders der Primaten (Menschenaffen und wir) läge, denn es gehört eine Menge „computativer Potenz" dazu, die **möglichen Beziehungen** von ca. **30 bis 50 Personen** im engeren Verband aufzubauen und aufrecht zu erhalten. Ehe eine Beziehung beginnt, muß man sich immer wieder gegenseitig einschätzen (Wieviel Vertrauen/Mißtrauen ist gut? Was bringt mir diese Beziehung? Was bringt sie dem anderen?). Desweiteren ist ja die **Partner-wahl** nicht unwichtig, und auch hier müssen insbesondere Frauen gute Menschenkenner werden, denn sie suchen Väter, die nicht nur für die Zeugung, sondern auch danach mit von der Partie sind usw. Auf diese Weise, so schätzen Wissenschaftler, haben gerade die sozialen Beziehungen am meisten zu der Entwicklung von Intelligenz bei unseren frühen Vorfahren beigetragen. Betrachten wir nun das KaGa©:

KaGa©: Erklärung
siehe Merkblatt Nr. 1
(S. 300 f.).

Beginnen Sie das nebenstehende Bild unten (in der Mitte) zu **lesen**: Einst begann der Frühmensch (F) sich aus der übrigen Welt der Lebewesen zu differenzieren. Später folgten die Jäger und Sammler (solche Gesellschaften gibt es heute noch), dann die nomadischen Hirtenvölker (auch solche gibt es noch, wiewohl sie immer seltener werden). Dann folgte der Ackerbau (dem zuvor weitverbreiteten Gartenbau) und mit ihm schafften Menschen die ersten großen Überschüsse und damit eine erste Explosion an geistigen Aktivitäten (Schrift, Wissenschaft, Kultur). Vor 300 Jahren begann das **Industrie-Zeitalter**, das Ende 1970 seinen Zenit überschritt; derzeit befinden wir uns an der Scheidelinie zwischen der ersten und der zweiten post-industriellen Epoche. Mit dem Ende der agrikulturellen Ära mündete die Entwicklung der Menschheit in ihre vorletzte große Phase der Nationalstaaten.

Dieser Prozeß ist in zwei Drittel der Welt weitgehend abgeschlossen; dort hat die globale Entwicklung begonnen ...

Nun erleben wir ein interessantes Paradox: **Je globaler die Entwicklung desto regionaler und individueller wird sie auch.** Somit haben heute weit mehr Menschen als je zuvor Möglichkeiten persönlicher Entfaltung und Entwicklung.

Entwicklung des INDIVIDUUMS

So kann man heute in den Industrie-Nationen, die auch (relativ) freie politische Umfelder für ihre Bürger bilden, fast jede Klamotte tragen. Und man kann von Lebens-Stil über die Lebens-Philosophie (inkl. Religion) bis zu der politischen Macht (relativ) frei wählen. (Das ist es ja, was der **Fundamentalismus jeder Couleur** verhindern will: **Die EntFALTungs-Möglichkeiten einzelner Individuen** passen nicht zum Herrschaftsanspruch einiger weniger, die alles im Staat bestimmen wollen. – Wie einst bei uns auch!).

Diese persönliche (individuelle) EntFALTungs-Möglichkeit beinhaltet die Entwicklung unseres angeborenen POTENZ-ials und genau das meine ich mit „Evolution des Individuums".

Menschen wurden früher von Ihrer Umgebung in weit stärkerem Maße festgelegt (z.B. in ihren Geschlechter-Rollen oder beruflich) als heute.

Früher war man z.B. „Frau-im-Haus" bzw. „Mann-in-der-Welt". Oder man lernte einen einzigen Beruf, den man dann Zeit seines Lebens ausübte; auch nach der Pensionierung blieb man „die Lehrerin", „der Lehrer", „die Frau Doktor" (wenn der Mann Arzt gewesen war), der „Apotheker". Bei manchen Berufen wurde offiziell ein „a.D."angehängt (= außer Dienst), z.B. bei militärischen Rängen („General a.D."). Das heißt: Man durchlief einmal eine Ausbildung und dann war man, wozu man „gebildet" worden war. Wenige lernten weiter. Ein Ingenieur mit 30 Jahren sogenannter Erfahrung hatte nicht wirklich 30 Jahre Lern-Erfahrungen, sondern, wie ein kluger Kopf es formulierte: Ein Ingenieur mit **einem** Jahr Erfahrung mal 29 (Wiederholungsjahre). Inzwischen hat es sich herumgesprochen, daß sogar jemand, der den selben Beruf behält, lebenslang weiterlernen muß, weil die „Halbwertzeit" des Wissens geschrumpft ist. Aber viele sind inzwischen weit flexibler geworden:

Heute und in der Zukunft ist es völlig normal, mehrere Berufe auszuüben – gleichzeitig oder hintereinander.

Wir können uns, wie es so schön heißt, **so oft wir wollen von neuem „erfinden"**. Das fordert allerdings **gut ausgebildete geistige Fähigkeiten**, also was wir oft bezeichnen als:

Das verringert die Gefahr, über die Alan W. WATTS noch vor einer Generation sprach; nämlich daß wir Gefahr laufen, uns „mit der Definition zu verwechseln, die andere uns gegeben haben".

→ **Intelligenz**

→ **Denk-Vermögen** (Stichwort: „geniales Denken")

→ **Aktivierung des eigenen passiven Wissens,** und sogar:

→ **Wissens-Vermehrung** (aus dem **eigenen** Wissen heraus!)

→ **Kreativität** (Stichwort: Ideen-Generator)

Und genau hier setzt dieses Buch an!*

Das Konzept des inneren Archivs verbinde Gedächtnis (die Archivierung) mit der bestmöglichen Nutzung.

Somit schlägt dieses Buch die
Brücke zwischen den Konzepten in
„Stroh im Kopf?" (ab 36. Auflage)
und dem *„Das große Analograffiti-Buch"*.

Das dreifache Leitmotiv dieses Buch-Seminars lautet:

1. **Wie „bauen" wir unser inneres Archiv auf/aus?** (Stichwort: **Lernen**)?

2. **Wie nutzen wir es optimal** (Stichwort: **Gedächtnis**)?

3. **Wie nutzen wir es optimal** (Stichwort: **geniales Denken**)?

---

*   Seit der ersten Auflage von *„Stroh im Kopf?"* (1983) haben spätere Überarbeitungen stetig neue Erkenntnisse aus der Forschung integriert, bis zur dritten großen „Runderneuerung" (so nenne ich Überarbeitungen, bei denen ein weitgehend neues Buch entsteht!) anläßlich der 36. Auflage (2000). Trotzdem kann ein einzelner Band nie alles Wesentliche zum Thema enthalten, und so wurde die Warteliste von Ideen immer länger, bis klar war, daß es ein eigenständiges Buch über das **innere Archiv** geben müßte.

Zielstellung dieses Buch-Seminars

Wir können unsere Fähigkeiten **zu denken**, Probleme zu lösen, **kreative neue Ideen zu entwickeln** etc., **stärken** und sogar **dramatisch verbessern** (je nachdem, wie intensiv Sie sich auf dieses Buch-Seminar einlassen wollen).

Im einzelnen können Sie diesem Buch eine Menge „entnehmen", abhängig davon, ob Sie bereit sind, neue Dinge auszuprobieren. Schon mehrmals einige Minuten pro Tag werden einiges bringen, aber in den ersten Wochen wäre ein Training von zwei- bis dreimal je eine Viertelstunde sinnvoll, wenn Sie sehr große Schritt machen wollen. So werden Sie sich selbst innerhalb von ca. zwei Monaten beweisen, daß Ihre Fähigkeiten sich wirklich dramatisch verbessern. Es ist wie beim Muskeltraining: Nachdem Sie einigermaßen aufgebaut haben, reichen dreimal die Woche 20 Minuten, um den Status Quo zu erhalten – wer ihn aber verbessern will, muß (wie jeder Leistungs-„Sportler") eben etwas **mehr** tun.

Sie können auch gleich mit dem Modul „Denk-Technik" einsteigen, wenn Sie vorab einen **Überblick** über eine zentrale Thematik des inneren Archives gewinnen wollen.

1. Sie haben die Chance, mithilfe des Konzeptes vom **inneren Archiv** Ihr Wissens-Netz systematisch auszubauen, sowie zu lernen, die gigantischen **unbewußten** Schätze Ihres **passiven** (und impliziten) **Wissens** „anzuzapfen".

2. Desweiteren können Sie durch **Training** der vorgestellten Methoden (wie dem **LISTEN-Denken** inkl. der **ABC-Listen**, der **COUVERT-TECHNIK**, den **LULL'schen Leitern** und **Rotae**) lernen, Ihr Denken in Zukunft maßgeblich zu er-WEIT-ern (Nebenprodukt: Sie er-**weit**-ern Ihr vorhandenes Wissen und Sie produzieren **weit mehr Ideen** als früher). Im Klartext: Sie lernen in zunehmendem Maß „genial" zu denken, und dies ist kein leeres Versprechen! (Details im Modul „Geniales Denken", S. 209 ff.).

3. Dies führt zu völlig **neuen** Gedanken-Verbindungen und demzufolge auch zu neuen **Ent-DECK-ungen** (wenn wir den metaphorischen **Deckel** von Töpfen heben, die uns früher verschlossen geblieben waren).

4. Das vergrößert die **Zahl** Ihrer **Ein-FÄLLE** (bis hin zu **genialen** Ideen).

All das ist **kein Zufall**, sondern wird Ihnen aufgrund Ihres Einsatzes **zu-FALL-en**. Dabei lernen Sie „nebenbei" Ihr **gigantisches** metaphorisches **(Wissens-)Netz** weit besser zu nutzen, als in der Vergangenheit! Im Überblick:

Apropos INTELLIGENZ: Der amerikanische Harvard-Professor Dave PERKINS weist darauf hin, daß wir die Frage nach der Intelligenz in der Regel zweiteilen (angeboren oder erworben?). Er schlägt jedoch eine dreiteilige Antwort vor:

PERKINS, Dave: „Outsmarting Intelligence".

1. **Angeboren** ist zunächst die **Geschwindigkeit**, mit der unsere Neuronen „feuern", hier haben wir Glück/Pech gehabt. Dieses „schnelle Denken" macht sich besonders bemerkbar, wenn wir Neues lernen, uns in unbekanntem Terrain (auch geistig) orientieren müssen (denn auch „langsame" Denker können zu Themen, die ihnen vertraut sind, aufgrund des Trainings schnell denken!). Hier sind Kinder und junge Menschen als die Langsamen im Nachteil (ich gehörte dazu), während die Schnellen besonders begabt, intelligent etc. wirken. Aber das Blatt wendet sich: die Langsamen gehen entweder im Schul-System unter (wie die ca. 4 Millionen Analphabeten, die inzwischen zugegeben werden; Dun-

Im Modul „Geniales Denken" lernen wir, daß geniale Denker alle sehr produktiv (also fleißig) sind!

Weitere Ansätze enthalten insbesondere die beiden Analograffiti-Bücher:*„Das große Analograffiti-Buch"* und *„ABC-Kreativ©"* (betreff Problemlösungen).

Beweisen Sie es, indem Sie sicher stellen, daß Sie Schreibzeug haben, ehe Sie umblättern.

kelziffer nicht gerechnet) oder aber sie lernen (nicht wegen, sondern trotz des Systems) wie man lernt. EINSTEIN (auch ein Langsamer) stellte einmal fest, daß er sich alles Wesentliche selber habe beibringen müssen. Im Alter von 17 und danach beginnen die Langsamen, die sich mit Akribie und Fleiß autodidaktisch das Lernen beigebracht haben, den Schnellen gegenüber im Vorteil zu sein, die bisher alles „mit Links" gemacht haben und nun von den Langsamen überholt werden. Diese besitzen nämlich jetzt ein großes Wissen-Netz (s. zweiter Aspekt), was ihnen einen großen Vorteil einbringt.

2. Erworben ist das, was ich als **Wissens-Netz** bezeichne, also unsere Erfahrungen, Kenntnisse und Können. Hier entscheidet nicht Glück/Pech, sondern einzig und allein **Fleiß**! Und nun beginnt der Vorteil der Langsamen Früchte zu tragen, von Jahrzehnt zu Jahrzehnt stellen sie sich im Vergleich mit den Schnellen besser (Ausnahme sind wenige Schnelle, die zusätzlich auch fleißig sind und wirklich lernen können).

3. Darüber hinaus zeichnen Intelligente sich dadurch aus, daß sie die Methoden, die ihnen angeboten werden, infrage stellen, bessere suchen (oder selber entwickeln); es geht also um die Frage der **Strategien** (methodischen Ansätzen, Techniken) mit denen wir denken, lernen, entscheiden etc.! Hier kann die angeborene und erworbene Intelligenz noch einmal **dramatisch** gesteigert werden!

Dieses Buch zeigt Ihnen methodische Ansätze. Der eine oder andere wurde in *„Stroh im Kopf?"* bereits vorbereitet, andere (vgl. die Module „Denk-Technik" und „LULL'sche Leitern und ROTAE") werden in diesem Buch **erstmals** vorgestellt.

Dieses Buch kann Ihnen helfen, Ihre **Intelligenz** (und **Kreativität**) maßgeblich zu verbessern. Darum geht es, wenn wir vom „inneren Archiv" sprechen: Methoden, Aufbau und Abruf! Nun, da die **Marschrichtung** klar ist, erhebt sich nur die Frage:

Hoffen Sie auf eine Sänfte, in der Sie durch das Buch-Seminar „getragen" werden (indem Sie nur lesen) oder sind Sie bereit, aktiv mitzumachen?

Der Aufbau des Buches ist sehr einfach

- **Intro** (diese beenden Sie gerade)
- **Teil I** enthält die **Kapitel 1 und 2**; bitte **linear** (chronologisch, der Reihe nach) lesen und alle Übungen zumindest ansatzweise testen, damit Sie wirklich verstehen, worum es geht. Begreifen können wir nur durch mitmachen!
- **Teil II** enthält **alle Module**, die Sie **in jeder gewünschten Reihenfolge** angehen können. Wenn Sie heute viel Zeit haben, nehmen Sie sich eines der beiden langen Module („Denk-Technik: Mit Listen-Denken zum Erfolg" oder „Forschungsergebnisse über das Lernen") vor. Andernfalls finden Sie viele Module, die man in einer kurzen Lesezeit in einer Sitzung erarbeiten kann.
- **Der Anhang** enthält wie immer Merkblätter, Literatur- und Stichwortverzeichnis.

Viel Entdeckungs-Freude und Faszination wünsche ich Ihnen!

Vera F. Birkenbihl
(www.birkenbihl.de)   Herbst 2002

Merke: Jede Technik, die vorgestellt wird, sollte mindestens 10 Tage lang so oft wie möglich trainiert oder eingesetzt werden, damit Sie praktische Erfahrungen sowie ein Gefühl dafür entwickeln können, was jede dieser methodischen Ansätze Ihnen bringen kann (von wegen Intelligenz, dritter Aspekt). Nur lesen, ohne aktives Umsetzen, mag neugierig sein, spricht aber nicht für besonders intelligentes Handeln, oder?

Kapitel 1

Eingangstor in dieses Buch

Dieses Kapitel sollte im Optimalfall vor dem eigentlichen Lesen absolviert werden, wenn Sie den größtmöglichen Nutzen dieses Buch-Seminars ziehen wollen. Da manche von Ihnen vielleicht ungeduldig sind und **nicht erst alle Aufgaben** durchführen wollen, gibt es einen **alternativen Weg**, der Ihnen **ebenfalls einen maximalen Nutzen** verspricht: Versprechen Sie sich, daß Sie, wenn ein Modul auf einer Quizaufgabe aufbaut, dieses eine kleine Experiment jetzt sofort ausführen, ehe Sie weiterlesen.

Sie werden zu den jeweiligen Modulen per Seitenangabe „geschickt".

Aber natürlich kann es auch sehr spannend sein, erst die Aufgaben anzugehen. Wählen Sie, was Ihnen lieber ist. Es wäre schön, wenn Sie als Minimum wenigstens die erste Aufgabe unten „abhaken" könnten, damit Sie danach lesen und nach Bedarf experimentieren können.

Quizfragen und kleine Experimente

Wir beginnen mit einer Übung, die keine eigene Nummer hat, denn es handelt sich um eine Vorbereitung für eine spätere Quizaufgabe. Es handelt sich um ein faszinierenden Selbstversuch, bei dem gerne mehrere Personen teilnehmen können (bzw. man auch später die Ergebnisse von Menschen, die es in den nächsten Tagen und Wochen probieren wollen vergleichen kann). Sie brauchen Schreibzeug (also auch Papier) und los geht's:

Sie benötigen bei vielen Aufgaben Schreibzeug, bei manchen einen Timer; bei der ersten Vorübung reichen einige Blätter (ein Heft) und ein Stift. Viel Vergnügen!

Vorbereitung für Quizaufgabe Nr.9

Die nachfolgende brillante Übung von Timo MÄNTYLÄ war mir zum ersten Mal bei Ingemar SVANTESSON* begegnet, wofür ich sehr dankbar bin. Sie erlaubt es uns, einige enorm wichtige Erkenntnisse zu gewinnen (wobei wir weit über den ursprünglichen Rahmen des Versuches hinausgehen werden). Auch wenn Sie diese Übung aus meinem Brain-Seminar (oder meinem Taschenbuch *„Der Birkenbihl POWER-Tag")* schon kennen: erstens kann man sie wiederholen, zweitens ist sie mit anderen Begriffen immer wieder neu.

Diese Begriffe entstammen der Original-Liste des Psychologen, der diese Aufgabenstellung entwickelte.

---

* Ingemar SVANTESSON: *„Mind Mapping und Gedächtnistraining";* die Passage wurde dem ersten Kapitel mit Genehmigung des Verlages entnommen.

Bitte Stichwörter notieren!

Bitte das Buch erst auf den Kopf drehen, wenn Sie die gesamte Anweisung zur Kenntnis genommen und Schreibzeug bereit gelegt haben. Danke.

Es gilt, zu jedem dieser 30 Schlüsselwörter **schnell und spontan drei bis vier eigene Assoziationen zu notieren**, und zwar **ausschließlich** Ihre eigenen Ideen (in **Stichworten**).

Im Klartext: Das Schlüsselwort selbst sollen Sie keinesfalls aufschreiben, **nur Ihre eigenen allerersten spontanen Assoziationen zu** diesem Begriff. (Es bleibt im Buch ja erhalten.)

Bitte **numerieren** Sie Ihre Stichwort-Reihen, damit Sie später klar erkennen können, welche Ihrer eigenen Assoziationen sich auf welches Schlüsselwort beziehen.

Angenommen der erste Begriff sei „Diskette" gewesen und angenommen Ihnen wären eingefallen „Computer", „beschriften" und „veraltet", dann listen Sie auf Ihrem Papier (in Ihrem Heft) unter Nr. 1 diese drei Assoziationen auf: *1. Computer, beschriften, veraltet*

Sie stehen übrigens **ein wenig unter Zeitdruck**, d.h. schreiben Sie pro Begriff **so schnell Sie können drei bis vier Stichpunkte**, wenn es Ihnen leicht fällt. Bei manchen Begriffen könnte es Ihnen aber weniger leicht fallen (denken Sie dann bitte nicht ewig nach!) und es könnte auch sein, daß Ihnen zu einem Begriff absolut **nichts** einfällt. **Gerade darum geht es ja!** Dann notieren Sie die Nummer (und nichts dahinter, es steht also eine „leere" Nummer auf Ihrem Blatt). Schreiben Sie schnell und (wie in der Schule) ohne zu Schummeln (also ohne irgendwo nachzuschlagen oder jemanden zu fragen) nur Ihre ureigensten Gedanken.

Zeitbedarf: Einige Minuten (je nach Schreibgeschwindigkeit zwischen zweieinhalb und sechs Minuten). Wer mehr braucht, denkt zu lange nach. Nur Mut zur Lücke! Dies ist eine kleine **Inventur**, aus der Sie etwas über sich lernen können, wenn Sie sich an die Spielregeln halten: Also schnell und flott arbeiten. Viel Spaß!

Alles klar? Sind Sie startbereit? Dann drehen Sie das Buch **jetzt** auf den Kopf!

1. Brücke
2. Sattel
3. Weihnachtseinkauf
4. Alarmglocke
5. Tasche
6. Schmied
7. Sitzpolster
8. Schreibmaschine
9. Maus
10. Briefumschlag
11. Schlüssel
12. Tonband
13. Kolumbus
14. Fahrrad
15. Aprikose
16. Flasche
17. Tomate
18. Lineal
19. Kuchen
20. Fahrstuhl
21. Silber
22. Schwamm
23. Briefmarke
24. Affe
25. See
26. Schmutz
27. Plagiator
28. Phantasie
29. Spargel
30. gelb

1 Quizaufgabe Nr. 1: Fragen zur Schulbildung

Ellen J. LANGER hat seit vielen Jahren sehr originelle und spannende Experimente auch selbst veranstaltet bzw. bei ihren StudentInnen angeregt, wobei einige dieser StudentInnen inzwischen selbst kreative ForscherInnen wurden.

Die folgenden Quizaufgabe leiten sich von Überlegungen der Harvard-Professorin Ellen J. LANGER ab. Sie gehört zu den wenigen Forschern, die sowohl einen großen breiten geistigen Horizont besitzen (sie forscht von Geriatrie bis zum Lernen von Kindern quer durch alle Wissensgebiete, die sich in ihrer Arbeit plötzlich als wichtig erweisen), und sie ist in der Lage, sich brillante Experimente auszudenken. Ein Großteil der WissenschaftlerInnen sind ja Bürokraten oder Technokraten, die Experimente anderer brav und ordentlich ausführen, aber sie sind dabei mehr Administratoren als wirklich Forschende. LANGER gehört zu den Ausnahmen, wie auch Daniel L. SCHACTER, Schüler des gleichermaßen innovativen TULVING. Aber zurück zu LANGER:

Sie fragt nämlich, **warum Lernen so unlustvoll ist**. Um dieser Suche systematisch nachzugehen, hat sie einige Detailfragen formuliert, die ich Ihnen hier als Quizfragen präsentiere. Kreuzen Sie schnell und spontan an (lassen Sie vielleicht auch einige andere Menschen antworten, wobei Sie Ihnen die Fragen vorlesen, wenn Sie schon angekreuzt haben, damit jede/r unbefangen reagieren kann).

4 Fragen zur Schul-Bildung

Vorschule bis ca. 10. Schuljahr (Alter ca. 14 bis 15 Jahre)

Antworten Sie jeweils mit JA oder NEIN — wenn Sie unsicher sind, dann kreuzen Sie die Antwort an, die Ihrer Neigung EHER entspricht. (Somit bedeutet ein „JA" auch ein „wahrscheinlich JA".)

 **1.** Die **Grundlagen** muß man so gut lernen, daß sie **zur zweiten Natur** werden. (Beispiel: Einmaleins, oder: Es muß zur zweiten Natur werden, daß SchülerInnen beim Zuhören automatisch Notizen machen.)

 **2.** Eines der großen Probleme unserer Zeit sind Menschen mit Konzentrations-Problemen; dies betrifft sowohl Erwachsene als auch junge Leute, die sich nur kurz auf Unterricht oder Hausaufgaben konzentrieren können ...

 **3.** Man muß **ein wenig warten können** (Kinder und unreife Erwachsene wollen ihren **Spaß** immer gleich). Unterricht kann nun einmal **nicht von der ersten Lektion an** zu einem neuen Thema immer sofort interessant und/oder unterhaltsam sein, wie es diese TV-zapping-Generation erwartet ...

4. Man kommt nicht umhin, **gewisse Dinge stur auswendig zu lernen**; es ist einfach **notwendig** (ob es uns paßt oder nicht); deshalb ist dieser modische Hang, **alles** (aber auch alles!) mit infotainment und edutainment unterhaltsam, sinnvoll, spannend etc. machen zu wollen, absolut kontraproduktiv für ernsthaftes Lernen.

❑ **JA** ☑ **NEIN**

Die Ergebnisse finden Sie im Modul „Forschungsergebnisse über das Lernen" (S. 149 ff.); dort finden Sie auch die Diskussion zu den Quizaufgaben 2 bis 5.

Quizaufgabe Nr. 2: Konzentration

Bitte beantworten Sie folgende Frage. Es könnte auch sehr interessant sein, einigen Leuten die Frage vorzulegen (bzw. vorzulesen, z.B. am Telefon) und deren Antworten mit Ihren zu vergleichen.

2

Auch diese Frage stellte die Harvard-Forscherin Ellen J. LANGER LehrerInnen und SchülerInnen …
Das Ergebnis zu dieser Frage finden Sie ebenfalls im Modul „Forschungsergebnisse über das Lernen" (S. 159 ff.).

Wie stellen Sie sich konzentrierte Aufmerksamkeit vor?

a ☑ Eher wie ein **stehendes Bild**, das ruhig vor unserem geistigen Auge steht, das wir quasi still in unserem Geist halten (analog einem Stilleben oder einem Foto)? Oder:

b ❑ Eher wie ein **bewegtes Bild**, das seine Lage/Position etc. ständig verändert (analog einem **Film- oder Video-Clip**)?

Kreuzen Sie Ihre eigene Antwort an!

Quizaufgabe Nr. 3: Kleines Seh-Experiment

Übungs-Anweisung

3

Nach William JAMES, 1898.

1. **Konzentrieren** Sie sich auf **einen** Ihrer **Finger** (oder, wenn Ihnen das lieber ist, auf **einen Aspekt** eines Bildes Ihrer Wahl).
2. **Bleiben** Sie mit Ihrer Aufmerksamkeit völlig am Finger (oder auf der Stelle im Bild) **„hängen"**, ohne die Augen wandern zu lassen – **fokussieren** Sie also sehr exakt – und:
3. **Testen** Sie, **wie lange** Sie das durchhalten können.*

STARREN Sie das OBJEKT an!

---

* Ich habe bereits in meinem *„Das große Analograffiti-Buch"* erläutert, wie wichtig es für jeden von uns wäre, unsere Versuchs-Ergebnisse festzuhalten, wenn wir aus ihnen lernen wollen!

Notieren Sie (wie ein/e ForscherIn):

1. Wie lange haben Sie durchgehalten?

Optimal: mindestens 3 Versuche, dann die Durchschnittszeit errechnen (Formel: Gesamtzeit geteilt durch Anzahl Versuche), Beispiel:

Versuch 1:	Zeit	_2 : 05_
Versuch 2:	Zeit	_2 : 22_
Versuch 3:	Zeit	_1 : 24_
Durchschnittszeit:	Zeit	_5 : 51_ : 3 = _1 : 57_

2. Wie schwer/leicht fanden Sie die Übung?

Kreuzen Sie zwischen ganz links und ganz rechts Ihre eigene Position an:

extrem schwer ──────────────── X ──── **extrem leicht**

3. Notieren Sie, was Sie bisher festgestellt haben? (Lerneffekt der Übung)

Bild beginnt nach einer Zeit unscharf zu werden, es ist nicht möglich dies wieder scharf zu stellen trotz großer Anstrengung, Auge wandert weg, Denken fokussiert auf andere Inhalte als das Festhalten als Bilder

Die Auswertung des Experimentes können Sie auf S. 160 nachlesen.

Variante: Wenn Sie die Aufgabenstellung **mit Freunden und FreundInnen testen** wollen, dann kann es sehr **spannend** sein, wenn Sie diese **vor** Ausführung raten lassen, wie lange sie **glauben**, daß Sie **durchhalten werden.** Nach dem Versuch, können Sie deren Schätzung mit der Realität vergleichen …

4 Quizaufgabe Nr. 4: Warum langweilen sich Experten nicht?

Normalerweise langweilen Leute sich, wenn sie zu lange über ein und dasselbe Thema nachdenken sollen.

Was macht es Spezialisten und Fachleuten möglich, Stunden, Wochen, Monate, Jahre und Jahrzehnte an gewissen Fragestellungen festzuhalten?

Warum langweilen sich Experten (professionell oder auch Hobby-Experten) dabei nicht? Was meinen Sie?

Die Antwort auf diese Frage finden Sie auf S. 164.

> Ihnen faszinert ständig werden
> neue Fragestellungen entdeckt, die
> bearbeitet werden müssen und das
> Interesse fordern.

Quizaufgabe Nr. 5:
Knopf bei Verschwinden drücken!

5

Stellen Sie sich vor, Sie könnten das folgende Experiment beobachten und versuchen Sie dann, die Frage zu beantworten.

Ellen J. LANGER beschreibt das Experiment ausführlich auf S. 164 ff.

Am Computer-Screen taucht eine geometrische Figur (z.B. ein Rechteck) auf. Wenn es verschwindet, soll man einen Knopf drücken. Es handelt sich also um einen Reaktions-Test.

Aufgabenstellung: Wie lauteten die Anweisungen?

Gruppe 1 **Fokussieren** Sie, konzentrieren Sie sich auf die Figuren, die am Bildschirm auftauchen werden und drücken Sie bitte den Knopf, sowie eine Figur verschwindet.

Gruppe 2 Auf dem Screen erscheinen einige Figuren. **Zeichnen** Sie bitte ihre Umrisse auf dem Bildschirm **nach** (mit Finger) und drücken Sie den Knopf, wenn die Figur verschwindet.

Gruppe 3 **Denken** Sie über die Formen, die hier auf dem Screen erscheinen, **nach**. Entdecken Sie so viele verschiedene Aspekte wie möglich, bei jeder einzelnen Form. Drücken Sie bitte den Knopf, wenn eine dieser Formen verschwindet.

Testen Sie die drei Anweisungen kurz selbst!

Gruppe 1: Betrachten Sie es genau   **Gruppe 2:** mit Finger nachzeichnen   **Gruppe 3:** nachdenken

Frage: Was meinen Sie, wie die drei Gruppen abschneiden, wenn sie **später** einem **Gedächtnis-Test** zu den wahrgenommenen **Figuren** unterzogen werden?

a ☐ ziemlich gleich   b ☒ sehr unterschiedlich

Alle, die b ☐ angekreuzt haben: Schildern Sie kurz Ihre Annahmen!

Zu welchen Ergebnissen die Studie kommt, können Sie auf S. 164 ff. erfahren.

> Gruppe 1 konzentriert sich nur auf die Existenz, Gruppe 2 nimmt die Form auf. Gruppe 3 denkt über Unterschiede nach, jedoch nicht über die Form selbst (Merkmale).

6   Quizaufgabe Nr. 6: Assoziations-Spiel

Dieses Experiment basiert auf einer von vielen brillanten Gedächtnis-Studien von Elisabeth LOFTUS (und ihrem Team), von denen **einige** bei dem eingangs erwähnten Daniel L. SCHACTER („*Wir sind Erinnerung*") nachgelesen werden können, während **diese** Studie von Alan BADDELEY („*Your Memory*") erwähnt wird.

Diesmal lade ich Sie zu einer Reihe von kleinen Sprachspielen ein, die Sie momentan im Sinne einer **Inventur** durchführen, später aber möglichst oft als **Mini-Training** für zwischendurch (z.B. an einer roten Ampel).

Es gilt, Ihr inneres Archiv nach spezifischen Assoziationen zu durchforsten, jeweils gemäß der Aufgabenstellung. Wenn Sie wollen, könnten Sie einen Timer aktivieren und feststellen, um wieviel schneller/langsamer Sie die einzelnen Aufgaben bewältigen. Andernfalls registrieren Sie Ihr Tempo auf alle Fälle bewußt, d.h. Sie wollen alle drei Aufgaben hintereinander durchführen (ohne Unterbrechungen).

Aufgabe 1: Finden Sie Wörter mit folgenden **Anfangs-Buchstaben**   Zeit: _1:00_

a) eine Frucht mit Q ...

b) eine Automarke mit F ...   Ford

c) ein Fisch mit H ...   Hering

d) ein Romanautor mit S ...   Simmel

e) eine Stadt mit B ...   Berlin

f) ein Komponist mit M ...   Mendelson-Bartoldy

Aufgabe 2: Finden Sie Wörter mit einer bestimmten **Silbenanzahl**   Zeit: _59,2_

a) eine Frucht mit 2 Silben   Apfel

b) eine Automarke mit 3 Silben   Volkswagen

c) ein Fisch mit 1 Silbe   Aal

d) ein Romanautor mit 2 Silben   Zaton

e) eine Stadt mit 3 Silben   Hannover

f) ein Komponist mit 1 Silbe   Bach

Aufgabe 3: Finden Sie Wörter mit folgenden **End-Buchstaben**   Zeit: _2:45_

a) eine Frucht auf ... S   Nuss

b) eine Automarke auf ... T   Fiat

c) ein Fisch auf ... N   Karpfen

d) ein Romanautor auf ... Y   -ly

e) eine Stadt auf ... U   Lindau

f) ein Komponist auf ... K   Dvoralz

Ergebnisse

1. Tempo (Je leichter uns etwas einfällt, desto schneller sind wir!)

Aufgabe 1: Anfangsbuchstaben – dauerte   Zeit: _1:00_

Aufgabe 2: Silbenzahl – dauerte   Zeit: _0:59_

Aufgabe 3: End-Buchstaben – dauerte   Zeit: _2:45_

2. Spaßfaktor (Je leichter uns etwas einfällt, desto mehr Freude macht es uns in der Regel!)

Auf einer Skala von 0 (mies) **bis 100** (super) Punkte:

Aufgabe 1: Anfangsbuchstaben   Punkte _100_

Aufgabe 2: Silbenzahl   Punkte _100_

Aufgabe 3: End-Buchstaben   Punkte _100_

Haben Sie Ihr inneres Archiv „befragt"? Wir kommen im Modul „ABRUF-Reiz" auf die Aufgabe zurück (S. 58).

7   Quizaufgabe Nr. 7: DALLI KLICK?

Die Älteren unter uns erinnern uns noch an einen sehr liebenswerten Showmaster, Hans ROSENTHAL. Seine Sendung lebte vom Tempo und hieß dementsprechend: **DALLI DALLI**.

ROSENTHAL pflegte, wenn ein Kandidat besonders gut reagiert hatte, in die Luft zu springen und „*Spitze!*" zu rufen.

Gegen Ende gab es immer eine Aufgabe namens **DALLI KLICK,** bei der gerade Kandidaten, die mit Wortspielen oder in punkto Wissen nicht sooooo geglänzt hatten, wieder einiges wettmachen konnten. Diesmal war die **bildliche Erinnerungsfähigkeit** gefragt: Man sah ein Bild, das zunächst zu 100 % abgedeckt war und nach dem Start wurden kleine Teilchen des Fotos der Reihe nach „geöffnet". Jeder weitere Enthüllungs-Schritt wurde von einem **Klick** begleitet (daher der Name **DALLI KLICK**) und je länger man wartete, ehe man riet, worum es sich bei den geheimnisvollen Bild handeln könnte, desto weniger Punkte konnte man mit seiner (richtigen) Antwort „erkämpfen".

Da es in einem Buch unmöglich ist, **ein** Bild über mehrere Etappen zunehmend offenzulegen, sollen die beiden teilweise verhüllten Bilder das Prinzip illustrieren. Quizfrage: Was könnte das sein?

DALLI KLICK

Was könnte das sein?

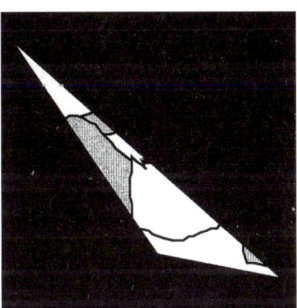

Die Lösung finden Sie auf Seite 64 f.

links: _Tänzer_   **rechts:** _Body-Builder_

Quizaufgabe Nr. 8:
RE-KONSTRUKTIONS-Experiment

8

Wenn Sie schon einmal in meinem BRAIN-MANAGEMENT-Seminare (bzw. einem POWER-Tag mit Schwerpunkt BRAIN-MANAGEMENT) dabei waren, dann haben Sie dieses Experiment bereits live miterlebt. (Vielleicht wollen Sie einige FreundInnen bitten, es durchzuführen und die Zeiten dabei vergleichen?).

Ansonsten sollten Sie es unbedingt sofort ausprobieren (das Ganze dauert weniger als 2 Minuten). Es geht um Ihr **Timing**, d.h.:

Sie wollen Ihr eigenes Tempo bewußt wahrnehmen. Sie können Ihre „Vorstellung" auch akustisch aufzeichnen und hinterher noch einmal in Ruhe vergleichen.

Sie kennen vielleicht ein Parallel-Experiment aus dem „*Der Birkenbihl-Power-Tag*" (Wochentage aufsagen) und Sie können dieses Experiment in einem Video-Seminar-Mitschnitt miterleben.

Es gilt, drei kleine Aufgaben (auf der nächsten Seite) zu bewältigen, jeweils so rasch Sie können. Drehen Sie das Buch erst um, wenn Sie bereit sind, unmittelbar zu starten.

Erst umdrehen, wenn Sie bereit sind, anzufangen.

Aufgabe 1: Bitte rasseln Sie die Monatsnamen herunter, so schnell Sie können ... JETZT

Aufgabe 2: Dasselbe noch mal, aber diesmal bitteschön rückwärts (mit Juli beginnend): JETZT

Aufgabe 3: Tja, und nun hätten wir das Ganze gerne ein drittes Mal, aber diesmal: alphabetisch sortiert ... (Ha!). Nein, Sie brauchen nicht zu sortieren. Registrieren Sie nur:

1. Wer die Monatsnamen vorher niemals alphabetisch sortiert (= sie KONSTRUIERT) hatte, kann Sie nun logischerweise auch nicht RE-KONSTRUIEREN. Das leuchtet doch ein, oder?

2. Wer vorher niemals einen Grund hatte, die Monatsnamen alphabetisch sortieren zu wollen (oder sollen), der hat noch keine Fäden liegen im Wissens-Netz.

Aber warum schlagen wir uns oft an die Stirn und sagen „Bin ich doof!" oder ähnlich, nur weil wir etwas nicht RE-KONSTRUIEREN können, das wir zuvor niemals KONSTRUIERT hatten? Wie etwa den schlampig gemurmelten Namen unseres Tischnachbarn, den wir nicht verstanden hatten.

Merke: Nicht konstruiert = nicht ins Archiv eingebracht.

9   Quizaufgabe Nr. 9:
Das MÄNTYLÄ-Experiment

Wer die „Vorbereitung für Quizaufgabe Nr. 9" (S. 24 f.) am Anfang dieses Kapitels noch **nicht** durchlaufen hat – tun Sie es bitte (jetzt sofort?) auf alle Fälle, **ehe Sie hier weiterlesen.**

Wenn Sie aber trotzdem jetzt gleich „weiterkommen" wollen, dann können Sie das gesamte MÄNTYLÄ-Experiment später mit einer der vielen Listen am Ende des Buchs wiederholen und mit unterschiedlich langen Zeitabständen dazwischen experimentieren. Dies ist sowieso eine gute Trainings-Aufgabe.

Das Spannende an diesem zweiten Teil des Experiments besteht in der Tatsache, daß es relativ egal ist, ob Sie den ersten Teil vor 30 Minuten absolviert haben, vor Stunden, ja sogar Tagen! Falls Sie die „Vorbereitung" **gerade** erst durchgeführt haben sollten, um hier weiterzumachen, wäre ein kleines Päuschen gut, damit Sie sehen, wie toll der Mechanismus, den das Experiment Ihnen zeigen möchte, funktioniert.

Jetzt gilt es, Ihre notierten Assoziationen zu den 30 Schlüsselwörtern hervorzuholen und zu versuchen, wie viele der ursprünglichen Schlüsselwörter Sie **aufgrund Ihrer eigenen Assoziationen** jetzt RE-KONSTRUIEREN können. Aber vorher sollen Sie raten: Was meinen Sie, werden Sie weniger oder mehr als die Hälfte schaffen?

❏ weniger   ☒ mehr

Also, los geht's! Wie viele Begriffe konnten Sie durch Ihre Assoziationsliste RE-KONSTRUIEREN?

Anzahl: _____ 30 _____

In seiner Arbeit über die Art, wie Stichworte unser Gedächtnis beeinflussen, war dem Psychologen MÄNTYLÄ aufgefallen: Wenn man Leute zu einem Thema Stichwörter aufschreiben läßt und wenn man den Leuten diese (ihre eigenen!) Stichworte hinterher wieder vorlegt, dann fällt ihnen auch der Bezug wieder ein, der Anlaß des Aufschreibens gewesen war. Deshalb konnten Sie sicher weit mehr Wörter aufgrund Ihrer **eigenen** Gedanken RE-KONSTRUIEREN, als Sie vielleicht gedacht hätten …

Eine vereinfachte Version dieser Übung eröffnet inzwischen so manches meiner BRAIN-MANAGEMENT-Seminare, wobei ich die Worte allerdings dem Kunden oder der Zielstellung anpasse, indem ich Wörter nehme, die im Seminar im Lauf der Tages auch inhaltlich eine Bedeutung erhalten werden.

Quizaufgabe Nr. 10: Stichwort „Ratte"

10

Wer meinen Klassiker *„Stroh im Kopf?"* in der „alten" Version kennt, mag das folgende Beispiel wiedererkennen. Es fiel leider der völligen Überarbeitung anläßlich der 36. Auflage zum Opfer, darum freue ich mich, es nun in das *„innere Archiv"* retten zu können. Wenn Sie es erkennen, dann erinnern Sie sich wahrscheinlich an meine Strategie, andernfalls notieren Sie kurz, wie Sie in solchen Fällen vorgehen. Vielleicht möchten Sie auch wieder einige FreundInnen befragen, und deren Antworten vergleichen?

Fallbeispiel: Die Ratte

Ich hatte einen Termin mit Paul (einem Trainer-Kollegen) ausgemacht. Dieser Zeitpunkt lag ca. **sechs Wochen in der Zukunft**, als er mich aus London anrief, um etwas zu fragen. Dann sagte er noch, er wolle mir beim nächsten Treffen etwas ungemein Wichtiges erzählen. Wäre ich bitte so nett und würde ihn daran erinnern? **Stichwort: „Ratte".**

Interessiert es Sie, wie ich vorgegangen bin? Lesen Sie im Modul „Gehirn-gerecht Machen von *neuen* (Lern-)Infos", S. 204 f..

Nun, wie würden Sie vorgehen? Würden Sie sich eine Notiz im Terminkalender machen, einen Zettel schreiben, oder sollten wir nicht versuchen, gehirn-gerecht vorzugehen?

Ihre Antwort: *Notiz im Terminkalender*

Auch hier wäre es möglicherweise spannend, einige FreundInnen zu befragen:

1. wie diese in solchen Fällen vorgehen,
2. wie effizient dies in der Regel ist sowie
3. welche Pannen öfter auftreten ...

11 Quizaufgabe Nr. 11: Assoziatives Reaktions-Experiment

Alle Anweisungen werden jedoch davon ausgehen, daß Sie alleine sind!

Sie benötigen einen Timer. Optimal wäre eine zweite Person (so daß Sie sich gegenseitig testen können). Auf Seite 37 finden Sie eine Liste von Begriffen (kopfstehend; bitte erst umdrehen, wenn Sie bereit sind, anzufangen!) und Sie wollen auf jeden Begriff gemäß den Spielregeln REAGIEREN. Dabei geht es um **zwei** Aspekte: 1. **Welche Assoziationen** lösen diese Worte in Ihnen aus? 2. In **welchem Tempo** finden Sie sie?

1. Legen Sie **Schreibzeug** (Papier und Stift) griffbereit.
2. Jetzt brauchen Sie den **Timer**. Für diese Aufgabe wäre eine altmodische Stoppuhr angenehm, denn Sie wollen exakt messen, wie lange etwas gedauert hat. Dazu müssen Sie vor der Aktion auf **Null stellen**, bei Beginn drücken (Zeit „läuft") und am Ende **wieder drücken** (Zeit „stoppt"). Daher der Name („Stoppuhr"). **So können Sie Ihr Tempo feststellen.**

Zeitbedarf: etwa eine halbe Stunde (26 mal eine Minute).

3. **Decken Sie alle Worte ab, bevor** Sie das Buch umdrehen. Bewegen Sie die Abdeckung minimal, so daß immer nur **ein einziges Wort** sichtbar wird (nehmen wir an, der 1. Begriff wäre *Linde*). Tragen Sie Ihre Assoziationen auf Papier (in ein Heft) ein: Übertragen Sie das Schlüsselwort (*Linde*) keinesfalls auf Ihr Papier! Notieren Sie **ausschließlich Ihre eigenen Assoziationen!** Dies ist wichtig für die Auswertung der Aufgabe!
4. **Notieren Sie sofort Ihre ersten Assoziation sowie** die **Zeit**, das kann in unserem Beispiel (*Linde*) so aussehen:

1. Wort	ZEIT	Weitere Worte
LIED	2 Sek.	

5. **Notieren Sie anschließend weitere Assoziationen**, und zwar **bis Ende 1 Minute** (pro Wort „arbeiten" Sie also jeweils 60 Sekunden lang).

1. Wort	ZEIT	Weitere Worte
LIED	2 Sek.	Linde, Brunnen, Tor, ...

Fahren Sie bis zur Ende der Liste in dieser Weise fort.

Ich weiß, es gibt immer wieder Menschen, die „lieber nur lesen", aber Sie erfahren weit mehr über sich, wenn Sie mitmachen! Noch mehr erfahren Sie, wenn Sie ein paar Familienangehörige, FreundInnen, NachbarInnen, KollegInnen zum Mitmachen motivieren, damit Sie die Werte hinterher (gerne auch anonym) miteinander vergleichen können. Ich will an dieser Stelle noch nicht verraten, was es mit der Übung auf sich hat, weil dieses Wissen Ihr Verhalten verändern könnte, ich sage jedoch laut und klar:

1. Auch wenn Sie schon einmal einen assoziativen Versuch gemacht haben, machen Sie auch diesen, denn diesmal ist der Zeitfaktor wichtig ...

2. Auch wenn Sie schon einmal assoziative Versuche gemacht haben (sogar, wenn es dieselbe Liste gewesen wäre), so kann es sehr spannend sein, spätere Versuche mit früheren zu vergleichen und sich zu fragen:

   a) Habe ich dieselben Assoziationen aufgeschrieben? Und:

   b) Ändert sich im Lauf der Zeit etwas an der Geschwindigkeit, wenn ich dieselbe Liste von Schlüsselwörtern mehrmals als Ausgangspunkt nehme?

Sie sehen, es gibt absolut keinen Grund, **nicht** mitzumachen. Vielleicht nicht jetzt, in diesem Augenblick, aber bald??

1. A = Ankermann
2. B = Bugs Bunny
3. C = Camping
4. D = Dromedar
5. E = Elefant
6. F = Flöte
7. G = Garten
8. H = Hut
9. I = Indianer
10. J = Japaner
11. K = Kilo
12. L = Leiter
13. M = Militär
14. N = No-Theater
15. O = Olympiade
16. P = Paar
17. Q = QUEST-Raumstation
18. R = Reisemobil
19. S = Student/in
20. T = Tennis-Turnier
21. U = Unpünktlichkeit
22. V = Vase
23. W = Waage
24. X = Xylophon
25. Y = Yacht
26. Z = Zeppelin

12 Quizaufgabe Nr. 12: Wieviel Tiere? (Schnelle ABC-Listen)

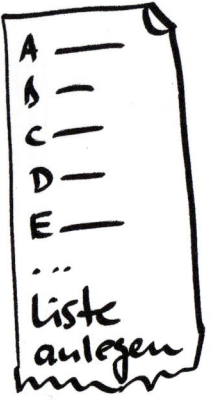

Tier-Liste: Wieviele Tiere finden Sie schnell und leicht in Ihrem inneren Archiv?

Es gilt sich eine kurze Zeitspanne zu geben und zu sehen, wieviele Tiere Ihnen in der Zeit einfallen. Da ich neuronal eher langsam bin, gebe ich mir 3 Minuten, Schnelldenker vom Dienst sollten jeweils 90 Sekunden bis 2 Minuten „arbeiten". (Die Zeit, die es dauert, am linken Blattrand ein ABC aufzulisten, wird natürlich **nicht** gerechnet.)

Vorbereitung: Raten Sie, wieviele Tiere Sie in der von Ihnen gewählten Zeit wohl finden werden? Bitte arbeiten Sie beim ersten Mal wirklich nur 3 Minuten (wenn Sie glauben, Sie seien neuronal langsam) und 90 Sekunden bzw. 2 Minuten (für Schnelldenker), ehe Sie beginnen.

Zeit: _3 min_   **Anzahl Tiere (voraussichtlich):** _30_

Dann beginnen Sie bitte jetzt: Timer stellen und los geht's …

Natürlich darf man **länger** nachdenken, Leute fragen, in einem schlauen Buch nachschlagen, etc. Ebenfalls sehr spannend sind Vergleiche mit anderen – nicht nur, was die Anzahl anbelangt (auch das kann lustig sein, wenn Sie beim Spielen gerne Punkte machen); viel faszinierender kann der inhaltliche Vergleich sein: Wem ist die **Kakerlake** eingefallen, wem die **Nachteule**?

Nein, **beide** Tiere sind nicht in den 100 der Liste auf S. 39 enthalten.

Nun, ich habe 100 Tiere gefunden, wieviel Tiere finden Sie in vergleichbaren 12 Minuten (wobei vier „Sitzungen" zu je 3 Minuten mehr bringen als 12 Minuten am Stück)? Und wieviel schaffen Ihre Freunde? (Übrigens freuen wir uns über Ihre Ergebnisse auf *www.birkenbihl.de* (unter Stichwort: INNERES ARCHIV …*).

---

* Das notwendige Passwort bekommen Sie umgehend zugeschickt, wenn Sie unter Angabe des Buchtitels und **dieser** Seitenzahl eine E-Mail schicken.

1. A
1. AASGEIER
2. ADLER
3. AFFE
4. ANTILOPE
5. AMEISE
6. AMEISENBÄR

2. B
1. BIENE
2. BIBER
3. BUSSARD
4. BÄR

3. C
1. CHAMELÄON

4. D
1. DELPHIN
2. DROMEDAR
3. DACHS(HUND)
4. DROSSEL

5. E
1. ELEFANT
2. EISVOGEL
3. ESEL
4. EICHHÖRNCHEN

6. F
1. FISCH
2. FLUßPFERD
3. FLAMINGO
4. FINK
5. FROSCH

7. G
1. GANS
2. GEIER
3. GRASHÜPFER
4. GEPARD
5. GAZELLE
6. GORILLA

8. H
1. HABICHT
2. HAHN
3. HUHN
4. HAMMEL
5. HASE
6. HENNE
7. HUMMEL
8. HUND
9. HYÄNE

9. I
1. IGEL
2. ILTIS

10. J
1. JAGUAR
2. JAGDHUND

11. K
1. KÜCKEN
2. KITZ
3. KUH
4. KALB
5. KLAPPERSCHLANGE
6. KANARIENVOGEL
7. KÄNGURUH
8. KAULQUAPPE
9. KOALA

12. L
1. LÖWE
2. LAUS
3. LEOPARD

13. M
1. MEISE
2. MAULESEL
3. MÖWE
4. MASTIFF
5. MASTODON

14. N
1. NILPFERD
2. NACHTIGALL

15. O
1. OHRWURM
2. ORANG-UTAN
3. OPPOSSUM
4. OCHSE

16. P
1. PFAU
2. PFERD
3. PUDEL
4. PAPAGEI

17. Q
1. QUALLE

18. R
1. RABE
2. REPTIL
3. RIESENSCHLANGE
4. REIHER
5. RATTE
6. ROTKEHLCHEN

19. S
1. SEELÖWE
2. SCHLANGE
3. SCHAF
4. STAR
5. SCHIMPANSE
6. SPATZ
7. SPERLING

20. T
1. TAUBE
2. TIGER
3. TÜPFELHYÄNE

21. U
1. UHU

22. V
1. VOGELSPINNE

23. W
1. WAL
2. WIESEL
3. WESPE
4. WELLENSITTICH
5. WELPE

24. X
1. x-tinct dino
2. x-beliebiges Insekt
3. XENOPHOBOS (=Fremdenhasser)

Dies bezieht sich natürlich auf den Homo sapiens, der unfähig ist, Menschen, die anders sind als er, zu respektieren; da auch der Mensch als Tier gesehen werden kann, ein legitimer Tiername, meinen Sie nicht?

25. Y
1. YAK

26. Z
1. ZIEGE
2. ZEBRA
3. ZECKE

Dies ist meine Ausbeute von 4 „Sitzungen": Viermal gab ich mir jeweils **maximal 3 Minuten Zeit** für ein **Tiere ABC,** dabei bleiben natürlich (jedes Mal) einige Buchstaben „leer", aber nach mehreren Malen bleiben wenige/keine Lücken, **wenn wir zum Thema einiges in unserem inneren Archiv haben.**

Tier-ABC-Ausbeute von 100 in 12 Minuten

13 Quizaufgabe Nr. 13: 4 Fragen zum Fehlermachen

Antworten Sie jeweils mit ❏ JA bzw. ❏ NEIN; wenn Sie unsicher sind, dann kreuzen Sie die Antwort an, die Ihrer Neigung eher entspricht. (Somit bedeutet ein JA auch ein „weitgehend JA".)

☒ **JA** ❏ **NEIN** 1. Wenn ich etwas nicht weiß, ärgere ich mich oft über mich.

❏ **JA** ☒ **NEIN** 2. Dies ist besonders ausgeprägt, wenn andere anwesend sind.

☒ **JA** ❏ **NEIN** 3. Besonders peinlich ist es mir, wenn ich wieder mal den Namen von jemandem vergessen habe.

❏ **JA** ☒ **NEIN** 4. Ähnlich geht es mir, wenn ich eine andere Art von Fehler mache, weil mein Gedächtnis mich im Stich gelassen hat.

Es wäre interessant, wenn Sie einige Menschen befragen könnten, um zu sehen, ob deren Antworten den Ihren weitgehend entsprechen.

Bitte das folgende Wortbild (KaWa) erst lesen, nachdem Sie geantwortet haben.

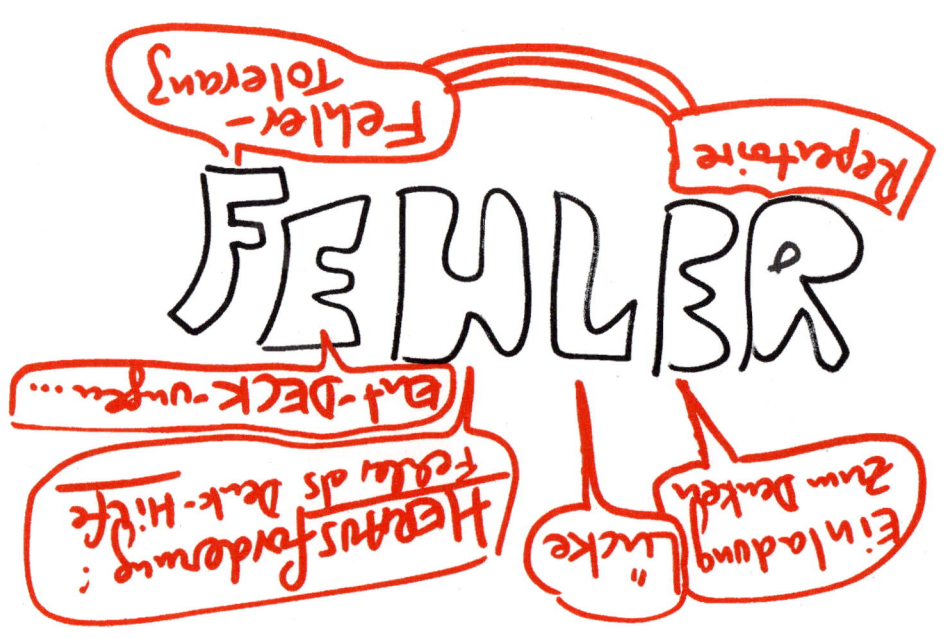

Das ABC als Grundlage des inneren Archivs   Kapitel 2

Vorbemerkung: Die **analografischen** **Denk-Techniken (Wort-Bilder = KaWa©.s** und grafische Denk-Bilder = **KaGa©.s),** werden jenen Lese-rInnen, die sie noch nicht kennen, in **Merkblatt Nr. 1** (S. 296 ff.) vorge-stellt. Der Schwerpunkt des vorliegenden Buches liegt im Denk-Werkzeug der ABC-Listen (Wissens-ABC.s).

Wenn Sie **Quizaufgabe Nr. 12** angegangen sind, dann kennen Sie inzwi-schen Ihre erste AUSBEUTE. Falls Sie lieber alle Quizaufgaben nur ausführen, wenn Sie direkt darum gebeten werden (wenn die Diskussion unmittelbar folgt), dann ist dies hier zum ersten Mal in diesem Buch der Fall. Befassen Sie sich bitte kurz mit Quizaufgabe Nr. 12 (es kostet Sie, inklusive Anwei-sung lesen und ausführen, garantiert unter vier Minuten!).

Vgl. auch Quizaufgabe Nr. 12: Tier-ABC (S. 38 f.).

Wieviele Tiere fielen Ihnen beim ersten Mal spontan ein? _____20_____ Tiere.

Im Seminar lasse ich die TeilnehmerInnen gerne vorab raten, **wieviele** Tie-re sie wohl innerhalb von 2 Minuten **finden werden**, ehe wir die Aufgabe konkret durchführen. Das sieht dann so aus:

Geraten (vorab): ___30___   Tatsächlich aufgeschrieben: ___20___

Nun möchten Sie vielleicht vergleichen? Die Erfahrungen für TIERE sehen wie folgt aus: Geraten (vorab) werden im statistischen Durchschnitt 19, tatsäch-lich aufgeschrieben jedoch nur 8. Wie ist es Ihnen ergangen?

Es mag uns im ersten Ansatz erstaunlich erscheinen, daß so viele Leute der-maßen „dramatisch danebenraten". Aber bitte fragen Sie sich:

Wann hatten Sie denn Gelegenheit, assoziatives Denken zu trai-nieren? Bis auf wenige Spiele (wie z.B. *Stadt-Land-Fluß*) **gab es in der Regel nicht sehr viel.** Da aber das Denken assoziativ abläuft, bedeutet das: Je besser Sie Ihre „assoziativen Muskeln" spielen lassen kön-nen, desto günstiger für Sie, denn:

1. **Es fällt Ihnen mehr ein, wenn es darauf ankommt** – Sie werden **intelligenter** (zumindest wirken Sie so!).

2. **Sie können unter mehr Gedanken/Ideen wählen, ehe** Sie sich äußern, damit erhöht sich die Wahrscheinlichkeit **„guter"** (intelligenter) **Gedanken**.

Wenn Sie besser geraten haben, dann gratuliere ich Ihnen, aber wenn Sie spä-ter mit Freunden in ähnli-cher Weise spielen wollen, dann erklären Sie diesen immer, wie die statistischen Durchschnittswerte ausse-hen. Das ist für all jene, die sich ebenfalls ver-schätzt haben, sehr hilf-reich.

3. **Je mehr Gedanken/Ideen Sie zur Auswahl haben**, desto mehr (neue) **Kombinationen** können Sie ausprobieren, wodurch Sie **kreativer** werden (zumindest wirken Sie so!).

4. **Je mehr Auswahl Sie habe**n, desto **(selbst-)sicherer** fühlen Sie sich. Das ist gut fürs **Selbstwertgefühl**! So macht Denken Spaß!

5. **Je mehr Freude es Ihnen macht**, desto **mehr Lust** haben Sie, **öfter** zu denken (**Warnung:** Das kann eines Tages zum Hobby werden!). Dadurch kommen Sie dem Ideal des Menschen, für das wir einige Jahrtausende zu früh die Bezeichnung HOMO SAPIENS wählten, ein wenig näher ...

Homo (= Mensch) sapiens (= weise, wissend)

Womit wir bei einem Aspekt angelangt sind, den ich **Stadt-Land-Fluß-Effekt** nenne. Wer in seiner Kindheit dieses Spiel spielte, weiß, daß geübte SpielerInnen natürlich weit besser abschneiden.

In der Schweiz ist das Spiel auch als „Geografie-Spiel", in den „neuen" Bundesländern als „Stadt-Land-Spiel" bekannt.

Es gilt, zu einem willkürlich ausgelosten Buchstaben so viele **Städte, Länder** und **Flüsse** zu notieren, wie man kann. Dabei arbeitet man gleichsam quer, denn das Blatt wird in Spalten unterteilt, die man füllt. Oft gilt die Regel: Wer seine Zeile zuerst gefüllt hat, schreit „fertig" und alle müssen zu schreiben aufhören. Aber man kann hier natürlich auch absprechen, daß man pro Buchstaben 30 Sekunden Zeit läßt, so daß man mehr als eine Lösung pro Spalte eintragen kann. Wenn man den Wettbewerb liebt, kann man am Ende jeder Runde Punkte für gefundene Lösungen vergeben.

Vgl. auch das Modul „Denk-Lust" (S. 86 ff.).

z.B.	Stadt	LAND	Fluß
A	Amsterdam	Albanien	Aller
I	Ingolstadt	Island	Isar
...	. . . .	. . . .	. . . .

Ich schlage gerne vor, das Spiel ein wenig zu variieren, und eine neue Kategorie einzuführen. Angenommen, wir sitzen mit einer Gruppe eingefleischter Stadt-Land-Fluß-Spieler beisammen und wir sind nicht soooooooo gut, dann könnten wir eine Kategorie vorschlagen, in der wir uns gut auskennen, weil unser Wissens-Netz hierzu viele Fäden besitzt. Das würde die Sache schön ausgleichen. Probieren Sie es aus; spielen Sie doch demnächst einmal Stadt-Land-Quantenphysik, wobei Sie für „Quantenphysik" ein Gebiet einsetzen, auf dem **Sie** kompetent sind! Übrigens kann man auch alleine spielen. Aber:

Ob alleine oder als Gruppe, Sie haben immer zwei Möglichkeiten: Entweder Sie spielen „quer" (wie im klassischen Stadt-Land-Fluß-Spiel) oder Sie spielen senkrecht, indem Sie pro Stichwort (= Thema) ein komplettes Wissens-ABC anlegen.

Sie müssen ja nicht gleich drei ABC.s schreiben, je eins für Stadt, Land und Fluß (bzw. Quantenphysik oder Ihren Kompetenz-Bereich), es reicht **ein** Stichwort, zu dem Sie **ein ABC** anlegen. Das geht allein oder als Gruppe! Wenn Sie in Kapitel 1 mitgespielt haben, dann haben Sie sich im Anlegen einer Tierliste versucht und auf Seite 38 Ihr Ergebnis eingetragen.

Vergleichen Sie dies nun mit der Ausbeute einer anderen Person. Als „Ausbeute" wollen wir **den (geistigen) REICH-tum** bezeichnen, der in unserem Wissens-Netz darauf **wartet, aktiviert zu werden**. Dabei gilt die alte Regel:

Je häufiger wir bestimmte Gedanken- (und Nerven-)Ver-BIN-DUNG-en bereits geknüpft und verstärkt haben, desto schneller schießen uns die dazugehörigen Assoziationen in dem Kopf.

Vgl. das Wort-Bild (KaWa©) zum Begriff „assoziativ", S. 74, 75, 78.

Fallbeispiel: Tierliste Nr. 1

1. Affe		10. Schwein
B - ????	J - ??	T - ???
C ??????	5. Katze	U - ???
D - ????	6. Löwe	11. Vogel
2. Esel	7. Maus	12. Wild-
3. Fuchs	N - ???	schwein
G - ???	O - ???	X - ?????
4. Hund	8. Papagei	Y - ???
I - ???	Q - ???	Z - ???
	9. Rind	

Margin diagram:

1 A _____
2 B _____
3 C _____
4 D _____
· · · ·
· · · · ·

Dem einen fallen **Tiere** leichter als einem anderen, der sich mit **Pflanzen** oder **Städten** „leichter tut"; aber **je mehr wir trainieren**, desto **besser** werden wir – gleichgültig wie unser Ausgangspunkt aussieht. Jemand, der beim ersten Durchgang nur wenige Assoziationen findet, mag denken, er wisse nicht viel (zu diesem Stichwort), aber er irrt. Denn: Unser passives Wissen übersteigt unser aktives (zu jedem Thema) um einen Faktor von mindestens 5 bis zu einem Faktor 50 oder mehr. Wir können also z.B. mindestens 5-mal so viele Wörter erkennen (passives Wissen) wie wir aktiv einsetzen! Viele SeminarteilnehmerInnen klagen manchmal, sie würden sich gerne gewählter ausdrücken, aber sie haben nicht viel zu wählen.

Wir kommen vor allem im Modul „COUVERT-TECHNIK" (S. 79 ff.) hierauf zurück.

Nun, passiv haben sie weit mehr Informationen als sie aktiv (bewußt) wissen, **und ABC-Listen geben uns die Möglichkeit, dieses passive (unbewußte, implizite) Wissen anzuzapfen**. Wiederholen Sie ABC-Listen zu bestimmten Themen und Sie stellen fest:

Wer **regelmäßig** ABC-Listen zu einem bestimmten Thema schreibt, **produziert** nach ca. 15 bis 25 Listen (siehe unten) weit mehr Begriffe **aktiv**, als am Anfang – auch wenn er in der Zwischenzeit absolut nichts zum Thema gelesen, gehört oder gelernt hat!

Warum 15 bis 25 Listen nötig sind

Stellen wir uns unser **passives Wissen** als zum Grunde sinkend vor. Es bleibt Teil unseres Wissens (und unseres Wissens-Netzes), ist aber **nicht mehr sofort greifbar** und wird umso schwerer zugänglich, je länger es nicht benutzt wird!

Und umgekehrt: **Was häufig aktiviert wird, bleibt weit oben.** Was lange nicht aktiviert wurde, kann sehr weit nach unten „abtauchen". Es befindet sich in den berühmt-berüchtigten metaphorischen 11 km unseres **unbewußten Wissens**. Wenn eine Information nur ein wenig abgesunken ist, genügen die ersten, sagen wir **15 ABC.s** (zu diesem Stichwort), und wichtige Ideen beginnen wieder nach oben zu wandern. Da jede mit vielen weiteren Assoziationen vernetzt ist, erhalten auch jene ein Signal und beginnen langsam wieder **aufzutauchen**. War dieses Thema aber schon sehr weit abgesunken, dann kann es sein, daß wir

erst nach 20 oder 25 ABC-Listen die Wirkung zu spüren beginnen! Wobei diese Zahlen das Denk-Modell illustrieren sollen, im Einzelfall sehen wir ja, wie schnell es geht …

Wenn wir also **wiederholt über ein Thema nachdenken** (am leichtesten bringen schnelle Wissens-Listen zwischendurch unser abgesunkenes Wissen wieder in Bewegung nach oben), dann senden wir gleichsam **Such-Sonden** los. Nun können wir uns Abertausende von „Mitarbeitern" in unserem Geist sitzend vorstellen, einige sind **Archivare** des **inneren Archivs**. Diese erhalten nun die Botschaft: „Achtung, der **Gehirn-Besitzer** will in einem weiteren Bereich seiner Geistes-Tätigkeit **Gehirn-Benutzer** werden und abgesunkenes Wissen wieder nutzen. Achtung, dieses Thema unbedingt wieder aktivieren!" Daraufhin beginnen diese Helfer Kasten und Schubladen zu öffnen, so daß mehr und mehr Perlen unseres Schatzes nach oben zu floaten beginnen.

Wenn Sie die Listen anderer Menschen sehen und ein wenig anlesen, werden Sie immer wieder feststellen, daß Sie automatisch in Ihrem Wissens-Netz „nachzusehen" beginnen, was Sie dort „finden". Dieser Mechanismus ist genauso automatisch wie der, auf eine Frage **antworten** zu wollen. Bei diesem inneren Vergleich (was hätte ich gewußt?) stellen Sie automatisch fest: Erstens welche Begiffe Ihnen jetzt beim Lesen einfallen, die in der Liste **fehlen**, sowie zweitens, welche Begriffe Sie gerade lesen, die **Ihnen heute nicht** (vielleicht sogar niemals) **eingefallen wären**. **Somit hat das Lesen einer ABC-Liste einer anderen Person Inventur-Charakter.** Es ist ein ähnlicher Effekt wie beim Beobachten einer Quiz-Show und genau darin liegt auch der Reiz, im wörtlichen Sinne: Es reizt uns tatsächlich, weil etablierte neuronale Ver-BIND-ungen **aktiviert** (also gereizt) werden, wenn wir assoziativ denken! Es folgt die fünfte Liste derselben Person:

Vgl. Listen-Beispiele ab S. 304 ff.

Fallbeispiel: Tierliste Nr. 5

1. Ameise	J - ??	12. Rind (vgl. Liste Nr. 1)
2. Biene	7. Katze (vgl. Liste Nr. 1)	13. Schwein (vgl. Liste Nr. 1)
C - ???	8. Laus	14. Taube (vgl. Liste Nr. 1)
D - ???	9. Maus (vgl. Liste Nr. 1)	U - ?????
3. Esel	N - ???	15. Vogel (vgl. Liste Nr. 1)
4. Fuchs (vgl. Liste Nr. 1)	O - ???	16. Wildente
5. Geier	10. Pferd	X - ???
6. Hund (vgl. Liste Nr. 1)	Q - ???	Y - ???
I - ???	11. Raubvogel	Z - ???

Die Ausbeute

Inventur

Wenn wir assoziativ denken wollen, stellt jede Aufgabe, die wir uns stellen, immer eine Inventur dar. Wir sehen, daß die Aufgabe **dieser** Person **beim fünften Mal bereits etwas leichter fällt** (**Ausbeute: 17**), als beim ersten Mal (**Ausbeute: 12**), wobei in der nachfolgenden Liste Nr. 17 bereits **27 Tiere** auftauchen. Daran sehen wir den **Trainings-Effekt**!

Bedenken Sie, daß wir bei ABC-Couvert **jedesmal** den fertigen Bogen sogleich „weg-stecken" (z.B. in ein Couvert) und bis zur Konsolidierung am Ende nicht mehr ansehen werden. Wir beginnen also bei jeder Übung „neu", wir lernen die Ergebnisse unserer Ausbeute von den vorherigen Übungen nicht etwa auswendig, wir spicken auch nicht, wenn wir arbeiten. Wir profitieren also nur **unbewußt** von unseren **vorherigen** Bemühungen!

Vgl. dazu auch Modul „COUVERT-TECHNIK", S. 79 ff.

Zum Zeitpunkt der **Konsolidierung** (Zusammenführung und Festigung) der **Listen 1 bis 25** ergaben sich für diese Person **86 Tiere**, was, wenn man die noch sehr magere Ausbeute beim ersten Versuch (**12 Tiere**) bedenkt, gar nicht schlecht ist, oder?

oberflächlich = an der Oberfläche liegend, schnell aktivierbar, aber auch „normal", d.h. bei vielen Menschen ähnlich …

In **Liste Nr. 5** (S. 46) erkennen wir einige **(oberflächliche)** Begriffe aus **Liste Nr. 1** wieder, aber teilweise tauchen bereits **andere** Begriffe auf, weil die Person langsam beginnt, ihr Unbewußtes „anzuzapfen", wie die nachfolgende **Liste 17** zeigt. Sie enthält bereits weit mehr Assoziationen, die **nicht mehr direkt von der Oberfläche** stammen:

Fallbeispiel: Tierliste Nr. 17

1. Affe	9. Hund	17. Pudel	24. Vogel
2. Biene	10. Igel	18. Papagei	25. Wal
C - ???	11. Jagdhund	Q - ???	26. X-beliebiges
3. Dachs	12. Kuckuck	19. Reh	Insekt
4. Elefant	13. Löwe	20. Rebhuhn	Y-???
5. Eidechse	14. Möwe	21. Schwan	27. Zebra
6. Frosch	15. Nashorn	22. Taube	
7. Fisch	16. Ölsardine	23. Unke	
8. Gans	(ha ha)	(Krötenart)	

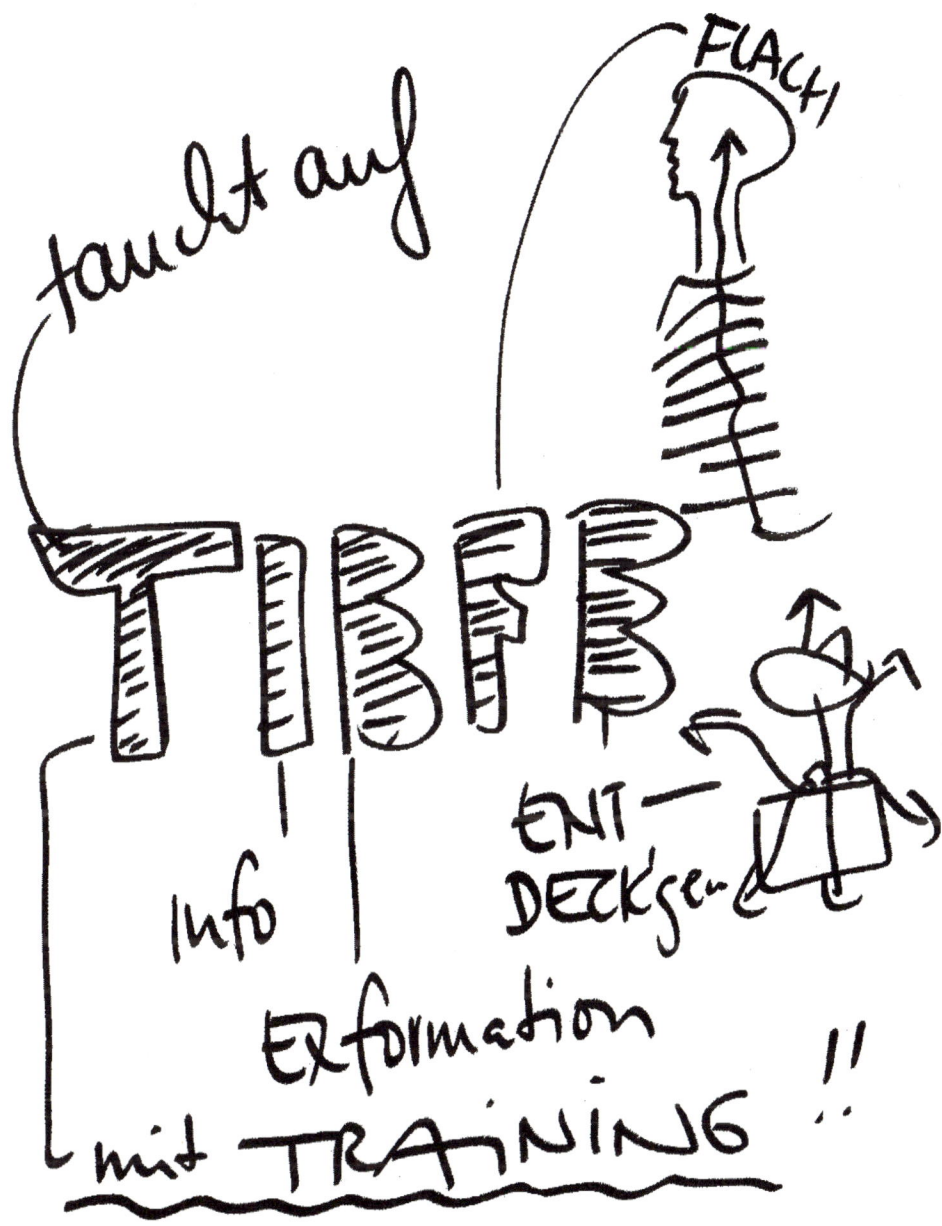

In der folgenden Konsolidierungsliste sehen wir eine Reihe Assoziationen von größerer Seltenheit, die in diesem Denker im Verlauf der ABC-Übungen (im Wortsinn!) **aufgetaucht** waren. Aus großer Tiefe nämlich …

Fallbeispiel Tierlisten: Konsolidierung der Listen 1 bis 25

1. Aal	23. Fisch	45. Lamm	66. Schwein
2. Ameise	24. Fliege	46. Löwe	67. Schwan
3. Affe	25. Gans	47. Marder	68. Skorpion
4. Antilope	26. Geißbock	48. Möwe	69. Siebenschläfer
5. Adler	27. Giraffe	49. Murmeltier	70. Steinbock
6. Bär	28. Hase	50. Maus	71. Thunfisch
7. Bussard	29. Hund	51. Nashorn	72. Tiger
8. Biber	30. Hummel	52. Otter	73. Taube
9. Biene	31. Hahn	53. Ochse	74. Uhu
10. Chamäleon	32. Habicht	54. Ölsardine	75. Unke
11. Dromedar	33. Huhn	(haha)	76. Vogel
12. Drossel	34. Igel	55. Panda	77. Vogelspinne
13. Dachs	35. Iltis	56. Pferd	78. Viper
14. Elch	36. Jaguar	57. Pudel	79. Wal
15. Esel	37. Jagdhund	58. Papagei	80. Wildschwein
16. Ente	38. Katze	59. Qualle	81. Wiesel
17. Elefant	39. Kaninchen	60. Reh	82. X-beliebiges
18. Eber	40. Kuckuck	61. Ratte	Insekt
19. Eidechse	41. Kamel	62. Rind	83. Yak
20. Flamingo	42. Känguruh	63. Rebhuhn	84. Zebra
21. Frosch	43. Koala	64. Seelöwe	85. Zikade
22. Fuchs	44. Luchs	65. Schlange	86. Ziege

Natürlich können Sie jedes Thema wählen – auch aus den vielen Listen hinten im Buch (S. 304 ff.); lassen Sie sich von einer Überschrift inspirieren und vergleichen Sie hinterher …

Falls Sie sich (und wackere Mit-DenkerInnen) testen wollen, könnten Sie eines von zwei Themen auswählen, über die wir normalerweise weniger nachdenken, z.B. **Mathematik und Geometrie** zum einen, oder **Märchen** zum anderen. Zwei Listen zum Vergleich folgen (auf den Kopf gestellt).

Mathematik und Geometrie

Z	Zeichnen
Y	Y-Achse
X	X-Achse
W	Winkel, Wurzel, Winkelhalbierende
V	Vorgehen, Viereck
U	Ungleichungen, Umkreis
T	Thaleskreis, Term, Taschenrechner, Trapez
S	Satzaufgaben, Subtraktion, Skizzen, Seitenhalbierende
R	Resultate, Raute/Rhombus
Q	Quadrate, Quadratzahlen
P	Pythagoras, Primzahlen
O	Operationen, erlaubte
N	Nachrechnen, nicht-Euklidische Geometrie
M	Multiplikation, Mittelsenkrechte
L	Lineal
K	Konstruieren, Klammern
J	J
I	Innkreis
H	Halbierende
G	Gerade Linien
F	Formeln, Fasskreis
E	Euklidische Geometrie
D	Dreieck, Division
C	Chemie (Berechnungen)
B	Binomische Formeln, Brüche
A	Algebra, Addition

Märchen

Z	Zauberer, zaubern
Y	Yacht
X	Xanthippe
W	Wasser des Lebens, Wichte, Waldmännchen, wüst, Wald/-haus, Wirtshaus, Waisenkind, weise
V	verzaubert, verwandeln
U	Unterhaltung, unwirklich
T	Teich, traurig, Tiere, treu, Tochter
S	Streit, Sterne, Sonne, Schuhe, schön, Stiefmutter/-tochter/-vater/-schwester
R	Rosen, Riesen, Räuber, reich, Reh
Q	Quelle, quälen
P	Phantasie, Prinz/Prinzessin
O	optimistisch, Oase, Ozean
N	natürlich, Narr
M	Mondkleider, Mutter
L	lustig, Leute, Liebe
K	Kater, Kräuter, Kutsche, Kinder, König/in
J	Jüngste, Jäger, jammern, jauchzen, Jungfrau, Junggeselle
I	intelligent, Idiot, Inbrunst
H	Hexen, hübsch, häßlich, Hilfe, Haare, höflich
G	gut, Gnome, Gott, goldig, Glauben, glücklich, gutmütig, gemein
F	Feen, fliegen, Frosch, Freundschaft, Flaschenkind, fröhlich
E	Engel, Eifersucht
D	Dornen, Dämon, demütig
C	Charakter
B	Bären, böse, beten, Bauer
A	Aberglaube, arm

Die Übungs-Zeit

Ich plädiere ja (zunächst) für sehr kurze Übungszeiten. Einer meiner Beratungs-Brief-Leser fand das nicht so toll und rief deshalb in der monatlichen kostenlosen Hotline an und sagte, er habe zwar mit den ABC-Listen begonnen, aber er bleibe prinzipiell 7 Minuten lang dran (aus dem Telefon-Transkript, mit freundlicher Genehmigung):

Feedback eines
Anwenders

Ich bin mein Leben lang in diesen Dingen sehr benachteiligt gewesen, durfte nur bis 14 Jahre in die Schule gehen, mußte dann hart arbeiten und habe erst seit meiner Pensionierung vor einigen Jahren die Muße, meinen Geist zu trainieren. Gottseidank schleppte mich eine gute Freundin zu einem Ihrer Vorträge (nichts für ungut, ha ha) und seither arbeite ich systematisch ein bis zwei Stunden am Tag, indem ich Übungen absolviere (deshalb habe ich ja auch einen Brief abonniert, er bietet immer wieder konkrete Aufgaben). Da ich aber sehr langsam denke und leider sehr wenige Fäden im Wissens-Netz habe, gebe ich mir die doppelte Zeit der „langsamen Denker", also 6 bis 7 Minuten für eine „schnelle" Liste. Manchmal sitze ich auch eine ganze Stunde über einem ABC. Ist das ok?

Wer auch nur den geringsten Zweifel hat, lese unbedingt **sofort** das Modul „Das ABC-Listen-Paradox" (S. 53 ff.).

Warum nicht? Selbstverständlich dürfen Sie alle Übungen immer länger ausführen, wenn Sie wollen. Dagegen spricht nichts. Als ich ihm dies erläuterte, meinte er, er wisse doch dann zu gern, weshalb ich immer auf den Mini-Zeiten „herumhacken" würde, so von wegen 90 Sekunden oder 2 oder 3 Minuten u.ä.

Der Grund, warum ich für **häufige kurze, schnelle Listen** plädiere ist einfach: Zum **Einsteigen** finden die meisten meiner TeilnehmerInnen und LeserInnen eher 90 Sekunden bis 3 Minuten akzeptabel, als gleich mehrere Minuten „opfern" zu müssen, insbesondere da die **Kurz-Trainings** auch **unterwegs** (z.B. an der roten Ampel, an der Kasse im Supermarkt etc.) **gedanklich** durchgeführt werden können.

Wer dann feststellt,

→ was sich alles **im Kopf „zu tun"** beginnt, wer beobachtet,

→ wie **immer mehr Assoziationen** zu einem bearbeiteten Thema **nach oben driften**, wer Zeuge wird,

Wie lange?

→ welche **Einsichten** einfachste ABC-Listen gewähren können,

→ welche **gedankliche Entwicklungen** dies auslösen und und und … **findet bald mehr Zeit** und bleibt bald durchaus auch ein Viertelstündchen an einem Thema „dran". Aber als Seminarleiterin oder Autorin muß ich zum **Einsteigen** motivieren. Von denen, die einsteigen, die mindestens 30 ABC-Listen hinter sich gebracht haben, bleiben fast alle am Ball, das haben die Erfahrungen der letzten Jahre eindeutig gezeigt.

Schummeln erlaubt?

Zwei Fragen tauchen immer wieder auf:

1. Was mache ich, wenn ich zu einem Buchstaben absolut nichts finden kann?

Bitte betrachten Sie das ABC am Rand.

Den werten Herrn (bei 9) hätten wir genausogut unter „F" auflisten können, notfalls sogar unter „D", auch den guten Leonardo könnte man genauso gut unter „da VINCI" eintragen, aber auch unter „V" oder, wie hier, mit dem **Vornamen** zuerst, da dieser so bekannt ist!

Apropos Vornamen: Wiewohl wir zwar **meistens** den **Nachnamen** „vorschieben", hier und da können wir natürlich den Vornamen zuerst oder sogar alleine notieren, wenn eine Person unter dem Vornamen in die Geschichte eingegangen ist, z.B. die angeblich zänkische Xanthippe (d.h. die Frau von Sokrates). Nutzen Sie die Chance, daß man manche Begriffe mit „J" **oder** „Y" schreiben kann, z.B. „Jak" oder „Yak", „Jacht" oder „Yacht" (hier: Yokaste bei Nr. 25).

2. Muß man jeden Buchstaben „ausfüllen"?

Antwort: Nein. Besonders dann nicht, wenn Sie nur eine besonders **kurze** (90 Sekunden bis wenige Minuten) **Inventur** durchführen wollen, weil Sie Ihre **„Kopf-Mitarbeiter" in der Tiefe wachrütteln** wollen. Hier gilt die Spielregel:

Wandern Sie mit den Augen das ABC „rauf und runter" und tragen Sie spontan ein, was Ihnen einfällt, egal wo.

Wenn Sie mehrmals zum selben Thema arbeiten und später vergleichen, werden Sie bald feststellen, daß es selten dieselben Buchstaben sind, die leer bleiben. (Mit Ausnahme von „X" und „Y", da das Deutsche wenige Begriffe mit diesem Buchstaben anbietet.)

Dies ist ein kleiner Vorgriff auf das Modul „Kreatives Schummeln" (S. 238r ff.).

1. Aristoteles
2. Beethoven
3. Caesar
4. Dostojewski
5. Eliot
6. Friedrich der Große
7. Ghandi
8. Hermann Hesse
9. **Il Rosso Fiorentino**
10. Jusepe de Ribera
11. Katharina die Große
12. Leonardo (da Vinci)
13. Michelangelo
14. Nietzsche
15. Otto von Bismarck
16. Platon
17. Quintillian
18. Raphael
19. Sokrates
20. Theresa von Avila
21. Ustinov, Peter
22. Van Gogh
23. Wagner
24. Xanthippe
25. **Yokaste**
26. Zarah Leander

Wir kommen im Modul „COUVERT-TECHNIK" (S. 79 ff.) hierauf zurück.

Patent - Rezepte ?

X -tra leidt ??

Durchmal :. Denken?

PARADOX

ABCs...   ASSOZIA-
TiV...

Offensichtlicher
Quatsch - oder ?

ABC-Listen-Paradox   M 1

Kennen Sie das große Paradox, das **jeden** Versuch, unser Leben zu verbessern, **erfolgreich boykottieren** kann? Denken Sie mit: Einerseits fragen die TeilnehmerInnen meiner Vorträge und Seminare sowie die LeserInnen meiner Bücher und meines Coaching-Briefes immer wieder nach Patent-Rezepten, andererseits halten sie sich aber oft an folgender Idee fest:

**Ist eine Methode/Technik einfach (anzuwenden),
dann kann sie prinzipiell nichts taugen.**

Hat man also einen Ansatz gefunden/entwickelt, der sowohl **einfach** anzuwenden als auch extrem **wirkungsvoll** ist, dann muß man sich als Urheber/Autor geradezu rechtfertigen oder entschuldigen, denn im tiefsten Inneren **halten sie selbst jene, die sich eine solche Methode wünschen würden, für unmöglich.**

Deshalb wollen wir über das Paradox vielleicht kurz nachdenken, denn solange es uns „im Weg steht", solange werden wir die beste Technik nicht anwenden. Demzufolge haben wir auch keine Chance zu erfahren, wie sehr dieser Ansatz unser Leben möglicherweise **hätte** erleichtern **können**. Es gilt also, zwei Aussagen daraufhin überprüfen, ob sie in Einklang gebracht werden können, nämlich:

1. **Patent-Rezepte sind immer** (zu) **einfach** (oberflächlich), und
2. **Einfaches kann nichts taugen** (Implikation: alles Wahre/Gute muß die Komplexität der Welt widerspiegeln ...).

Zu 1: Patent-Rezepte sind immer (zu) einfach (oberflächlich)

Ich sehe prinzipiell gerne in einem etymologischen Wörterbuch nach, da die Sprachwurzel oft faszinierende Aufschlüsse über Begriffe bietet. Im Duden Nr. 7 (Herkunftswörterbuch) finden wir den Hinweis, daß der Begriff „patent" seit über 400 Jahren die Idee der **Ermächtigung** beinhaltet: So hatten die Besitzer eines sogenannten landesherrlichen Briefes (= Patent) Anspruch auf bestimmte Macht-Insignien (mit den verbundenen Rechten), die der Landesherr ihnen per **Brief** zugestanden hatte (analog dem bis heute erhaltene Wort „Offizierspatent").

Vor vielen Jahren publizierte ich einmal diese Erklärung zum ABC-Listen-Paradox, die ich jetzt wieder „ausgegraben" habe, weil die ABC-Techniken so einfach **scheinen**, daß **gerade** die Leichtigkeit, mit der sie „funktionieren", ihrem Erfolg im Wege steht. Ich finde es außerordentlich bedauerlich, wenn Leute von den „läppischen" („popeligen", „albernen" u.ä) ABC-Listen reden, die sie niemals im praktischen Einsatz getestet haben. Weder, wenn es darum geht, unser inneres Archiv **auf-** oder **auszubauen**, noch wenn wir die gigantischen Schätze in unserem Inneren nutzen wollen.

Inzwischen kennen wir eine daraus hervorgegangene **neuere** (juristische) Bedeutung in Bezug auf geistiges Eigentum, wobei es sich hier darum handelt, daß der Besitzer des Patents auf seine **brieflich verbürgten** Rechte zur Nutzung desselben Wert legt. Die Implikation, daß nur qualitativ hochwertige Ideen „patentierbar" sind, führte schließlich zur einer Übertragung in das umgangssprachliche Adjektiv „patent" mit den Bedeutungen: **geschickt, praktisch, tüchtig, sehr brauchbar, großartig.** So gesehen, müssen Patent-Rezepte hohen Ansprüchen gerecht werden, denn sie sollen qualitativ hochwertig sein, sowie praktisch gut anwendbar und darüber hinaus auch noch einfach zu handhaben (was sie in bedrohliche Nähe zur „eierlegenden Wollmilchsau" bringt).

Patent

Zu 2: Einfaches kann nichts taugen

Diese Idee leitet sich von der doppelten Tatsache her, daß die Welt natürlich von großer Komplexität ist und daß in der Vergangenheit immer wieder versucht wurde, mit einem kleinen einfachen Ansatz diverse Probleme **gleichzeitig** zu lösen. So verkauft man seit Jahrtausenden immer wieder irgendwelche „Wässerchen" oder „Pülverchen", die vom Keuchhusten bis zur Syphilis gegen alles und jedes gut sein sollten. Übrigens wurde einer dieser Händler verhaftet, weil er ein Mittel gegen die Sterblichkeit verkauft hatte. Bei genauerer Überprüfung der Sachlage ergab es sich, daß der Mann bereits dreimal zuvor verhaftet worden war, und zwar für das gleiche Vergehen! Nämlich im Jahre 1655, 1834, 1928 …

der unsterbliche Scharlatan

Wenn also ein Patent-Rezept für oder gegen alles und jedes angeboten wird, dann ist es sicher gut, vorsichtig zu sein. Aber wir alle kennen natürlich einige phänomenale Patent-Lösungen, die sich inzwischen so großartig bewährt haben, daß uns ein Leben ohne sie fast unvorstellbar erscheint. Sie zeichnen sich dadurch aus, daß sie **ein spezielles** Problem explizit lösen (und nicht alle möglichen Probleme gleichzeitig zu lösen vorgeben). Kreuzen Sie doch bitte gleich einmal an, auf wie viele der folgenden Patent-Ideen Sie sich täglich oder zumindest wöchentlich verlassen:

Checkliste

❒ den **Korkenzieher** (oder den **Flaschenöffner**),

❒ **Filzstifte**,

❒ die genialen **Post-its**,

- ❑ den **Reißverschluß** (der inzwischen teilweise von dem für manche Situationen noch günstigeren **Klettverschluß** abgelöst wird),
- ❑ den **Karabinerhaken** (Wie sonst könnten Sie einen Hund schnell und sicher an die Leine nehmen?),
- ❑ **Büro- und Heftklammern** (aus letzteren leiten sich die **Staple-Guns** ab, mit denen man diverse Materialien „verklammern" kann; im täglichen Gebrauch für viele Handwerker absolut unverzichtbar),
- ❑ **Radiergummi**,
- ❑ **ABC-Listen**,
- ❑ **Alu-** und **Plastik-Folien** (denken Sie nur an die Küche: einfrieren, backen, braten und im Eisschrank aufbewahren),
- ❑ **Tupperware** (oder ähnliche **Plastikgefäße** im Alltag).

Praktische Anwendung s. Module „Denk-Technik" (S. 90 ff.) und „LULL'sche Leitern und ROTAE" (S. 252 ff.).

Jede dieser Technologien zeichnet sich dadurch aus, daß sie **eine** Sache besonders gut machen. Daß ein Könner damit später **viele** verschiedene **Anwendungs-Möglichkeiten** entwickeln kann, ändert nichts an der Tatsache: Ob ich mit einem Post-it die Stelle im Gesangbuch markiere, oder ob ich einem Mitarbeiter eine Anweisung auf seinen Aktenkoffer klebe — die **Situationen**, in denen die Technologie angewendet werden kann sind vielfältig, aber die Technologie hat immer **denselben** Zweck: etwas FESTZUHALTEN, aber so, daß es später wieder gelöst werden kann, also fast ein Paradox: etwas FLEXIBEL FESTZUHALTEN.

Aus diesem Grund hatte der Erfinder bei 3M die Post-its damals erfunden — weil ihm immer die Zettel aus dem Gesangbuch fielen!

Ähnlich sollen ABC-Listen eines erleichtern, nämlich das Anzapfen unseres gigantischen unbewußten (impliziten, geheimen) Wissens!

Damit aber wird eine einfache ABC-Liste zum **Denk-Werkzeug** und wir messen Intelligenz u.a. an der Fähigkeit, mit Tools umzugehen (bzw. neue zu erfinden). Selbst Tiere bedienen sich Werkzeuge, wie inzwischen feststeht, z.B. unsere Verwandten: Manche Affengruppen benutzen Werkzeuge, um z.B. Nüsse zu knacken oder um Ameisen aus Löchern im Ameisenbau zu fischen. Einige nehmen nur Vorhandenes (in Form herumliegender Zweige), andere machen sich ihre „Werkzeuge" selber. Um an ihre Beute zu kommen, müssen jene, die nur ihre Finger benutzen, viele Male in die Löcher greifen, während **Werkzeug-Benutzer** mit den Zweigen als „Angelruten" nach einem **einmaligem** „Fischzug" ihren Zweig in Ruhe abernten können. Im Klartext: Tools machen uns das Leben einfacher, so wir intelligent genug

Übrigens: Affen sind uns zu ca. 98 % genetisch gleich!

sind, sie zu nutzen! Auf der anderen Seite, können Tools uns intelligenter **machen**! Der englische Psychologe Richard GREGORY stellt fest:

> Der Mensch hat nicht nur die Intelligenz, die wir normalerweise meinen, er besitzt auch eine beträchtliche **potentielle** Intelligenz – also eine Intelligenz, die angezapft werden kann, die jedoch bisher **noch nicht aktualisiert** und **noch nicht aktiviert** wurde.

Bezüglich **lernbarer Intelligenz** vgl. das Modul „Geniales Denken" (S. 209 ff.).

Dem fügt Daniel DENNET fügt hinzu: „Jedes mögliche **Denk-Tool** kann unsere Intelligenz sowohl fordern als auch fördern." Da dies so ist, sollten wir uns bezüglich neuer Tools, die wir **noch nicht** nutzen können, unbedingt fragen: Wird uns dieses Werkzeug helfen, unser Denken zu er-**WEIT**-ern? Wird es uns helfen, unsere Möglichkeiten zu **vergrößern**? Kann dieses Tool unsere **potentielle** Intelligenz fördern? Wenn mindestens eine dieser Fragen ein „Ja" als Antwort erhält, dann lohnt es sich.

Wenn Affen lernen können, mit einem Zweig nach Ameisen zu fischen, dann sollten wir lernen können, mit einem Denk-Tool nach Ideen zu angeln, oder?

Besonders interessant kann es sein, uns diese Fragen bezüglich eines Tools zu stellen, das uns eigentlich bekannt zu sein scheint. Zum Beispiel können Millionen von Menschen mit einem Hammer einen Nagel einschlagen, aber nur wenige haben jemals ausprobiert, was geschieht, wenn sie den Hammer an einem Meißel ansetzen. So könnte **mit einiger Übung** vielleicht etwas ganz Neues (z.B. eine Skulptur) entstehen. Das könnte sowohl einer maßgeblichen Er-**WEIT**-erung unserer Fähigkeit (Kompetenz) entsprechen, als auch einer **Vergrößerung** unserer Möglichkeiten und kann demzufolge als Förderung unserer **potenziellen** Intelligenz eingestuft werden.

So ähnlich verhält es sich mit dem Denk-Tool der ABC-Listen. Noch haben die meisten Leute nicht gelernt, mit diesem **metaphorischen Hammer** einen Nagel einzuschlagen, ganz zu schweigen von den „bildenden Künsten" (in metaphorischem Sinn): hier meinen wir natürlich das Bilden neuer Gedanken-Assoziationen etc.

Dieser „Hammer" ist ein großartiges geistiges Werkzeug; er stellt eine Sonderform von KaWa.s dar. Falls Ihnen der Begriff „KaWa" noch nichts sagt, vgl. Merkblatt Nr. 1 „Analografffiti für Quer-Einsteiger" (S. 296 ff.).

M 2   AbRUF-Reiz

Für dieses Modul benötigen Sie Ihre Ergebnisse der Quizaufgabe Nr. 6 (S. 30 ff.), bei der Sie Ihr inneres Archiv in drei Modi „befragten". Sie haben noch eine Chance, dieses kleine Experiment durchzuführen, denn was man dabei lernt ist außerordentlich wichtig. Sie können die Übung auch wiederholen bzw. Ihre Ergebnisse hier eintragen:

1. Tempo (je leichter etwas und einfällt, desto schneller sind wir!)

Aufgabe 1: **Anfangs-Buchstaben** dauerte _____

Aufgabe 2: **Silbenzahl** dauerte _____

Aufgabe 1: **End-Buchstaben** dauerte _____

2. Spaßfaktor (je leichter uns etwas einfällt, desto mehr Freude macht es uns in der Regel)

Auf einer Skala von 0 (mies) **bis 100** (super) **Punkte**:

Aufgabe 1: **Anfangs-Buchstaben** _____ Punkte

Aufgabe 2: **Silbenzahl** _____ Punkte

Aufgabe 1: **End-Buchstaben** _____ Punkte

Wie Daniel L. SCHACTER* in seinem sehr lesenswerten Buch *„Wir sind Erinnerung"* aufzeigt, gab es bis Anfang des letzten Jahrhunderts so gut wie keinen Zweifel an der **Annahme: Gedächtnis kann qualitativ nur so gut sein, wie der ursprüngliche Speicherungsprozeß**, der demzufolge allein für die **Qualität der Erinnerungsfähigkeit** verantwortlich gemacht werden müsse. Deshalb rieten Erinnerungs-Künstler seit der Antike, die Inhalte des „künstlichen Gedächtnisses" in unserem Kopf so an-SCHAU-lich und emotional stark an-REGEND wie möglich zu gestalten.

Aber dann publizierte Anfang des letzten Jahrhunderts ein Deutscher, ein gewisser Richard SEMON eine Monografie (*„Die Mneme"*) die jene Annahme in Zweifel zog. Hätte dieser unglückselige Typ sich nicht in die Frau des Professors, unter dem er arbeitete, verliebt, hätte sie ihren Mann nicht „böswillig"

Mit „künstlichem Gedächtnis" bezeichnete man alles, was man sich „künstlich" aneignen wollte oder mußte, im Gegensatz zu den Erinnerungen, die das Leben uns so bot. Man ging damals noch davon aus, daß man dies automatisch erinnern würde; es war gleichsam unser „natürliches Gedächtnis".

---

* SCHACTER ist ein begnadeter Wissenschaftler, der auch eigene Forschung betreibt, gleichzeitig ist er aber auch ein „Wissenschafts-Publizist", weil er die Arbeiten der Kollegen und Vorgänger nicht nur beobachtet und in seine eigene Arbeit einbezieht, sondern darüber in seinem sehr lesbaren Stil referieren kann. Die Kombination aus flotter Schreibe unter Angabe der Quellen ist rar (ähnliches finden Sie z.B. bei NØRRETRANDERS, dem preisgekrönten Wissenschafts-Publizisten, auf dessen Arbeit wir in diesem Buch auch immer wieder stoßen).

verlassen, und hätten die beiden nicht gegen alle Widerstände der damaligen Zeit geheiratet, dann hätte seine Theorie vielleicht eine Chance gehabt. Aber so war er ein sozial Geächteter geworden! Wer würde es sich mit dem Herrn Professor zu verscherzen wagen, indem er auf die Gedanken jenes SEMON einging?

Deshalb dankt SCHACTER einem einzigen Forscher, der übrigens weit weg in Amerika lebte und der SEMONs Arbeit (kritisch) zur Kenntnis nahm: Henry X. WATT. Dieser verwarf zwar einen Teil von SEMONs Ideen, aber er „rettete" für die Nachwelt den Schlüsselgedanken. SCHACTER nennt ihn:

SEMON muß die Dame sehr geliebt haben, denn als sie 1918 an Krebs starb, erschoß er sich. Er hatte ihretwegen die Isolation akzeptiert, ohne sie war sein Leben nicht mehr lebenswert.

SEMONs Vermächtnis

SEMON definierte drei „Teile" des Erinnerungs-Prozesses:

1. Die sogenannte **ENGRAPHIE** (wörtlich: hinein schreiben, gemeint: ins Gedächtnis); wird heute als „**Lernen**", von Fachleuten als KODIEREN bezeichnet.

2. Das sogenannte **ENGRAMM** (wörtlich: das Hineingeschriebene, also das Resultat einer erfolgreichen Engraphie).

3. Die sogenannte **EKPHORIE** (wir kommen gleich auf sie zurück).

SEMON hatte (wie SCHACTER berichtet) anscheinend als erster begriffen, **daß** Gedächtnis-Inhalte **nicht nur** von der Art des **Einspeichern** abhängen, sondern auch von der **Art der Abruf-Stimulierung (Ekphorie)**, die sie „auslösen" soll. Und jener WATT hatte genau das für so wichtig gehalten, daß er es der Nachwelt erhielt, indem er es publizierte. WATT (zitiert bei SCHACTER):

> Der wertvollste Teil (…) sind die Ausführungen über den **ekphorischen** Stimulus.

Dieser Begriff wurde in den 1950er Jahren von LASHLEY übernommen; darüber hatte ich bereits 1984 in einem Artikel (in der „*Enzyklopädie Naturwissenschaft und Forschung*") berichtet, vgl. auch „*Stroh im Kopf?*".

Hierzu sagt SCHACTER:

> Die Wahrscheinlichkeit des Erinnerns wird auch vom ekphorischen Stimulus, dem Hinweisreiz, und dessen Beziehung zum Engramm (d.h. der Gedächtnisspur der ursprünglichen Kodierung) beeinflußt.

Durch diese Ideen wurde nun der Schwerpunkt der Untersuchungen **erstmals** auf die AbRUF-Situation gelenkt.

AbRUF

Stichwort:

SCHACTER lädt uns ein, uns an die aufregendsten Sportereignisse unserer Schulzeit zu erinnern. (Für absolute Sport-Banausen darf es auch etwas anderes sein: Ein Schulkonzert? Ein Abschlußball? Eine besondere Situation …? Ist Ihnen etwas eingefallen?) Nun stellt SCHACTER fest:

Ohne die Frage, wäre das, was Ihnen jetzt einfiel, nicht aktiviert worden (aber vorhanden gewesen).

Bei dieser Frage mag es ja relativ egal sein, ob wir das Wissen jetzt im Augenblick aktiviert hätten, aber es gibt natürlich eine Menge Dinge, die wir „drin" haben, die aber im Verborgenen warten, solange die richtigen ekphorischen **AbRUF**-Reize fehlen (wie z.B. eine gute Frage), die sie aktivieren würden. Diese Wissens-Inhalte können wir als „passives Wissen" bezeichnen. (Manche Forscher sprechen von implizitem Wissen.) Es nutzt uns jedoch nichts, wenn es nur passiv „rumliegt".

Zu-RUF

Ab•RUF

Stellen Sie sich ein gigantisches 11 km langes Gebäude vor: Es ist voller Schauspieler (engl.: actors), die wir als Akteure bezeichnen wollen. Millionen von ihnen **warten auf ihren Einsatz, der jedoch nur auf Zuruf erfolgen kann**. In diesem gigantischen Gebäude befindet sich eine **Bühne**[*], auf der nur jene Akteure erscheinen dürfen, die tatsächlich „gerufen"

---

[*] Sie ist eine Analogie zu der Theater-Metapher im Anti-Ärger-Buch („*Täglich weniger ärgern*", Sommer 2002). Neil POSTMAN und andere haben vorgeschlagen, möglichst viele Metaphern zu bilden, wenn wir eine Sache besser begreifen wollen. Jede Metapher beleuchtet einen Aspekt besonders (und unterschlägt andere). Jede weitere Metapher beleuchtet andere Aspekte und so fügt jede dem wachsenden Bild ein Teil hinzu.

wurden. Manche sind Einzelgänger, manche Mitglieder einer Gruppe (ruft man **einen** aus der Gruppe, dann kommen alle).

Nun gibt es ein **ziemlich kleines Spotlicht** auf dieser **großen Bühne** in dem gigantischen Gebäude. Der Spot beleuchtet immer nur jene wenigen **aktivierten** Akteure, die gerade agieren, **weil sie gerufen worden waren**. Nun stellt uns Richard SEMON die Frage: **Was löst das Erscheinen dieser Akteure aus?**

Es hängt, wie er aufzeigt, eben nicht nur davon ab, wie und wann sie einst von uns „eingestellt" worden waren. Wann dürfen sie auftreten? Was **RUFT** sie in das helle Spotlicht unserer bewußten Aufmerksamkeit? Im Klartext:

- **Wie können wir unser inneres Archiv besser anzapfen?**
- **Können den AbRUF optimieren?**
- **Und wenn ja, wie?**

Ich habe die wichtigsten Infos und Tips in ein KaWa (S. 72) gepackt: Beginnen wir aber zunächst mit „A" wie ABC-Listen …

ABC-LISTEN

Es folgen die Forschungsergebnisse (zum Vergleich):

1. **In der Regel** fällt es uns am **leichtesten**, Begriffe über ihre **Anfangs-Buchstaben** zu suchen

2. **Relativ leicht** fällt die Suche gemäß **Silbenzahl**. Aber:

3. **Die meisten Versuchspersonen** finden die Suche nach **End-Buchstaben** von Begriffen **sehr schwer** (oft unmöglich).

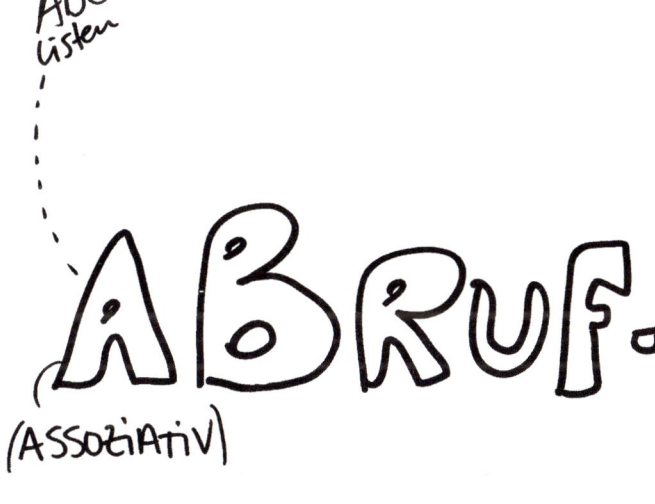

Wir sehen:

Anfangsbuchstaben bieten uns die beste Art **ekphorischer Abruf-Reize!** Bei **ABC-Listen** geht es um die **Anfangs-Buchstaben**, deshalb sind sie so ergiebig …

Wenn Sie eine ABC-Liste zu einem Thema anlegen, machen Sie eine erste Oberflächen-INVENTUR (im Wortsinn noch sehr oberflächlich, flach). Wenn Sie jedoch kurz hintereinander mehrmals Listen anlegen (jeweils 90 Sekunden bis 3 Minuten lang), dann senden Sie den metaphorischen Mitarbeitern, die Ihre unbewußten (passiven) Wissens-Schätze bewachen, ein Signal nach dem Motto: „Hallo Leute, das Thema interessiert mich!" Daraufhin öffnen diese mehr und mehr der Kisten und Kasten, so daß bei weiteren Versuchen bald immer mehr zum Vorschein kommt.*

> Wandern Sie 90 Sekunden bis 3 Minuten lang mit den Augen das ABC hinauf- und hinunter und notieren Sie die Begriffe, die Ihnen spontan einfallen (es ist völlig ok, einige Lücken stehen zu lassen, wenn der Timer das Ende der von Ihnen erlaubten Zeit verkündet).

Assoziatives Denken

DENK-Wolke

Wir denken natürlich **immer** assoziativ, denn jeder „Faden" in unserem metaphorischen Wissens-Netz ist mit vielen (oft tausenden) von anderen Ideen verbunden! Das wollen wir hier nicht noch einmal diskutieren; es bedeutet aber: Was immer durch einen AbRUF-Reiz ins Licht unseres Bewußtseins getreten ist, kann hunderte von (weiteren) Assoziationen auslösen. Manchmal löst ein Gedanke regelrechte **Denk-Wolken** (vgl. auch „Ideen-Schwärme", S. 119/120) aus …

Bruchteile reichen!

Der amerikanische Kognitionsforscher Ulric NEISSER bietet uns eine brillante Metapher an, um den Charakter der Re-KONSTRUKTION eines AbRUFes aufzuzeigen: Unser Denken gleicht oft der Arbeitsweise eines Archäologen:

> Das symbolisiert der Knochen im KaWa (S. 72).

Aus einem Knochen rekonstruieren wir einen ganzen Dinosaurier in unserer Erinnerung.

---

* Dieses Auftauchen von Informationen wurde im *„Das große Analograffiti-Buch"* mehrmals angesprochen, vgl. auch im vorliegenden Buch das Stichwort „COUVERT-TECHNIK" (S. 79 ff.).

Sie erinnern sich an Quizaufgabe Nr. 7, in der das Prinzip **DALLI KLICK** (aus einer frühen TV-Rate-Quiz-Show namens **DALLI DALLI** vorgestellt wurde? Haben Sie mitgeraten?

(Vgl. S. 32 f.)

Auf Seite 64 und 65 sehen Sie die Auflösung der beiden Quizfragen: Zunächst das Bild (links), zunehmend enthüllt (frei ge-KLICK-t). Merke: **Je vertrauter man mit dem abgebildeten Objekt** (sei dies nun ein Gegenstand, eine Szene, ein Mensch, ein Tier, eine Pflanze etc.) **ist, desto besser kann man er-GÄNZ-en, d.h. im Geiste „ganz machen".**

Je vertrauter man mit der Abbildung ist, desto besser gelingt dies und desto schneller kann man demzufolge raten.

Andernfalls beweist man lediglich, daß man mit diesem Bild noch nicht vertraut war ...

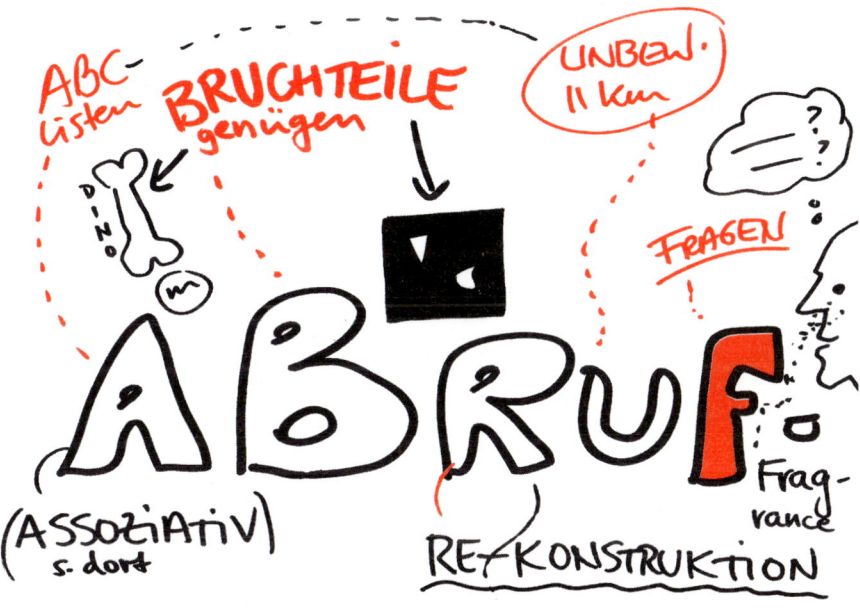

Start:
100 %
Abdeckung
(hier nicht
gezeigt).
Dann
wird
Schritt für Schritt
aufgedeckt.

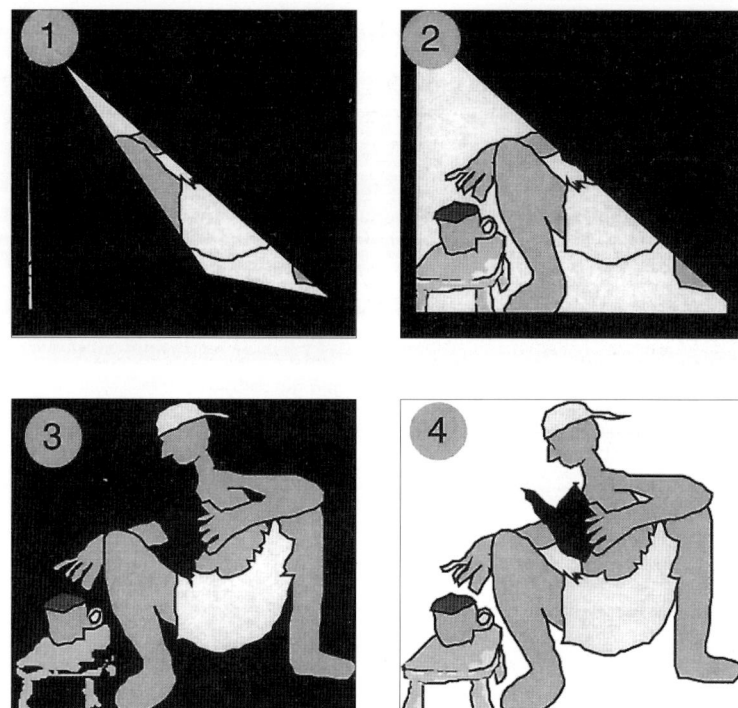

Vielleicht möchten Sie ein paar Bilder (z.B. aus einer Grafik-CD) in ähnlicher Weise aufbereiten und mit Ihren Freunden spielen?

Spiel-Idee

Legen Sie die (auf der Rückseite numerierten) Bilder in schneller Folge auf den Tisch und lassen Sie raten. Wenn auch ein paar FreundInnen Bilder vorbereiten, dürfen auch Sie sich im schnellen Er-GÄNZ-en versuchen. Es macht wirklich viel Spaß ...

Natürlich müssen die freien Stellen nicht zusammenhängen, sie können völlig willkürlich angeordnet werden und auch „wild" über das ganze Bild verteilt sein:

Diesmal
wurden die
aufgedeckten
Stellen
über das
ganze
Bild
verteilt.

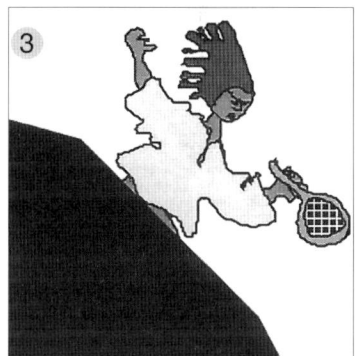

Es gibt auch andere Kategorien von Bildern, bei denen wir er-GÄNZ-en müssen, wenn die Abbildung zwar vorhanden sind, aber …

Das Bild ist (stellenweise) **schwach**:
So waren frühere Aufnahmen von Stern-bildern ferner Galaxien noch sehr schwach (diffus), wie neuere Aufnah-men mit wesentlich besseren Telesko-pen zeigen. Ein ähnlicher Effekt stellt sich bei alten Gemälden, Fresken, Höhlenmalereien etc. ein. Nun, da man die GIOTTO-Bilder in Padua restauriert hat, sieht man in der leuchtenden Farb-kraft Details, die vorher nie erahnt worden waren!

Die GIOTTO-Restaurierung dauerte 14 Jahre, weil man die Gemälde vor einem halben Jahrhundert mit einem luftdichten Lack überzogen hatte, der den Bildern die Farben raubte. Ähnliche Probleme sehen wir bei alten Wand-malereien …

Die Auflösung ist zu grob: Erinnern Sie sich noch, als Sie diese Ansammlung von Rechtecken erstmals gesehen haben? Es war die erste Demonstration (vor Jahrzehnten), aus der hervorging, wie wenig Info unser Geist in Wirklichkeit benötigt, um fehlende Details zu er-GÄNZ-en! Falls Sie das Gesicht noch nicht sehen können, bewegen Sie das Buch weiter vom Gesicht weg und kneifen Sie die Augen zusammen ...

Für alle Zweifler: Ja, es ist LINCOLN.

Unabhängig davon, ob wir fehlende Aspekte (Farbe, Auflösung) oder ganze Bild-Teile **er-GÄNZ-en** müssen; möchte ich das Prinzip zu Ehren eines Quizmasters aus meiner Jugend als **DALLI KLICK-Effekt**© (oder **-Prinzip**) bezeichnen, denn dieses **DALLI KLICK-Prinzip**© ist eine wunderbare **Metapher** für einen wichtigen Aspekt der Funktionsweise unseres Gedächtnisses. Es soll uns immer wieder daran erinnern:

> **Wir benötigen oft nur Bruchteile der Information, um zu er-GÄNZ-en.** Dann machen wir uns **ein Bild**; wir **RE-KONSTRUIEREN** aus dem einen Knochen einen ganzen Dinosaurier, indem wir, aufgrund unseres Wissens, Schritt für Schritt **Informationen zusammenfügen** und das **Fehlende er-GÄNZ-en**.

Vgl. KaWa zu „AbRUF" (S. 63).

Allerdings gilt: Das Fehlende war einen Augenblick zuvor **wahrscheinlich nicht** in unserem aktiven Bewußtsein gewesen. Es hatte sich also einen Moment vorher **nicht** im Spotlight auf der Bühne unseres geistigen Lebens-Theaters aufgehalten. Im Klartext:

> **Das Unvollständige wirkt als (ekphorischer) AbRUF-Reiz. Es löst den DALLI KLICK-Effekt© um so effizienter (also schneller, akkurater) aus, je vertrauter wir bereits mit der Sache sind!**

Hier sehen wir einen wesentlichen Aspekt des Vermächtnisses von Richard SEMON: Je vertrauter wir sind, desto **schneller** kann der Stimulus als ekphorischer Reiz fungieren.

So gesehen dienen Rätsel und Quizaufgaben jeder Art (inkl. Fragen) als Inventur: Stellt eine Frage einen guten ekphorischen AbRUF-Reiz dar?

Wenn ja, dann löst die Frage die Antwort aus; dann wissen wir sofort Bescheid. Andernfalls müssen wir keinesfalls gleich aufgeben (was viel zu viele Leute tun!). Sondern: **Wir können den AbRUF-Reiz verbessern.**

AbRUF

Je wichtiger die Angelegenheit für uns ist, desto mehr „lohnt" es sich! Wenn Sie die Art von Quiz-Sendungen* kennen, bei denen die KandidatInnen laut denken dürfen, dann konnten Sie den RE-KONSTRUKTIONS-Prozeß oft live beobachten.

SEMON war der erste, der begriff, wie wichtig die Qualität des AbRUF-Reizes ist, sowie, daß man diesen verbessern kann. Nutzen wir diese Einsicht! Am Beispiel der Bilder (S. 64 f.): Da die Tennisspielerin leichter und schneller anhand des Tennisschlägers identifiziert werden kann, als am Wadenbein, wäre das Wadenbein **ein schlechterer ekphorischer Stimulus** als das Racket!

> **Wenn Sie Infos in Ihrem Geist suchen, von denen Sie annehmen, daß die „Akteure" irgendwo in dem 11-km-Gebäude auf ihren Aufruf (= AbRUF-REIZ) warten, dann spielen Sie mit den möglichen Fragen, die Sie stellen können.**

Zwei Fallbeispiele (der Name eines Komponisten und die Beschaffenheit eines eigentlich nicht bewußt registrierten Büros) finden Sie in Modul „Unterschwellig?" (S. 279 ff.).

Kehren wir zu den Bestandteilen unseres AbRUF-KaWa (S. 72) zurück: Wir hatten festgestellt, daß **ABC-Listen** eine hervorragende „ekphorische Strategie" darstellen, weil sie eine Reihe von Akteuren aufrufen, von denen manche andere kennen, die per **assoziativem** Denken **ebenfalls** auf der (geistigen) Bildfläche erscheinen.

Mehrere ABC-Listen „reißen" eine Menge Infos „an", indem sie viele Akteure „rufen" und so als AbRUF-Reize dienen!

Wir hatten ebenfalls festgestellt, das bereits **Bruchteile von Infos** helfen, wenn wir sie ergänzen können:

---

* Ich glaube, es gibt mehrere Gründe,warum wir Quiz-Sendungen so lieben: Erstens können wir mitraten, d.h. mit unseren eigenen Archiv-Inhalten spielen (das macht Freude, auch daheim vor dem TV-Screen). Zweitens ist es faszinierend, Leuten zuzuhören, die aktiv RE-KONSTRUIEREN! Es erlaubt auch uns beim Zuhören, so manche Info aus den tiefsten Katakomben des 11-km-Gebäudes wieder „aufzurufen" und voller Stolz festzustellen, daß wir das JETZT auch gewußt hätten.

Im Normalfall (wie bei **DALLI KLICK**) sofort und spontan, aber wir können uns diese **Er-GÄNZ-ung** auch schrittweise erarbeiten, indem wir (wie ein Archäologe) aus einem einzigen **Knochen** einen ganzen **Dinosaurier** RE-KONSTRUIEREN, d.h. **er-GÄNZ-en** (nach NEISSER).

RE-KONSTRUKTION

Haben Sie das RE-KONSTRUKTIONS-Experiment (Quizaufgabe Nr. 8) in Kapitel 1 (S. 33 f.) zur Kenntnis genommen und sich entweder daran erinnert oder es aktiv durchgeführt? Dann haben Sie ja auch die Lehre (auf S. 34) gelesen. Also ist alles klar, wenn wir hier nur sagen:

Das „R" in Abruf steht für die RE-KONSTRUKTION. Jeder Abruf stellt immer eine RE-KONSTRUKTION dar.

Unbewußtes

Allerdings läuft diese RE-KONSTRUKTION oft so schnell ab (4000- bis 2000-mal schneller, als wir bewußt in Worten denken), daß wir sie nicht bewußt registrieren oder gar beobachten können. Nur, wenn der RE-KONSTRUKTIONs-Prozeß **sehr langsam** und **nachdenklich** wird, können wir ihn wahrnehmen. Deshalb sollten Sie ja das kleine Experiment durchführen. Die Ergebnisse von tausenden meiner Seminar-TeilnehmerInnen sind eindeutig:

Erinnern Sie sich noch an die Fragen von S. 32 f.?

Aufgabe Nr. 1: Monatsnamen „runterrasseln"

Hier wird als Tempo normalerweise von „rasend schnell" bis „sehr schnell" registriert. Bitte beachten Sie, daß die Geschwindigkeit unseres Denken von zwei Faktoren abhängt:

Dies hat katastrophale Auswirkungen auf die akustische Firmen-Indentifikation am Telefon! Die Call-Center-Leute mögen es ja schon tausende von Malen gesagt haben, aber (potentielle) KundInnen würden es gerne **einmal** sauber **zu hören bekommen!!!**

1. Von unserer **genetisch angeborenen neuronalen Grundgeschwindigkeit** (vgl. „Hier geht's los ...", Stichwort: „Intelligenz", S. 21 ff.).
2. Von der **Übung in einer spezifischen Sache** (das ist der zweite Aspekt von Intelligenz bei PERKINS). So sprechen wir einen Begriff, einen Namen oder ganze Sätze umso schneller, je häufiger wir sie in der Vergangenheit bereits gesagt haben. Deshalb nuscheln viele Leute ihren Namen so undeutlich, weil sie durch häufiges Sagen akustisch gleichsam Teile „abgeschliffen" haben. Ebenso erkennen wir bei einem Verkäufer seine

Standard-Aussagen Nr. 117, 223, 400 etc. daran, daß er sie schneller sagt als er eigentlich spricht …

Aufgabe Nr. 2 Monatsnamen rückwärts

Hier beginnen Sie nachzudenken, d.h., Sie werden langsamer. Hier können Sie sich beim Denken fast schon über die Schulter blicken, im Klartext: der RE-KONSTRUKTIONS-Prozeß wird „sichtbar".

Aufgabe Nr. 3 Monatsnamen alphabetisch

Was wir nie KONSTRUIERT hatten, können wir auch nicht RE-KONSTRUIEREN. Das sollten wir uns immer sagen, wenn wir etwas nicht wissen.

Wir alle kennen das **Es-liegt-mir-auf-der-Zunge-Phänomen**. Wenn wir uns immer daran erinnern, daß wir, wenn uns etwas (das wir wissen!) nicht unmittelbar eingefallen ist, mit unserer „archäologischen" Arbeit beginnen und langsam RE-KONSTRUIEREN können, dann werden wir viele Situationen in Zukunft weit besser meistern! Das Grundkonzept des **inneren Archivs** ist auf- und ausbauen, aber auch „anzapfen".

Alle Übungsvorschläge und Trainings-Maßnahmen dieses Buches sind darauf ausgerichtet, aber wir sollten uns immer wieder klarmachen: **Wir verdanken unser Gedächtnis einem Überlebens-Mechanismus, den wir teilweise „zweckentfremden".**

Dies gelingt uns die meiste Zeit überraschend gut (sonst hätten wir z.B. nicht das Gefühl, eine „durchgängige" Persönlichkeit zu sein), aber manchmal müssen wir ein wenig „wühlen". Hierbei haben (wie unsere Studien seit ca. drei Jahrzehnten immer wieder gezeigt haben) sich besonders bewährt:

1. **Gehirn-gerechtes Einspeichern** (das entspricht dem „alten" Konzept des gehirn-gerechten Vorgehens seit 1969 und basierte damals sowohl auf der antiken Mnemonik als auch auf ersten bahnbrechenden Forschungs-Ergebnissen aus der modernen Gehirn-Forschung).

2. **Hilfsfäden**, wo keine vorhandenen Wissens-Fäden existieren, um neue Informationen in unser Wissens-Netz „einzubinden" (dies entspricht den in *„Stroh im Kopf?"* angebotenen Strategien von ca. 1984 bis 2000).

Lassen Sie uns dies mit einem Denk-Bild ver-SINN-BILD-lichen! Kennen Sie die Eulenspiegelei, als ihn ein Schneider aufforderte, „die Ärmel an den Rock zu

Die beiden empfohlenen Textstellen zum Namen des Komponisten und zu dem kaum wahrgenommenen Büro (Modul „Unterschwellig", S. 279 ff.) sind wunderbare Fallbeispiele für so eine nachdenkliche RE-KONSTRUKTION, gleichsam in Zeitlupe!

werfen" (gemeint war, die Ärmel hätten an die Jacke **geheftet** werden sollen), aber Eulenspiegel nahm die Leute ja immer gerne wörtlich. Also tat er wie ihm geheißen worden war und verbrachte Stunden damit, die Ärmel an den Rock zu werfen, sie aufzuheben, sie hinzuwerfen etc. Der Schneider kam frühmorgens von einem Gelage zurück, fand ihn mitten in der Nacht bei seinem verrückten Tun und reagierte stocksauer.

Die Ärmel können nur an den Rock geheftet werden (als Vorstufe zum eigentlichen Nähen!), dazu braucht man aber einen **Hilfsfaden**.

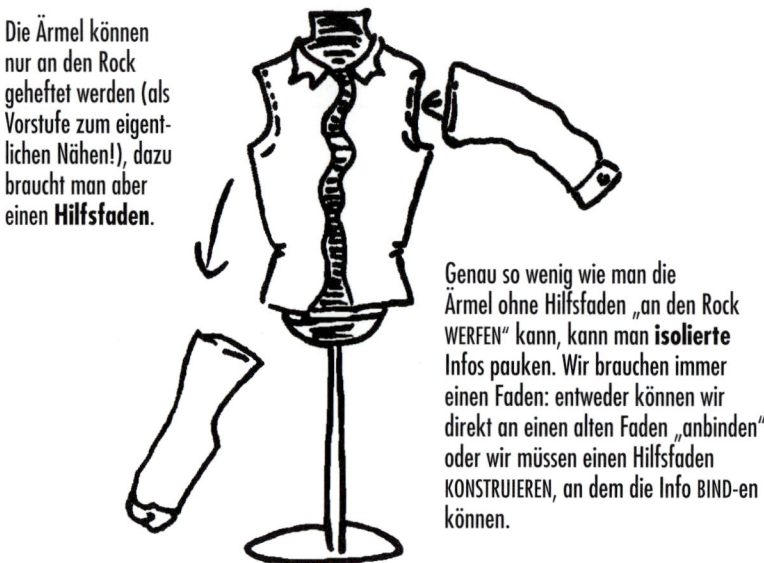

Genau so wenig wie man die Ärmel ohne Hilfsfaden „an den Rock WERFEN" kann, kann man **isolierte** Infos pauken. Wir brauchen immer einen Faden: entweder können wir direkt an einen alten Faden „anbinden" oder wir müssen einen Hilfsfaden KONSTRUIEREN, an dem die Info BIND-en können.

Ich wiederhole (vgl. „Hier geht's los ...", S. 19): Das vorliegende Buch „*Das innere Archiv*" stellt einerseits die direkte Fortsetzung des neuen „*Stroh im Kopf?*" dar, als auch die Brücke zwischen „*Stroh im Kopf?*" und dem großen „*A-Buch*" (wie die Insider „*Das große Analograffiti-Buch*" sofort getauft haben).

3. Info gehirn-gerecht machen (dies entspricht dem neuen „*Stroh im Kopf?*"-Konzept ab der 36. Auflage). Hier publizierte ich (endlich) **nach Jahren** die Ergebnisse jahrelanger Forschung mit vielen Versuchspersonen. Ich danke allen, die dabei mitgemacht haben. Wir haben in diesen Jahren nicht nur wahnsinnig viel gelernt, wir lernten auch sehr viel (auf der Meta-Ebene) über das Lernen! Dann dauerte es immer noch über ein Jahr, bis ich in der Lage war, die Ergebnisse auf jene fünf wesentlichen und gleichzeitig nachvollziehbaren Schritte „herunterzubrechen", die **jetzt für alle Wissens-Gebiete** einsetzbar sind. Zur Erinnerung siehe das Merkblatt Nr. 3.

Fragen

Wir haben das **Unbewußte** mehrmals erwähnt (die „Katakomben" unseres Geistes), und wir sprachen bereits über **Fragen** als AbRUF-Reiz. Fragen sind enorm wichtig, wenn wir durch sie **Wissen abrufen**. Denn:

Fragen lösen ganz andere Denkprozesse aus als Aussagen!

Fragen lösen nämlich echte Denk-Prozesse aus; oder sie könnten es, wenn wir es zulassen. So gesehen könnten wir etwas boshaft feststellen, daß Leute, die keine Fragen zulassen, vor ihren eigenen Denk-Prozessen Angst haben, welche jene Fragen „lostreten". Denken Sie nur an die zurückgewiesenen Fragen („Sei endlich still!", „Frag nicht so viel?", „Warum wollen Sie das jetzt wissen?" u.ä.), die Leute gerne stellen würden, wenn man es zuließe … Fragen von Kindern, SchülerInnen, MitarbeiterInnen, LebenspartnerInnen und nicht zuletzt, von potentiellen KundInnen …

Erinnerung: Ebenso lösen einzelne, isolierte Wörter **andere** Denkprozesse aus als Aussagen (in ganzen Sätzen oder Satz-Fragmenten). Das nutzen wir ja bei den **ABC-Listen** aus.

Fallen Ihnen Personen ein, die Sie persönlich manchmal mit ihren Fragen nerven? Das wären Ihre Trainings-Situationen im Alltag …

Reiz

Wenn wir einen letzten Blick auf unser KaWa (S. 72) werfen, sehen wir unten rechts ein Unter-KaWa zum Begriff REIZ: es steht für das REIZ-abhängige Gedächtnis und soll uns erinnern an …

1. den **Reichtum** in unserem
2. **Inneren Archiv**, sowie
3. die Tatsache, daß wir nicht nur daran denken, wie wir Infos in unser Archiv „hineinbekommen" können, sondern wie wichtig **ekphorische Reize** sind, mit denen wir die Infos wieder re-**aktivieren** können.
4. die Idee von **Zeit**: wieviel Informationen wir pro Zeiteinheit aktivieren können, hängt ja immer davon ab, wie „griffbereit" diese Akteure sind.

RE-KON-STRUKTION

Manche, häufig gerufene Akteure stehen permanent auf der Bühne und müssen nur einige Zentimeter weit in das **Spotlight unseres wachen Bewußtseins** treten, andere stehen am Rand der Bühne und haben einige Meter zu gehen, wieder andere wurden in die **metaphorischen Katakomben** abgedrängt von anderen, die öfter gerufen wurden …

Diese Katakomben-Bewohner muß man schon ein wenig **reizen** (wir sind ja gerade beim Stichwort REIZ, nicht wahr?). Und wenn unsere jahrelangen Versuchsreihen eines gezeigt haben, dann dies: Eine der besten Methoden ist schnelle, **spontane KaWa©.s und ABC-Listen** anzulegen, pro Thema

Bitte in diesem Zusammenhang unbedingt das Modul „COUVERT-TECHNIK" berücksichtigen, wenn Sie KaWa-Couvert und ABC-Couvert noch nicht kennen (S. 79 ff.).

(Frage, Problem) **mehrere**, je nach Wichtigkeit ein oder mehrere pro Tage (jeweils 90 Sekunden bis 3 Minuten) lang.

Zum Schluß des AbRUF-Moduls möchte ich Ihnen noch eine **Geruchs-Metapher** anbieten: Solche **Wort-Bilder** (= KaWa.s) oder **ABC-Listen** senden gleichsam einen **verlocken**den (metaphorischen) **Duft** in die Katakomben, so daß gewisse Akteure, die diesen spezifischen Duft (= das Thema) wiedererkennen, wieder erwachen ... Jedes Thema besitzt seinen eigenen Duft – es gibt so viele Duft-Varianten wie Ideen, über die wir reflektieren können! Ein Thema produziert gleichsam Grill-Düfte, ein anderes erinnert eher an ungarisches Gulasch, ein drittes riecht (metaphorisch) nach frischen Brötchen etc. So locken wir Akteure, die sich vor langer Zeit ausgeklinkt hatten, wieder aus der Tiefe nach oben ins Wachbewußtsein.

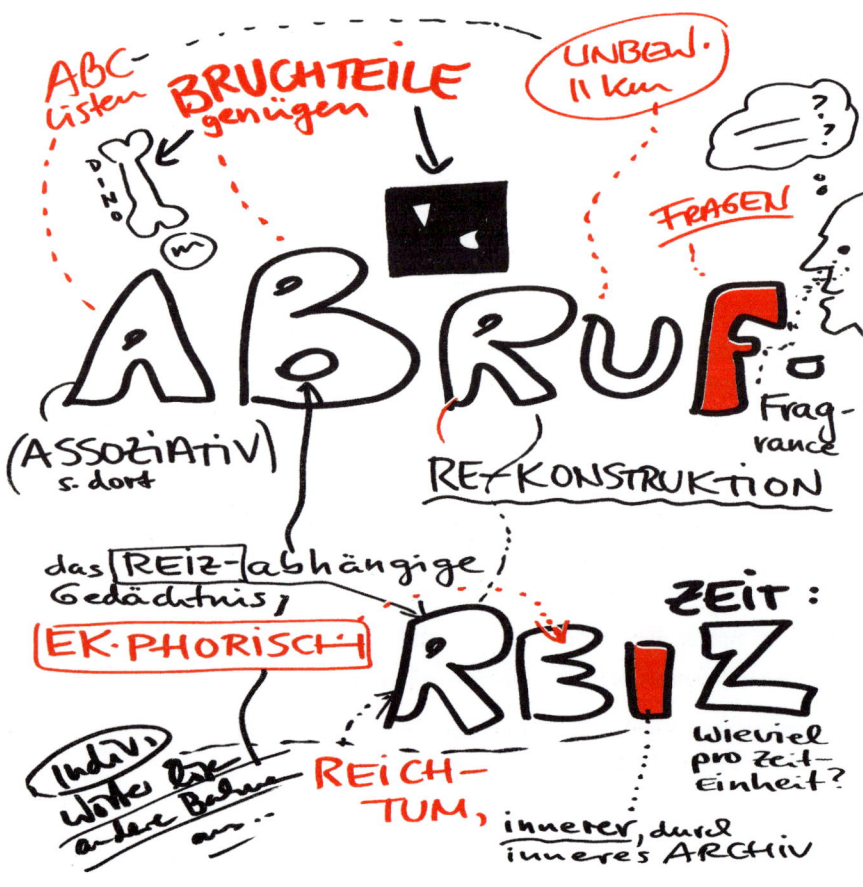

Assoziatives Denken

M 3

In diesem Modul werden einige Kerngedanken vorgestellt, die eng mit den wichtigsten Themenkreisen **gehirn-gerechtes** Arbeiten und **inneres Archiv** verbunden sind. Wer schon andere Texte kennt – aus dem neuen *„Stroh im Kopf?"* (ab 36. Auflage) oder aus einem der anderen beiden Analograffiti-Bücher (*„Das große Analograffiti-Buch"* und *„ABC-Kreativ – Techniken zur kreativen Problem-Lösung"*) – oder wer aus anderen Stellen **dieses** Buches hierher „gesprungen" ist (weil Sie modular in selbst gewählter Reihenfolge lesen), sollte bitte registrieren:

Einige Gedanken sind dermaßen grundlegend, daß sie an mehreren Stellen auftauchen **müssen** (sie werden **auch im Seminar** bewußt mehrmals angesprochen!). Diese wenigen Wiederholungen sind didaktisch notwendig. Bei einem modularen Prinzip muß der eine oder andere grundsätzliche Schlüsselgedanke **überall dort** auftauchen, wo er **diese** Textstelle erläutert oder erhellt.

Das farbige KaWa zu **Assoziation** ist im *„Das große Analograffiti-Buch"* zwar enthalten, aber das KaWa wurde dort **nicht detailliert** diskutiert; das holen wir hier nach.

Bitte beachten Sie, daß wir bei mehrmaligem Anlegen eines wichtigen KaWa.s **immer wieder die Perspektive verändern** und andere Aspekte nach vorne bringen, die uns im **Hier und Jetzt** besonders wichtig, interessant, faszinierend etc. erscheinen. Jedes KaWa stellt immer einen SEELISCHEN SCHNAPPSCHUSS dar, der eine derzeitige INVENTUR bietet. Halten wir das Ergebnis fest, dann ist dies später, ähnlich einem Foto, ein Bild unserer Gedanken, deshalb nennen wir KaWa.s ja auch Wort-BILDER.

Wenden wir uns nun dem Anfang und dem Ende des Begriffes zu: Das *A* und das *V* von **ASSOZIATIV** stehen für „**alt**" und „**Verbindungen**" aus der „**Vergangenheit**". Dabei gilt:

assoziativ

Je schneller und flüssiger die Assoziationen „fließen", desto mehr alte Verbindungen zu diesem Gedanken (Thema, Problem) gibt es in unserem inneren Archiv bereits.

Deshalb können wir den INVENTUR-Charakter jeder Art von Assoziations-Übung nicht genug betonen. Wir können uns gleichsam in den Kopf schauen, und uns beim Denken beobachten. Wir erfahren, jeweils auf diese Frage (oder auf dieses Thema, Stichwort, Problem) bezogen:

Inhalt	Was weiß ich?
Tempo	Wie leicht fällt es mir?
Menge	Wieviel weiß ich?
Meinung	Was denke ich?

Und da sich dies mit **jedem Stichwort ändert**, ist jede einzelne Assoziations-Übung hilfreich, zumindest im Sinne einer kleinen **INVENTUR**. Deshalb steht das *O* für **OFT** (**wie oft haben wir zu diesem Thema bereits nachgedacht?**), denn die Häufigkeit ergibt eine höhere (An-)**ZAHL** *(Z)* pro **ZEIT**-Einheit an Assoziationen! Wenn wir z.B. eine ABC-Liste erstellen und geben uns 3 Minuten Zeit, dann ist die **Menge** an Assoziationen ein guter Indikator: erstens für die (An-)**ZAHL** von Fäden in unserem Wissens-Netz und zweitens für die (An-)**ZAHL** an VERBINDUNGEN *(V)* aus der VERGANGENHEIT!

Je **ÖFTER** wir nachdenken, desto mehr Fäden im Wissens-Netz und **VERBINDUNGEN** entstehen, aber es geht um mehr: Erste Assoziationen „kommen" von der **OBERFLÄCHE**, sie entspringen entweder dem erstbesten, das uns einfällt (in der Regel gefärbt vom momentanen Augenblick), und das sind oft **stereotype** Ideen (Antworten), tausendmal gegeben, flach, vorfabriziert (und oft von anderen übernommen). Wenn auf das Stichwort „Blume" die meisten Leute mit „Rose" reagieren, dann liegt diese Rose an der **OBER-**

FLÄCHE. Wenn wir weiter denken, dann fallen uns weitere Blumen ein, die fast so häufig genannt werden (Tulpe, Nelke). Danach wird es ein wenig **INDIVIDUELLER**, aber noch immer fallen uns vor allem Assoziationen zu Blumen ein, die mit **häufigen** Erfahrungen verbunden sind, die also schon oft „geübt" wurden, zu denen **ZAHL**-reiche neuronale Nervenbahnen und **VERBINDUNGEN** bereits existieren.

Wer Blumen im Garten oder auf der Balkonbrüstung gepflanzt hat, mag nun an diese denken; wer bestimmte Schnittblumen liebt und diese oft in der Vase zuhause stehen hat, wird jene bald nennen oder notieren. Wer einen Schlager kennt, in dem sich „Flieder" auf „wieder" gereimt hat, dem fällt als nächstes der Flieder ein, usw. Erst wenn wir diese häufigen (aber noch relativ flachen) Gedanken notiert haben, um sie gleichsam abzuhaken, kommen Ideen zum Vorschein, die wir langsam „unsere eigenen" nennen können, dann erst wird es persönlich, vielleicht sogar **ORIGINELL**. Deshalb steht das *A* in **ASSOZIATIV** auch für die assoziative **AUSBEUTE**, für die **ZAHL**

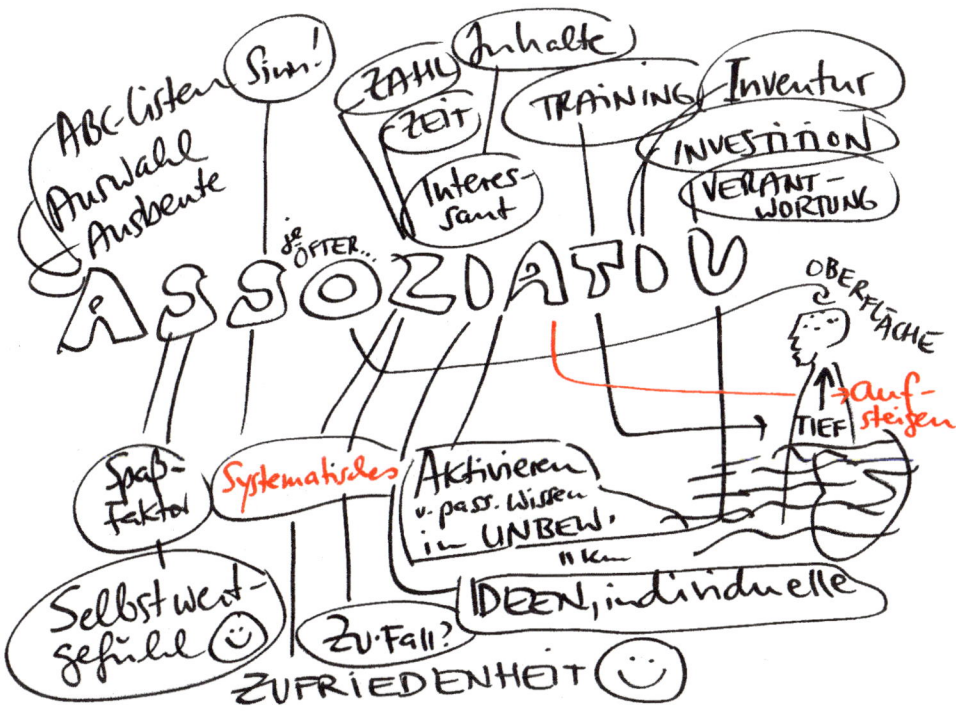

an **IDEEN**, die uns einfallen, denn um sie geht es ja, wenn wir Assoziationen sammeln. Somit hat jede Assoziations-Übung immer auch **INVESTIGATIVEN** Charakter *(Investigation = Untersuchung)*, wir untersuchen also unser Wissens-Netz und **entdecken**, wie viele und welche Assoziationen uns wie schnell zu diesem Thema hier und heute „einfallen" …

Nun halten viele Leute Einfälle ja für mehr oder weniger zufällig, aber wenn wir begreifen, daß stereotype **VERBINDUNGEN** uns **OFT** dieselben Assoziationen „liefern" und daß **nur häufiges Nachdenken** über ein Thema langsam aber sicher unsere 11 km **Unbewußtes „anzuzapfen"** beginnt, denn begreifen wir, daß unsere Einfälle uns immer auch **zu-FALLEN**, so daß wir nicht nur für die ZAHL sondern auch für die **INHALTE** und Mengen **VER-ANTWORTLICH** zeichnen können, die uns jeweils zu-FALLEN werden. Natürlich steigert sich das im Lauf der ZEIT (mit Training), dann fällt uns zu wichtigen Begriffen sowohl mehr ein, als auch schneller.

Die meisten Menschen (im assoziativen Denken **nicht** trainiert) produzieren, nur bei wenigen Stichwörtern (Themen, Fragen) einige schnelle, oberflächliche, flache, stereotype Assoziationen. Ansonsten neigen sie eher dazu, am Bleistift zu kauen, wenn assoziatives Denken nützlich wäre. Anders geht es denen, die trainieren: Sie können zu vielen Themen schnell und leicht assoziieren, aber: Die schnellen und leichten Assoziationen derer, die trainieren, sind um vieles origineller als die Assoziationen derer, die nicht trainieren. Wenn ich aufgrund meines Trainings zu einem Begriff relativ mühelos 100 Assoziationen kenne, dann habe ich eine **Auswahl** und kann **die interessantesten herausuchen**, wenn ich mich (z.B. in einem Gespräch, Meeting etc.) äußern will. Viele meiner Seminar-TeilnehmerInnen klagen oft, sie würden sich ja gerne gewählter ausdrücken, aber sie haben halt zu wenige Worte zum wählen. Das heißt: **Häufiges Assoziations-Training vergrößert unser Vokabular**, selbst wenn wir kein einziges Wort neu hinzulernen würden. Das ist so, weil assoziatives Denken passives und VER-SCHÜTTETES Wissen, ALTE Fäden im Netz, halb-VERGESSENe Infos usw. wieder AKTIVIERT! Deshalb behaupte ich:

Jede Liste kostet ca. 60 bis 90 Sekunden (maximal 3 Minuten) Zeit.

Sie können passive Zeit verwenden, z.B. in der Warteschlange an der Kasse, im Stau etc.

Häufiges Assoziations-TRAINING vergrößert unser VOKABULAR

Angenommen, Sie müßten zwei Monate auf einer einsamen Insel aushalten. Es ist genügend zu Essen/Trinken vorhanden und Sie wissen, das Überleben ist kein Thema, denn in genau zwei Monaten kommt ein Linienschiff und wird Sie mitnehmen.

Wenn Sie nun täglich einige Stunden damit zubrächten, **ABC-Listen** zu erstellen (es wurde sogar Schreibzeug gerettet), aber selbst, wenn Sie die Listen nur im Kopf aufbauen (z.B. beim Spazierengehen), kann ich Ihnen garantieren: **Sie kommen um einiges intelligenter und kreativer zurück**, als Sie losgefahren waren, weil Sie **Unmengen von passivem Wissen** in Ihrem 11 km Unbewußten **aktivieren** und nach Ihrer Reise **griffbereit** (neudeutsch: *on your fingertips*) haben.

Nur, Sie brauchen gar nicht auf eine einsame Insel zu fahren. Wenn Sie mehrmals am Tag einige Minuten in diese Aufgabe **INVESTIEREN** würden, wenn Sie also **säen**, dann können Sie immer mehr **ernten**, d.h. Ihre **AUSBEUTE** wird immer reichhaltiger, und das alles, weil Sie regelmäßig trainieren, **ASSOZIATIV** zu denken. Damit aber haben Sie den meisten Mitmenschen einiges voraus! **Wenn** man ein neues Prozedere erst einmal zu üben begonnen hat, wird es **VERTRAUT**, damit hört es auf, unangenehm zu wirken, dadurch macht es mehr SPASS und Ihre **AUSBEUTE** wird immer ZAHL-reicher und schneller, was wiederum den SPASS-Faktor erhöht. Dies bedeutet, mehr **ZUFRIEDENHEIT** mit Ihren **INVENTUREN**, Sie erweitern **systematisch** Ihre Kompetenz und das ist gut fürs **SELBSTWERTGEFÜHL**. Sie sehen also, es lohnt sich!

Insel-Effekt

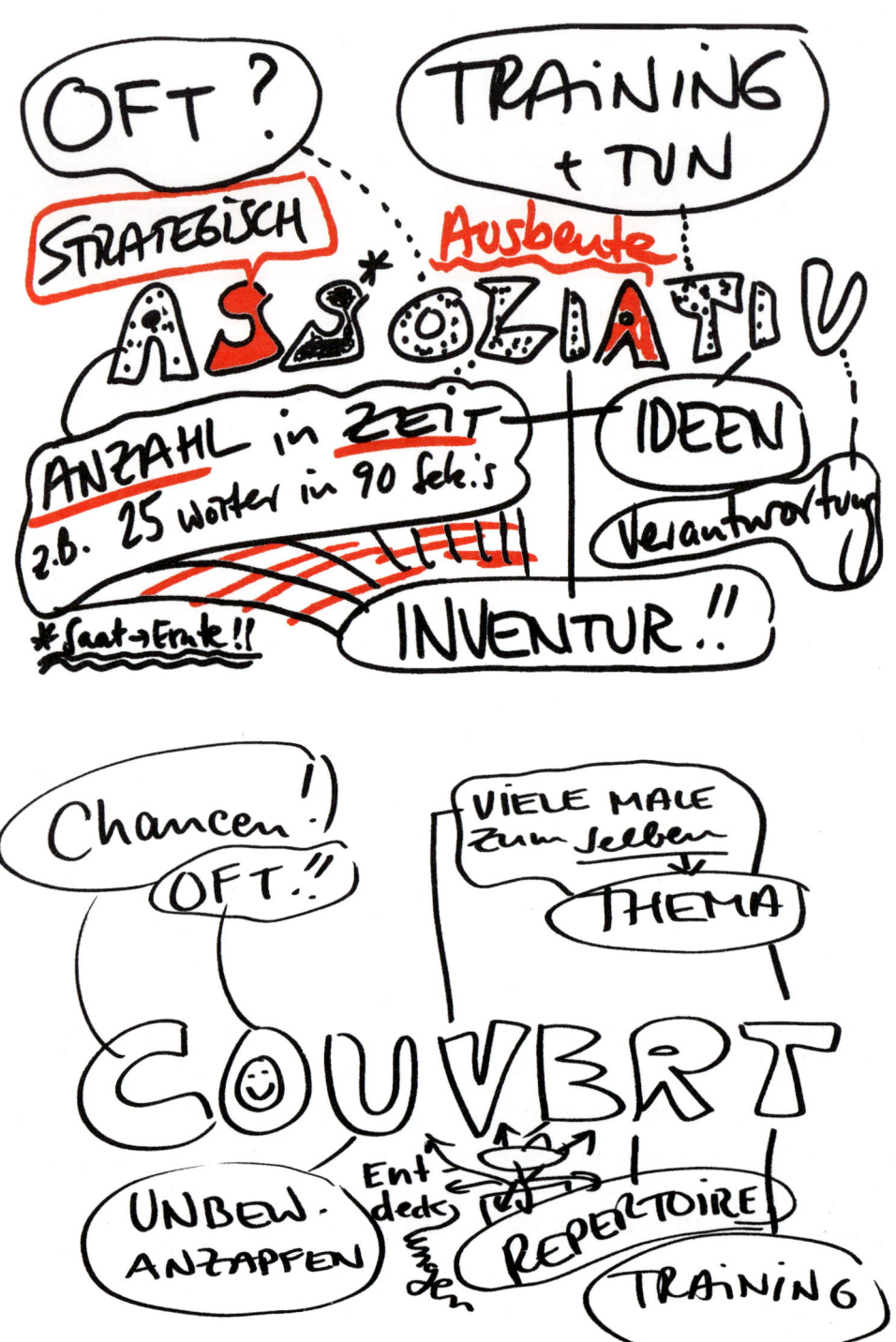

COUVERT-TECHNIK   M 4

Es gilt ein **Denk-Tool** zum Anzapfen unseres unbewußten (passiven, subliminalen) Wissens **mehrmals** einzusetzen, so daß wir **immer mehr**
passives (verschüttetes, halbvergessenes) **Wissen aktivieren.**
Geeignet ist jede Denk-Technik (von klassischen Stichwortlisten
über ABC-Listen, KaWa.s, KaGa.s, selbst „normale
MindMaps® etc.), wenn Sie täglich ein- oder mehrmals
einen kleinen Aufsatz (von einer Seite) zum **gleichen**
Thema schreiben. Wichtig ist hingegen auf alle
Fälle das Procedere:

1. **Schreiben/zeichnen und**

2. **sofort wegpacken** (ohne das Ergebnis
   auch nur anzuschauen oder gar zu lesen!).

3. **Erst nach einigen Wochen wieder
   hervorholen** und

4. **ab jetzt damit arbeiten.**

Zum Beispiel können Sie die **Bögen miteinander
vergleichen** und/oder **alles auf ein riesiges Blatt
übertragen**. Dabei bietet es sich an, kleine **Strichlisten**
bei **Mehrfach-Nennungen** anzulegen, denn auch
Mehrfach-Nennungen können außerordentlich spannend
sein. Nehmen wir an, bei den ersten 15-mal tauchte
bei einem bestimmten Buchstaben **immer dieselbe
Assoziation** auf; es erschien also jedesmal
derselbe Akteur, der auf die Bühne „gerufen"
wurde, aber ab dem 16. Mal taucht **jener
Akteur nie wieder** auf. Dieser Gedanke ruhte also relativ weit „oben"
(vgl. „oberflächliche" Ideen) und war deshalb sofort abruf-bereit.

Aber durch Ihr stetiges „Bohren" senden Sie Signale an die „administrativen
Mitarbeiter", die Ihre unbewußten Schätze hüten. Langsam aber sicher
beginnen diese, mehr und mehr Kästen zu öffnen; deshalb tauchen bald
immer mehr faszinierende **Ergebnisse aus Ihren eigenen Tiefen** auf.

Der Grund, warum das so gut funktioniert, liegt in der Funktionsweise unseres Gedächtnisses begründet. Von Natur aus ist es dazu da, unser Überleben

Vgl. Modul „AbRUF-Reiz",
S. 58 ff.

Im Modul „AbRUF-Reiz"
finden Sie eine zusätzliche
Geruchs-Metapher für die-
sen Prozeß (S. 72); außerdem kann das Modul
„Unterschwellig?"
(S. 279 ff.) erhellend
wirken …

abzusichern, so daß seine Haupt-Funktion im Gegenwärtigen liegt. Natürlich müssen wir Gefahren aus der Vergangenheit schnell wiedererkennen können, aber diese wirken ja als AbRuf-Reiz und lösen sich selbsttätig aus (wie eine Selbst-Schuß-Anlage). Wenn Sie als Gehirn-Besitzer aber „herumsitzen" und irgendwelche schlauen Ideen „hervorkramen" wollen, dann versteht Ihr Gehirn diesen Wunsch nicht. So wie manche Fachleute Denken für ein Epiphänomen halten (im Klartext: Sahne auf dem Evolutions-Kuchen), so ist das Erinnern an Dinge, die keinen direkten Überlebenswert zu haben scheinen, nicht die primäre Funktion Ihres Gehirns. Andererseits wurde z.B. der Hund von der Natur weder „erfunden", um Stöckchen zu holen, noch um einem Menschen das Augenlicht zu „ersetzen", aber wenn ein Hund diese Dinge einmal gelernt hat, dann tut er sie gerne.

Ähnlich können wir unser Hirn dazu „verführen", weit mehr Informationen, Erinnerungen, Fakten, Gedanken, Ideen, Schlußfolgerungen etc. zu einem Thema freizugeben, indem wir vorhandene neuronale Mechanismen nützen.

Dazu gehört die COUVERT-Technik. Zeigen Sie den metaphorischen Mitarbeitern in den Katakomben Ihres inneren Archivs, an welchem Thema Sie heute „arbeiten" wollen. Bei den ersten Malen winken diese Typen noch müde ab und sagen: „Die Sowieso-Information ist schon oben, das reicht!" (Damit meinen sie den Gedanke, der sich die ersten 15-mal spontan präsentiert hat.) Wenn Sie als Gehirn-Besitzer aber zum Gehirn-Benutzer werden, indem Sie weitermachen, wiewohl die ersten Male „langweilig" und sehr ähnlich sein können, dann werden die Katakomben-Leute wach und sagen: „Aufpassen, der Gehirn-Besitzer meint es diesmal ernst! Der will echt mehr …". Jetzt öffnen sie diverse Behälter, so daß die darin enthaltenen Informationen (Gedanken, Ideen, Zitate, Erinnerungen an Erlebnisse etc.) nun doch langsam nach oben driften können. Deshalb „tauchen" sie dann „oben" auf …

Deshalb tauchen erst bei eingehender Beschäftigung Gedanken aus der Tiefe auf. Da die meisten Leute vorschnell aufgeben („Dazu weiß ich nichts", „Mir fällt nichts ein", „Keine Ahnung", usw.) erfahren Sie nicht, wie es ist, wenn Ideen aus der Tiefe nach oben zu schweben beginnen. Natürlich haben auch diese Ideen assoziative Verbindungen mit weiteren Gedanken, so daß hier immer mehr Schätze offenbar werden …

Als ich KaWa-Couvert erfand, steckte ich die einzelnen Blätter in ein großes, gerade geleertes Couvert (aus dem Posteingang jenes Tages) und dieses Couvert in eine Schublade. Täglich geschah es nun ein- oder mehrmals: KaWa anlegen, Schublade auf, Bogen ins Couvert, Schublade zu … So kam die Technik zu ihrem Namen. Später wurde mir klar, daß jedes Denk-Tool geeignet ist, also neben KaWa-Couvert auch ABC-Couvert etc.

Es lohnt sich. **Probieren Sie es aus:** Wählen Sie ein Thema und legen Sie täglich ein- oder mehrmals eine ABC-Liste (oder ein KaWa©) an, das Sie sofort „wegpacken".

Nun ergab sich eine Frage, die eine Leserin des Birkenbihl-Beratungs-Briefes wie folgt formulierte:

> Einerseits ist mir klar, daß ich schreiben und immer sofort wegräumen soll, andererseits will ich ja später die Reihenfolge wissen. Um aber zu numerieren, muß ich heute wissen, welche Nummer ich gestern vergeben habe. Also muß ich jedesmal ins Couvert schauen. Zwar sehe ich das Blatt nur von der Rückseite, ich spicke also nicht, aber es stört mich doch, und es ist umständlich, ein Blatt herauszufischen und wieder reinzuschieben. Vielleicht bin ich auch nur faul, aber irgendwie nimmt mir das die Freude, weil das Prinzip „schreiben und wegpacken" durchlöchert wird. Gibt es eine bessere Lösung? Oder bin ich überkritisch?

Ein kleiner Trick am Rande: **Numerieren** ist besser als die einzelnen Blätter mit Datum zu versehen: Wenn wir jede Liste numerieren, dann können wir später wesentlich schneller sortieren und/oder die Entwicklung nachvollziehen, als wenn wir Blätter mit Datum bearbeiten wollen.

Meine Antwort:

Schreiben Sie außen auf das Couvert die jeweilige Nummer, die Sie bisher vergeben haben. Wenn ein neues ABC fertig wird, dann werfen Sie einen schnellen Blick auf das **Couvert**, sehen z.B „13" als letzte Zahl und schreiben sofort zweimal die „14": **einmal** auf das Couvert, **einmal** auf Ihr Blatt Papier, dann schieben Sie es ins Couvert …

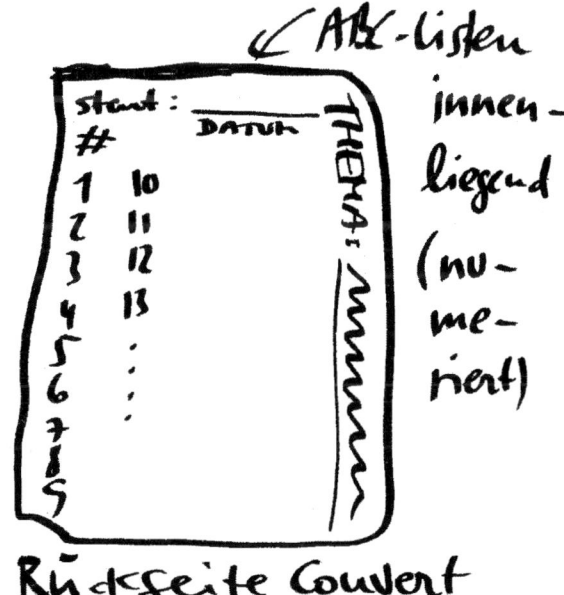

Fallbeispiel: Grammatik

Es ist immer wieder spannend, die Ergebnisse in Relation zu den Fäden in unserem neuronalen Wissens-Netz zu sehen. Bei Themen, die nicht unbedingt täglich aufs Tapet kommen, können wir besonders gut sehen, was sich in unserem Kopf „abspielt", wenn wir uns beim Denken gleichsam über die Schulter schauen. Und das zeigen uns unsere ABC-Listen immer wieder:

Erstversuche sind immer eine INVENTUR (Was weiß ich? Wie schnell kann ich mein Wissen „anzapfen"?). Spätere Versuche, besonders bei systematischen ABC-COUVERT-Übungen, sollten mindestens einige Tage lang durchgeführt werden!

Diese und die nachfolgende ABC-Liste zum Thema „Grammatik" stammen von einer Person, die von sich sagt:

> Obwohl ich nie ein richtiger Grammatik-Fan war, muß ich zugeben, daß ich Grammatik in der Schule niemals schlimm fand (wie die meisten meiner Mitschüler). Manchmal, leider selten, fand ich es sogar spannend.

In der nachfolgenden zweiten Liste derselben Person wurden Begriffe, die mit Liste 1 **übereinstimmen, durch Fettdruck** hervorgehoben. Wenn Sie aus Ihren Listen eine Menge über sich lernen wollen, dann markieren Sie z.B. häufig auftretende Begriffe in Ihren Listen farbig. So können Sie sich gleichsam „in den Kopf gucken" und erfahren u.a.:

1. Wie schwer oder leicht dieses Thema Ihnen fällt (das erkennen Sie z.B. daran, ob es Ihnen „Spaß macht" oder ob Ihnen die Zeit „lang wird", bis die Liste beendet ist).

2. Was bei Ihnen so an der Oberfläche „schwimmt", also **immer** schnell und spontan abrufbar ist, sowie

3. Was erst bei mehrmaligem Arbeiten aus den Tiefen aufzutauchen beginnt, wenn Sie **öfter** zu einem Thema arbeiten. Das sind die **Schätze**, die nur findet, wer bereit ist, ein ABC-Couvert zu diesem Thema anzulegen. Denn ABC-Couverts helfen uns immens, unser unbewußtes Wissen „anzuzapfen"!

Grammatik Nr. 14

A   Apostroph, Akkusativ, Attribute, **Artikel,**

B   B - ???

C   Casus

D   Demonstrativpronomen, Doppelpunkt, **direkte Rede**

E   Exegese

F   Futur, Form, **feminin**

G   Genitiv, Genus

H   Hauptsatz

I   Imperativ, indirekte Rede, **Indikativ,**

J   Jargon (grammatikalischer)

K   Komma, konjugieren, Kopula, **Konjunktio- nalsatz,** Konjunktiv

L   L - ???

M   Modalverben, Modus, maskulin

N   Nebensatz, Nominalisierung

O   **Orthographie**

P   Pronomen, Prädikativ, Plusquamperfekt, Perfekt

Q   Qui? – etc. (alle Fragewörter)

R   Relativpronomen, **reguläre Verben**

S   Syntax, Satzzeichen, Subjekt, **Substantive,** Satzglieder

T   Tempus

U   **unregelmäßige Verben**

V   Verb

W   **Wortarten**

X   X

Y   Y

Z   Zeichen, Zeiten

20 Begriffe in ca. 4 Minuten

Wie Sie sehen, tauchen inzwischen pro Buchstabe bereits mehrere Ideen auf, das ist typisch, wenn wir eine Weile an einem Thema arbeiten.

Hier sehen Sie die Konsolidierung nach 17 ABC-Listen.

A   Akkusativ, ACI (accusativ cum infinitiv) Adjektiv, Adverbialien (Zeit, Ort), Attribute, Artikel,

B   Bilanz (z.B. Substantiv-Häufigkeits-Zählung wg. Nominalisierung), Begriffsbestimmung

C   Casus

D   Dativ, Demonstrativpronomen, Doppelpunkt, direkte Rede

E   Etymologie, Exegese

F   Futur, Funktion, Fremdwörter, Form, feminin

G   Genitiv, Genus

H   Hauptsatz, Hilfsverben

I   Imperativ, indirekte Rede, Indikativ, irreguläre Verben

J   Jargon (grammatikalischer)

K   Komma, konjugieren, Konjunktion, Kopula, Konjunktionalsatz, Konjunktiv

L   Lehnwörter, lateinische oder deutsche Termini?

M   Modalverben, Modus, maskulin

N   Nebensatz, Nominalisierung

O   Orthographie, Objekte

P   Pronomen, Prädikativ, Plusquamperfekt, Perfekt, Präsens, Präposition,

Q   Qui? – etc. (alle Fragewörter)

R   Relativsatz, Relativpronomen, reguläre Verben, redundante Wörter = Redundanz

S   Substantiv, Syntax, Subjekt, Satzzeichen, Satzstruktur, Satzbau

T   Tempus, Trennung

U   unregelmäßige Verben

V   Verb

W   Wortarten, Worthäufigkeit (pro Satz)

X   X, Y

Z   Zeichen, Zeiten

Wenn Sie als **Gruppe** spielen, dann können Sie durch **farbiges** Markieren der Mehrfach-Nennungen feststellen, **welche Begriffe in dieser Gruppe besonders „präsent" sind.**

Dies kann faszinierend werden, wenn Sie mehreren Gruppen angehören und bei manchen Themen (Fragen, Problemen) **alle** Mitglieder der diversen Gruppen darum bitten, dasselbe Thema (per schneller ABC-Liste) „anzudenken".

Da eine ABC-Liste nur wenige Minuten in Anspruch nimmt, machen die Menschen in der Regel bereitwillig mit, denn es macht uns Spaß, mit den Fäden in unserem Wissens-Netz zu spielen. Nur schade, daß das in Schule und Ausbildung so selten stattfand …

Wenn Sie die Bögen hinterher vergleichen, können Sie faszinierende **Ent-DECK-ungen** machen! Übrigens: Die kleinste Gruppe, die DYADE, besteht aus 2 Personen.

faszinierende Ent-DECKunges stehen Ihnen bevor!

… von hellgelb über mittel- und dunkelgelb, pink, grün etc. – es gibt mindestens 15 verschiedene Papierfarben …

Wenn Sie die Aufgabe noch nicht kennen, dann reagieren Sie doch jetzt schnell und spontan: Je Schlüsselreiz **ein einziger** Begriff (das entspricht der **ersten** bzw. erstbesten Assoziation (wenn man mehrere notieren darf).

Ein technischer Tip: Wenn Sie pro Gruppe **andersfarbiges Papier** austeilen, dann fällt es Ihnen später leichter, **jede Gruppe** (innerhalb der Gruppe) im Gegensatz zu den Gruppen untereinander zu vergleichen, wenn Sie das wollen. (Dann dürfen die Bögen auch einmal herunterfallen …)

Dieser Vergleich zwischen verschiedenen Menschen (oder Gruppen) ist deshalb so faszinierend, weil wir zu manchen Begriffen ein relativ starres **oberflächliches** Reaktions-Muster besitzen. Erst wenn wir öfter darüber reflektieren (z.B. durch eine ABC-Couvert-Reihe) tauchen Gedanken und Ideen auf, die zu uns selbst, zu unserer individuellen Psyche (unserem persönlichen Wissens-Netz) gehören. In *„Das große Analograffiti-Buch"* stelle ich einige Begriffe, mit den typischen häufigen Antworten unserer Kultur vor. Erinnern Sie sich an Ihre Antworten?

Ihre erste Reaktion, zu:

1. **BLUME** — *Rose*

2. **WERKZEUG** — *Hammer*

3. **FARBE** — *lila*

4. **(Musik-)INSTRUMENT** — *Gitarre*

Unsere häufigsten deutschen (inkl. deutsch-sprachige Nachbarländer) Reaktionen sind:
BLUME *(Rose)*, WERKZEUG *(Hammer)*, FARBE *(rot,* den 2. Preis gewinnt *blau)* und MUSIKIN-STRUMENT (*Geige* und *Klavier* bis ca. 1980, seither immer häufiger *Gitarre,* seit 2000 immer häufiger *Keyboard).*

Egal, wie häufig Sie ein ABC-Couvert zu einem Thema machen würden, die Wahrscheinlichkeit, daß Ihnen die erstbesten (oberflächlichen) Begriffe jedesmal wieder einfallen (auch wenn Sie sie nicht jedesmal notieren wollen), ist sehr hoch. Das heißt:

Innerhalb einer Person, *intra*-persönlich	Dieselben Gedanken kann man sich bezüglich Gruppen-Ergebnissen machen. Hier lautet der Terminus *inter*-persönlich, vgl. Sie den Begriff „international" (das heißt: zwischen unterschiedlichen Nationen).
Wenn Sie merken, daß Sie im Lauf der Zeit immer wieder bestimmte (identische) Assoziationen auflisten, dann heißt das:	Wenn Sie merken, daß innerhalb einer Gruppe zu vielen Themen große Übereinstimmungen herrschen, dann heißt das:
1. Diese Begriffe „hängen" für Sie an **bestimmten** persönlichen **Erfahrungen**, die Sie mit diesen Begriffen verbunden haben.	1. Die Gruppenmitglieder haben einige **ähnliche Erfahrungen,**
2. Diese **starke Fäden** in Ihrem **Wissens-Netz** repräsentieren aber auch „Datenbahnen" im Hirn!	2. sie haben demzufolge **gleiche Fäden** im Wissens-Netz, was zu ähnlichen Assoziationen führt, d.h.
3. Je häufiger Ihre Assoziationen stereotyp dieselben sind, desto stärker denken Sie (**zu diesem Thema!**) in alten, eingefahrenen, etablierten Bahnen, also immer wieder **sehr ähnlich!**	3. sie **denken sehr ähnlich!**

Das heißt aber auch: Diese Gruppe ist so homogen, daß die Mitglieder sich zwar **hervorragend verstehen**, aber wohl kaum gemeinsam wirklich neue Gedanken entwickeln werden, eben weil sie sich zu ähnlich sind. Gibt es hingegen Bereiche, in denen die ABC-Listen der einzelnen stark voneinander abweichen, dann sind **das Themen**, in denen diese Menschen durch Gespräche, Teamarbeit und Diskussionen am meisten voneinander profitieren könnten …

M 5   Denk-LUST

Wahr oder falsch?? (Kreuzen Sie alle Aussagen an, die Sie für wahr halten).

☑ **JA** ❑ **NEIN**   **1.** Alles, was die Chancen für unser Überleben absichert oder optimiert, geht automatisch mit der Ausschüttung sogenannter **Endorphine** einher. Diese bewirken, daß uns die Sache Spaß macht, daß wir länger dabeibleiben und gerne wieder (weiter-)machen wollen. Wir nennen diesen Wunsch nach mehr: „LUST".

☑ **JA** ❑ **NEIN**   **2.** Diese körpereigenen **Glücks-Hormone stärken** unser **Immunsystem**.

☑ **JA** ❑ **NEIN**   **3.** Je mehr unser Immunsystem gestärkt wird, desto mehr steigen unsere Überlebens-Chancen insgesamt **wiederum**.

☑ **JA** ❑ **NEIN**   **4.** Alles, was das **Überleben gefährdet**, geht mit akuten **Unlust-Gefühlen** einher (damit der Organismus sofort davon abläßt und diese Erfahrung in Zukunft meidet).

Schlußfolgerung: Wenn also Milliarden von Menschen weltweit bei Lernprozessen akute **Unlust-Gefühle** erleben, dann **muß** das Lernen dem Überleben abträglich sein! (Halten Sie das für wahr?) Oder? Kommt Ihnen hier etwas spanisch vor? Das sollte es auch! Wir wissen inzwischen, wie ausschlaggebend Intelligenz auf dem Weg zu „höher entwickelten" Lebewesen ist. Auch hat sich inzwischen eindeutig herausgestellt, daß innerhalb einer Bevölkerung die Klügsten (im Schnitt) die besseren Überlebens-Chancen haben. Und es leuchtet doch ein, daß Klügere besser vorankommen in einer Gesellschaft, insbesondere in einer, die sich inzwischen als Informations- oder Wissens-Gesellschaft bezeichnet.

Wir wissen, daß in Zukunft die Kopfarbeiter „siegen" werden und wir können uns ausrechnen: je mehr LUST aufs Denken wir bekommen, desto bereiter sind wir zu Denk-Leistungen (wie z.B. dem Aufbau und der Nutzung unseres inneren Archivs!). Deshalb möchte ich allen Opfern des Systems zurufen: **Wir können immer einen Neu-Anfang machen, auch noch im hohen Alter.** Und da alles, was unser Archiv aufbaut und nutzt **auch** als Anti-Altersheim-Prophylaxe gesehen werden kann (vgl. S. 12 Anti-Alzheimer-Maßnahme), sollte es doch reizvoll sein, den Versuch zu wagen, mehr LUST ins Denken zu bringen.

Auch als Alzheimer-Vorbeugung

Wenn wir erst einmal sehen, welche großartigen Dinge wir mit ein paar „läppischen" ABC-Listen vollbringen können, dann beginnt der Spaß an der Sache. Und wenn wir bedenken, daß wir uns die **DENK-LUST** mit einfachen, aber spannenden Spielchen und mittels dynamischer Systeme Schritt für Schritt zurück erobern können (jedes Kind denkt noch LUST-voll!), dann macht das doch Mut, oder?

Vgl. dazu „LULL'sche LEITERN und ROTAE" (S. 118 ff.).

Kommen wir uns **DOOF** vor, wird Denken zur **LAST**, andernfalls siegt die **NEUGIERDE**, die den Organismus dazu verleitet, sich **GERNE** mit Neuem auseinanderzusetzen, eben weil diese **LUST** gut für uns ist.

Wichtig ist nicht so sehr, wieviel Denk-Lust Sie **bisher** erlebt hatten, sondern, wie Ihre **Zukunft** aussehen wird. Wenn Sie mit den ABC-Techniken in diesem Buch beginnen, werden Sie bald feststellen, daß diese Ihnen „etwas bringen". Sie haben viele Möglichkeiten, erst einmal vorsichtig (spielerisch) einzusteigen. So können Sie zum Beispiel:

→ **ABC-Listen zu Themen Ihres Interesse erstellen**

→ **Stadt-Land-Fluß spielen** (allein oder mit anderen)

→ **Variante Stadt-Land-Quantenphysik-Gruppe:** Sie (und jede/r MitspielerIn) ersetzen das Thema Quantenphysik durch einen Themenbereich ihrer aller Wahl (denselben für alle) oder

→ **Variante Stadt-Land-Quantenphysik-Solo:** Jede/r MitspielerIn darf einen eigenen Bereich wählen, in dem man selbst sich besonders kompetent fühlt.

→ **Variante Stadt-Land – ohne Stadt-Land.** Es muß überhaupt kein Stadt, Land etc. sein, einigen Sie sich (gern jedesmal auf andere) Themen zu denen Sie **alphabetisch assoziativ denken** wollen. Ob man einen Buchstaben auslost und im Stil von Stadt-Land-Fluß spielt oder gleich ganze Listen anlegt, steht Ihnen frei. Ob man hinterher Begriffe zählt und es Sieger gibt, entscheiden Sie auch (jedesmal). Manchen Leuten macht der Wettbewerbs-Charakter mehr Spaß, andere spielen lieber ohne Punktesieg!

→ **Mit fertigen Listen spielen, indem Sie ...**

   → **LULL'sche-Leitern basteln** (vgl. Modul „Denk-Technik", S. 90 ff.) oder

   → **LULL'sche ROTAE anlegen** (vgl. ebenda).

Natürlich sind das nur **Fingerübungen**, aber sie machen eine Menge Spaß. Bald werden Sie automatisch beginnen, „echte Probleme" und Fragen mit den einfachen ABC-Techniken zu durchdenken. Dabei können durchaus auch komplexe Lösungen entstehen, die Technik ist in ihrer Anwendung „einfach", nicht in dem, was inhaltlich dabei herauskommen wird.

ABC-Techniken des inneren Archivs

- **ABC-Listen zu wichtigen Themen anlegen und**
- **wichtige Fragen mit LULL'schen Leitern oder ROTAE „bearbeiten", weil Sie diese als Ideen-Generator oder als Denck=Register verwenden, um neue Ideen (d.h. neue Assoziationen bzw. Bisoziationen) zu erzeugen.**

Der Begriff „Denck=Register" geht auf KEMMERICH zurück (wobei man damals noch „denck" schrieb).

Natürlich gibt es noch viele Möglichkeiten, Denk-Lust zu erzeugen, so manche finden Sie in diesem und im *„Das große Analograffiti-Buch"*.

Publiziert anno 1721 (Quelle: RIEGER). Damals schrieb man übrigens das **Gleichheits-Zeichen**, wo wir heute den **Bindestrich** setzen, daher ist die korrekte Schreibweise tatsächlich: **„Denck=Register"**.

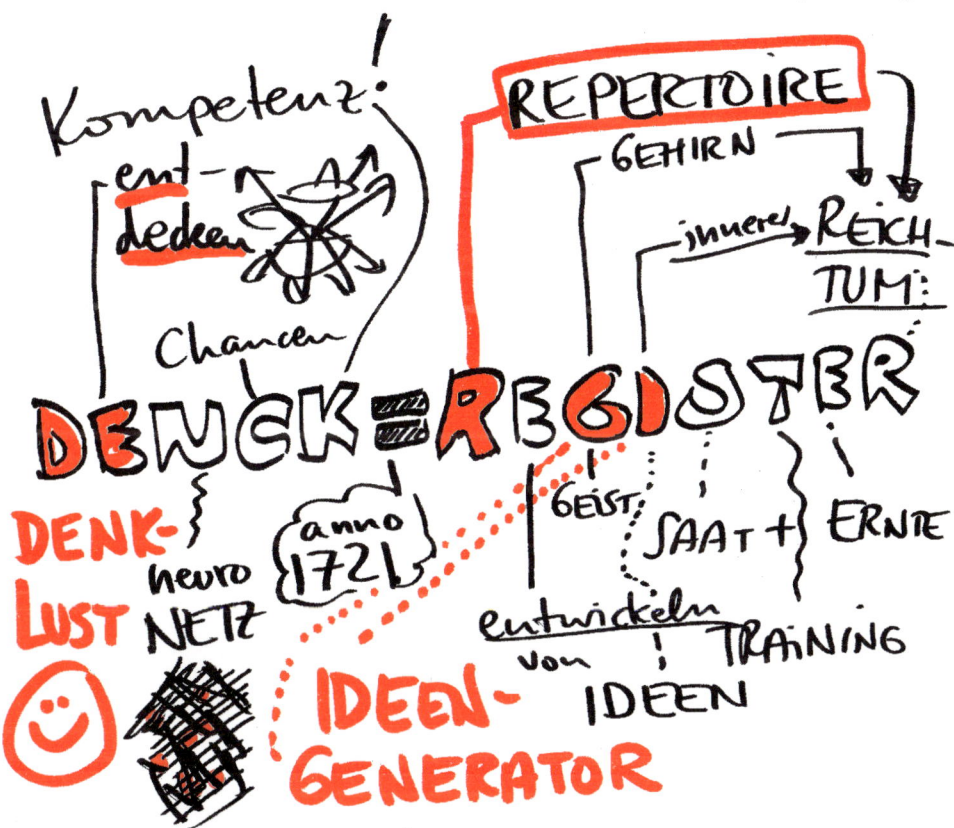

M 6

Denk-Technik:
Mit LISTEN-Denken zum Erfolg

Sie können dieses Modul **vorab** lesen (zur ersten Orientierung) oder **später jederzeit** wieder, um sich an die wichtigsten Gedanken zum LISTEN-Denken, inkl. LULLs LEITERN & ROTAE zu erinnern. Dieses Modul wird auch jenen Menschen eine Hilfe sein, die analografische und LISTEN-Techniken in Schule oder offenen Seminaren weitervermitteln wollen.

Vorbemerkung: Dieses Modul enthält den Gesamt-**Überblick zu einem sehr wichtigen Stichwort des Konzeptes vom Inneren Archiv, dem** LISTEN-Denken, daher finden Sie hier **zusammenfassende** Bemerkungen (mit Hinweisen auf andere Module), aber auch **jede Menge Neues** – sowohl in Bezug auf den Rest dieses Buches als auch auf die beiden anderen Titel von diesem.* Das meiste in diesem Modul habe ich vorher noch niemals veröffentlicht (höchstens im Internet, als Vorab-Info zum Erscheinen dieses Buches)!

Schon ARISTOTELES wußte den Wert des LISTEN-Denkens zu schätzen, wobei wir heute sicher mehr Vorteile kennen als er damals. Wir unterscheiden zwei grundlegende Techniken:

1. Einfaches LISTEN-Denken

    a) durch das **Anlegen** einer LISTE zum Zwecke des Denkens (Details folgen), sowie

    b) einfaches Arbeiten mit einer LISTE (Trainings-Aufgabe)!

---

* Erinnerung (siehe „Hier geht's los ....", S. 19): Das vorliegende Buch ist sowohl die „direkteste" Fortsetzung von *„Stroh im Kopf?"* (ab 36. Auflage) als auch die Brücke zum *„Das große Analograffiti-Buch"* (Schwerpunkte KaWa/KaGa), wobei im vorliegenden Buch der Schwerpunkt natürlich das gleichnamige innere Archiv ist, bei welchem ein Schwerpunkt das LISTEN-Denken (inkl. der ABC-Listen, COUVERT-TECHNIK, LULLs LEITERN & ROTAE) darstellt!

2. Kombinatorisches LISTEN-Denken

   a) LULL'sche Leitern: Verbinden zweier Listen

   b) LULL'sche ROTAE (Drehen von „runden Listen"), d.h. systematisches **Auswerten** von LISTEN-Inhalten durch **sukzessives Kombinieren** zweier oder mehrerer Listen.

Teil I: LISTEN erstellen

Wir werden über verschiedenartige Listen sprechen, aber zunächst gilt es festzuhalten: Jede Liste, die wir je anlegen werden, erlaubt uns immer:

- Die Chance für einen **LERNPROZESS** (wenn wir aktiv mitdenken und bewußt beobachten, was wir über unser Wissens-Netz lernen können).

- Eine **INVENTUR**, denn der Prozeß des Anlegens einer Liste entspricht einer Inventur (Was wissen wir? Wie schnell finden wir die Ideen? Was denken wir über die Sache? Nach welchen Kriterien entscheiden wir bei der Auswahl? etc.)!

Desweiteren stellt das LISTEN-Denken eine Denk-**STRATEGIE** und ein Denk-**TOOL** erster Güte dar. Lassen Sie sich keinesfalls davon beirren, daß dieser Denk-Stil von Anfang an **relativ leicht** fällt. Aber nehmen Sie zur Kenntnis, daß Ihre ersten Erfolge kaum ahnen lassen, welch **potentes Instrument** dieses **TOOL** in Wirklichkeit darstellt. Entscheiden Sie sich für praktisches Experimentieren; gehen Sie als ForscherIn an die Sache heran! Nehmen Sie sich vor, einige Wochen lang „brav" so viele Übungen wiemöglich

Investigator = Forscher

zu absolvieren, bevor Sie **ENTSCHEIDEN** werden, ob Sie à la long damit wei-termachen. Wer noch nie **systematisch** mit Listen gedacht hat, kann im Vorfeld nicht wissen, was diese Technik bringen wird! Es ist die berühmte Katze im Sack, die sich jedoch als Tiger erweisen wird. Ein Tiger, der Ihnen doch viel Denk-Erfolg spendieren wird. Aber Er-FOLG ist die Folge dessen, was wir zuvor getan haben! (Deshalb lautet das Motto meines monatlichen Coaching-Briefes *„Erfolg ist ein Prozeß"*.) Wer bereit ist, zu säen und die kleinen Pflänzchen zu hegen und zu pflegen, damit wir später ernten kön-nen, wird in der Tat reich belohnt. Lernen Sie, die immensen Schätze in Ihrem inneren Archiv ge-ZIEL-t zu finden. Wie wir noch sehen werden, ent-spricht das systematische Erstellen und Arbeiten mit Listen gewissermaßen einem „Sesam öffne dich!" zu unserem eigenen Unbewußten! Und der Schlüssel zu all dem Denk-Glück ist das **assoziative Denken**, welches gleichsam hardwaremäßig in unserer Hirn „verdrahtet" wurde. Es entspricht dem einzigen Denk-Stil, der wirklich als natürlich bezeichnet werden kann.

1. Assoziatives Denken

Die Ergebnisse großangelegter **Studien** zum Thema „Was unterscheidet geniales von normalem Denken?" stellten als **einen** wesentlichen Faktor fest: **Geniale Denker** (ob Wissenschaftler, Autoren oder Künstler) **denken** assoziativ, eine Fertigkeit, die unser Schul-System (s. Rand) leider in der Regel (immer noch!) nicht fördert. Über die Vorteile des assoziativen Den-kens sprachen wir (im gleichnamigen Modul), daher wollen wir hier nur einen wesentlichen Aspekt erwähnen:

Katze im Sack

Mit „**Schul-System**" ist das Schul-System aller **industrialisierten Länder** gemeint. Vgl. „Geniales Denken" (S. 209 ff.) und das „Lehrer-Modul" (S. 242 ff.).

Vgl. das Modul „Assoziati-ves Denken" (S. 73 ff.) wie auch den Abschnitt *Assoziatives Denken in der Schule?* im „Lehrer-Modul" (S. 242 ff.).

Bis zur DENNIS-**Studie** hatte man an eine Art von **kreativer Gleichheit** geglaubt. Man meinte, es müsse sich ähnlich wie bei der Verteilung des **IQ** verhalten, bei dem sich die große Masse als ok erweist, während einige wenige unterhalb und ebenso wenige oberhalb jener „Norm" zu finden sind. Aber dann stellte sich heraus, daß es um die Verteilung bezüglich Genialität (in Wissenschaft und Kunst) völlig anders bestellt ist. Es gibt eine extrem dünne „Schicht" von **Genialität** und eine große Masse von Menschen, die weder kreativ noch genial erscheinen. Dies möchte ich wie folgt kommentieren:

Zu DENNIS vgl. auch das Modul „Geniales Denken" (S. 209 ff.).

1. **Viele heutige Menschen erbringen Denk-Leistungen, die früher nur ganz wenigen vorbehalten waren (Lesen, Schreiben und eine minimale Rechenfähigkeit, z.B. um einzukaufen).**

Vor einigen hundert Jahren hätte eine Studie zutage gefördert, daß es **nur eine ganz dünne Elite** von Menschen gab, die zu diesen großartigen geistigen Leistungen fähig waren. Heute sehen wir, daß die Ergebnisse von IQ-Tests (die ja gerade jene Schulfähigkeit feststellen sollen, um herauszufinden, wen man des Lesens, Schreibens und Rechnens kundig machen kann!) **weltweit** der GAUß'schen Normalverteilung folgen, nicht aber die Verteilung des genialen Denkens großer Forscher, Komponisten, Autoren, Denker etc.

Wollte man im Mittelalter das Dividieren lernen, so mußte man nach Italien reisen, da keine deutsche Universität das Dividieren vermitteln konnte, (vgl. mein Video-Vortrag „Gehirn-gerechtes Rechen-Training).

2. **Dieses geniale Denken erfordert einen Denk-Stil, der heute genau so wenig an die Massen weitergegeben wird, wie einst das Lesen, Schreiben und Rechnen.**

3. **Da in der Zukunft die Geisteskraft ihrer Bürger die einzige Ressource der Staaten im Wettbewerb untereinander ist (sowie der Wettbewerbsvorteil der Einzelnen innerhalb ihrer Gesellschaften), sollten wir hier dringend umdenken.**

Als Kaiserin Maria Theresia einen Feldzug für den Schulzwang eröffnete, waren viele noch überzeugt, daß es gefährlich wäre, wenn Hinz und Kunz lesen, schreiben und (bis zu einem gewissen Grad) rechnen könne.

4. **Heute hingegen sind sich genügend Entscheidungsträger in Politik und Wirtschaft einig, daß die Zukunft den Denk-Fähigen gehören wird.**

Während das **Lesen, Schreiben** und **Rechnen** an den Universitäten und in den Klöstern bereits **bekannt** war und man daher (in allen aufkeimenden Industrie-Nationen) **fast über Nacht** beginnen konnte, den Massen diese Kenntnisse zu vermitteln, sieht es bezüglich eines genialen Denkens noch armselig aus.

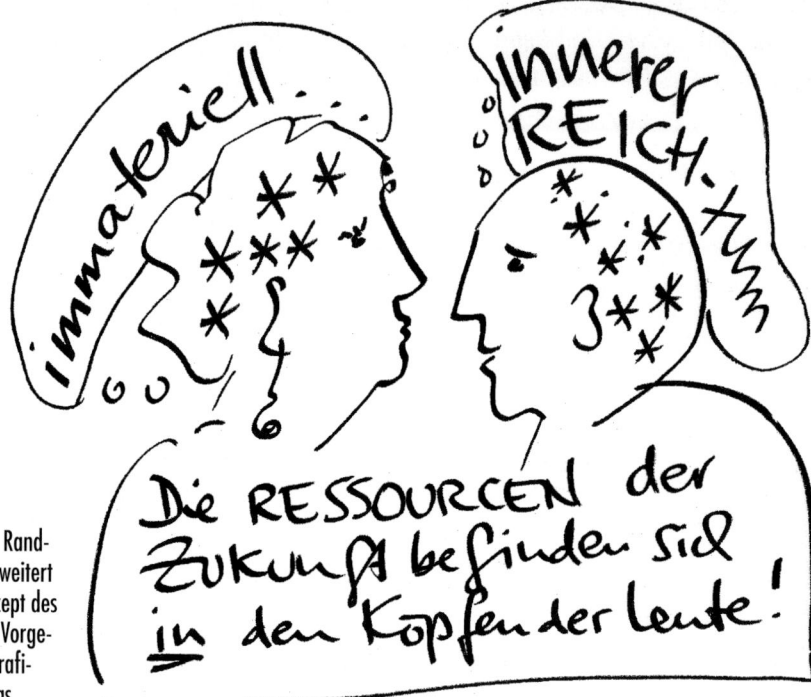

Kleine „historische" Randbemerkung: Nun erweitert sich das „alte" Konzept des „gehirn-gerechten" Vorgehens um die analografischen Denk-Stile. Das gehirn-gerechte Denken umfaßte immer weit mehr als nur Lernen, aber darüber publiziere ich erst seit 2001 wieder. Zum analografischen Denken gehören KaGa und KaWa, zu letzterem natürlich auch das LISTEN-Denken. Im neuen *„Stroh im Kopf?"* (ab 36. Auflage) und in *„Das große Analograffiti-Buch"* wurden die ABC-Listen andeutungsweise vorgestellt, aber das „richtige" LISTEN-Denken wird im vorliegenden Buch erstmals präsentiert.

5. Hier stehen wir an einem Punkt, an dem die Menschheit vor ca. 5000 Jahren stand.

Nachdem die Idee der Schrift erfunden worden war, ging es sehr schnell … analog können wir sagen, daß wir, bezüglich der Fähigkeit, „genial" zu denken, an einem ähnlichen Punkt stehen! Zwar haben wir den Buchdruck schon, aber wir haben noch immer zu wenige Denk-Techniken, um geniales Denken zu transportieren. Wir stehen in der Erforschung dessen, was uns genial denken „machen kann", erst ganz am Anfang.

Assoziatives Denken ist der goldene Schlüssel!

Assoziatives Denken ist dem Gehirn „angeboren". Im Gegensatz dazu ist unser Gehirn überhaupt **nicht** darauf eingerichtet, mit isolierten Info-Bits umzugehen. Deshalb ist es so schlimm, daß das Schul-System aller industrialisierten Länder den jungen Leuten diesen gehirn-gerechten assoziativen Denk-Stil nie wirklich vermittelt, während sie ihn ganz plötzlich ab der zweiten Studienhälfte an der Hochschule erwartet. Also zu einem Zeitpunkt, da die meisten bereits ausgestiegen sind.

So entsteht eine extrem dünne Denk-Elite. Das war in der vorindustriellen Ära nicht dramatisch, auch noch im Industrie-Zeitalter, aber es ist extrem **schlecht, wenn wir in der Wissens-Gesellschaft der Zukunft reüssieren wollen!**

Details über die Denk-Elite im „Lehrer-Modul" (S. 242 ff.) sowie im Modul über „Geniales Denken" (S. 209 ff.), mehr über assoziatives Denken im gleichnamigen Modul (S. 73 ff.).

In der Annahme, daß die geneigten LeserInnen dieses Buch in dieser Zukunft der Kopf-Arbeiter mitspielen wollen, biete ich Ihnen dieses Buch-Seminar. Machen Sie doch einfach mit, **bevor Sie entscheiden, ob** Sie das LISTEN-Denken **auf Dauer** praktizieren wollen. Denn das geistige **TOOL** des LISTEN-Denkens ist wie ein **Fahrrad:** Auch das beste Buch kann Ihnen die Eindrücke nicht vermitteln, die nur sammelt, wer **selber „fährt".** Man könnte die Analogie sogar soweit treiben und sagen: Einige der Listen-Aufgaben, die ich vorschlage, enthalten gleichsam noch „Stützräder", damit wirklich jede/r LeserIn, unabhängig von Ihrer Ausbildung, sofort aufsteigen (= einsteigen) kann, wobei wir hier ein faszinierende Phänomen sehen: **Wiewohl das LISTEN-Denken das ideale Einsteiger-Tool ist,** bleibt es trotzdem das bevorzugte Tool für Fortgeschrittene, das ist ungewöhnlich. Es ist wie ein Fahrrad mit 18 Gängen: EinsteigerInnen wissen noch nicht in dem Maß einzuschätzen, wann welcher Gang welchen Vorteil bringt, das ergibt erst die Übung, aber trotzdem kann man auch als EinsteigerIn zu fahren beginnen, auch wenn sich uns die Feinheiten erst mit der täglichen Übung erschließen werden. Und, wie eingangs festgestellt, unterscheiden wir zwischen dem Erstellen von Listen und dem Arbeiten mit fertigen Listen später.

18 Gänge!

Technik 1: Listen erstellen

Während wir eine Liste schreiben (denken), nehmen wir eine **INVENTUR** vor. **Wir blicken in unser Wissens-Netz** und picken einzelne Fäden heraus, indem wir Stichworte „festhalten". Die ersten Begriffe finden wir noch sehr

Inventur

an der Oberfläche unseres Denkens, so daß wir sagen können: Der Weg zur (tiefen) Offenbarung kann nur beschritten werden, wenn wir das Offensichtliche (das an der Oberfläche schwebt) **loslassen** können!

Ein immer wiederkehrendes Motiv des Inneren Archivs: Die erste „Ausbeute" finden wir an der **Oberfläche** – erst nach längerem, insbesonderem häufigen Nachdenken zum selben Thema **tauchen** Ideen **aus der Tiefe auf** ...

Jede Liste hilft uns zu **denken**, weil wir uns dem Thema unter verschiedensten Gesichtspunkten nähern können. Es gibt viele Arten von Listen und jede setzt andere Akzente und hilft uns, andere Aspekte des Gegenstandes, über den wir reflektieren wollen, zu registrieren. Eine **To-Do-Liste** enthält Dinge, die wir **erledigen** wollen (von englisch *to do* = tun). Sie kann als eine „Verwandte" der **Checkliste** gesehen werden, noch entfernter (um drei Ecken) verwandt wäre z.B. ein **Zeitplan**, der festhält, wann etwas geschehen soll, wann z.B. Züge fahren oder aber die Post aus dem öffentlichen Briefkasten abgeholt werden soll. Aber diese Art von Listen gehören einer völlig anderen Listen-Familie an als eine **Insider-Liste**, d.h. eine **Liste, in der Insider-Wissen angeboten wird**. Dies wird nun zugänglich für die Mitglieder einer Gruppe bzw. für Leute, die bereit sind, für diese Liste zu **bezahlen**. Wobei wir einen wichtigen Aspekt erkennen:

Gute Listen sind Gold wert!

Denn eine Liste stellt eine der höchsten Formen der **Exformation** dar. Ich erinnere an die Erklärung im gleichnamigen Modul:

Exformation ist die Arbeit, die ein Sender sich gemacht hat, und die dem Empfänger daher erspart bleibt.

Deshalb sind wir bereit, für gute Listen auch gutes Geld zu zahlen. Dasselbe Prinzip trifft jedoch auch zu, wenn wir später mit eigenen Listen (weiter-) arbeiten wollen. Wir, die Sender, haben (in der Vergangenheit) **Arbeit** investiert, von der wir zu einem späteren Zeitpunkt als Empfänger (im Hier und Jetzt) profitieren können:

Auch eigene Listen können Gold wert sein!

Erstellen Sie eine erste **Liste möglicher Listen!** Welche Arten von Listen kennen Sie? Welche setzen Sie oft ein, welche nie? Denken Sie an die

---

Margin notes (left column):

To-Do-Liste
Checkliste
Zeitplan

Mehr Details gibt es im Modul „Exformation" (S. 135 ff.).

Einladung zu einem kleinen Selbst-Versuch:

bereits erwähnten Listen-Typen (To-Do, Zeitplan, Insider-Listen).
Was fällt Ihnen noch ein?

1. A   Adressenlisten, Ausgangsliste, Archiv
2. B   Berufsliste
3. C
4. D   Dies-und-Das Liste
5. E   Eingangsliste
6. F   Fahrerliste
7. G   Gartenplan
8. H   Hausputz
9. I   Insiderliste
10. J   Jahresplaner
11. K   Leichtplan, Kalender
12. L   Listen für alle Fälle
13. M   Mitarbeiterlisten, Musikarchiv
14. N   N, Hallliste
15. O   Ordnungsliste
16. P   Postliste, Projektliste, Prioritätenliste
17. Q   Quarzliste
18. R   Reinigungsplan
19. S   Schadstoffliste
20. T   ToDo-Liste, Tierliste, Telefonliste
21. U   Urlaubsliste
22. V   Verbraucherliste
23. W   Waschliste, Wohnungsplan, Wegbeschreibung
24. X
25. Y
26. Z   Zeitplan

Sie wissen ja: Es gibt nur ein erstes Mal! Und dies ist ein Buch-Seminar, dem Sie im Optimalfall ein komplettes Seminar „entnehmen" können. Im Seminar hat man den Vorteil, daß alle mitmachen, also fällt es leicht, **auch** zu arbeiten. Im Buch haben Sie den Vorteil, daß Sie Zeit, Ort, Tempo etc. selber wählen können, aber Sie brauchen ein wenig mehr Disziplin. Falls Sie die Übung also gerade ausgelassen haben: Meine nachfolgende Liste wird Ihnen mehr Freude machen, wenn Sie die eine oder andere Liste finden, die in meiner Liste FEHLEN wird. Woraus Sie sehen, wie spannend es sein kann, wenn wir hinterher **vergleichen** können.

Vergleich

Deshalb empfehle ich ganz allgemein, suchen Sie sich MitstreiterInnen und laden Sie diese ein, mitzumachen. Heutzutage kann man sich minutenschnell austauschen, selbst mit Leuten, die weit entfernt wohnen (Fax, E-Mail). Es war noch nie so leicht, eine Seminargruppe zu „schaffen", auch wenn man zuhause bleibt …

So, jetzt entscheiden Sie:
- ❒ Wollen Sie Ihre Liste oben noch einmal zwei Minuten lang betrachten und sehen, ob inzwischen etwas „hochkommt", das Ihnen beim ersten Durchgang vorhin noch nicht eingefallen war?
- ❒ Wollen Sie zumindest einen ersten Durchgang nachholen, wenn Sie diesen vorhin großzügig übersprungen haben sollten?

1. Erinnerung

Haben Sie Ihre Liste der möglicher Listen schon aufgestellt? (Sie wissen ja, dies ist ein Buch-Seminar.) Es wäre schön, wenn Sie wenigstens **2** Minuten lang darüber nachdenken würden. Es sind Ihre Erfahrungen und Einsichten, die Sie dabei gewinnen …

2. Eine weitere kleine Quizaufgabe

Farben?

Welche Farben haben Listen eigentlich? Haben Sie über die Farben von Listen schon einmal nachgedacht? Welche Listenfarben kennen Sie bisher? (Falls Sie die Frage nicht verstehen, notieren Sie dies; auch das ist wichtig: Registrieren, was wir **nicht** wissen, ohne Schuld- oder Schamgefühle! Die Antwort finden Sie in der Marginalie auf der nächsten Seite oben.

Ihre Antworten

Schwarze listen
Grüne listen
rote listen

LISTEN

Details folgen
6. Schwarze Listen
5. Rote Listen und
4. Grüne Listen
3. Graue Listen
2. Bunte Listen
1. Blaue Listen

Zwischenspiel

1. Jede Liste ist immer ein **LERN-PROZESS**, wenn wir wirklich nachdenken,

2. im Sinne eines **INVESTIGATIVEN** Denk-Stils (Detektiv spielen). Sie kann eine mehr oder minder tiefe **INVENTUR** darstellen, das liegt an uns.

3. Sie **SPIEGELT** unsere (derzeitigen/langfristigen) **INTERESSEN**, unser Wert-System etc., sagt also auch eine Menge über uns als Person. Sie ist aber immer auch ein **SCHNAPPSCHUSS**, weil sie unsere **heutige** Befindlichkeit festhält. An manchen Tagen läuft es besonders flott, wir sind „gut drauf", an anderen schleichen sich lauter negative Assoziationen ein, wenn wir traurig, frustriert etc. sind. Täglich eine Liste als Journal-Eintrag sagt Ihnen später genau so viel über Ihre damalige Befindlichkeit, wie Eintragungen üblicher Art („Liebes Tagebuch, ich fühle mich heute so …").

4. Ein Liste anlegen heißt aktiv etwas **TUN** und wird mit zunehmendem Training immer besser. Dies gilt sowohl bezogen auf einzelne Themen (die 5. Liste ist besser als die 1. und die 35. ist besser als die 5.), als auch bezüglich der Technik des Listen-Machens: Training macht uns besser!

5. Wenn wir uns darauf einlassen, können Listen uns zu aufregenden neuen **ENT-DECKUNGEN** führen, d.h. dazu, daß so mancher metaphorische Topf-DECKEL angehoben wird. Das kann regelrecht spannend werden. Deshalb sagte meine maternelle Großmutter oft: „Die schönsten Abenteuer sind die des Geistes."

ANTWORTEN

Es folgen meine Antworten auf die Frage nach den Farben der Listen.

1. **Blaue Listen:** Registrierte Drogen (in den angelsächsischen Ländern)

2. **Bunte Listen:** „Bunt gemischt" = ohne differenzierte Klassifizierung, z.B. alle Freunde einer Person, ohne Rücksicht auf alle anderen Aspekte, die man in die Klassifizierung einbeziehen könnte, oder „Männlein und Weiblein" gemischt, wenn man Partygäste auflistet.

3. **Graue Listen:** Ich sehe drei Möglichkeiten — 1. Einerseits werden **homöopathische Medikamente** in grauen Listen „gehandelt" (im Gegensatz zur offiziellen roten Liste); 2. es könnte sich um eine Liste von oder **für graue/n Panther/n** (Senioren) handeln und 3. Listen für Dinge/Mitspieler, die auf einem **„grauen Markt"** mitmischen wollen (z.B. Handwerker, die bereit sind, schwarz zu arbeiten, erweitern ja damit den sogenannten „grauen" Anteil des Arbeitsmarktes).

4. **Grüne Listen:** Listen, die im weitesten Sinne Natur/Bio-Aspekte berücksichtigen (z.B. Bio-Bauern in einer bestimmten Gegend; Kosmetika, für deren Entwicklung keine Tiere sterben mußten etc) .

5. **Rote Listen:** Auch hier gibt es zwei Varianten: Zum einen werden die **Medikamente der Schulmedizin** in einer großen „roten Liste" aufgeführt, zum anderen tragen wir gefährdetes Leben (Tiere wie Pflanzen) in rote Listen ein.

6. **Schwarze Listen:** Listen von Dingen, die vermieden werden sollen (bzw. die sogar verboten sind). Der Name leitet sich von der schwarzen Pool-Kugel (bei Snookers) ab, daher heißt es im Englischen auch „to **blackball** someone" (jemanden wörtlich „schwarz-kugel-n"; jemanden ausgrenzen).

Nun, da wir ein wenig tiefer ins Thema Listen eingestiegen sind, möchte ich Ihnen meine **Liste-möglicher-Listen** anbieten. Es ist meine **erste** Aufstellung, nach einigen Wochen **intensivem** Nachdenkens und Arbeitens über das Thema. Voilá:

Liste möglicher Listen

1. **Adressen-Listen** sind Listen!
2. **ABC-Listen**
3. **Abschuß-Listen** im Sinne von Todeslisten (hoffentlich nur im Krimi)
4. **Buyers' Guides** (Kaufhilfe für Leute, die einbestimmtes Produkt suchen)
5. **Check-Listen** aller Art, wir kommen darauf zurück
6. **Couvert-Listen** entstanden durch die COUVERT-TECHNIK
7. **Chronologische Listen** (z.B. der Tages-Ablauf einer wichtigen Person, oder Tages-, Wochen-, Monats-, Jahres-Listen, die geschichtliche Abläufe festhalten)
8. **Directories** (neudeutsch für wegweisende Listen aller Art), es sind im weitesten Sinne Listen, die uns helfen, eine Richtung (direction) zu wählen. Ursprünglich eher Sight-Seeing-Vorschläge für englische Touristen, weiteten sie sich langsam auf alles aus, was Engländer weltweit brauchen könnten (Hotels, Einkaufsmöglichkeiten, Ärzte/Hospitäler, Schulen etc.), so daß ein *directory* heute so gut wie alles enthalten kann.
9. **Einkaufslisten**
10. **Enzyklopädien** sind große Listen (die über viele Bände laufen können)
11. **Favoriten-Listen** – Menschen, Teams, Vereine (z.B. Toto-Listen), Tiere z.B. Pferde (und anderen Tiere, mit denen Wettrennen oder Wettkämpfe veranstaltet werden, von Hähnen bis Kampfhunde); diese Listen sind die Grundlage für Wetten, sie listen Wahrscheinlichkeiten (u.U. nach Sieg und nach Platz sortiert) auf.

Ich würde mich freuen, wenn Sie mir Listen mitteilen, die Ihnen (und Ihrem MitspielerInnen) noch einfallen, gerne unter **www.birkenbihl.de** (in die WANDZEITUNG, bitte).

Vgl. „COUVERT-TECHNIK"-Modul (S. 79 ff).

Übrigens halte ich gar nichts davon, Einkaufslisten auswendig zu lernen; unser Gehirn wurde für wichtige, sinnvolle Informationen „ausgelegt", nicht nur Durchzugs-Informationen. Gehen Sie ruhig mit Ihrer Liste einkaufen …

12. **Fremdenführer-Listen** (enthalten z.B. Sehenswürdigkeiten einer Gegend)

13. **Gäste-Listen** (z.B. zur Vorbereitung einer Party, Hochzeit, etc.)

14. **Grammatik-Listen** (mit Konjugationen, Deklinationen, unregelmäßigen Verben, Hilfsverben, Kopulae, Präpositionen usw)

15. **Hitlisten**, deutsch: z.B. Literatur, Sachbuch, Taschenbuch, Musik …

16. **Hitlisten**, englisch: Hier kann eine Hitliste auch eine Todesliste sein.

17. **Insider-Listen** sind Listen

18. **In-&-Out-Listen** – Die meisten gehören zu der Art von Pseudo-Informationen von extrem kurzem (und fraglichen) Wert, insbesondere die in wöchentlichen Magazinen aufgelisteten.

Ein Berufskiller ist ein „hit man" und eine Tötung heißt „hit" (wie bei einem Video-Spiel: ein Treffer).

Vielleicht wollen Sie einmal testen, wieviele Ihrer Freunde vier Wochen später noch wissen, was vor einem Monat **IN** oder **OUT** war, um sich von der Unwesentlichkeit zu überzeugen.

19. **Jubel-Listen** – Versuchen Sie doch einen Monat lang, täglich zwei- bis dreimal 90 Sekunden lang alles aufzuschreiben, worüber Sie jubeln – oder zumindest sehr dankbar sein – könnten.

20. **Katalog-Listen** – Hier hängt die Art der Auflistung stark davon ab, welcher Art der Katalog sein soll. Ist es ein **Museums**-Katalog, der den Besuchern Orientierung beim Durchmarschieren offerieren soll oder ein Katalog, der als Grundlage für eine **Auktion** dienen wird? Ist es ein **Katalog**, der zum **Kaufen** animieren soll? etc.

Jubel-Listen sind in Zeiten seelischer Not mehr als Gold wert, sie helfen die Dinge, die uns gerade aufregen, zu relativieren …

21. **Kompilations-Listen** (Sammlungen, völlig abhängig von der Kompetenz der kompilierenden Personen!)

22. **Konsumenten-Listen** (besser unter „mailing-Listen" bekannt)

23. **Lese-Listen** (können extrem wertvoll sein und dem Leser enorm viel Zeit und Energie ersparen, deshalb finden Sie ja kaum Sachbücher mit einer anständigen Literatur-Liste im Anhang!

Vgl. „Literatur-Listen".

24. **Literatur-Listen** – Man muß nicht nur Bücher schreiben können (das können heute viele!), man muß auch Extra-Service bieten, für jene, die selber weiterforschen wollen, aber dazu gehört eben mehr als 200 Seiten vollschreiben, vor allem, wenn man selbst kaum etwas liest und dann nicht mehr weiß, wo man die besten Ideen „gefunden" hat …

25. **Mailing-Listen** (siehe Adressen und Konsumenten): Eine gut gepflegte Liste mit wenigen sogenannten „Karteileichen" (Adressen von Leuten, die inzwischen verzogen oder gestorben sind) kostet viel Geld! Sowohl für die sogenannte „Pflege" der Liste, als auch, wenn man sie kaufen (exakter mieten) möchte.

26. **Mitglieder-Verzeichnisse** sind Listen

27. **Nachschlagewerke** aller Art sind ebenfalls Listen

28. **Numerierte Listen** (wie diese, damit man mit einem Blick sehen kann, wieviel Einträge diese Liste uns bietet; in diesem Falle 45)

29. **OPERA-Listen** (abgeleitet vom lateinischen *operare* = etwas tun; mit „opera" umschreibt man gern Werke, z.B. Kunstwerke). Manche dieser Listen werden nach dem Kompilierer benannt (z.B. das KÖCHEL-Verzeichnis, indem ein Herr KÖCHEL die Werke MOZARTs aufgelistet hat). Hier hängt der Wert der Liste wieder stark von der **Kompetenz** dessen ab, der sie erstellt: Welche und wieviele Kriterien hat er berücksichtigt? Hat er sie bekannt gegeben? Wissen Sie z.B., woher sich die **Reihenfolge** der Werke MOZARTs im KÖCHEL-Verzeichnis herleitet? Ist es eine **chrono-logische Liste** (Reihenfolge der Kompositionen)? Oder ist es eine **hierarchische** Rangfolge? Hat Herr KÖCHEL nach einem Maßstab **klas-sifiziert** (Länge der Stücke?) oder **kategorisiert**? Hat er von „klei-nen" Stücken zu „großen" sortiert? Und wenn ja, ist dann die Oper oder eine Sinfonie an die höchste Stelle der Hierarchie zu setzen? War-um? Was spricht dafür? **Sehen Sie, warum eine Liste ein Denk-Tool erster Güte ist? Und warum Sie ein Thema, zu dem Sie „LISTEN-GEDACHT" haben, weit besser erfaßt haben, als mit herkömmlichen, normalem Denken?**

30. **Premium-Listen** – Hier handelt es sich um Listen materieller Güter, auch gebrauchte oder Antiquitäten und deren Geld-Wert, z.B. Ge-braucht-Fahrzeuge (in gutem Zustand). Solche Listen werden von Versi-cherungen erstellt, können aber auch eine Hilfe bezüglich einer Unter-grenze für die Privatwirtschaft (z.B. einen privaten Auto-Markt tagsüber am Wochenende im Autokino) darstellen.

31. **Performance-Listen** – In diesen Listen werden Hochleistende geführt, z.B. Preisträger (von Bambi oder Oskar über Pulitzer bis zu Nobel) oder Punktesieger in Wettbewerben (z.B. die Weltrangliste im Tennis) etc.

32. **Qualitätslisten** (anderer Name für Performance-Listen)

33. **Rettunglisten** (z.B. SCHINDLERs Liste, die auch ein Beispiel für eine Liste darstellt, die nach ihrem Kompilierer benannt wurde)

34. **Stichwort-Verzeichnisse** in Sach- und Fachbüchern. Ich weigere mich, Bücher zu lesen, deren Autoren sich die kleine Mühe nicht machen (oft verhindern die Verlage diesen wichtigen Service!). Was

Übrigens entspricht die „Schublade" mit EMPFEH-LUNGEN auf www.birken-bihl.de ebenfalls einer Liste, nur daß dort neben Lesestoff auch andere Wer-ke (z.B. Videos) gefunden werden können. Alle Wer-ke habe ich höchstpersön-lich gelesen, gehört, gese-hen und die Tatsache, daß sie in dieser „Schubla-de" liegen, ist eine Emp-fehlung.

Zum Beispiel: Lieder, klei-ne Klavierstücke (Menuet-te, Tänze, Etüden, Sonati-nen, Sonaten), Klavierkon-zerte, andere Konzerte, Opern, Sinfonien.

man nicht begreift ist dies: Zwar **arbeiten** nur ca. 15 bis 20 % der LeserInnen „ernsthaft" genug mit dem Buch, daß sie ein Stichwort-Verzeichnis zu schätzen wissen (allerdings werden es ständig mehr, weil ich meine Seminar-TeilnehmerInnen in zunehmendem Maß auch auf den Geschmack bringe). Aber diese wenigen sind die wichtigsten LeserInnen für das Buch. Sie werden es im Zweifelsfall weiterempfehlen, rezensieren, an anderen Stellen zitieren etc. Es gilt also ungefähr das PARETO-Prinzip.

Pareto 80:20

Vgl. das Modul „Geniales Denken" (S. 209 ff.).

35. **Top-Listen**, z.B. Top-Ten – Hier unterscheiden wir **1. Leistung** (vgl. Performance-Listen, z.B.: Top Ten im Tennis), die durch ein (relativ) klares Bewertungs-System in die Liste kam von **2.** Listen, die (angeblich) durch den **Verkauf** der Produkte (Bücher, CD.s) entstanden von **3.** Bewertungen via einer kleinen Auswahl von Konsumenten: So entstehen die TV-Ratings, von denen Wohl und Wehe abhängt, weil diese bestimmen, wie teuer die Werbe-Sekunden verkauft werden können.

Schade, es wäre schön, wenn man Sendungen nach ihrem Gehalt beurteilen könnte ...

36. **Tip-Listen** – How-To-Listen mit Ratschlägen. So gibt es Stichwort-Listen (mit Kurzerklärungen, zu allen Themen, die Menschen bewegen, von Kindererziehung über Hobbies bis zu Überleben nach dem Atomkrieg etc.

37. **Unveröffentlichte Dokumente (Listen)** – Im Modul über „Raimundus LULLUS" (S. 252 ff.) erwähnte ich, daß ein Großteil seiner Tausende von Seiten zählenden Manuskripte bis heute nie veröffentlicht wurden. Ohne solche Listen, die uns sagen, welche unveröffentlichten Manuskripte in welchen Museen oder Bibliotheken aufliegen, wäre Forschung, insbesondere bezüglich historischer „Randfiguren", unmöglich. Ähnlich wertvoll wäre eine Liste vergriffener Titel ...

38. **Verzeichnisse** sind natürlich auch Listen (vgl. das KÖCHEL-Verzeichnis, Punkt 29)

39. **Wegweiser-Listen** (entsprechend weitgehend den *directories*, Punkt 8)

Die ABC-Listen gehören zu den analografischen Denk-Tools, also das Forum: „gehirn-gerecht/ Analograffiti" suchen.

40. **Wort-Listen** – z.B. ABC-Listen. Übrigens tauschen meine Seminar-TeilnehmerInnen und LeserInnen sich Listen-mäßig in einem Forum auf www.birkenbihl.de aus. Wenn Sie uns öfter besuchen und die Seite ein wenig kennen, fragen Sie (in der Wandzeitung) nach dem Paßwort für alle Foren ...

41. **Wörterbücher** sind genaugenommen „nur" Listen

42. **x-beliebige Auflistungen** sind natürlich ebenfalls Listen

43. **Yin-Yang-Listen** – So nenne ich eine Listenart, die **Gegensätze** auflistet (männlich-weiblich, dunkel-hell, hart-weich, kalt-warm). Auch diese Art von Listen kann uns helfen, unser Denken zu erhellen. Wählen
Sie eine Reihe von Begriffen und suchen Sie dann systematisch den
Gegenpol. Oft gibt es kein direktes Gegenteil (wie: schwarz-weiß), aber
sehr wohl einen Gegenpol, ein anderes Ende eines Spektrums. Aber
man kann die Welt nach unterschiedlichsten Kriterien unterteilen. Fragen wie „Was ist der bessere Gegenpol?" können sehr hilfreich sein, um
unser Denken zu klären, z.B. logisch-intuitiv, logisch-kreativ, logisch-?

44. **Zeitpläne** sind auch Listen

45. **ZIEL-Listen** können ungemein spannend sein. Erstellen Sie Listen von
Ihren Zielen (z.B. eine Liste mit beruflichen Zielen, eine mit privaten)
und vergleichen Sie mit einigen FreundInnen, die mitmachen. Reservie-
ren Sie für die Besprechung dieser Listen einen ganzen (Nachmitt-)Tag
und Sie werden viel über sich und Ihre FreundInnen lernen!

Wie Sie sehen, gibt es jede Menge potentieller Listen, je nach Problem, Thema, Aufgaben-, Frage- oder Zielstellung. Unabhängig von allem, was wir
nachfolgend über Listen sagen werden, denken Sie immer daran:

Eine Liste kann ein Tresor sein, je nachdem, ob Sie auf den Inhalt einer
spezifischen Liste derzeit besonders „scharf" sind. Weil aber eine gute Liste
minimale Information bei maximaler Exformation darstellt, da sie extrem ver-
DICHT-etes Wissen enthält, sollte sie **langsam** gelesen werden. Anders ausge-
drückt: Was haben eine gute Liste und ein Ge-DICHT gemeinsam? Antwort:

Was haben Listen und Gedichte gemeinsam?

**Gute Listen und gute Gedichte muß man langsam lesen, da das
Material so stark ver-DICHT-et wurde, andernfalls kann einem
tatsächlich schwindlig werden.**

Nun lade ich Sie wieder zum aktiven Handeln ein. Wollen wir eine kleine
Liste mit Variationen „basteln"? Wir begnügen uns mit sechs Begriffen, und
zwar mit den Farben des Bildes zu diesem Buch (vgl. beiliegende Postkarte
bzw. auch Rückseite des Buches).

Mini-Fallstudie: Kleines Listen-Farbenspiel

Falls die Karte nicht mehr vorliegt, können Sie diese über „www.birkenbihl.de" abrufen (bitte klicken Sie auf das Feld mit der Aufschrift NICHT ÖFFNEN). Sie können die Karte auch telefonisch anfordern bei unserer Birkenbihl-Auslieferungs-Buchhandlung (Herr Schwanhaeuser), Tel. 0761 / 2 11 18 40. Falls Sie lieber e-mailen: Schwanhaeuser@ t-online.de.

Aufgabe 1: Die Liste erstellen

Bitte notieren Sie die sechs Farben des Bildes (beginnen Sie von oben und bewegen Sie sich langsam nach unten; bitte bedenken Sie, daß es zwei Blautöne gibt: hellblau und dunkelblau).

1. _schwarz_
2. _ober_
3. _rot_
4. _weiß_
5. _blau_
6. _grau_

Aufgabe 2: Die Liste sortieren

Wenn der Inhalt (einigermaßen) feststeht (jede echte Liste wird mehrmals überarbeitet; wir wollen ja nur das Prinzip aufzeigen), dann fragen wir uns, nach welchen Kriterien wir diesen Inhalt „durchdenken" wollen. Erster Sortiervorgang: Machen Sie eine ABC-Liste daraus (auch wenn der Großteil des Alphabets leer bleibt, es geht nur ums Prinzip; später, bei echten Listen werden Sie oft weit mehr Begriffe sortieren und beim Alphabetisieren könnten Ihnen weitere „Inhalte" ein- und zufallen, aber für den Augenblick reichen die sechs Begriffe).

1. _blau_
2. _grün_
3. _oker_
4. _rot_
5. _schwarz_
6. _weiß_

Die 6 Farben alphabetisch sortieren

Aufgabe 3: Die Liste hierarchisieren

Bitte beachten Sie, daß das ABC keine echte Hierarchie darstellt. Wenn wir ein Thema jedoch ernsthaft „durchdenken" wollen, wenn das LISTEN-Denken investigativen Charakter haben soll, wenn wir ein wenig Detektiv spielen wollen, dann lernen wir am meisten, wenn wir eine Hierarchie aufbauen. Die Qualität der Hierarchie hängt von der Art der Klassifizierung ab, die wir benutzen. Auf unsere Farben bezogen könnten wir z.B. nach den Frequenzen sortieren (im Sinne der physikalischen Eigenschaften der Farbtöne bzw. bezüglich des Platzes, den sie auf dem elektromagnetischen Spektrum einnehmen würden), oder wir könnten nach Häufigkeit sortieren (z.B. welche Farbe wird wie oft in der Bibel erwähnt?) u.ä. Wir erwähnten bereits, daß die Kompetenz der Kompilierer ausschlaggebend ist für die Qualität der Liste, wie wir bei „Wörterlisten" unter dem Namen „Enzyklopädie" sehen können; da gibt es eben „solche und solche", wobei manche **mehr** Begriffe enthalten, manche die **besseren** Erklärungen, **wenige** **beides**! Aber wir wollen immer noch nur das Prinzip aufzeigen, deshalb versuchen wir eine einfache Hierarchie.

ABC-Listen sind „demokratisch" im Gegensatz zu HIERARCHISCHEN Listen.

Sortieren Sie die sechs Farben nach Helligkeit (von 1 = schwarz bis 6 = hell, gelb oder grün). Falls Sie sich wundern, weshalb ich hier „gelb oder grün" anbiete, so gilt erstens die Tatsache, daß man über Farbtöne vortrefflich **streiten** kann. Ohne technische Hilfsmittel wird es immer Menschen geben, die **dieses** Gelb als hellste Farbe „sehen", während andere für dieses Grün (im Bild) plädieren werden. Zweitens weiß ich **heute beim Schreiben** noch nicht, was **beim Drucken** mit den Farben geschieht. Unabhängig von meiner Intention könnte doch etwas anderes dabei „herauskommen", bis Sie das Buch in Händen halten.

Selbst bei den Fahnenkorrekturen sieht man leider nicht die endgültigen Farben. Daher nehme ich heute an, daß gelb **oder** grün die hellsten Farben sein werden. Also, wie „sehen" Sie die fünf Farben nach schwarz??

1. schwarz
2. blau
3. grün
4. rot
5. Ohr
6. weiß

Aufgabe 4: Die Liste beurteilen

Natürlich wissen Sie, daß jede Klassifizierung subjektive Wahrnehmungen, Meinungen, Glaubensfragen etc. einbringt. Dies symbolisiert die vierte kleine Aufgabe: Diesmal sollen Sie die Liste hierarchisch sortieren, und zwar gemäß des Grades an Wohlgefallen, das Sie für die einzelnen Farben empfinden. Wir sind also nun bei einer weiteren Frage gelandet, über die man trefflich streiten kann: Geschmack. Desweiteren zeigt diese kleine Demonstration Ihnen, daß man manchmal kaum entscheiden kann, welche hierarchische Stufe man „geben" soll. Am liebsten würde man vielleicht drei Farben auf einer Stufe eintragen. Sehen Sie, was so eine Mini-Liste uns alles zeigen kann? Dieselben Entscheidungen müssen Sie bei anderen Listen später auch treffen. Das ist einer der Gründe, warum das LISTEN-Denken uns lehren wird, in unseren Kopf zu sehen, und uns beim Denken zuzuschauen! Also, nun Ihre Wahl: Ob wir eine „Miss" wählen, oder Farbtöne nach gewissen Kriterien sortieren – der Denk-Prozeß ist derselbe. Wie gern mögen Sie welche der sechs Farben?

Diverse Hierarchien basieren auf Werturteilen

Nur, je mehr Kriterien wir **gleichzeitig** berücksichtigen müssen, desto schwerer ist die Aufgabe und desto mehr Kompetenz verlangt sie. Aber diese Aufgabe ist immer noch sehr leicht.

1. blau
2. rot
3. weiß
4. grün
5. Oker
6. Schwarz

Aufgabe 5: Wie sehen andere das? (Forschung)

Manchmal lohnt es sich, andere (z.B. nicht immer, aber vielleicht auch Experten) zu befragen. Manchmal aber kann es einfach nur interessant sein, im Sinne des investigativen Charakters (Detektiv spielen): Was denken meine FreundInnen, KollegInnen, NachbarInnen, Club-MitgliederInnen etc.? Im übrigen profitieren wir bei einem solchen Austausch in der Regel doppelt:

Erstens lernen wir oft weit mehr über den zu untersuchenden Gegenstand, wenn wir uns genau anhören, wie andere ihre Wahl begründen (was bei faszinierenderen Fragestellungen, als unsere kleine Aufgabe im Fallbeispiel, auch viel spannender sein kann). Zweitens lernen wir auch eine Menge über diese Menschen und (wenn die anderen helle sind), diese über uns. Denn unsere Wahl sagt viel über unser Wert-System aus und unser Wert-System viel über uns …

Deshalb rate ich Ihnen in diesem Buch (wie auch im Live-Seminar) immer wieder, viele Ergebnisse von Aufgaben mit den Resultaten zu vergleichen, die bei anderen Mitspielerinnen „herauskommen", wenn diese entscheiden (in diesem Fall, welche Farbe ihnen wie gut gefällt).

Falls Sie so eine kleine „wissenschaftliche" Umfrage durchgeführt hätten, könnten Sie die Ergebnisse in Ihre **Forscher-Kladde** eintragen. Dies könnte z.B. so aussehen, daß Sie pro Zeile eine der Farben notieren (z.B. alphabetisch) und dahinter Strichlisten anlegen, bis die gesamte Anzahl an Versuchspersonen eingetragen wurde. Dann erst wandeln Sie die Strichlisten in Zahlen um.

1. Alphabetisch sortiert:		2. Hierarchisch sortiert:
1. dunkelblau (25)	Nun könnten wir dieselbe Liste gemäß der Prioritäten, die sich ergaben, **neu sortieren**:	1. gelb (55)
2. gelb (55)		2. rot (52)
3. grün (32)		3. grün (32)
4. hellblau (12)		4. dunkelblau (25)
5. rot (52)		5. hellblau (12)
6. schwarz (7)		6. schwarz (7)

Checklisten-Varianten

Wollen wir nun anhand einer kleinen Checkliste aufzeigen, welche Aspekte beim Erstellen einer solchen denkbar wären.

Variante 1: Check-Liste verwendeter Farben (Wunsch-Liste)

Angenommen, jede Farbe soll mindestens einmal verwendet werden. Dann könnte eine einfache alphabetische Check-Liste genügen. Dabei würde der Maler dann jede Farbe abhaken, die er zum erstenmal verwendet hat.

Alphabetisch sortiert:

❑ dunkelblau
❑ gelb
❑ grün
❑ hellblau
❑ rot
❑ schwarz

Variante 2: Liste verwendeter Farben (Beobachtung)

Natürlich sortieren wir die Liste jetzt nach **Häufigkeit**, damit wir mit **einem Blick** die **Reihenfolge** erkennen können, ehe wir das „Kleingedruckte" näher studieren (hier die konkreten Zahlen).

Aber angenommen, Sie möchten herausfinden, wie häufig jemand die einzelnen Farben tatsächlich verwendet hat, dann wäre die Strategie, die wir oben eingesetzt haben, intelligenter: Zuerst macht man Strichlisten, am Ende kann man zusammenzählen und das Ergebnis eintragen, z.B. so:

Hierarchisch sortiert:

1. gelb (65)
2. grün (56)
3. hellblau (44)
4. rot (42)
5. dunkelblau (15)
6. schwarz (7)

Variante 3: Farb-Liste definiert Bild-Charakter

Aber vielleicht wollen wir die Liste nach Prioritäten sortieren? Vielleicht wol- **Prioritäten**
len wir (ähnlich wie bei manchen Zeit-Management-Systemen) die Listen-
Inhalte (hier unsere Beispielfarben) nach Wichtigkeit oder Dringlichkeit sortieren. Dann stünden A, B und C für Prioritäts-Indikatoren. Aber wie bereits
schon erwähnt, **ist das Erstellen solcher Listen ein Denk-Tool erster
Güte.** Bitte denken Sie selbst ein wenig nach und erstellen Sie mindestens
zwei unterschiedliche Listen. Stellen Sie sich vor, Sie möchten im einen Fall,
daß der Maler des Bildes ein helles, freundliches, farbenfrohes Bild kreiert
(wobei nach wie vor unsere sechs Farben zur Verfügung stehen). Welches
sind die Farben mit A-Priorität (viel davon), mit B-Priorität (mittel) und mit
C-Priorität (so wenig wie möglich)? Und dann entwickeln Sie die gegenteili-
ge Liste für ein Bild, das möglichst düster werden soll. Alles klar?

Liste 1: ein helles, farbenfreudiges Bild

A: _gelb, hellblau_

B: _rot, grün_

C: _dunkelblau, schwarz_

Liste 2: ein düsteres, dunkles Bild

A: _dunkelblau, schwarz_

B: _rot, grün_

C: _gelb, hellblau_

C: rot, gelb

B: grün, hellblau

A: dunkelblau, schwarz

Ein düsteres, dunkles Bild

C: dunkelblau, schwarz

B: grün, hellblau

A: rot, gelb

Ein helles, farbenfreudiges Bild

Nun, fanden Sie die letzte kleine Aufgabe eher

☒ sehr leicht,   ☐ mittelschwer oder doch   ☐ ziemlich schwierig?

Sie wissen ja, daß diese Bewertung abhängt von den Inhalten Ihres Wissens-
Netzes. Je vertrauter Sie mit Farben und Malerei sind, desto schneller konnten Sie die kleinen Listen aufstellen. Je unvertrauter Sie jedoch damit
waren, desto langsamer würden Sie nachdenken.

Apropos: Haben Sie wirklich nachgedacht? Oder haben Sie gleich weiterge-
lesen. Sie wissen, dies ist ein Buch-Seminar und die Tendenz, ganz alleine
herumzusitzen und „nur" zu lesen ist sehr groß. Sie entscheiden, aber Sie
profitieren weit mehr, wenn Sie aktiv mitmachen. (Ja, ja, ich gebe schon
Ruhe.)

Stellen wir uns nun eine letzte Variante vor, eine, bei der uns besonders klar wird, wie sehr manche Listen Kompetenz des Kompilierers fordern. Angenommen, wir wollten wissen, welche Farben (dieser speziellen Stifte) sich gut übermalen lassen.

Variante 4: Listen Sie Fach-Infos!

Farb-Liste enthält
Fach-Informationen

Diese Art von Liste müßte man für jede Marke von Stiften **neu** erstellen. Ich habe das Beispiel auch nur gewählt, um Ihnen zu zeigen, daß hinter manchen Listen eine Menge Arbeit steckt, je mehr, desto ver-DICHT-eter wird die Info in der Liste, so daß wir analog zum Ge-DICHT Exformation pur erhalten. Deshalb sind solche Listen umso interessanter, je mehr eigene Erfahrungen man bereits im eigenen Wissens-Netz besitzt. Wer schon fünf unterschiedliche Filzstift-Marken akribisch getestet hat, dem nutzen solche Listen; wer es noch nie ausprobiert hat, kann mit der Liste auch nicht viel anfangen. Und nur das wollte ich Ihnen zeigen. Damit können wir unsere Fallstudie über das Erstellen von Listen beenden.

Eine spezifische Listen-Variante: ABC-Listen

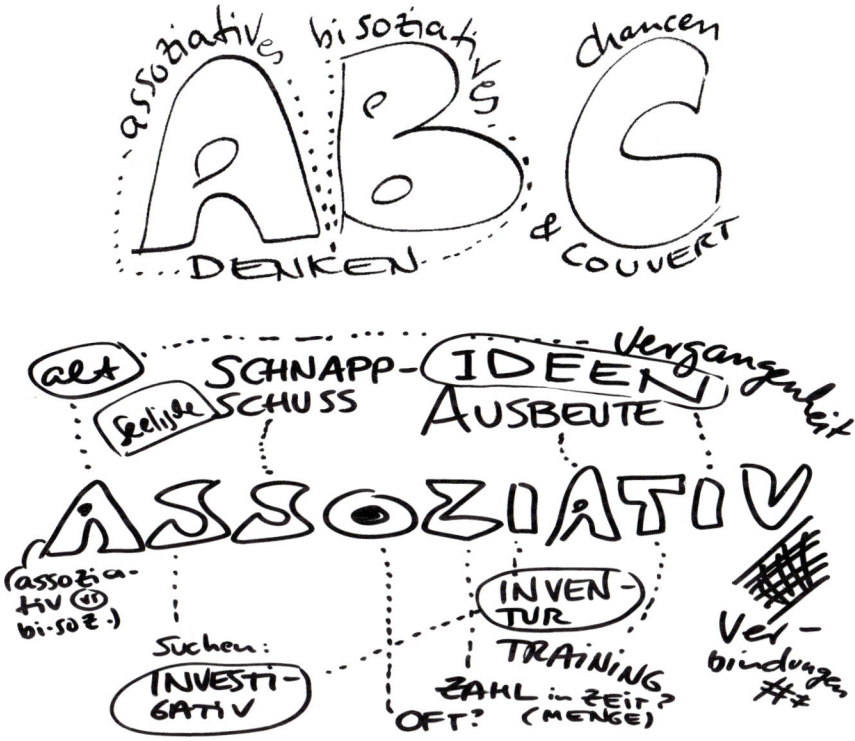

Das „**A**" steht für **Assoziatives Denken**, mit all seinen Vorteilen (vgl. gleichnamiges **Modul** S. 73 ff.). Das „**B**" soll uns an das **ungeheure kreative Potenzial** der **Bisoziation** (nach KOESTLER) erinnern. Das „**C**" steht sowohl für die **COUVERT-TECHNIK** als auch für die enormen **Chancen**, die ABC-Listen uns bieten!

Listen bieten wunderbare **Chancen**, unser Denken zu verbessern, was wir in dem KaWa auf der nächsten Seite klar sehen können: LISTE „**S**" für **Suchen** & Finden, also für den „**Inneren REICH-tum**", für die wunderbaren **Schätze**, die wir („**E**") entdecken, wenn wir („**T**") in die **Tiefe** gehen, weil wir ein („**T**") **Thema wiederholt per ABC-Listen „bearbeiten"!** Das „**S**" steht auch für **Strategie** und für **Serendipity** (= eine zufällige glückliche Entdeckung!). Es ist **Serendipity**, wenn uns ein **großer** oder ein **innovativer Gedanke** oder eine Erfindung gelingt.

Das „**L**" erinnert uns sowohl an die **erhöhte** Denk-**Leistung**, als auch an die vielen **Lernprozesse**, die durch ABC-Listen ausgelöst werden (können).

Allerdings stellte PASTEUR schon vor langer Zeit fest, daß das **Glück** wohl eher den **vorbereiteten Geist** zu treffen pflegt. Recht hat er!

Insbesondere durch **wiederholte** ABC-Listen zu einem Thema.

Wie im Modul „LULL'sche Leitern und ROTAE" (S. 252 ff.) angedeutet, können Sie mit den **vorhandenen Listen** im Buch bereits experimentieren. Aber erst wer zu den **eigenen** Themen, Fragen, Problemen auch **eigene** Listen anlegt, kann vom vollen Nutzen der zweiten Technik profitieren, über die wir gleich sprechen werden.

Damit haben wir uns einen guten **Einstieg** in das **Anlegen** von Listen geschaffen. Die COUVERT-Technik ist eine Brücken-Form, weil wir länger am Thema bleiben (vgl. gleichnamiges Modul, S. 79 ff.). Somit können wir uns jetzt zum nächsten Schritt begeben und uns fragen: Wie „arbeitet" man mit vorhandenen Listen? Listen schreiben, Listen lesen, Listen „durchdenken" oder gar mit mehreren Listen zu „arbeiten" – davor drücken sich viele Menschen, denn diese Art zu denken ist **ungewohnt**, und **Ungewohntes mögen wir nicht**

Sie kennen vielleicht das kleine **Experiment** hierzu: Falten Sie Ihre Hände schnell und spontan wie zum Gebet und stellen Sie dann fest, welcher Zeigefinger oben liegt. Dann ändern Sie bewußt die Fingerhaltung, indem Sie diesmal den „falschen" Finger nach oben nehmen.

Es fühlt sich mehr oder weniger **unangenehm** an, und zwar nur, weil es **ungewohnt** ist!

Diese Art des **Unangenehmen-weil-Ungewohnten** erleben wir auch, wenn wir die **Art, wie wir denken** verändern wollen (sollen).

Es denken beispielsweise wirklich nur die wenigstens Leute kreativ, aber wenn man ihnen zeigt, wie sie ihre Kreativität dramatisch erhöhen können, dann zögern sie, denn: Je ungewohnter diese Art zu Denken ist, desto nötiger wäre es, daß man sie lernt, will man die Denk-Leistung erfolgreich verbessern. Weil es sich aber ungewohnt-unangenehm „anfühlt", gibt man schnell wieder auf, und so schließt sich der Teufelskreis. Hierzu bemerkt MICHALKO:

Vgl. auch das Modul „Geniales Denken" (S. 209 ff.).

> Ein Hauptmerkmal schöpferischer Menschen ist die **Fähigkeit, eine Vielzahl von Assoziationen und Beziehungen zu verschiedenartigen (Ideen, Themen) herzustellen.** Den meisten Menschen fällt es schwer, dies bewußt zu tun, weil sie (dies) **nicht gelernt** haben (…) Dies trifft (zu) auf: Erfinder, Künstler, Schriftsteller, Wissenschaftler …

Michael MICHALKO: „Erfolgsgeheimnis Kreativität – Was wir von Michelangelo, Einstein & Co. lernen können" (Hervorhebungen meine).

Testen Sie sich mit folgender Trainings-Aufgabe, ehe Sie sich den (schwierigeren) Aufgaben im zweiten Teil (kombinatorisches LISTEN-Denken) zuwenden …

Training: Einfaches LISTEN-Denken

Beginnen wir mit einer **kleinen Trainings-Aufgabe**, die man **schreibend** oder **sprech-denkend** absolvieren kann. Beim **Sprechen** geben wir uns **60 Sekunden**. Diese Übung stellt ein klassisches **kleines Rhetorik-Training** dar, das unter dem Stichwort „Sprech-Denken" bekannt ist. Sie können **alleine** (z.B. mit Diktiergerät üben, oder „nur **denkerisch**") aber auch mit anderen in der Gruppe (reden vor „Publikum"). Es gilt **spontan** zu einem Stichwort zu **assoziieren**, mit einem einzigen Unterschied:

Wann immer Sie **schrei-bend üben** wollen: geben Sie sich 90 Sekunden bis 2 Minuten pro Stichwort in der Liste. Die Zeit hängt auch davon ab, wie schnell Sie schreiben, denn es geht jeweils um kurze Assozia-tions-Zeiten.

Das klassische Spiel wurde früher gespielt, indem man **jeden** einzelnen Begriff **ausgelost** hat (z.B. durch das Stechen einer Nadel in einen Text, um ein Zufalls-Wort zu finden). Unsere Variante aber geht von einer **Liste** aus, die Sie **bewußt** „bearbeiten" wollen (gern auch mehrmals), indem Sie zu jedem Begriff in der Liste **60 Sekunden Sprech-Denken** (oder schrei-bend assoziieren, s. Rand) und dann zum nächsten Begriff übergehen. Wichtig dabei ist:

Es besteht ein innerer Verband dieser Stichworte, weil Sie ja mit einer thematischen (ABC-)Liste arbeiten, um einen Gegenstand tiefer zu ergründen.

Dabei gilt es, die zunächst gehäuft auftauchenden **oberflächlichen** Erst-Assoziationen zu „durchlaufen", bis (bei wiederholtem Üben) langsam die tiefer liegenden Schätze aus Ihrem Unbewußten aufzutauchen beginnen. Deshalb bot ich Ihnen ja schon die Metapher vom „Sesam-öffne-dich":

Die Schatzkammern unseres Unbewußten sind großartig, nur fin-den die meisten Menschen nie hinein ...

Wer noch keine eigenen Listen angelegt hat, findet im Listen-Teil (S. 304 ff.) genügend. Wählen Sie eine, deren Überschrift (Thema) Sie interessiert.

Es gilt, zu den einzelnen Begriffen der **Liste** frei zu assoziieren! Im Modul „Assoziatives Denken" (S. 73 ff.) sagen wir: **Jede** Assoziations-Übung stellt immer (auch) eine **Inventur** dar (Was weiß ich? Wie schnell/leicht fließen die Assoziationen?). Dies gilt in besonderem Maße für thema-tisch zusammenhängende Assoziationen, wie in dieser Übung.

Wenn Sie ein Thema tiefer erforschen wollen, wieder-holen Sie die Übung, vgl. die COUVERT-TECHNIK im gleichnamigen Modul (S. 79 ff.).

Wenn Sie es einmal ausprobieren wollen, wählen Sie eine Liste und notieren Sie schnell und spontan Ihre ersten Assoziationen zu **jedem** (minimal: zu einigen) der Begriffe in der Liste. Schreiben Sie Stichwörter und (zumindest) Halbsätze, damit Sie später wissen, was Sie sagen wollten. (Es dürfen aber natürlich auch ganze Sätze sein), sonst besteht die Gefahr, daß Sie in der Zukunft nicht mehr wissen, was Sie heute meinen, daher: mindestens Halbsätze. (Bei der gesprochen Variante der Übung müssen Sie ja auch eine Mini-Rede halten, also in ganzen Sätzen sprechen.)

Diese Übung ist ausgezeichnetes Denk-Training, und zwar aus mindestens sechs Gründen:

1. **Jede** Übung trainiert das „**Anzapfen**" unseres **Wissens-Netzes**.

2. Sie stärkt den **angeborenen** im Gehirn „verdrahteten" **Denk-Stil** des **assoziativen** Denkens, der in der normalen Schul-Bildung unterdrückt wird

   Vgl. „Lehrer-Modul" (S. 242 ff.) und Modul „Geniales Denken" (S. 209 ff.).

3. Sie hilft uns, unsere eigenen Denk-Prozesse **bewußt zu registrieren**, d.h. uns beim Denken gleichsam über die Schulter zu sehen (Selbst-Erkenntnis).

4. Dies trainiert unsere Fähigkeit, auch bei anderen Menschen bewußter auf deren Assoziationen zu achten. Jede Assoziation sagt eine Menge über die Person aus (Menschenkenntnis),

5. sie stellt immer auch eine **Inventur** dar (zu welchen Stichworten fällt uns besonders viel/wenig ein?) und

6. sie **trainiert** „flüssiges" **Denken** und **Reaktionsfähigkeit**.

Mit diesen Einsichten können wir uns der kombinatorischen Arbeit mit Listen zuwenden. Jetzt wird es richtig spannend!

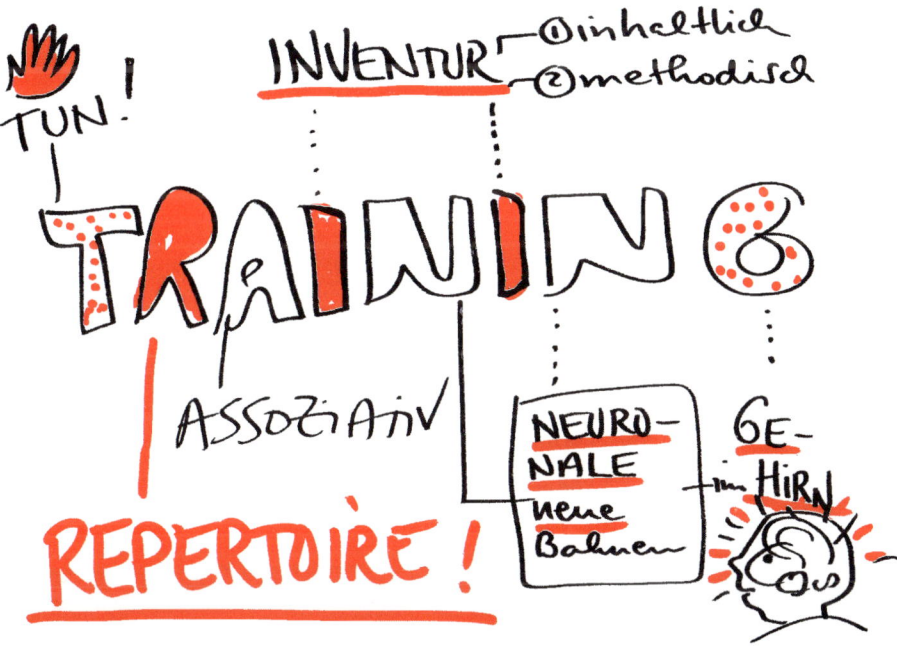

Teil II: Kombinatorisches LISTEN-Denken

Im Modul über Raimundus LULLUS (S. 252 ff.) lernen wir von zwei Möglichkeiten, spielerisch mit LISTEN umzugehen, um völlig neue Denk-Prozesse anzuregen. **Zur Erinnerung:**

1. LEITERN: LULLs Listen waren weitgehend hierarchische „Leitern", die man hinauf- und hinunter-„gehen" konnte. Und: **er arbeitete mit Parallel-Listen** (das war neu!); er stellte **zwei LEITERN nebeneinander**, um der Reihe nach systematisch jeden Begriff mit jedem zu verbinden.

Und:

2. ROTAE: LULLUS brachte nun (im Wortsinn) Bewegung in die Sache, indem er bewegliche Scheiben benutzte. So kann man durch Drehen die unterschiedlichsten Kombinationen schaffen. Diese Technik bringt dermaßen viel und macht so viel Spaß, daß wir dem Buch eine leere „Scheibe" beilegen, für Ihren ersten Versuch.

Im „LULLUS"-Modul hatte ich Ihnen auch vorgeschlagen, vielleicht ein erstes Experiment zu wagen, indem Sie zwei Listen miteinander zu verbinden versuchen, und sei es auch nur eine Tier- und eine Berufeliste.

Es gibt mehrere Gründe, warum diese Art von Verbindung unser Denken weit „fruchtbarer" machen kann, als nur mit einer Liste zu arbeiten, wobei ich Ihnen folgende Metapher anbieten will:

Stellen Sie sich vor, wir sollen ein Seil überqueren, indem wir uns Handgriff um Handgriff vorwärts hangeln. Das metaphorische „**Seil**" besteht aus **Gedankenketten** zum jeweiligen Thema, je „massiver" diese sind, desto schneller und sicherer werden wir vorwärts kommen können.

Wir bleiben natürlich die ganze Zeit am Thema (Seil) „hängen", sonst würden wir ja hinunterfallen, was bei zu **dünnen Gedankenketten** passieren kann: **sie reißen ab!**

Nun bedenken Sie bitte: **Normale Assoziationen „leben" von alten Verbindungen.** Wenn wir eine thematischen Liste „durchdenken" (wie im ersten Teil beschrieben), dann hangeln sich unsere Assoziationen „am Thema entlang".

Vgl. Modul „Assoziatives Denken" (S. 73 ff.).

Aber nun stellen wir uns vor, daß wir an einem ROTEN Seil hängen und plötzlich schwingt uns ein BLAUES Seil entgegen – wir können „aufspringen" **und damit ROTE und BLAUE Gedankenketten verbinden!** Dann hängt es von unserem Wissens-Netz und von unseren Nervenbahnen aus der **Vergangenheit** ab, ob die Verbindung, die nun entsteht, assoziativ ist **oder** aber ob auf diese Weise eine **Bisoziation*** geschaffen wurde.

Dieser Begriff (nach KOESTLER) beschreibt eine **Gedanken-Verbindung, die normalerweise nie stattgefunden hätte** (von *bi* = zwei und *soz* … = verbunden hergeleitet). Sie kennen ja wahrscheinlich schon meine Metapher von der **Denk-, Gedanken-** oder **Ideen-Wolke** (auch Ideen-Schwarm). Nun gilt:

Der Grund, warum es inzwischen **einige** Bezeichnungen für die Denk-Wolke gibt, ist der, daß meine Seminar-TeilnehmerInnen das Bild geradezu „gierig" aufgegriffen haben, es aber mit **verschiedenen Etiketten** versahen, die alle dieselbe Idee ausdrücken. Warum sollte ich stur auf meiner ursprünglichen Bezeichnung beharren …?

Solange wir assoziativ denken, bleiben wir innerhalb einer Gedanken-Wolke. Je kleiner diese ist, desto weniger Assoziationen bietet sie. Umgekehrt „liefern" große Wolken viel und schnell – das ist der REICHtum des inneren Archivs!

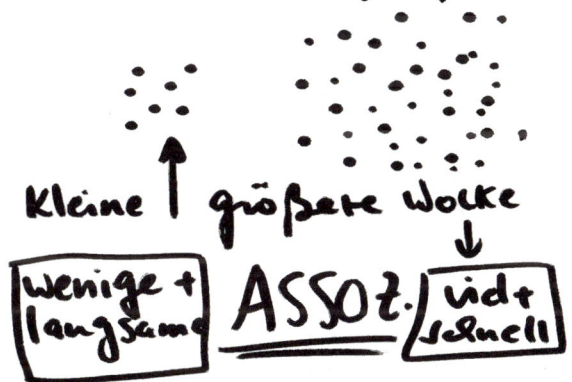

Wird unser Denken aber **bisoziativ**, dann wurden (mindestens) **zwei** solche Wolken miteinander **verbunden** (in unserem Beispiel eine ROTE und eine BLAUE Gedankenkette). Dies löst zwei Dinge aus:

---

* Bezüglich BISOZIATION, am besten KOESTLER selber lesen (siehe Literaturverzeichnis, S. 262), vgl. auch mein Buch „Humor – an Ihrem Lachen soll man Sie erkennen" und „Das große Analograffiti-Buch"; in beiden wird die Bisoziation erklärt.

Zum einen werden wir jetzt mit einem sogenannten Aha-Erlebnis beschenkt, einem Eureka, denn: Jede Bisoziation trifft uns wie ein Blitz (daran erkennen wir die Bisoziation!). Sie löst immer eine überraschte Reaktion aus, die von einem scharfen **Aha!!** über ein schrittweises Begreifen (Aaaaaaaaaaaah) bis zu einem ebenso scharfen **Ha ha!** führen kann. Für KOESTLER sind das alles Teile desselben Spektrums; der gemeinsame Nenner ist WITZ. Entweder indem wir „den Witz einer Sache" erkennen, oder indem wir es „witzig" (im Sinne von „lustig") finden. Deshalb stellt KOESTLER fest, daß der Narr und der Forscher sich weit näher stehen, als man gemeinhin annehmen würde; beide können nur durch ihren Witz erfolgreich sein und dieser Witz basiert immer auf Bisoziationen, denn ohne Überraschungs-Element gibt es weder neue tiefe Einsichten noch Gelächter!

Die Bisoziation ist umso stärker, je überraschter wir sind!

Zum anderen erschließen sich uns jetzt, da sie plötzlich verbunden wurden, die Welten beider Ideen-Wolken, so daß wir plötzlich weit mehr Möglichkeiten haben, über das ursprüngliche Thema (oder Problem) nachzudenken!

Und: **Je größer die beiden Wolken, desto mehr Ideen stürzen jetzt auf uns ein.**

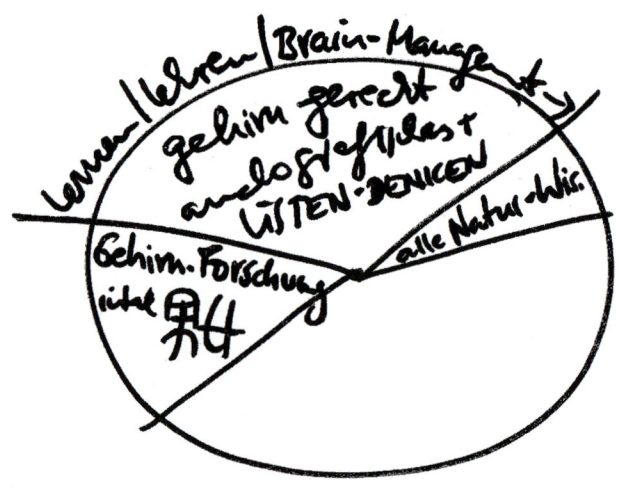

Es lohnt sich übrigens, die eigenen größten Denk-Wolken zu erfassen; vielleicht wollen Sie ein KaGa (vgl. Merkblatt Nr. 1, S. 296 ff.) anlegen oder es als Torten-Chart zeichnen, in welchen Sie einige Ihrer größten Denk-Wolken (Wissens-Gebiete, Ideen-Schwärme) eintragen? Es reichen auch Teil-Zeichnungen (in diesem Fall lassen Sie den Rest der sogenannten Kategorien-Torte ruhig leer).

Hier sehen Sie das kleine „Tortenstück" meiner
äußerst bescheidenen Kenntnisse naturwissenschaft-
licher Art nach oben „herausgeführt" und als kleine
Detail-Torte etwas genauer ausgeführt.

Dieses Vorgehen lohnt sich immer, wenn im Haupt-
bild keine Möglichkeit besteht, Details, die uns gerade wichtig sind, einzutragen.

Es geht übrigens bei der Abbildung weniger um
Inhalte (Text zum Inhalt folgt), sondern darum, uns
ein Bild von einem KaGa unserer Wissens-Gebiete
(die immer auch Denk- oder Ideen-Schwärme darstellen), zu machen.

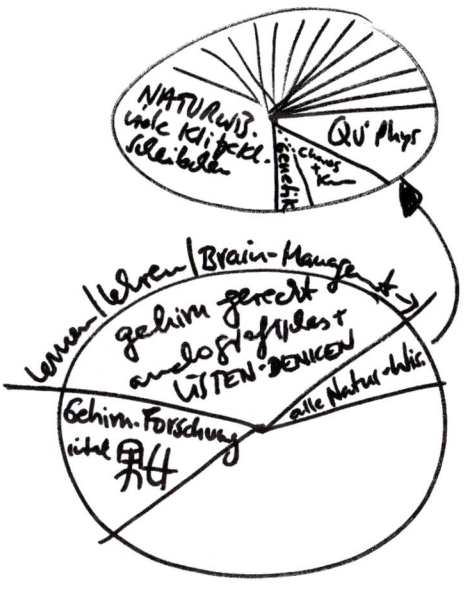

Wir können den Gedanken verbundener Denk-
Wolken* auch auf die Seil-Metapher übertragen:
Wir flechten (mindestens) zwei Seile zusammen. Je
dicker eines oder jedes der beiden, desto mehr Fasern (Fäden im Wissens-
Netz) bietet uns die Verknüpfung und desto mehr Auswahl haben wir jetzt.

Sie sehen wieder einmal, wie das Spielen mit mehreren Metaphern unser
Verständnis für ein Thema oder eine Situation (hier: die Bisoziation) weit
schneller erhellt und vertieft als lange theoretische Abhandlungen darüber!
Außerdem zeigt uns dies, wie **hilfreich** es sein kann, **mit mehr als einer
Gedankenkette zu arbeiten**, denn:

---

* So ist meine Denk-Wolke Lernen/Lehren/Gedächtnis (der große Be-GRIFF lautet bei mir „Brain-Management" und/oder
„gehirn-gerechtes Vorgehen" plus „analografisches Denken") ziemlich **groß**, so daß **selbst ganze Bücher** (wie
„Stroh im Kopf?" oder „Das große Analograffiti-Buch" oder das vorliegende „Innere Archiv") immer noch **nur Teile**
davon darstellen können. Ich besitze derzeit bereits/wieder so viel neue „Punkte", daß ein zweiter Band zum großen
Analograffiti-Buch in Arbeit ist; es wird auch einen zum „Inneren Archiv" geben ... Im Vergleich dazu ist meine Denk-
Wolke zum Thema Quantenphysik so klein, daß mein Video-Vortrag hierzu ca. 30 % anbietet, so daß ich hierzu zwar
den einen oder anderen Artikel schreiben könnte, aber nie wagen würde, ein Buch anzugehen (außer, ich würde mich
erneut intensiv damit auseinandersetzen). Desweiteren ist meine quantenphysikalische Denk-Wolke relativ isoliert, in
ihrer Nähe „schwimmen" nur einige kleinere mit anderen naturwissenschaftlichen Themen. Die einzigen naturwissenschaftlichen „Tortenstücke", die einigermaßen voluminös wurden, sind a) die Chaos- und Komplexitäts-Theorie, die
schon vor Jahren zu einem verschmolzen (vgl. meinen Video-Vortrag hierzu) und b) die Genetik, mit der ich mich im
Zuge meiner Forschungen zur Architektur des männlichen und weiblichen Gehirns zwangsläufig beschäftigen „mußte"
(und es ist mir stellenweise sehr schwer gefallen!).

Jede neue Metapher stellt gleichsam eine eigene „Denk-Wolke" dar.

Wenn wir mehrere Metaphern, Gedankenketten oder Ideen-Wolken verbinden und konsultieren, gewinnen wir. So entsteht innerer REICH-tum in unserem Denken und so bauen wir ein REICH-es inneres Archiv auf, auf das wir dann zurückgreifen können, wenn es darauf ankommt. Deshalb sollte man zu seinen Kern-Themen im Vorfeld möglichst häufig mit Gedanken „spielen", damit wir möglichst viel besitzen, auf das wir zugreifen können, wenn wir es brauchen (z.B. in einem wichtigen Gespräch, einem Meeting, einer Präsentation oder weil wir tiefergehend nachdenken wollen).

In ähnlicher Weise profitieren wir, wenn wir mehrere Listen miteinander verbinden. Jede Liste entspricht in etwa einer Gedankenkette, also einem (kleinen?) Auszug aus einer Denk-Wolke!

Bei **eigenen** Listen ist es unsere eigene Gedankenkette, die wir beim Anlegen der Liste entwickelten (als wir in unserer Denk-Wolke zum Thema stöberten). Bei Listen **anderer** sehen wir, welche Gedankenketten diese Menschen zu dieser Frage entwickelt haben. Dies läßt uns einiges von ihrer Denk-Wolke erahnen, aber jede Liste repräsentiert ja immer nur einen (oft winzigen) Ausschnitt aus einem (großen?) Ideen-Schwarm. Dieser Ausschnitt kann „mikroskopisch" sein, insbesondere bei einem sehr großen Schwarm.

Der Minimum-Nutzen des Verbindens von (mindestens zwei) Listen ist, daß unser assoziatives Denken „ange-REICH-ert" wird. Der Maximum-Nutzen, daß wir auf diese Weise weit mehr Bisoziationen erzeugen, als mit normalem Denken!

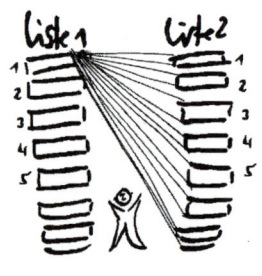

13. Jahrhundert

Deshalb ist die Idee von Raimundus LULLUS, zwei LISTEN wie Leitern nebeneinander zu stellen und nun systematisch die „Sprossen" der beiden miteinander zu verbinden, so großartig. Es gab zu jener Zeit zwar schon kombinatorische Buchstabenspiele, bei denen man Buchstaben mehrerer Alphabete systematisch einen nach dem anderen verband, um Worte zu generieren, aber das war eher ein „Nebenthema" bezüglich der geistigen Denk- und Merk-Techniken. Als LULLUS im 13. Jahrhundert jedoch begann, ganze Wortlisten miteinander zu kombinieren, wurde aus einem kleinen „Spielzeug" ein mächtiges Denk-Tool. Bei LULLUS ging es (wie im Modul „Raimundus LULLUS" erwähnt) vorrangig darum, Gottes Namen, Attribute etc. mit Fragen, über die man reflektieren wollte, zu verbinden. Aber wir wollen uns die Idee zunutze machen und unser Denken dadurch immens anreichern, weil wir mindestens weit mehr Assoziationen produzieren werden, aber auch mehr Bisoziationen als „normal" wäre!

Beginnen wir mit einem ganz einfachen Beispiel, indem wir auf unsere Farben aus dem ersten Teil zurückgreifen. Stellen wir den sechs Farbwörtern (hier alphabetisch sortiert) sechs Begriffe entgegen, die sich in einem Workshop einer Trainerkollegin (als wichtige Lebensbereiche) ergeben haben, dann sehen wir zwei LEITERN nebeneinander stehen.

So daß dies die zehnte Aufgabe ist, durch welche Sie die Vorteile und Techniken des LISTEN-DENKENS Schritt-für-Schritt nachvollziehen können.

Dunkelblau	Arbeit/Job
Gelb	Einkaufen
Grün	Hobby/Interessen
Hellblau	Hygiene/Putzen
Rot	Lesen & Lernen
Schwarz	Spielen

Nun könnten wir beide im Sinne der LULL'schen LEITER-TECHNIK systematisch miteinander verbinden: Die erste Frage (dunkelblau) mit a) Arbeiten/Job, b) Einkaufen, c) Hobby/Interessen, d) Hygiene/Putzen, e) Lesen & Lernen und zuletzt f) Spielen. Dann würden wir in der linken Leiter eine „Sprosse" absteigen (gelb) und wiederum mit allen Begriffen der rechten Leiter verbinden. Danach käme die nächste „Sprosse" (grün) usw., bis wir alle Begriffe in der linken Leiter mit allen in der rechten Leiter verbunden haben. Dabei sollte uns zweierlei klar sein:

1. **Nicht jede Ver-BIND-ung wird eine brillante Verschmelzung zweier Gedanken ergeben, aber jede Ver-BIND-ung ist ein hervorragendes Training für assoziatives Denken, welches dem Gehirn ja angeboren ist.**
2. **Manche Ver-BIND-ungen sind brillant! Wenn nur jede 100. Ver-BIND-ung „genial" wird, kann man mit ein wenig Fleiß und Schweiß jede Menge „Inspiration" fauler Denker ausgleichen!**

Vgl. die Module „Geniales Denken" (S. 209 ff.), Stichwort „Intelligenz" (S. 21 ff.) und das „Lehrer-Modul" (S. 242 ff.).

Bei dieser Übung kommen wir auf 36 mögliche Ver-BIND-ungen, wenn wir wie alle „brav abarbeiten". Dies kann mündlich geschehen oder schriftlich.

Im ersten Teil zu LISTEN-DENKEN hatten wir bereits festgestellt, warum jede assoziative Übung ein ausgezeichnetes Denk-Training darstellt; wollen Sie versuchen, die wichtigsten Gründe zu Re-KONSTRUIEREN? Wir hatten sechs Gründe postuliert:

1. _Inventur_

2. _Aktiveren von verborgenen Wissen_

3. _Aktivieren von Wissensnetzen_

4. _Selbsterkenntnis_

5. _Training, Reaktions fähigket_

6. _Erkenntnis über andere_

1. „Anzapfen" unseres Wissens-Netzes.
2. Stärkung des assoziativen Denkens, der in der norma-len Schul-Bildung unterdrückt wird
3. Eigene Denk-Prozesse registrieren, d.h. uns beim Den-ken zuzusehen (Selbst-Erkenntnis):
4. Dies trainiert unsere Fähigkeit, auch bei anderen Men-schen bewußter auf deren Assoziationen zu achten. Jede Assoziation sagt eine Menge über die Person aus (Men-schenkenntnis): ...
5. Es stellt eine Inventur dar (zu welchen Stichworten fällt uns besonders viel/wenig ein?) und
6. Training: „flüssiges" Denken & Reaktionsfähigkeit.

Wem die folgenden Aufgaben also zu schwer erscheinen, der/die sollte noch ein Weilchen mit der einfachen Sprech-/Schreib-DENK-Übung aus dem ersten Teil (S. 115 f.) arbeiten.

Dasselbe gilt für das Ver-BIND-en zweier Leitern, nur daß dies schon eine Fortgeschrittenen-Übung darstellt. Wenn Sie sich an die Metapher vom 18-Gang-Rad erinnern: Jetzt wird das Gelände ein wenig hügelig und man soll-te schon eine erste Ahnung vom Schalten haben.

Es folgen zwei Beispiele aus solchen Übungen; und zwar die Kombination **Dunkelblau mit allen Begriffen der rechten Leiter**. Übrigens: Es gibt Menschen, die profitieren sehr, wenn sie solche Fallbeispiele lesen können. Deshalb wird sich bei uns in den Foren zu diesem Buch (auf www.birken-bihl.de) sicher einiges tun, so daß Sie Fallbeispiele finden bzw. eigene bei-steuern können. Auf der anderen Seite trifft dies nicht für alle LeserInnen zu (weshalb ich nur wenige Beispiele bringe; gerade genug zum Starten, für die, die ohne Beispiel nicht so recht wissen, wie es aussehen könnte).

Fühlen Sie sich also selbstverständlich frei, die Fallbeispiele zu überspringen.

<u>DUNKELBLAU – Versuchsperson Nr. 1, weiblich, 49 Jahre</u>

Arbeit/Job   blaumachen: Abscheu vor der Arbeit, vgl. Schule schwänzen (weil diese so unangenehm war).
Traurig.

Einkaufen   Blaubeeren, Obst, Gemüse, gesund und Vitamine etc. Vor dem Einkaufen etwas essen, damit
man weniger Chips etc. kauft ...

Hobby/Interessen   blau, Farbe, malen ... spiele schon lange
mit dem Gedanken, wieder anzufangen. Hatte
aufgehört, weil angeblich keine Zeit, aber ich
glaube, man vertut viel mehr Zeit mit Unwesent-
lichem und könnte sehr wohl überlegen ... ich
glaube, ich werde es versuchen ...

Hygiene/Putzen   blau-grün, die Flüssigkeit zum WC-Reini-
gen, Wasser = blau; Wieviel Trinkwasser vergeuden wir durch wegspülen? Warum gibt es noch
immer keine praktikablen Systeme, um dafür
gebrauchtes Wasser zu verwenden (z.B. Bade-
wasser)? Da hat man einerseits Schuldgefühle,
wenn man so richtig Anti-Streß entspannt
baden möchte, aber keine, Trinkwasser zum
WC-Spülen zu verwenden ...

Lesen & Lernen   blau, farbige Lese-Notizen machen, blau
ist für DENKEN (darüber möchte ich mehr wissen oder tiefer nachdenken), z.B. Themen, die
ich später mittels ABC-Listen weiter erschließen
möchte. Wenn ich also Lust auf ABC-Listen
und gerade kein Thema habe, schaue ich in
eines der Bücher, die ich vor kurzem gelesen
habe und suche blaue Stichwörter ...

Spielen   blau – Frisbee-Scheiben; meine war immer
blau, Koordination, laufen, zielen, gemeinsam
als Familie spielen. Haben wir auch schon lange
nicht mehr gemacht ... Sollten wir mal wieder,
jetzt kommt ja Pfingsten, da sind wieder alle
im Hause. Gute Idee.

Fazit: Diese Dame konnte sich durch das Assoziieren selber beim Denken „zusehen" (zuhören), aber auch wir können das: Wir erfahren eine Menge über eine Person (inklusive uns selbst!), wenn wir **bewußt auf ihre Assoziationen achten** – dies gilt auch für normale Gespräche. Was immer jemand hört, löst bei ihm oder ihr vollautomatisch Assoziationen aus. Wenn wir wirklich zuhören, lernen wir eine Menge über die SprecherInnen.

DUNKELBLAU – **Versuchsperson Nr. 1, männlich, 23 Jahre**
(Sohn von VP Nr. 1)

Arbeit/Job   Blaumann contra blauer Anzug, weißes Hemd, Schlips ...

Einkaufen   Blaue Preisschilder ... blauäugig – bin schon oft auf die flotten Sprüche auf der Verpackung hereingefallen und habe Ramsch gekauft. Vorsicht ist also geboten ...

Hobby/Interessen   blau ... hm, da fällt mir nix ein ... blau und Hobby ...? Blau und Interessen ... Ich interessiere mich besonders für Astrophysik, Weltall, Raumfahrt etc. Ah ja, unser Planet ist ja „blau", aus dem Weltraum gesehen. Na, das hat ja gerade noch geklappt (grins).

Hygiene/Putzen   blau, Rasierwasser, Morgentoilette, da plane ich immer den Tag, positive Assoziationen ...

Lesen & Lernen   blau, hell, Filz-Highlighter-Stifte: anstreichen beim Lesen. Blau ist für Kritisches, was mir nicht einleuchten will, was ich anzweifle, für mich ist Blau eine Zweifler-Farbe; ich glaube, ich habe mal ein Gemälde gesehen, indem der ungläubige Thomas ein blaues Gewand trug ...

Spielen   blau: Spielfiguren. Meine Mutter hatte immer blau, ich hatte immer rot (das Kind will rot!). Hm. Das waren schöne Zeiten. Und die Gespräche, die sich um das Spielen herum immer ergaben. Ich werde ja bald Vater und ich finde, wir sollten mindestens zwei fernsehfreie Tage pro Woche einführen und Spiele spielen, in den Zoo fahren (eben nicht unbedingt am Wochenende) etc. Ich werde gleich mit Margot darüber reden ....

Übrigens werden erste große Assoziationen bei mir in einer Art Privat-Steno geschrieben und später, falls ich die Gedanken weiterverwende, erst „ausgeschrieben", so auch hier.

Fazit: Beide Schreiber gewannen Einsichten, die sie interessant und „gut" fanden. Und sie trainierten das assoziative Denken!

Nun hatten beide ja zu dunkelblau „gearbeitet". Wollen wir uns nun das Gegenteil ansehen: Eine kleine Finger-Übung, bei der ich als Fallbeispiel den Spieß umdrehe und alle sechs Farben zur fünften „Sprosse" (Lesen & Lernen) in Ver-BIND-ung setze:

Sechs Farben und Lesen & Lernen:
Thema mit Variationen

1. DUNKELBLAU: eines meiner Lieblingsbücher früher hatte einen dunkelblauen Deckel, jetzt erinnere ich mich an den Inhalt ... hatte ich jahrelang nicht mehr daran gedacht ... interessant!

2. GELB: eines meiner Lieblings-T-Shirts ... Lernen und „draußen" – **Tapeten Effekt** – muß unbedingt ins „Innere Archiv" hinein!

   *Jener **Tapeten-Effekt** ist inzwischen „drinnen" (S. 168 ff.).*

3. GRÜN: Rasen, Garten, Gras ... mein Versuch vorletzten Sommer, im Gras liegend zu lesen, als die Ameisen mich „überfielen", was zum Kauf der Gartenliege führte ... hmmm.

4. HELLBLAU: Himmel, Wolken, in den Wolken „lesen", man kann ja auch Bilder „lesen" ... EINSTEIN wird nach-gesagt, in den Wolken besonders viel „gesehen" zu haben ...

5. ROT: Wenn Lehrer die Arbeit von SchülerInnen lesen, die diese oft hart „erkämpft" hatten, dann streichen sie Feh-ler ROT an. Wir Erwachsene streichen uns farbig an, was wir uns merken wollen. Kein Wunder, daß sich dann das „Dicktat" besonders gut einprägt ... Und Lehrer müssen Aufsätze lesen, oft ist es eine lästige Pflichtübung für sie – (sicher auch, weil in unserem Schulsystem wenige Auf-sätze brillant sind, aber nur SchülerInnen, die denken dürfen, können brillante Aufsätze verfassen, ohne Angst vor Zensur) ... Zeit ist abgelaufen.

   Ich arbeite oft mit einem klaren Zeitlimit pro asso-ziativer Verbindung zwei-ter Leiter-Elemente, so auch hier!

6. SCHWARZ: Trauer; Briefe und Karten, die mitteilen, daß jemand gestorben ist, Kondolenzbriefe (als Antwort), schwarz und Lesen im Gesangs- oder Gebetbüchlein, kann Trost spenden ...

Es kann sehr spannend werden, wenn wir hinterher nachsehen, was wir geschrieben haben. Das wissen wir nämlich oft gar nicht und deshalb sagen wir ja bei der COUVERT-TECHNIK, daß wir es, wenn wir COUVERT betreiben, hin-terher nicht anschauen (sondern gleich wegstecken) sollen.

Vgl. gleichnamiges Modul zu COUVERT-TECHNIK (S. 79 ff.).

Bei normalen Übungen können wir hinterher natürlich lesen – bei der vorangegangenen Übung (mit Zeitlimit) stellte ich fest, daß ich bei einem Thema **vom Timer ausgebremst** wurde (da hätte ich mehr schreiben können), bei den anderen fünf war ich jeweils „fertig" geworden.

Nun, sagen Sie jetzt vielleicht, das ist ja ganz nett, aber doch etwas „seicht", ich würde lieber – im Sinne von LULLUS – mit echten Werten jonglieren. Hatte er nicht versucht, alles zu Gottes Namen/Attributen etc. in Ver-BIND-ung zu setzen? Was würde dabei z.B. herauskommen, wenn wir das mit diesen beiden Leitern probierten? (Die Frage stellte mir in der Manuskript-Phase eine der Testpersonen.) Also gut, ich verteilte die Aufgabe gleich an einige unserer „Versuchs-Kaninchen" und biete Ihnen hier je drei Beispiele zu zwei Begriffen an:

1: Gottes GÜTE plus die ersten drei Farben der **linken** Leiter

2: Gottes GRÖSSE plus die ersten drei Begriffe der **rechten** Leiter

Beispiel 1: Gottes GÜTE und drei Farben (Mann, 37 Jahre)

1. DUNKELBLAU: Unser Planet, blau, viel Wasser (auch in unserem Körper), und das verunreinigen wir ohne Rücksicht und versündigen uns gegen das, was Gott uns in Seiner Güte gegeben hat ...

2. GELB: Sonne, Wärme, Herzenswärme. Gottes Güte läßt die Sonne auf alle scheinen, auch auf die angeblich „Bösen", sogar auf Verbrecher. Und wir glauben, Menschen ausgrenzen zu können. Ein wenig mehr Güte würde uns auch gut anstehen.

3. GRÜN – wie der Neid. Gestern abend etwas Neid empfunden, aber sofort die BIRKENBIHL-Strategie aus dem

Beratungs-Brief angewandt und es ihm gegönnt – solange, bis es wahr wurde. Dauerte ca. 3 Minuten, das sollte schneller werden, aber ich bin es los. In Zukunft werde ich dabei an Gottes Güte denken, dann geht es sicher noch schneller ...

Dann fügte der Brief-Leser noch schnell ein KaWa hinzu, das er mir mit seinem Text faxte.

Da es schlecht durchkam, habe ich es neu gezeichnet.

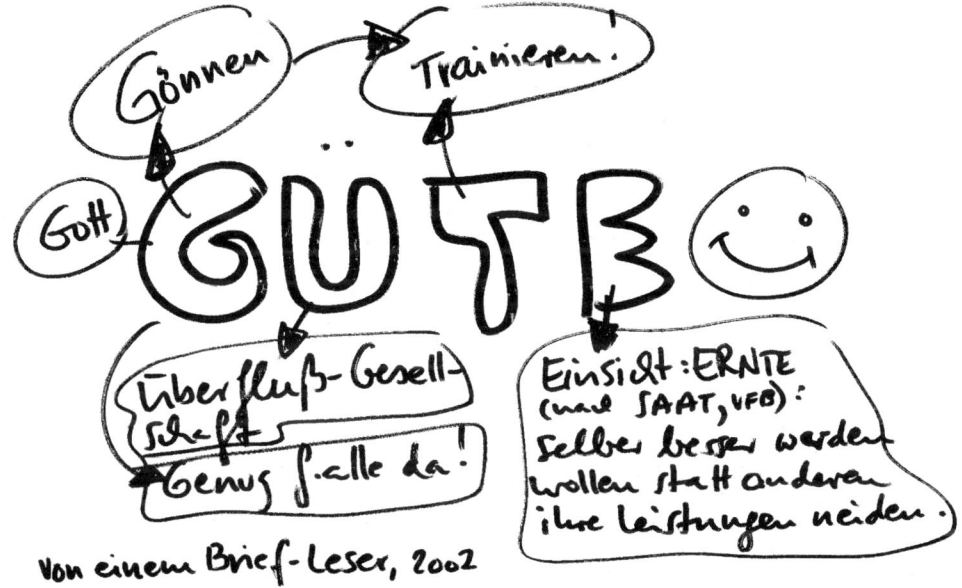

Von einem Brief-Leser, 2002

Beispiel 2: Gottes GRÖSSE und drei Lebensbereiche (Frau, 42)

1. ARBEIT/JOB: Gott ist GROSS und hier rege ich mich andauernd über Krimskrams auf. Die reinste Erbsenzählerei. Werde in Zukunft öfter an Gottes Größe denken, der die Unendlichkeit des Alls schuf und überhaupt an seine Schöpfung denken: Endlose Savannen, Eiswüsten, Regenwälder usw., ich glaube, das wird (wie Frau B. immer sagt) die Dinge einigermaßen relativieren!

2. EINKAUFEN: Ich hasse es, wenn ich an der Kasse warten muß (so gut wie jedesmal). Werde in Zukunft diese Zeit Gott schenken; eigentlich schenke ich sie mir und werde an Gottes Größe denken, solange ich warten muß, bzw. wann immer ich warten muß und mein Geist sich mit Haß über das Warten zu füllen droht, dann werde ich an

Gottes Größe denken und daran, worüber ich eigentlich dankbar sein könnte. Haß macht uns klein, Dank läßt uns wachsen.

Solche Einsichten tauchen bei derartigen Übungen relativ häufig auf.

3. HOBBY/INTERESSEN: Habe vor vielen Jahren im Kirchen-chor gesungen. Ich habe das geliebt, aber als die Kinder kamen, habe ich aufgehört. Ich vermisse diese Musik. Werde die CD.s und Kasset-ten herauskramen und öfter wieder hören. Bei einem Gre-gorianischen Lied sehe ich **die Kathedralen wie Finger auf Gottes Größe deuten und mein Herz weitet sich** ... Ja, das werde ich tun!

Fazit: Wenn Sie die beiden schönen Bilder von der Kathedrale als Finger-zeig auf Gott und das sich weitende Herz registrieren — das ist eine Person, die von sich sagt, sie „könne absolut überhaupt nicht schreiben". Ich konnte sie nur zu solchen Übungen bewegen, weil das reines Gedankentraining war und mit Schreiben angeblich gar nichts zu tun hat ...

Wenn Sie anfangen selbst zu üben, egal, ob mündlich als Rhetorik-Training oder schriftlich, dann registrieren Sie bitte auch jeweils, bei welchen Ver-BIND-ungen es Ihnen schwerer oder leichter fällt. Strömen viele Gedanken schnell auf Sie ein, dann haben Sie eine Auswahl (und können sich „gewähl-ter" ausdrücken) oder finden Sie nur ein Rinnsal vor, das auch noch lang-sam tropft ...? Merke:

> **Je schwerer uns das assoziative Denken fällt, desto genauer gilt es festzustellen, woran es liegt.**

Ist es nur dieses Thema, dann haben wir hierzu noch zu **wenige Fäden** im Wissens-Netz (zu **kleine Denk-Wolken,** zu **dünne Seile** in unserem Archiv). Hier sollten wir entscheiden, ob das Thema für uns wichtig ist. Wenn ja: Unternehmen wir etwas! Lesen wir mehr darüber, reden wir mit anderen, sehen wir ge-ZIEL-t auch hierzu fern etc.

Stellen wir aber fest, daß wir zwar **einiges zum Thema wissen**, daß jedoch nur das „freie" assoziative Denken „zäh" verläuft, dann sind wir in besonderem Maße **Opfer des Schul- und Ausbildungs-Systems**. Da das assoziative Denken ins Gehirn „verdrahtet" (also völlig gehirn-gerecht!) ist und sich gerade diese Fähigkeit als wichtigster gemeinsamer Nenner genialer Denker herausgestellt hat, und da sich diese Fertigkeit besonders schnell **durch Training wiedergewinnen** läßt, wollen wir uns fragen: Möchten wir unsere Fähigkeit vielleicht verbessern? Egal, wie gut Sie jetzt schon sind, mit Training werden Sie besser! Wenn wir mit den Übungen dieses Buches, insbesondere mit den Aufgaben dieses LISTEN-Denken-Moduls trainieren, werden wir bald feststellen, wie gut uns dieses Training tut und daß wir schnell (noch) besser werden! Und selbst die, die den Mut schon weitgehend verloren haben, können sich dramatisch verbessern, denn:

> **Es ist weit leichter, zu einem gehirn-gerechten Verfahren zurückzufinden als umgekehrt.**

Runde Listen – LULL'sche ROTAE: eine runde Sache!

Es gibt noch eine ausgesprochene „runde Sache" bei Raimundus LULLUS, und zwar hat er (wie bereits angedeutet), aus runden sogenannten ROTAE (d.h. **bewegliche** Scheiben) ein **dynamisches** System geschaffen. Im Klartext bedeutet das: Wir basteln uns Scheiben-Modelle (wie das dem Buch beiliegende), dann beschreiben wir die einzelnen „Räder" (ROTAE) und können anschließend durch **Drehen** derselben jede mögliche Kombination herstellen. Das ist ein tolles System, mit dem man ebenso spielerisch üben wie ernsthaft „arbeiten" kann. Vier Beispiele für Scheiben (ROTAE):

Deshalb braucht das Schulsystem ja einige Jahre, um uns zu verbiegen, wir können die größten Schäden aber innerhalb einiger Wochen wieder ausgleichen, wenn wir trainieren. Das ist sowohl wichtig, wenn aufgeweckte LehrerInnen endlich etwas verändern wollen – sie werden schon sehr bald erste Früchte ernten, auch im Schulsystem. Und es ist wichtig für alle, die im Schulsystem „gelernt" haben, sie seien wenig intelligent, lernfähig, kreativ oder was immer. Diese Übungen werden auch Opfer des Systems bald ermutigen, sich mehr zuzutrauen!

INNEN: die sechs Farben.
MITTE: die sechs Lebensbereiche.
AUSSEN: die 7 Intelligenzen nach Howard GARDNER (gelb) und (grün), dazwischen meine Addition: Die LERNFÄHIGKEIT als solche!

Hier, **links oben**, sehen Sie eine weitere Scheibe: Sie enthält viele der Experimente von Ellen J. LANGER. Mehr dazu im Kapitel „Forschungsergebnisse über das Lernen" (S. 149 ff.).

Jede Scheibe kann ganz anders aussehen **links unten**: Diese Scheibe enthält zwei ABC-Listen (außen und Mitte) plus (ebenfalls Mitte) ein 6-Aspekte Modell (Mitte) und innen die drei Arten von Info (vgl. Info-Flut). Das Rad **rechts** ist dem Thema BRAIN gewidmet.

Bei meinen Seminar-TeilnehmerInnen und Brief-LeserInnen tauchten zwei Standard-Probleme auf, die immer wieder zur Sprache kamen. Lassen Sie mich daher gleich darauf eingehen, vielleicht hilft es Ihnen ja?

Probleme lösen

1. Nie Zeit … zum Listen-Lesen und -Üben?

FAQ's

Bei einem Leser des BIRKENBIHL-Beratungs-Briefes ergab sich in der monatlichen Hotline am Telefon: Er würde ja gern mehr üben, aber er hat so gut wie nie Zeit. Auf meine Fragen erfuhr ich, daß er wöchentlich ca. 18 Stunden im Auto verbringt und daß er davon die Hälfte der Zeit im Stau steckt. Er meinte: „Ich habe auch schon daran gedacht, diese Zeiten zu nutzen, da höre ich z.B. inzwischen Hörkassetten (also Sprache), aber ich kann keine Listen-Übungen durchführen, denn im Winter ist es sowohl früh als auch abends, wenn ich im Werksverkehr stecke, noch dunkel; zum Lesen zu dunkel …" Da andere LeserInnen ähnliche Probleme haben (eine Dame sagte z.B. sie würde liebend gern vor dem Einschlafen solche Übungen machen, statt Schäfchen zu zählen), entwickelte ich folgende Variante:

1. Auf einem Tonträger, der in diesen Situationen leicht abspielbar ist (z.B. Kassetten, MP3) „lesen" Sie die Liste, aber zwischen den einzelnen Worten lassen Sie 60 Sekunden **Bedenkzeit** (wenn Sie wollen mit Musik).

2. Nun können Sie mit diesen Tonträgern üben, **wann immer Sie wollen.** Erste Erfahrungen sind hervorragend, nicht nur im Stau bzw. zähfließenden Verkehr.

Über ein ganz besonderes Zeit-Problem berichtete eine Seminar-Teilnehmerin:

Variante – Das große Haus. Diese Dame lebt in einem sehr großen Haus und meinte zunächst, ausschließlich an ihrem Schreibplatz in der Wohnzimmerwand (herausklappbarer Sekretär) arbeiten zu können. Sie dachte daher, sie hätte nicht genügend Zeit, weil sie ja auch die Zeit rechnen mußte, 30 Meter weit zum Schreibplatz zu gehen und hinterher wieder 30 Meter zurück. Als sie mir die Situation schilderte und ich sie fragte, warum sie nur dort schreiben könnte, merkte sie plötzlich, daß sie wohl einer riesigen Denk-Blockade aufgesessen war. Seither hat sie Listen und Schreibzeug strategisch im ganzen Haus verteilt. Immer wenn sie merkt, sie hat ein paar Minuten „Luft", geht sie zum nächstgelegenen Schreibplatz (sie hat jetzt elf!!) und assoziiert zu einigen Stichpunkten. Auf diese Weise „schafft" sie mit Leichtigkeit das tägliche Minimum, das sie sich vorgenommen hat, und jetzt macht es ihr große Freude …

> Ich sage immer: „Warum soll sich nicht wenigstens der Geist bewegen, wenn schon der Wagen (fast) steht?" Aber auch für das Joggen (Gassigehen), oder für langweilige Hausarbeiten (von Kartoffelschälen bis Auto waschen) etc.

2. Mit nur einer Liste zwei LULL'sche LEITERN?

Wenn wir nur eine ABC-Liste zur Hand haben, aber lieber LULL'sche Leitern trainiert hätten und nicht extra eine zweite Liste schreiben wollen, weil deren Ideen dann zu frisch im Kopf wären, können wir einen Trick anwenden und eine **U-Liste** daraus machen, indem wir die eine einfach „umknicken" und den **Anfang** mit dem **Ende** paarweise zusammenführen.

Ich beschrieb dieses Verfahren bereits in meinem Humor-Buch* als **eine der gängigen Techniken, die Comic-Schreiber benutzen, um Gags zu „produzieren"**, wenn sie paarweise Assoziationen zu einer Liste herbeiführen. Zum Beispiel sind das erste und das letzte Wort der **Auge-Liste** *Auge* und *Zahnbürste*. Bei einer meiner „Fingerübungen" ergab sich diese Kombination:

Auge – Zahnbürste

Auge um Auge, Zahn um Zahn. Wird oft als rachsüchtig hingestellt. Was aber, wenn es eine Vereinbarung wäre, die leicht adjustiert, fair und gerecht wäre? Dann würde das **Verursacher-Prinzip** darunterfallen und man müßte die Umweltschäden (oder die Straßenschäden), die etwas verursacht, von Anfang an in den Preis hineinrechnen. Dann kostet **eine einzelne Erdnuß**, die man von **Hamburg** nach **Sizilien** fährt, um sie dort aus der Schale zu holen und zu salzen, ehe man sie in **Portugal** in Dosen füllt und wieder nach **Hamburg** in den Supermarkt zurückzuschickt, eben 1 Euro! Jede einzelne Erdnuß! Und das Steak eines Tieres, das man 700 km weit **zum Schlachten gefahren** hat (weil es EU-Gelder bringt) und wieder 700 km zurücktransportiert, kostet dann eben auch 2 Euro pro 100 Gramm **mehr** als heute. Ebenso müßte ein Produkt, das man in einem **Billiglohnland auf der anderen Seite der Welt (!!)** produziert, mindestens 10 Euro mehr kosten, wenn man (neben den Kosten durch Vergeudung der Ressource Öl) die **Gefahren der gigantischen Umweltschäden bei Öl-Unfällen im Meer** mit einkalkulieren würde (Zeit vorbei).

AUGE-Liste

Diese Liste kennen einige LeserInnen; es reicht jedoch zu wissen:

1. A = AUGE

26. Z = Zahnbürste

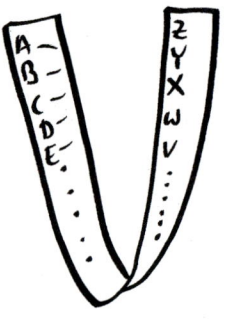

---

* Vgl. mein Buch *„Humor – an Ihrem Lachen soll man Sie erkennen"*.

Exformation

In diesem Modul möchte ich Ihnen eine brillante Idee aus dem wunderbaren Buch von Tor NØRRETRANDERS *("Spüre die Welt")* vorstellen, angereichert und ergänzt von eigenen Überlegungen sowie Gedanken anderer Autoren (z.B. Wolf SCHNEIDER und Neil POSTMAN).

Es lohnt sich auf alle Fälle, die in diesem Abschnitt zitierten Autoren selbst zu lesen! Insbesondere den Erfinder des Begriffes „Exformation", Tor NØRRETRANDERS, als auch Neil POSTMAN.

Wenn wir den Grundbegriff der Informatik zugrunde legen, dann beschreibt der Begriff „Information" diejenigen Aspekte einer Botschaft (Kommunikation), die wir **zählen** können, z.B. **Buchstaben** (Redakteure zählen Anschläge, wobei alle Zeichen und Abstände zwischen den Wörtern mit einkalkuliert werden). Wir könnten natürlich auch **Silben** zählen, **Wörter** (vgl. Telegramme) oder **Sätze, Absätze, Seiten** (wie bei Buchmanuskripten) oder Druckbogen etc. Im Telegramm kostet die Information Geld. Beispiel: Angenommen wir haben ausgemacht, daß Sie mich am Freitag besuchen, wir wissen aber noch nicht: Werden Sie mit dem **Flugzeug** oder mit dem **Zug** kommen? Ebenso wissen wir bis jetzt weder die genaue **Zeit** noch die **Flug-/Zugnummer.** Nun könnten Sie mir ein Fax schicken und schreiben:

Wir haben jetzt alles geklärt. Ich werde am Freitag mit dem Flugzeug kommen, die Flugnummer ist SAS 3654, ich komme um 15:40 an. Holen Sie mich bitte ab.

Im Fax können wir Informationen verschwenden, wir können regelrecht schwafeln, was viele Menschen auch tun, ohne Rücksicht auf die Zeit der Empfänger, die sie vergeuden, **weil sie sich Arbeit sparen wollen**. Sie kalkulieren, daß so ein Blatt Papier und das bißchen Telefongebühr heutzutage nichts kostet, ohne die Lesezeit des Empfängers einzubeziehen (wir kommen auf diesem wichtigen Aspekt zurück).

Ich habe dieses Beispiel gewählt, da Wolf SCHNEIDER anhand eines sehr ähnlichen Beispieles (in: „Wörter machen Leute") aufzeigt, was passieren würde, wenn man Null Redundanz anstrebte. Solange man „Redundanz" als „unnötige Information" definiert, könnte das große Probleme hervorrufen.

Wenn Sie aber in Alaska säßen und über einen teuren Satelliten pro Wort 50 Euro zahlen müßten, dann würden Sie sich sicher vorher etwas genauer überlegen, was Sie tatsächlich „senden" wollen. Vielleicht lassen Sie **den ersten Satz** („Wir haben jetzt alles geklärt") ganz weg (**250 Euro** gespart)? Sie könnten auch „**ankomme**" verwenden, statt „Ich werde … kommen" (wieder 2 Worte = **100 Euro** gespart); ebenfalls könnten Sie „**Freitag**" auslassen, da wir beide den Reisetag kennen (wieder **50 Euro** gespart). Wichtig ist ja nur, was vorher unklar war: Also Zug oder Flugzeug, Identifikations-Nummer und Uhrzeit. Auch ist die **Bitte um Abholung**

redundant, denn Sie senden diese Informationen ja nur, **damit** ich Sie abholen kann. Also sparen Sie weitere fünf Wörter **(250 Euro)**. Fazit: Sie sparen **650 Euro!** Wolf SCHNEIDER zeigt in seinem Beispiel auch, daß wir die Information nicht allzu sehr verringern dürfen. Beispiel für zuviel Einsparung von eigentlich redundanten Informationen:

Bei Montag oder Mittwoch müßten wir „Mo" oder „Mi" sagen.

Wäre **nur der Wochentag** unbekannt, dann würde theoretisch ein „F" für **Freitag** reichen, **wenn wir Null Redundanz anstreben**. Sollte aber im Zuge der Übertragung nur ein einziger Buchstabe wegfallen, dann wäre die Gesamtinformation verloren. Deshalb ist Null Redundanz kein sinnvolles Ziel für die tägliche Praxis, also wäre „Frei" besser als „F". Im Gegensatz dazu enthält der ursprünglich erste Satz („Ich werde am Freitag ankommen") eine ganze Menge unnötiger (redundanter) Info-Einheiten.

Ankomme Freitag – Flugnummer SAS 3654, 15:40

Wenn Sie Ihre ursprünglich lange Botschaft dramatisch verkürzen würden (vgl. Rand), dann haben Sie mich nicht schlechter „informiert". Allerdings bitte ich Sie zu registrieren:

Es hat Sie mehr Zeit und Energie gekostet, diese kurze Botschaft zu konstruieren, als die schnell hingeworfene lange! Deshalb ist die Tendenz zum Schwafeln ja so groß ...

Merken wir uns vorläufig, daß weniger Info-Einheiten besser „informieren" können; wir kommen auf diesen wichtigen Punkt zurück. Im Moment wollen wir kurz über die Begriffe reflektieren, in denen wir denken.

Im alltäglichen Sprachgebrauch sagen wir „Information" und meinen Botschaften, Aussagen, Ideen etc., die jemand (ein **Sender**) gesagt/geschrieben hat und die wir nun hören/lesen (als **Empfänger**). Verbinden Sie dabei ruhig zwei Bilder durch **Überlagerung**: Erstens zwei Apparate, Sender und Radio-Empfänger (was muß im Empfänger wie „laufen", damit er empfangen kann – von Strom über Frequenzen bis Bandbreite ...?) und zweitens zwei Menschen, von denen der Empfänger ebenfalls „empfangsbereit" sein muß. Wir sagen ja auch gerne, wir lägen „auf einer Welle" mit jemandem, wenn wir uns gut verstehen (wenn also das Senden und Empfangen gut „klappt").

Nun haben wir gesehen, daß die kurze Nachricht genügend Info-Einheiten senden konnte. Fragen wir uns jetzt, wie wir jenes „Etwas" nennen können, das wir bei der **kurzen** Nachricht **eindeutig gesendet haben**, trotz der Tatsache, daß wir **weniger Info-Bits** sagen/schreiben mußten: Wieso

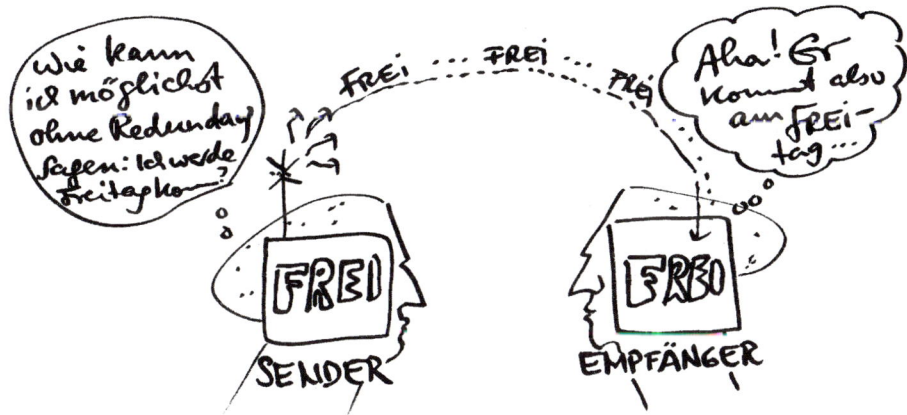

konnten wir unseren Empfänger mindestens genau so **gut informieren** (im Sinne des alltäglichen Sprachgebrauchs von „informieren")? Um diese Unterscheidung klar treffen zu können, schlägt NØRRETRANDERS den Begriff der „**Exformation**" vor. Jetzt sind wir beim Kernpunkt dieses Moduls angelangt!

Der Begriff „Exformation"

Exformation ist das, was „außen vor" bleibt (Lat. *ex* = außen, außerhalb) und beschreibt somit alles,

• was **nicht gesagt** oder **geschrieben wird**,

• was **ausgelassen** wurde,

• was **zwischen den Zeilen** zu uns „spricht",

• was die EmpfängerInnen **ergänzen** müssen.

Wenn Sie an unser kleines Telegramm-Beispiel zurückdenken, dann ist klar:

1. Exformation setzt **Wissen** voraus.

2. **Je mehr** Voraus-Wissen wir beim Empfänger vermuten können, desto mehr Info-Einheiten können wir weglassen und werden trotzdem noch verstanden. Dies bedeutet im Klartext, daß der Empfänger **ergänzen** muß (und, bei richtigem Voraus-Wissen, auch kann!).

3. Etwaige Probleme oder **Mißverständnisse** im Alltag müßten demnach auf **zwei Ursachen** zurückzuführen sein: Entweder es **fehlt** an nötigem Voraus-Wissen, so daß gar nicht ergänzt werden kann (Gefahr: Empfänger kommt sich „doof" vor), oder es existiert ein Voraus-Wissen,

Tor NØRRETRANDERS: *„Spüre die Welt"*; eines der besten Bücher, die ich je über bewußte wie unbewußte Wahrnehmung durchgearbeitet habe. Diese Aussage gilt immer noch, wiewohl ich inzwischen einige weitere Titel zu diesem wichtigen Thema las.

Exformation:
• **nicht gesagt/ geschrieben**
• **zwischen den Zeilen**
• **muß ergänzt werden**

das mit dem des Senders aber nicht übereinstimmt. Dann kann man bildsauber aneinander vorbeireden ...

Um dieses „Ergänzen-Müssen" zu illustrieren, erzähle ich seit Jahrzehnten ein Mini-Fallbeispiel, das sofort absolut einleuchtet: Sie sitzen in einem Lokal mit sechs Personen (Familienfeier), jeder hat sein Getränk, man wartet gemütlich aufs Essen (angeregte Unterhaltung), dann kommt der Ober und sagt „Schwein?" und Ihr Sitznachbar antwortet „Das bin ich." **Es merkt kein Mensch**, was da gerade gesprochen wurde. Warum? Weil alle anderen ebenfalls ergänzen. Sie **kennen** die Situation (verfügen also über Voraus-Wissen!) und wissen deshalb, worum es geht. Sie ergänzen allesamt blitzschnell den hingeworfenen 1-Info-Bit-Brocken („Schwein?") in die Botschaft, die tatsächlich gesendet wurde, nämlich: „Wer ist die Person, die das Schweinefleisch bestellt hat?" Diese ergänzte Frage beantwortet Ihr Sitznachbar folgerichtig mit „Das bin ich" und niemand findet etwas dabei. Die ergänzte Information ist die ausgelassene, **nicht** gesagte Information, und das nennen wir ab jetzt (nach NØRRETRANDERS) **Exformation**.

Solange alle Beteiligten **dieselbe Exformation** besitzen, ist eine Kommunikation **wesentlich reicher** als man meinen könnte (würde man nur die gesendeten Informationen beachten). Allerdings müssen Menschen auch auf **ähnliche Erfahrungen** zurückgreifen können, damit sie den Info-Einheiten, die offiziell gesendet werden, dieselbe Exformation „hinzufügen", um das Gespräch so angenehm zu „be-REICH-ern".

Im Falle des Obers, der „Schwein?" gesagt hatte, kommunizierte er nur ca. 10 % der Botschaft; der Rest wurde von allen Beteiligten vollautomatisch ergänzt. Nehmen wir an, Sie wären in Ihrem Leben noch nie in einem Restaurant gewesen und der Ober sagte: „Schwein?" Würden Sie dann vielleicht erschrecken? So manch einer würde mit Sicherheit sagen (oder denken): „Selber Schwein!"

Weil die Tatsache, daß wir gemäß unseres **Voraus-Wissens** ergänzen, so wichtig ist, möchte ich Sie einladen, über folgende Beispiele zu reflektieren:

1. Numerierte Witze?

Man erzählt sich von einer Männerrunde im Zugabteil (Pendler, die jeden Tag miteinander fahren), die nach jahrelangem Erzählen immer derselben **Witze** diese katalogisierten und sich jetzt nur noch die **Nummern** zurufen, **was die gleichen Lachsalven auslöst, wie einst der erzählte Witz**. Eines Tages möchte ein fremder Mitreisender mitspielen, widerwillig nickt man, er sagt: „16" und keiner lacht. Er probiert mehrere Nummern, bei denen die anderen zuvor in lautes Lachen ausgebrochen waren, aber er löst nur ungerührtes Schweigen aus. Schließlich verzweifelt er: „Warum lachen Sie denn jetzt nicht?", woraufhin einer sagt: „Man muß einen Witz auch erzählen können."

Im Klartext: Diese Männer verbindet jahrelanges gemeinsames Zugfahren, die Erfahrung, daß immer wieder dieselben Witze gemeinsam belacht wurden, die gemeinsame Entscheidung, diese Witze zu katalogisieren, die gemeinsame Arbeit an diesem Katalog, usw. All das fehlt, wenn einer, der nicht zu diesem Kreis gehört, einfach „eine Nummer" sagt. Natürlich erzählt er den dazugehörigen Witz nicht wirklich, er kann ihn nicht erzählen, er kennt ihn ja nicht einmal!

2. Anspielungen auf gemeinsame Erlebnisse

Als ich ca. zehn Jahre alt war, schickten mich die Erwachsenen zum Zigarettenholen. Dabei hatte mir auch Alex, einer der Gäste, Geld für eine Packung seiner Lieblingsmarke gegeben. Als ich zurückkam, legte ich (**wie immer**) die diversen Zigarettenpäckchen in die Tischmitte und nahm wieder Platz (denn es war immer sehr spannend, diesen Unterhaltungen zu lauschen). Einige Stunden später fragte jener Alex, auf eine Schachtel Zigaretten deutend: „Darf ich?", woraufhin mein Vater entgegnete: „Sind ja eh deine!", woraufhin Alex beinahe einen Kollaps bekam.

Wenn ich die Story hier beenden würde, könnten Sie nicht ergänzen, warum der gute Alex beinahe einen Kollaps bekam. Es fehlt Ihnen das gemeinsam Erlebte, das alle Anwesenden kannten, die sowohl verstanden, warum er so geschockt war und sich gleichzeitig alle auf die Lippe beißen mußten, um nicht laut loszulachen. Warum? Was war geschehen?

Nun, bei uns lagen die Zigaretten immer frei herum und es war selbstverständlich, daß unsere Gäste neben essen und trinken auch rauchen durften.

Manchmal legten auch Gäste ihre Päckchen auf den Tisch. Alex hingegen trug seine Zigaretten **normalerweise** in seiner Brusttasche und schnorrte sich durch, so daß er nur im Notfall seine eigenen rauchen mußte. Aber **an jenem Tag**, als er auf eine Schachtel deutete, **aus der alle mitgeraucht hatten**, und „Darf ich?" sagte, weil er wieder mal eine Zigarette schnorren wollte, und nun begriff, daß seit Stunden alle **seine** Zigaretten mitgeraucht hatten (er vergaß sie in die Brusttasche zu stecken), da flippte er beinahe aus. Seit jenem Tage war die Redewendung „Sind ja eh deine!" eine jener „geflügelten Redewendungen", die allen damals Anwesenden in Zukunft „etwas sagte", Fremde aber „außen vor" ließ. Manchmal löste diese Formulierung lautes Gelächter aus (vor allem wenn Alex **nicht** anwesend war), manchmal Nachdenklichkeit, je nachdem in welcher Situation jemand es sagte, aber immer dachten wir an den armen Alex zurück und an seinen totalen Schock, als er merkte, was los war ...

3. Warum Exformation so wertvoll ist

Quelle: HUBERMAN und HOGG, zitiert bei NØRRETRANDERS.

Es gibt eine wunderbare Definition von Exformation: **Exformation ist die Menge an Arbeit, die der Sender einst investierte und die nun dem Empfänger erspart wird.** Vom banalen Beispiel eines Rezeptes, das jemand stunden-, tage- oder jahrelang ausgetüftelt hat und welches nun in 30 Zeilen vorliegt und von jedem nachgekocht werden kann bis zu einer großen Idee, die das Lebenswerk eines Wissenschaftlers oder sogar einer Generation von Wissenschaftlern sein mag!

4. Warum wir Serien lieben

Wir lieben eine Mischung aus Vertrautem und Neuem. Bei TV-Serien kennen wir die Hauptcharaktere und ihre Rollen, Ziele etc. nach einigen Sendungen. Neu ist jeweils die heutige Story und die (zunächst unklare) Rolle, die durch Gäste gespielt wird. Hier bringen übrigens prominente Gäste höhere Einschaltquoten als Unbekannte (vgl. nächster Punkt).

Bei **Null** kennen wir die Leute, über die geredet wird gar nicht; bei **100** kennen wir sie sehr wohl, bzw. wir glauben, sehr viel über sie zu wissen! Bei 50 haben wir schon mal von ihnen gehört, aber uns ist klar, daß wir noch recht wenig über sie wissen.

5. Wenn Leute über Leute reden

Beobachten Sie, wie Menschen reagieren, wenn Anwesende (oder Leute im Fernsehen, z.B. in einer Talkshow) **über Leute reden**! Hier ergibt sich ein interessantes Spektrum (auf einer Skala von Null bis 100 ...).

Wenn Sie tatsächlich einige Wochen lang gut aufpassen, wenn man über unsere Mitmenschen spricht, dann werden Sie feststellen: Je weniger wir über diese Menschen wissen, desto langweiliger finden wir das Thema. Dazu einige Beispiele:

1. Kinder langweilen sich ohne Ende, wenn die „Großen" über andere „Große" reden, die sie nicht kennen. Spricht man aber von der Oma, dem Opa, der Nachbarin oder der Mutter des Spielkameraden, dann lauschen sie genauso interessiert wie die „Großen".

2. Erwachsene machen es genauso. Versuchen Sie, in Gruppen über Menschen zu sprechen, die den Anwesenden unbekannt sind. Wichtig ist, daß Sie über die Leute reden, nicht über faszinierende Abenteuer dieser Menschen, die wiederum auf Interesse stoßen könnten. Aber Bemerkungen darüber, in welcher Stadt die Leute leben, welchen Job sie haben, auf welche Diät sie möglicherweise vor kurzem umgestellt haben, wohin sie ihre Kinder in den Ferien schicken, usw. – solche Infos sind umso interessanter, je bekannter uns die Personen sind!

3. Deshalb nutzen Fernsehmacher und Werbetreibende den „Promi-Bonus". Prominente sind vor allem deshalb so „faszinierend", weil viele Leute sie auf der Skala höher als 60 einordnen und sich deshalb dafür interessieren, was diese Pseudo-Bekannte essen und trinken, womit sie sich waschen, duschen und Haare waschen, was für Kleidung und Schuhe sie tragen etc. Psychologisch empfinden wir bekannte Menschen als zu unserem „Stamm" (Dorf) gehörig, deshalb erleben wir eher ein Wir-Gefühl als in Bezug auf Fremde, und deshalb funktioniert der Promi-Bonus so gut.

Warum der **Promi-Bonus** funktioniert

Diese Beispiele zeigen: Immer, wenn ein Empfänger die Informationen wörtlich nehmen „muß", weil er nicht weiß, was zu ergänzen ist, besitzt er dazu kein Voraus-Wissen und kann mit dem Wahrgenommenen nichts oder nur sehr wenig anfangen. Dies ist insbesondere möglich bei:

- **Metaphern:** Es spricht jemand über Atome sowie über die Prozesse innerhalb derselben, und wir verstehen gar nicht, daß alle Begriffe, in denen man darüber berichtet, zwangsläufig Metaphern sind, ob von Elektronen-**Partikeln** (d.h. von Teilchen) die Rede ist oder von Wahrscheinlichkeits-Wellen (das sind Wellen, die eine gewisse Wahrscheinlichkeit haben, in die Existenz zu treten), von Quarks (ein Name aus einem Roman von James JOYCE) oder den Dingen, aus denen Quarks zu existieren scheinen (**Strings**) – das alles sind Metaphern, mit denen wir versuchen, das Unfaßbare zu (er-)**fassen** oder zu (be-)**greifen**!

- **Gleichnisse:** Alle großen Meister sprachen in Gleichnissen, weil sie so die Exformation ihrer Zuhörer nutzen konnten. Jesus erzählte den **Fischern** von Menschenfischern, den **Hirten** vom verlorenen Lamm und den **Bauern** vom Saatkorn, welches auf unterschiedlichen Böden ein unterschiedliches Schicksal erfährt. So muß er nur wenig sagen, aber das wenige hat viel „Gehalt". Im Klartext: Es enthält viel, das die Zuhörer er-GÄNZ-en (= GANZ machen); das ist der Grund, warum Exformation eine Story spannend macht, nicht Information! Faszinieren kann uns nur, was **in uns** mitschwingt, wenn wir Informationen hören, die wir mit Exformation aus **unserer** Vergangenheit, **unserer** „Insel", **unserer** eigenen Erfahrung an-REICH-ern können.

- **Analogien:** Eine Analogie ist ein Vergleich – wenn ich aber mit etwas vergleiche, das in Ihrem Geist nicht existiert, fehlt Ihnen die notwendige Exformation. Spreche ich davon, daß Hormone quasi Boten sind (Namensgeber war der griechische Götterbote Hermes), dann ist das eine Analogie, die jeder begreifen kann, der die Funktion eines Boten kennt. Sagen wir also „Botenstoff", dann beherbergt dieses „normale" Wort in Wirklichkeit eine Analogie; auch der Begriff „be-HERBERGE-n" ist analog zu verstehen, Sie müssen also wissen, daß eine Herberge eine Art von Hotel ist, in dem man wohnen kann ...

jmd^m ein Loch in den Bauch reden.

- **Redewendungen:** In meinem *„Das große Analograffiti-Buch"* finden Sie ein sehr farbenfreudiges Modul mit KaGa.s (Denk-Bildern) von Redewendungen. Dort vergleiche ich z.B. (deutsch) „Jemandem ein Loch in dem Bauch reden"mit (englisch) „To talk someones head off" (englisch).

to talk one's head off

- **Fach-Chinesisch:** Mit Fachjargon können sich Fachleute untereinander schnell und zielsicher unterhalten, aber der beste Fach-Spanier wird den Fach-Chinesen nicht verstehen und umgekehrt. Ich betrachte Fachsprache als eine Art von Stenographie-Sprache.

- **Insider-Bemerkungen:** In den meisten Familien, Freundeskreisen, Firmen gibt es neben Redewendungen, hinter denen gemeinsame Erlebnisse stehen, auch einzelne Namen oder Wörter, deren Bedeutung nur Menschen mit Zusatz-Wissen (mit der passenden Exformation also) verstehen. So bilden wir oft Sätze, die ein Zuschauer zwar Wort für Wort zu begreifen scheint, die aber (als Satz) trotzdem unverständlich bleiben, z.B.:

- **Der X-27 muß da rüber** (Firma, Mitarbeiter zu seinem Kollegen).

- **Das Käsebrot will ein Bier** (im Biergarten, Kellner zum Buffett-Kellner).

Das Käsebrot will ein Bier.

- **Die Niere will aufstehen** (im Krankenhaus, Krankenschwester zum Arzt).

- **Da bin ich ja schon!** (Bei Brettspielen, wenn man feststellt, daß die erwürfelte Punktzahl auf ein Feld führt, auf dem man bereits Spielsteine plaziert hatte, insbesondere wenn man neue Felder besetzen wollte, wie bei Go oder Backgammon).

Bei Erwachsenen erwarten wir automatisch jenen Ergänzungs-Vorgang (manchmal ohne Rücksicht auf mangelnde Exformation), aber besonders wichtig ist die Tatsache, daß Kinder und Lernende einer neuen Sprache Wörter solange wörtlich nehmen (müssen), wie sie über das nötige Voraus-Wissen noch nicht verfügen, um die Exformation ergänzen zu können. Dies ist übrigens einer der Gründe, warum ich empfehle, Sprachen zu lernen; wir gewinnen nicht nur höchst faszinierende Einsichten in die Denke jenseits von Sprachbarrieren, sondern wir gewinnen gleichzeitig spannende Erkenntnisse über unsere eigene Sprache. Beispiele:

- Die Redewendung „**Er sagte sich**, daß ...“ bedeutet im Arabischen wörtlich: „**Er erzählte seiner Seele**, daß ...“. Ich frage mich dann, mit wem wir eigentlich zu reden glauben, wenn wir „uns“ etwas „sagen“.

- Erfahre ich, daß es im Japanischen kein Konzept von Einzahl/Mehrzahl gibt, daß also jedes Hauptwort automatisch immer **ein oder mehrere** bedeuten kann (so heißt HON „Buch“ – „Bücher“), dann begreife ich, warum japanische Führungskräfte in Deutschland mir ihr Leid klagten, weil sie die Rechthaberei ihrer deutschen Mitarbeiter nicht nachvollziehen konnten. Klar, ohne Einzahl-/Mehrzahl-Konzept bedeutet HONTO „Wahrheit“ – „Wahrheiten“, dasselbe gilt für Begriffe wie

本 = Buch Bücher

  → eine/mehrere **Wirklichkeit/en**,
  → eine/mehrere **Meinung/en**,
  → eine/mehrere **Idee/n**,
  → eine/mehrere **Theorie/n**, usw.

Da kann man freilich nicht auf seinem Standpunkt beharren, denn es gibt immer eine/mehrere **Standpunkt/e**, nie nur einen, daher auch nicht nur meinen eigenen. Alles klar?

Sie sehen, wie interessant es wird, wenn wir beginnen, **nackte Info-Bits** (Buchstaben, Wörter, Sätze) inklusiver aller Zeichen und Sonderzeichen (von Plus- oder Minuszeichen über Noten in der Musik bis zu wissenschaftlichen Notationen) von Exformationen zu trennen, die den Info-Bits erst ihre Bedeutung verleihen können.

* Vgl. S. 148.

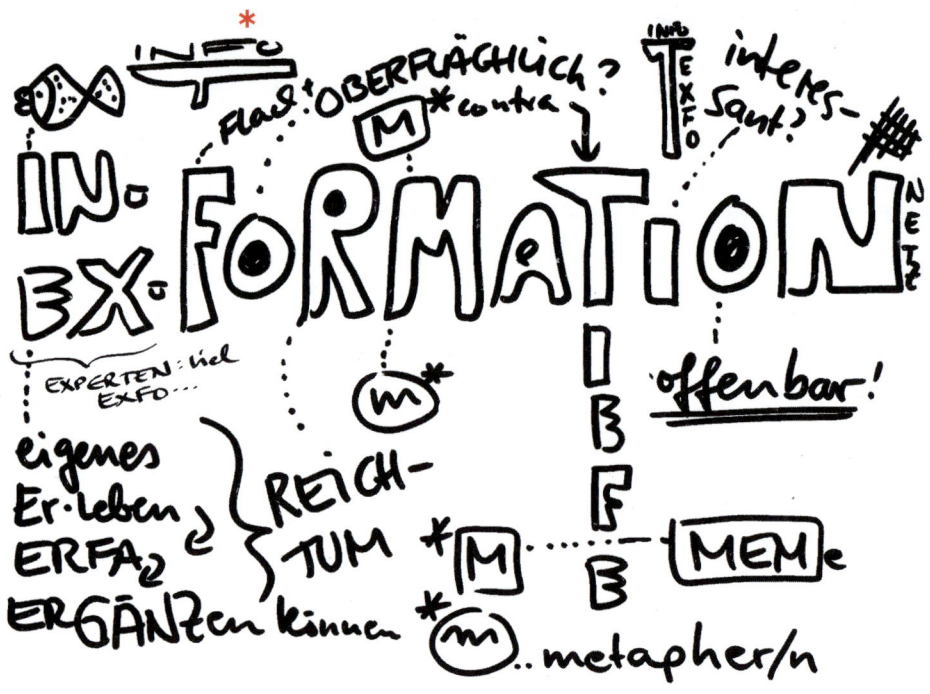

Exformation = Voraus-Wissen

Till Eulenspiegel (wie auch der Mullah Nasruddin im persisch-türkisch-arabischen Kulturraum) liefert viele Stories, aus denen hervorgeht, was passiert, wenn man die nackten Info-Bits mit dem eigentlichen Gehalt der Botschaft verwechselt.

Exformation beschreibt **sowohl** alle unsere **vergangenen Erfahrungen** (unser **Voraus-Wissen**, das wir – als Teil unserer „Insel" – in jede Situation hineintragen), **als auch** unsere **gegenwärtigen Assoziationen**, mit denen wir das Wahrgenommene ergänzen oder anreichern (das, was der Sender uns gerade sagte oder was er uns geschrieben hatte). Somit meinen wir mit „Information" normalerweise beides, aber das Wort löst in uns so starke Assoziationen an den **Sender** aus, daß wir regelmäßig sagen/denken, der andere könne „schuld" sein, weil er uns mißverstanden habe, statt zu begreifen: Jeder Mensch wird unsere Botschaften immer mit seinen spezifischen Assoziationen an-REICH-ern, das können wir niemals verhindern. Wenn wir Glück haben, dann ergänzt er in unserem Sinne und „hat uns ver-

standen" (im Klartext, so wie wir selbst die Botschaft gemeint hatten).
Andernfalls ist er natürlich schuld, weil er uns mißversteht!

NØRRETRANDERS stellt u.a. fest: Genaugenommen ist Information völlig unin-
teressant, **nur Exformation ist interessant für uns**. Da wir keine Roboter sind, können wir nackte Informationen weder wahrnehmen noch begreifen, speichern (= merken) und später in unsere Überlegungen einbeziehen.
Das ist dramatisch.

Nur Exfo ist
interessant!

Infos ohne Exformationen ergeben keinerlei Sinn für uns!

Genaugenommen „wohnt" die **Exformation** immer **in uns**. *Suppose I
were to continue in the English language now.* Wer Englisch kann, konnte
den letzten Satz „ganz normal" lesen, weil die nötige Exformation zur
Information bereits **in uns** ruht. Andernfalls hätten Sie hier 10 Wörter
(Informations-Bits) gesehen, zu denen Sie vielleicht keine oder nur teilweise
Exformation anbieten können? *En als ik nu in het nederlandse taal verder
gaa?* Aha, ganz langsam können Sie diesen Satz wahrscheinlich „**ent-
schlüsseln**", das heißt, Sie stellen fest, daß Sie ja **doch** genügend Exformation besitzen, daß diese aber nicht so „griffbereit" ist, daß das ganze so
schnell abläuft, wie üblich. Es ist das normale Tempo, das **normalerweise
verhindert**, daß wir begreifen was abläuft, wenn wir „Infos aufnehmen".
Denn wir verarbeiten Infos mit einem 400- bis 2000mal schnelleren Tempo
als wir bewußt denken können.

Vgl. RE-KONSTRUKTION, im
Modul „AbRUF-Reiz"
(S. 63 ff.).

**Nur wenn der Prozeß extrem verlangsamt wird, können wir ihn
wahrnehmen, z.B. wenn wir rätselhafte Informationen „ent-
SCHLÜSSEL-n". Im Klartext: wenn wir bewußt und in Zeitlupe
nach dem richtigen Schlüssel suchen, um diesen dann anzuwenden.**

Bei einem Satz in einer fremden Sprache sausen wir mit den Augen erst einmal hin und her, um zu sehen, ob wir Teile der Botschaft begreifen können,
ehe wir den Satz Wort für Wort betrachten. Diesen Prozeß nutzt die BIRKEN-
BIHL-Methode, Fremdsprachen zu lernen* (bei der isoliertes Vokabel-Pauken
verboten ist).

Stellen Sie sich ein Spektrum vor: Am linken Ende „sitzen" nackte Informationen, am rechten finden wir reiche, vielschichtige, tiefe Exformation pur.

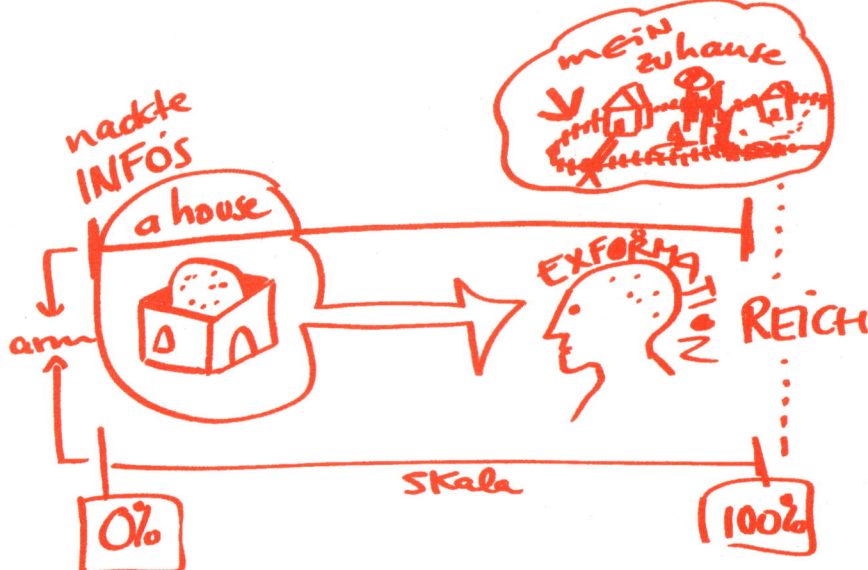

Ohne die nackte Info von außen schlummert die reiche Exformation so vor
sich hin, erst die Info von außen aktiviert sie: Je mehr sich in uns „tut", als
desto wervoller empfinden wir die Info, die diesen Prozeß in uns ausgelöst
hat. **In uns!** Nicht „da draußen" irgendwo …

---

* Zu meiner Fremdsprachen-Methode gibt es inzwischen einige Materialien: 1. Das Buch: „*Sprachen lernen leicht
gemacht*"; 2. einen didaktischer Dialog (gut für unterwegs) mit dem gleichen Titel (dies ist jedoch keine vorgelesene
Buchversion, sondern ein eigenständiges Hörspiel); 3. diverse Sprachkurse (Wieder-Einsteiger, voll durch-de-kodiert,
wodurch die Lektion vom ersten Wort an transparent wird); 4. CD-ROM.s (ab Sommer 2002) für kurze intensive Sessi-
ons aktiven Lernens, aber der Schwerpunkt liegt auf passivem Lernen, und das kostet keine Minute Zeit!

Wiederholungen, die keine sind!

NØRRETRANDERS gibt uns ein sehr gutes Beispiel: Denken Sie an ein **Märchenbuch**. Nun gilt: Je mehr Exformation es in uns „anzureißen" vermag, desto besser gefällt es uns. Wir können es gut vortragen, wir tun dies auch gerne viele Male. Übrigens wollen Kinder (und Erwachsene) gewisse Texte immer wieder hören, solange sie ahnen, daß sie ihnen noch nicht alles „entnommen" haben, z.B. weil sie täglich hinzulernen. Dadurch aber können sie als Empfänger täglich mehr „einbringen", wenn sie den Text wieder und wieder hören – es ist also genaugenommen gar nicht „derselbe" Text (in dem Sinne, wie wir das normalerweise meinen).

Dasselbe gilt für ein Textstück „guter Literatur", das wir wieder und wieder lesen (oder hören) können: immer entdecken wir neue Aspekte. Ein solcher Text ist so REICH-haltig, daß man in ihm ständig Neues entdeckt, weil unser bewußter Wahrnehmungsstrom extrem klein ist. Dies symbolisiere ich seit Jahren mit der Metapher, daß auf 15 mm bewußte Wahrnehmung und Verarbeitung von Infos ca. 11 km unbewußte Verarbeitung kommen. Dort ruhen die Exformationen, bis sie durch eine Info von „draußen" aktiviert werden ... Jetzt verstehen wir besser, warum man gute Texte immer wieder lesen, gute Literatur immer wieder hören, gute Filme immer wieder sehen und gute Vorträge immer wieder goutieren kann! Und: Je mehr wir selbst seit dem letzten Hören/Lesen erlebt haben, desto mehr NEUE ASSOZIATIONEN können wir zum Gehörten/Gelesenen aufbauen, desto REICHer wird uns die Information **erscheinen**.

Nach Tor NØRRETRABDERS

Die Verantwortung für eine gute Botschaft ist also geteilt:
Erstens ist **„gute" Info mit Exformation ange-REICH-ert** und trägt daher „zwischen den Zeilen" einen gewissen Anteil an Exformationen mit sich. Zweitens nützt das alles nichts, wenn im Empfänger nicht **ähnliche Erfahrungen, Vorlieben, Kenntnisse etc. „liegen"**, die durch die Botschaft angerissen (**aktiviert**) werden können.

Verantwortung

Tiefe

NØRRETRANDERS stellt klar, daß es die **Exformation** ist, die einer Kommunikation **Tiefe** gibt. Nackte Infos sind superflach, erst Exformation kann uns interessieren, faszinieren, berühren etc. Nur eine gute Info (angereichert mit Exformation) kann uns „ansprechen"; sie bringt in uns etwas zum Klin-

gen oder Schwingen, wir spüren etwas. Und so „wissen" wir, daß wir wesentliche Dinge hören, lesen ODER erleben. Es „packt" uns, es hält uns gefangen,
es beeindruckt uns! Merken Sie es? Sie sehen:

**Es handelt sich um lauter SINN-liche Beschreibungen für ange-
REICH-erte Informationen, die wir als bedeutungsvoll empfinden.**

Deshalb heißt das geniale
Buch von Tor NØRRETRAN-
DERS auch: *„Spüre die
Welt"!*

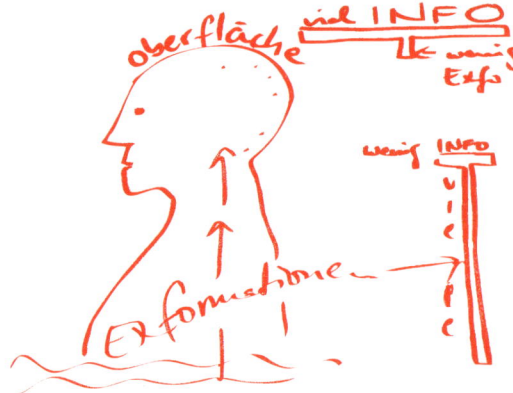

„Gute Infos"?

Nackte Infos schweben sozusagen an der
Oberfläche; der Volksmund spricht von banalen, oberflächlichen (oder flachen) Gedanken. **Je mehr Exformation im Spiele ist,
desto tiefer wird die Botschaft.** Das geht,
wie wir gesehen haben, nur, wenn **beide** (Sender **und** Empfänger), **ihren Teil beitragen!**

Wie Sie sehen, wenn wir den Buchstaben „T" als Symbol für den Grad an Tiefe nutzen wollen, dann soll der **Querbalken** die (oberflächliche) Information symbolisieren, der **senkrechte** Teil des Buchstabens hingegen die **Tiefe**.
Hier noch einmal die beiden wesentlichen Elemente in Großaufnahme:

Übrigens habe ich die Idee der Exformation in meinem Video-Vortrag *„Gehirn-
gerechte Einführung in die Komplexitäts-Theorie"* erstmals vorgestellt. Denn
das oberflächliche „Geschwafel" ist „einfach", in der Tiefe aber finden wir
komplexe Gedanken — und sie sind es, die uns wirklich „ansprechen" . . .

Forschungsergebnisse über das Lernen   M 8

Irrige Annahmen

Dieses Modul berichtet von einer doppelten Suche über mehr als 4 Jahrzehnte: **Erstens** führte die eminente **Harvard-Forscherin Ellen J. LANGER** seit den 1970er Jahren faszinierende Experimente durch bzw. publizierte mit, was ihre StudentInnen und KollegInnen herausgefunden hatten.

Zweitens beschäftigte ich mich seit Ende der 1960er Jahre mit der Frage: Wie bringe ich Infos in den Kopf? Meine Suche wurde seit Ende 1969 mit Workshops, Seminaren und Publikationen öffentlich (nachdem ich mich seit meiner Jugend intensiv mit diesen Fragen beschäftigt hatte, da ich das System Schule schon damals furchtbar fand).

Zwar war ich in all den Jahren immer wieder auf LANGER gestoßen, allerdings in anderen Zusammenhängen (z.B. Geriatrie), erst neulich entdeckte ich, daß sie sich auch mit Lernen intensiv befaßt und auch hierüber publiziert hatte, z.B. in einem leicht lesbaren Buch „The Power of Mindful Learning".

> Ellen J. LANGER gehört zu den wenig wirklich originellen ForscherInnen mit einem sehr breiten Spektrum. So erfand sie bahnbrechende Experimente zu unterschiedlichsten Themenstellungen. Um nur zwei zu nennen: Pädagogik und Geriatrie. Ich kann ihre publizierten Arbeiten wärmstens empfehlen, da sie überdies auch noch flott geschrieben sind (siehe Literaturverzeichnis).

Grundlagen

Im Kapitel 1 „Eingangstor in dieses Buch", Seite 24 ff., stellte Ellen J. LANGER vier Fragen zur Schul-Bildung. Betrachten wir im folgenden diese Fragen genauer und zu welchen Antworten die Harvard-Professorin kommt.

1. Frage: Die Grundlagen muß man so gut lernen, daß sie zur zweiten Natur werden? (Beispiel: Einmaleins, oder: es muß zur zweiten Natur werden, daß SchülerInnen beim Zuhören automatisch Notizen machen.)

Hypothese: Die Grundlagen muß man so gut lernen, daß sie zur zweiten Natur werden!

Aus den vielen Studien von LANGER und ihren StudentInnen und Kollegen geht eindeutig hervor, daß „blindes" Lernen enorme Nachteile mit sich bringt. Nun fällt „blindes Lernen" in zwei Kategorien, das sture PAUKEN von Daten, Fakten, Informationen (dazu kommen wir ab S. 173 ff.) und Verhaltensweisen, die wir solange geübt haben, bis sie zur zweiten Natur wurden. Beginnen wir gleich damit!

So mußte unsere Generation früher nicht nur lernen, beim Schalten (im Auto) die Kupplung zu treten, wir lernten auch, nur mit Zwischengas herunterzuschalten.

Die Redewendung, daß die neue Tätigkeit **zur zweiten Natur** werden soll, impliziert, daß sie, ähnlich einem angeborenen **Reflex** ablaufen soll.

Im Prinzip scheint es optimal zu sein, wenn wir diese Verhaltensweisen „blind" (automatisch, mechanisch wie ein Roboter) ohne zu Denken ausführen können, aber diese „zweite Natur" birgt auch große Nachteile (nach LANGER). Diese habe ich in ein KaWa zum Begriff „**Natur**" gepackt:

N = **Normal?** Viele Verhaltensweisen, die wir als „normal" einstufen, wurden einst „blind" übernommen; dies gilt für **Einstellungen** wie für **Verhalten**. Sie kennen vielleicht mein Denk-Modell, vom menschlichen POTENZial, das sich theoretisch optimal entfalten könnte …

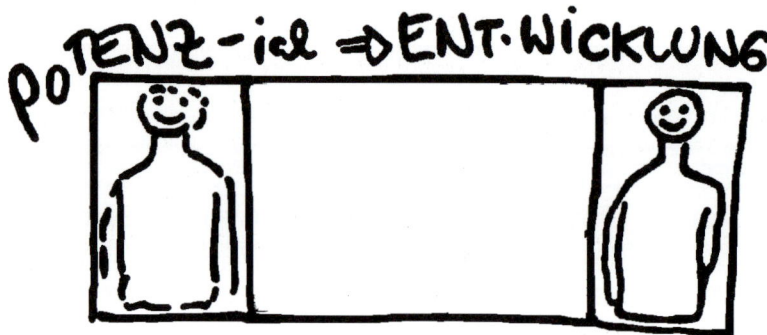

… wenn da nicht dazwischen käme, was wir als **„Erziehung"** bezeichnen. Sie soll uns zu der in unserer (Sub-)Kultur akzeptierten **Norm** hinziehen. Einerseits ist dies notwendig, damit sich der kleine Papua wie andere Papuas oder die kleine Berlinerin „akzeptabel" entwickeln werden, andererseits kann diese „Programmierung" zur Norm hin uns eines Teils unseres POTENZ-ials regelrecht berauben, insbesondere wenn der Kulturkreis, in den wir hineinwachsen, besonders „engmaschig" und intolerant angelegt ist. So hat eine Frau in einer modernen Gesellschaft ganz andere Möglichkeiten, ihr POTENZ-ial entfalten zu dürfen, als eine Frau in einer fundamentalistischen Umwelt (egal, welcher Couleur der Fundamentalismus ist).

*Hier wurden wir „kleiner" („weniger") als wir gemäß unseres angeborenen POTENZ-ials sein könnten!

Ist die Angleichung der gesellschaftlichen an die „eigenen" Grund-Meinungen (die oft als „Fakten" verkauft werden) gelungen und haben wir die „richtigen" Ge- und Verbote verinnerlicht, dann erscheinen uns diese Glaubenssätze und Verhaltensweisen als **„natürlich"**. Meist lehnen wir dann alles andere als **„unnatürlich"** ab.*

A = **Automatismen** können sogar gefährlich sein! LANGER macht uns darauf aufmerksam, daß diese zweite Natur sich vehement gegen Änderungen sperren kann: Je „natürlicher" es uns erscheint, auf der einen Seite der

---

* So wurde z.B. Onanie und Homosexualität jahrzehntelang verteufelt, weil beide angeblich nicht „normal seien", ungeachtet der Tatsache, daß beides in der Natur ständig vorkommt – bei vielen Lebewesen, insbesondere bei den Primaten (zu denen auch wir Menschen gehören). Vgl. meinen Video-Vortrag *„Viren des Geistes – gehirn-gerechte Einführung in die MEMetik"*.

Straße zu fahren (gehen), desto schwerer wird es, wenn wir in andere Länder reisen, in denen unser Verhalten kontra-„natürlich" (und regelrecht lebensgefährlich für uns und andere) werden kann.

T = **Tennis-Beispiel:** Tennis (wie alle Sportarten) zeigt uns: Kein Profi spielt so, wie man es lernt. Die uns Anfängern vorgestellten Bewegungen entsprechen einem Durchschnitt, einer statistischen Durchschnittsbewegung, die jede/r einzelne SpielerIn auf seine Arm- und Beinlänge **abstimmen** muß, wie auch die Größe seiner Schritte etc. Trainiert man aber **diese** Durchschnittsbewegung solange, bis sie zur zweiten Natur wird, dann hat man später kaum eine Chance, sie jemals zu ändern.

Vgl. auch das nachfolgende Experiment „Eine neue Sportart lernen".

U = **Unsicherheiten** werden **normalerweise nie als normal** in den Raum gestellt. Das sollte aber so sein – **Zweifel** müssen nicht nur erlaubt, sondern sogar **erwünscht** sein. Deshalb entwickelte ich (ca. 1995) mein Konzept des intelligenten Lücken-Managements.

Wir werden noch faszinierende Experimente betreff der **Formulierung** von Anweisungen und/oder Lernstoff kennenlernen (*fest, sicher, starr* im Gegensatz zu *fließend, konditionell, flexibel*)!

R = **Richtig?** Die (manchmal schon fast krankhafte) Suche nach der einen (einzigen!) richtigen Antwort (Lösung oder Methode) kann unser Denken und unsere Kreativität enorm hemmen! Deshalb brauchen wir den Mut zur Lücke und zu Fehlern!

Wollen wir uns nun das versprochene Experiment ansehen:

Experiment: Eine neue Sportart lernen

Lori PIETRASZ und Ellen J. LANGER

Was (Frage): Inwieweit unterscheiden sich Lernende männlichen und weiblichen Geschlechtes beim Erlernen von HAND-lungen? Man ging dabei von folgenden zwei Gedankengängen aus:

Erstens: Wenn wir Neues lernen und wenn wir es **exakt so einüben, wie es uns vermittelt** wurde, und wenn wir dann „brav" (weiter-)üben, bis die neue Handlung zur zweiten Natur geworden ist, dann werden wir diese Handlung später **weniger gut** als es möglich wäre ausführen.

Vgl. Sie Ihre Antworten auf Seite 36: Wie groß ist Ihre Fehlertoleranz?

Besser wäre es, sofortige Angleichungen zwischen Anweisung und unserer persönlichen Situation vorzunehmen, um auf unsere subjektive Eigenheiten einzugehen. Zum Beispiel: Bei Sportarten ist die „Durchschnittsbewegung", die man uns zunächst vermittelt, auf die statistische Durchschnittsperson abgestimmt, die es **nicht** gibt. Nun muß jede/r Handelnde (bzw. SpielerIn) diesen mittelmäßigen Bewegungsablauf an seinen eigenen Körper angleichen.*

Zweitens: Während Mädchen und Frauen bei Anweisungen dazu neigen, diese möglichst exakt auszuführen, neigen Jungen und Männer eher sehr schnell zu persönlichen Abweichungen. LANGER sagte dazu (Zitat, S. 21):

> **Unsere Hypothese: Einer** der Gründe, warum männliche Athleten (im statistischen Schnitt) bessere Leistungen bringen als weibliche, könnte in der unterschiedlichen Art liegen, wie sie Anweisungen verarbeiten. Normalerweise werden Mädchen eher dazu erzogen, „gute kleine Mädchen" zu sein, d.h.: „Tu, was man dir sagt!" Aber ein richtiger Junge zu sein impliziert Unabhängigkeit von Autoritäten, also: „Tu **nicht** alles, was dir gesagt wird." Dieser Unterschied sollte z.B. im Sport sichtbar werden. Unsere Hypothese besagte, daß die Motivation, ein gutes Mädchen zu sein, zu mehr (mechanischem) sturem Pauken/Lernen führen müßte. Ähnlich würde eine gewisse Fähigkeit zur Rebellion zu flexiblerem (offenerem) Lernen führen.

Wie (Durchführung): Für das Experiment **erfand man eine neue Sportart** (der man den Namen **Smack-it-Ball** gab).

Spieler tragen an BEIDEN Händen eine Art Baseball-Handschuh mit großer flacher Innenseite, zum Schlagen des relativ kleinen Balles.

Diese Variante ist interessant, denn: Wer vorher jemals mit echten Baseball-Handschuhen gespielt hatte, kannte sie nur als FANG-INSTRUMENT (während sie nun zum Schlagen des Balles verwendet wurden). Somit war die Konstellation für alle Spieler neu! Nachdem die Spieler die Grundidee verstanden hatten, begann das eigentliche Experiment …

---

*   Zum Beispiel habe ich sehr kleine Hände. Als ich mit dem Klavierspiel begann, hatte ich eine Lehrerin, die immer meine Hand von unten nach oben hochschlug, wenn diese nicht die vorgeschriebene Krümmung aufwies: „Du mußt die Hand so halten, als verstecktest du einen Tennisball darunter." Die Tatsache, daß meine Hand jemals höchstens einen Ping-Pong-Ball hätte verstecken können, ging an der guten Frau vorbei. Also entschied ich mich dafür, mir das Klavierspielen selber beizubringen: Je weiter die Tasten auseinanderliegen, die ich schnell hintereinander anschlagen muß, desto mehr muß ich die Hand (flach) strecken – ein Problem, das übrigens Mozart auch hatte!

Flexible (= **konditionelle**) Anweisungen benutzen den Konjunktiv und arbeiten mit „könnte", „würde", „möglicherweise" u.ä. Begriffen. Im Gegensatz dazu stehen normale Anweisungen, die knapp und autoritär sagen, was getan werden muß (bzw. bei Faktenübermittlung, „was Sache ist"). Wir werden dieser Variante in den Experimenten von LANGER (und Kollegen, Schülern etc.) immer wieder begegnen!

Die SpielerInnen werden in zwei Gruppen unterteilt:

Gruppe 1 erhält sehr **konkrete** Anweisungen im üblichen Stil: „Tun Sie das, in der und der Weise …"

Gruppe 2 erhält **flexible** Anweisungen: „Sie können es mal so probieren … oder testen Sie mal, wie sich (dies und das) anfühlt oder bewährt …"

Besonderheit: Nachdem die SpielerInnen ein wenig „klarzukommen" begannen, **vertauschte man heimlich die Bälle**. Die neuen Bälle sahen zwar identisch aus, waren aber etwas schwerer als die ersten. Der Gewichtsunterschied war nicht so hoch, daß die SpielerInnen es **bewußt** registriert hätten, aber genug, daß die bisher eingeschliffenen Durchschnittsbewegungen nicht mehr richtig funktionierten. Dies erforderte **kleine** Anpassungen (adjustments) von **allen** SpielerInnen. Man ging davon aus: Wenn die Hypothese stimmte, daß Jungen und Männer ihr Verhalten sowieso sehr schnell änderten, würden diese ihre **Lernerfolge trotz der neuen Konditionen** verbessern, denn sie gingen **ja immer flexibel** vor. Mädchen und Frauen hingegen würden einigermaßen „stur" am Gelernten festhalten und deshalb mit den neuen Bällen schwächere Ergebnisse erzielen.

Ergebnis: Genau das zeigte sich bald: Alle männlichen Lerner adjustierten ihre Bewegungen schnell auf die neuen Bälle, unabhängig davon, ob sie mit autoritären oder flexible (konditionellen) Anweisungen eingewiesen worden waren. Aber bei den Damen zeigten sich große Unterschiede:

Gruppe 1 Spielerinnen aus der autoritären Hälfte versuchten tatsächlich „krampfhaft" das bisher Gelernte weiterzuführen, wiewohl es mit den neuen Bällen nicht gut gelang … Sie waren bald frustriert.

Gruppe 2 Spielerinnen aus der flexiblen Gruppe waren durch die Art der Erst-Einweisung „frei" zu experimentieren, denn die Aufgabe lautete ja, selbst herauszufinden, was sich am besten „machte", und genau das taten sie dann auch – mit sehr gutem Erfolg!

Fazit: Mit offenem „freien" flexiblen Unterricht sind weibliche Spielerinnen genau so gut wie ihre männlichen Kollegen!

Kann Lernen also verbessert werden, indem man die **erste Phase**, in der **eine grobe Annäherung stattfindet**, verändert? Hierzu gibt es eine weitere wunderbare Studie. Stellen Sie sich vor, Sie gewinnen eine kostenlose Klavierstunde, auch und besonders für Einsteiger, in einem Shopping-Center in Ihrer Nähe. Wären Sie neugierig genug? Dann lesen Sie, was mit einer Gruppe von Einsteigern in ihrer Klavierstunde passierte.

Experiment: Die Piano-Lektion

Was (Frage): Kann **Lernen verbessert** werden, indem man die **Einstiegs-Phase** verändert?

Wie (Durchführung): Zwei Gruppen erhielten unterschiedliche Anweisungen: Man fand ein kleines Musikstück, das ihrem Anfänger-Status entsprach und zeigte ihnen, „wie es geht". Ab hier unterschieden sich die Anweisungen für beide Gruppen von Versuchspersonen:

Gruppe 1 wurde eingeladen, zu üben (also ganz **normal**).

Gruppe 2 wurde gesagt: „Seien Sie kreativ! Finden Sie so viele Variationen wie möglich, das Stück zu spielen!" Man lernt also hier von der ersten Stunde an, nicht nur den Anregungen des Komponisten Folge zu leisten, sondern frei zu experimentieren, also gänzlich **un-normal**!

Nun wurden die Übungs-Sessions aufgezeichnet und anschließend von einer unabhängigen Jury begutachtet. Da alle Leute Einsteiger von vergleichbarer (Un-)Kenntnis waren, hätten die Übungsbänder einigermaßen ähnlich sein können. Sie waren es aber nicht. Raten Sie: Was glauben Sie, **könnte** passiert sein?

Ergebnis: Es gab zwei spannende Ergebnisse.

Erstens: Gruppe 1 klang „normal", wie Einsteiger halt klingen, aber Gruppe 2 wirkte weit kompetenter und kreativer!

Zweitens: Gruppe 2-Leuten hatte aber auch das Üben/Spielen weit mehr **Spaß** und **Freude** gemacht; sie beurteilten die Piano-Lektion weit positiver als die Mitglieder der reinen Trainings-Gruppe. Ich könnte mir vorstellen, daß von diesen Leuten weit mehr bereit wären, weiterzumachen, wenn diese kostenlose Lektion eine PR-Aktion eines Klavier-Studios gewesen wäre ...

Es ist unglaublich, wie be-FREI-end es wirken kann, ein Stückchen (und sei es noch so einfach) auf verschiedene Weise zu spielen. Wer kein Musikinstrument kann, könnte es einmal mit summen, pfeifen oder singen probieren! Es macht wirklich Spaß! Aber darüber hinaus geschieht hier ein enorm wich-

Piano

Diese Studie wurde von Ellen J. LANGER, Paul WHITMORE und Douglas DeMAY durchgeführt.

Z.B. laut, leise, mit Tempowechseln, eher mechanisch, härter, weicher ...

Tja, das wäre doch eine **Geschäftsidee** für alle Musik-LehrerInnen, die zahlende Kunden anziehen wollen: Wiederholen Sie das Experiment (Variante Gruppe 2), indem Sie einige kostenlose Stunden vergeben und aus den Leuten, denen es wider Erwarten dann doch viel Spaß macht, neue Kunden rekrutieren. Das wäre die beste „Werbung", a) weil diese Kunden sich selber überzeugen konnten, b) weil Leute, die es schaffen, etwas Neues zu lernen, das dann auch gerne weitererzählen (also Mund-Werbung machen).

Weil diese Keyboards auch den Anschlag registrieren (z.B. piano, forte) ...

tiger Lern-Prozeß, der nicht unterschätzt werden darf. Wir sehen hier eine erste Manifestation einer enorm wichtigen „Spielregel":

Flexible Anweisungen bringen weit mehr als exakte (autoritäre) „Befehle". Je mehr Freiheit zum Probieren, Entdecken und Erleben die Lernenden haben, desto mehr Spaß macht es ihnen (von der ersten Minute an!). Wir kommen noch mehrmals darauf zurück.

Auch ich habe das festgestellt: In meiner Jugend hatte ich mich entschlossen, mir selbst ein wenig Klavierspielen beizubringen, weil das, was mir als Unterricht angeboten wurde, mir die Freunde am Spielen ganz vergällt hatte (ich lernte also nicht wegen, sondern trotz dieses Unterrichtes). Ich begann mit 13 Jahren, aber als ich etwa 16 war, mußten meine Eltern das Klavier zurückgeben (es war geliehen). Mit 19 ging ich in die USA, wo ich ebenfalls viele Jahre nicht spielen konnte, bis ich mir, zurück in Europa, ca. 1976 das erste Keyboard leisten konnte (die Dinger hießen damals noch „Hammond-Orgel" und ich zahlte gebraucht ca. Euro 1500 für einen Kasten, den ich heute in halber Größe, mit einem Viertel des Gewichts, zu einem Achtel des Preises und in weit besserer Qualität kaufen kann). Darüber hinaus brachte das Ding einen prima Pseudo-Orgelklang, und so begann ich neben eigenen Kompositionen (mit Rhythmus etc.!) hier und da mal vorsichtig das eine oder andere klassische Stückchen zu probieren, das natürlich mit diesem Pseudo-Orgelklang eine völlig andere Qualität anzunehmen begann ... Später kamen weitere Keyboards hinzu; heute besitze ich auch einige, auf denen ich „echt Klavier" spielen kann, aber ich habe nie damit aufgehört, **dieselben** Stücke mal im Modus Orgel, mal Flöte etc. zu spielen. Es ist faszinierend: Immer wieder entdecke ich Aspekte und Details, die ich normalerweise nie gehört hätte. Und dann, wenn ich sie wieder im Modus Piano spiele, hat das Stück plötzlich eine gewisse zusätzliche Qualität gewonnen, was ohne diesen „Umweg" nie passiert wäre! Natürlich experimentiere ich nicht nur mit dem Klang des Instruments, ebenso viel Freude macht es mit Tempo, Anschlag, Lautstärke etc. zu experimentieren. Immer gewinne ich dabei ein viel tieferes Gefühl und Verständnis für das Stück.

Daher wunderte mich eine Einsicht von Ellen J. LANGER überhaupt nicht: „Viele Musiker stellten immer wieder fest, daß das Lernen auf einem anderen Instrument das erste verbessert. Große Pianisten waren oft Orgelspieler, als sie Piano-Virtuosen wurden (MOZART, BEETHOVEN, SCHUMANN und Glen

GOULD). Ähnlich stellte Yehudi MENUHIN fest, daß sein Geigenspiel wesentlich besser wurde, als er begann, Viola zu spielen!" Tja, kein Wunder.

Wir sahen gerade zum ersten Mal, daß **freie, flexible Anweisungen** den Lernenden „mehr bringen", aber nun meinen viele Lehrkräfte: „Na ja, schön und gut, das ist Musik (sowieso nicht soooooooo wichtig)! Aber ich lehre klare Fakten, Naturwissenschaft (Jura, Medizin), da geht das nicht."

Wirklich nicht? LANGER berichtet von einem bahnbrechenden Experiment, in dem man Texte aus Lehrbüchern (Wissenschaft und Jura) nahm und sie **einer** Gruppe so anbot, wie sie im Lehrbuch standen, während man sie für eine **zweite** Gruppe umschrieb. Der **Urtext** war autoritär, eindeutig, mit der üblichen Sicherheit solcher Textbuchautoren formuliert (also wieder ganz normal). Der neue Text wurde konditionell (böse Zungen würden sagen „wischi-waschi") aufgebaut. Statt „ist" konnte man lesen „ist oft" („kann sein", „hat eine Neigung zu" und ähnliche „weiche" Formulierungen). Das kann doch nicht wahr sein, denken wir jetzt. Was soll das denn bringen? Nun, lesen Sie weiter!

Ich möchte Sie einladen, es einmal selber auszuprobieren, und wenn Sie ein Kinderlied in 20 Variationen auf einem Kamm blasen, nur um den Effekt selbst zu erleben!

Experiment: Kann ein Text gehirn-gerecht sein?

Man lud beide Gruppen ein, sich mit dem jeweiligen Text zu befassen, woraufhin die meisten ihn mehr oder weniger zu pauken versuchten, weil sie ja nichts anderes kannten. Später gab es sowohl einen kleinen Test (um zu klären, wieviele Fakten den Weg ins Gedächtnis der StudentInnen gefunden hatten), aber dann kam ein weit wichtigerer Teil der Studie.

Man ließ die Studenten an Gesprächen teilnehmen, bei denen sich zeigte, inwieweit sie den Text überhaupt **begriffen** hatten. Diese Diskussionen wurden aufgezeichnet und hinterher sehr genau ausgewertet. Und nun kommt es: Die Leute in der Gruppe, die den **autoritären** Text gelesen hatten, redeten zwar frisch darauf los, aber das meiste war Unsinn. Sie machten **nur zu 35 % korrekte** Aussagen (diese aber im Brustton der Überzeugung!). Das meiste, was sie von sich gaben, war einfach falsch!

Nun, dreimal dürfen Sie raten, zu wieviel Prozent der Aussagen bei den Teilnehmern aus der Gruppe korrekt waren, die einen „wischi-waschi"-Text gelesen hatte. Was glauben Sie, wieviel Prozent ihrer Aussagen war sachlich korrekt?

_____ *80* %

Bitte bedenken Sie, was diese „unsauberen" (konditionellen) Aussagen bewirken. LANGER:

> Wenn man uns erklärt, etwas **könnte** sein, dann begreifen wir sofort, daß es auch **anders** sein **könnte**. Wenn wir eine wichtige Information **lehren** (z.B. über Gesundheit, oder wie man ein Flugzeug steuert), dann müssen wir **Ausnahmen einplanen**. **Nur so** werden SchülerInnen und StudentInnen **offen für Faktoren**, die in einem **anderen Zusammenhang** wichtig werden können.

Also sehen wir, daß die weiche, flexible, „wischi-waschi"-Ausdrucksweise das Gehirn reizt, mehr als eine Möglichkeit in Betracht zu ziehen, und zwar von Anfang an. Dies löst echte Denk-Prozesse aus und verhindert stures mechanisches Pauken. Deshalb wundert es Sie jetzt vielleicht nicht mehr so sehr, wenn Sie das zweite Ergebnis dieser Studie erfahren.

35 % korrekter Fakten und Schlußfolgerungen bzw. Antworten schafften die Pauker von **absoluten** Fakten; im Gegensatz dazu schafften die TeilnehmerInnen, die von Anfang an eingeladen (um nicht zu sagen, verleitet) worden waren, selber zu denken, **100 %** richtige Aussagen, Schlußfolgerungen und Antworten bei dem kleinen Test. Dies geschah, wie gesagt, sowohl bei einer Studie mit einem **juristischen** Text als auch bei einem Experiment mit einem **naturwissenschaftlichen**.

Fazit: StudenInnen begreifen konditionelle Texte wesentlich besser. Begreifen aber ist Vorbedingung für intelligentes, mitdenkendes (ech-

Wir kommen auf diesen eminent wichtigen Zusammenhang zurück, wenn wir uns fragen, warum die wenigsten modernen Ärzte gute Diagnosen stellen können.

tes) Merken (Gedächtnis!). Daher können sie später mit diesen Gedanken weit besser „arbeiten" und nachdenken, z.B. um intelligent darüber zu reden, um mögliche Anwendungen in Betracht zu ziehen, bzw. um gute Fragen zu stellen!

Konzentration

2. Frage: Eines der großen Probleme unserer Zeit sind Menschen mit Konzentrations-Problemen; dies betrifft gleichermaßen Erwachsene wie auch junge Leute, die sich nur kurz auf Unterricht oder Hausaufgaben konzentrieren können …

Haben Sie die Aufgaben aus Kapitel 1 durchgeführt und eigene Erfahrungen gesammelt? Noch können Sie es (S. 26 ff.).

Hypothese: Man soll sich richtig konzentrieren!

Wir neigen dazu, uns über Leute aufzuregen, die unaufmerksam oder unkonzentriert sind. Bei Erwachsenen nehmen wir es gerne „persönlich", aber bei Kindern, SchülerInnen und StudenInnen meinen wir, deren Konzentration **einfordern** zu dürfen. In diesem Zusammenhang sagt LANGER jedoch:

> **Unaufmerksame Personen gibt es nicht, sie beachten gerade etwas anderes, das eine höhere Priorität für sie hat.**

Sie erinnert uns an den berühmten „zerstreuten Professor", dem wir zugestehen, andere Dinge wichtiger zu finden, als aufzupassen, ob die rechte Socke die gleiche Farbe hat wie die linke. Nur, fragte LANGER, warum erlauben wir es nur dem Professor, zerstreut zu sein? Warum dürfen wir selbst nicht etwas anderes wichtiger finden? Warum dürfen Kinder ihre Aufmerksamkeit nicht von den Dingen anziehen lassen, die sie anziehen? Denn: Wenn wir uns mit Dingen befassen (dürfen), die uns interessieren, dann haben wir ja kein Konzentrations-Problem, oder?

Hier stellt uns Ellen J. LANGER zwei Metaphern vor, wenn sie fragt, wie wir uns **konzentrierte Aufmerksamkeit** vorstellen. Viele Lehrkräfte und SchülerInnen wurden gefragt:

  a ☐ eher wie ein **stehendes Bild** (analog einem Foto) Oder:

  b ☐ eher wie ein **bewegtes Bild** (analog einem **Video-Clip**)

Neugierig? Die Antwort finden Sie auf S. 161.

Nun, wie haben Sie die Frage beantwortet?

- ☐   Ja, auch ich habe die erste Möglichkeit (a) angekreuzt.
- ☒   Nein, ich habe mich für die zweite (b) entschieden.
- ☐   Ich habe leider nicht nachgedacht und werde daher nie wissen, was meine erste, spontane Reaktion gewesen wäre.

LANGER erinnert uns daran, daß bereits 1898 der große amerikanische Psychologe William JAMES festgestellt hatte, wie schwierig es ist, konzentriert auf einen Finger zu starren. Erinnern Sie sich an die Übungs-Anweisung in der dritten Quizfrage auf Seite 27?

Kleines Experiment zur Konzentration

1. **Konzentrieren** Sie sich auf einen Ihrer Finger (oder, wenn Ihnen das lieber ist, auf ein Bild Ihrer Wahl).
2. **Bleiben** Sie am Finger (oder einer Stelle im Bild) „hängen", ohne die Augen wandern zu lassen: **fokussieren** Sie!
3. **Testen** Sie, **wie lange** Sie das durchhalten.

William JAMES lernte in einer Reihe von Eigenversuchen, wie schwer (genauer: unmöglich) die Aufgabe ist. Wenn Sie es ernsthaft versucht haben, dann wissen Sie es inzwischen auch:

Das Objekt verschwindet ohne Augenbewegung. Heute wissen wir, daß **ein bewegliches Auge die Aufgabe hat, unbewegte Objekte sichtbar zu machen** und daß **wir das Unbewegte nicht mehr sehen können, wenn wir diese Bewegung bewußt stoppen** (was schwer fällt) . So geht es dem Frosch immer; für ihn ist ein still stehender Baum nur sichtbar, solange er sich **in Relation zum Baum** bewegt (also während er springt), weshalb er nicht in stehende Objekte hineinhüpft. Sitzt er aber dann regungslos, sieht er nur noch, was sich bewegt: Freßfeinde (z.B. einen Storch) und Opfer (Insekten).

Im Klartext: Unserem Geist geht es ähnlich. Es muß sich immer etwas bewegen, wenn wir allzu lange an **einem** Gedanken „kleben bleiben" sollen, dann setzt geistige „Lähmung" oder „Blindheit" ein (wir nennen sie u.a. „gähnende Langeweile"), z.B. bei Aufgaben in Schule und Ausbildung, die uns **anöden** ... LANGER erwähnt auch die Probleme, die viele vom Meditie-

Vielleicht testen Sie die Frage mit möglichst vielen Freunden und vergleichen Sie, ob auch hier die meisten a) wählen werden. Die meisten Lehrkräfte wie SchülerInnen wählten die erste Möglichkeit. Sie auch?

Im Kapitel 1 „Eingangstor in dieses Buch" stellte ich Ihnen noch meine Variante vor, mit vorherigem Schätzen, wie lange man glaubt, durchhalten zu können (vgl. S. 24 f.).

Ein wundervolles Buch hierzu ist Eknath EASWARANs *„Mantram – Hilfe durch die Kraft des Wortes"*, aber lassen Sie bitte das fast 20seitige Vorwort von Professor A. (zumindest eingangs) weg, denn er greift dem Autor in unzulänglicher Weise vor und das auch noch inhaltlich auf sehr fragwürdige Art, was zunächst mehr verwirrt als erhellt.

ren her kennen. Auch hier versuchen wir uns auf einen Gedanken zu konzentrieren, z.B. ein Klangbild (sogenanntes Mantram).

Wenn wir nun zurückdenken, an die **beiden Metaphern** von LANGER (Konzentration als feststehendes Bild oder als bewegter Video-Clip?), dann muß die Antwort lauten: **bewegter Clip.**

Stellen wir uns Schlittschuhläufer vor: Der eigentliche Sinn liegt in der Bewegung, natürlich, während der Moment, indem man sitzt, um sich die Schuhe anzuziehen, nur einen Augenblick darstellen sollte. Nur bleiben manche ständig sitzen und wundern sich, daß ihnen alles „einfriert".

 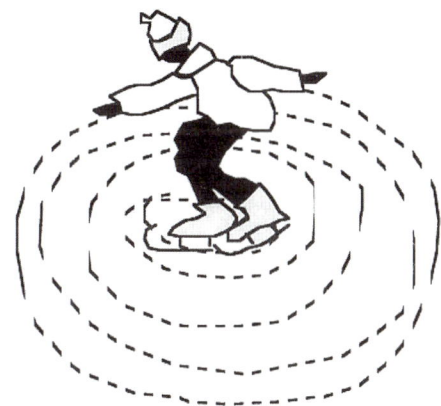

Stures Pauken entspricht einem statischen Prozeß: Man zieht immer nur die Schuhe an und fängt nie an zu laufen! Wenn wir hingegen einer Gedankenkette „nachjagen", müssen wir **einer geistigen Bewegung „folgen".**

> **Eine Idee entsteht** (oder wird uns angeboten)**; sie beginnt sich zu entwickeln und wir werden Zeuge dieser (bewegten) Entwicklung. Das geht natürlich nur, wenn wir nicht auf unserem metaphorischen Hintern sitzenbleiben ...**

„**Gutes**" Denken (mindful, gehirn-gerecht) ist a priori **bewegtes** Denken, das fällt leicht, das erlaubt uns, lange „bei der Stange" zu bleiben. Auch die Redewendung „bei der Stange bleiben" stammt aus einer bewegten Szene (Ballettänzer halten sich an der Stange fest, während sie ihre **Bewegungen** durchführen!). Wie hilfreich bereits rein physische Bewegung sein kann (wenn wir auf geistige Beweglichkeit verzichten wollen), zeigt der folgende faszinierende Versuch.

LANGERs Ausdruck „mindful" entspricht dem, was ich als „gehirn-gerecht" bezeichne.

Experiment: POSTER-WALK

Shelley CARSON und
Ellen J. LANGER

Was: Ein Poster mit historischen Daten sollte betrachtet werden.

Bewegung schafft neue Aspekte, während wir „dasselbe" betrachten. Solange wir noch keine geistige Beweglichkeit lehren konnten, können wir mit physischer Bewegung die Lern-Situation bereits dramatisch verbessern. Bitte bedenken Sie, ...

römische Geschichte

Neben **Bewegung** ist es enorm wichtig, immer wieder Neues zu entdecken; halten wir fest: Neuroforscher predigen seit den 1970er Jahren mit zunehmender Lautstärke, daß unser Gehirn stets **Neues** benötigt und daß es sich im Zweifelfall Neues ...

Dieses Neue kann sich in der **externen** Welt befinden. Aber das Neue kann uns auch **intern** begegnen, vorausgesetzt, daß ein Minimum an äußeren Reizen gewährleistet ist (im Gegensatz zu der Pool-**Situation**, vgl. Fußnote ...

Deshalb ist es ausgesprochen leicht, das Gehirn auch über längere Zeit mit einem Thema zu „befassen", solange wir ihm **Variationen**, neue Aspekte, neue Fragestellungen etc. anbieten. Dies zeigt ein weiteres spannendes Experiment, ...

Wie (Durchführung): Bei der Betrachtung wird Bewegung und Stillstand variiert.

Aufgabenstellung: Drei Gruppen erhielten unterschiedliche Anweisungen.

Entspricht dem normalen Drang nach Bewegung im Raum.

Gruppe 1 sollte sich hinter der Linie auf und ab **bewegen** und das Poster betrachten!

Entspricht dem „braven" Sitzen in der Schule.

Gruppe 2 sollte hinter der Linie auf einer Bank sitzen und das Poster aufmerksam betrachten. Merken Sie es? Autoritär und fester, stehender Status-Quo **unbewegter** Standpunkt!

Kontrollgruppe

Gruppe 3 sollte sich ebenfalls auf die Bank setzen, aber mit den Füßen scharren (um sicherzustellen, daß es nicht die Muskel-Bewegung der Geh-Gruppe war, welche die positiven Auswirkungen ausgelöst hätte). Somit entspricht auch Gruppe 3 einem statischen Standpunkt, das Füße-Scharren schafft keinerlei Neuigkeits-Vorteil und ändert die „bewegungslose" Position von Gruppe 2 NICHT.

Ergebnis: Die **Gruppe der Geher**, die sich bewegte, schnitt mit Abstand am besten ab! Sowohl in punkto Gedächtnis als auch in Bezug auf echtes

Verstehen der so präsentierten Fakten auf dem History-Poster. Die **Fuß-Scharr-Gruppe** schnitt besser als die **Stillsitzer** ab, aber nur unmerklich.

Fazit: Bewegung schafft neue Aspekte, während wir „dasselbe" betrachten. Solange wir noch keine geistige Beweglichkeit lehren konnten, können wir mit physischer Bewegung die Lern-Situation bereits dramatisch verbessern. Bitte bedenken Sie, daß Kinder, wenn man sie läßt, regelmäßig umhergehen (z.B. in Montessori-Schulen), weil dies das Denken (und die Konzentration) fördert.

Ähnlich Erwachsene: Viele Menschen können im Gehen besser denken als im Sitzen.*

Neben **Bewegung** ist es enorm wichtig, immer wieder **Neues** zu entdecken; halten wir fest: Neuroforscher predigen seit den 1970er Jahren mit zunehmender Lautstärke, daß unser Gehirn stets **Neues** benötigt und daß es sich im Zweifelfall Neues schafft (sogenannte Halluzinationen), wenn wir ihm Neues vorenthalten.**

Dieses Neue kann sich in der **externen** Welt befinden. Aber das Neue kann uns auch **intern** begegnen, vorausgesetzt, daß ein Minimum an äußeren Reizen gewährleistet ist (im Gegensatz zu der **Pool-Situation**, vgl. Fußnote **). Wenn wir also wissen, wo wir uns befinden (Körperhaltungs-Orientierung, inkl. ob wir stehen, sitzen oder liegen etc.) und wenn wir einige Basisdaten (z.B. Raumtemperatur) aus der Umwelt empfangen, dann können die Neuheits-Reize durchaus interner, also auch **geistiger Natur** sein.

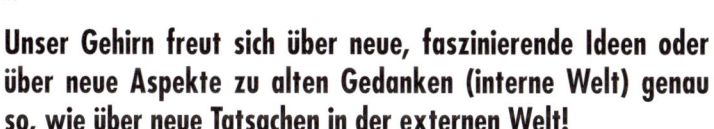

> **Unser Gehirn freut sich über neue, faszinierende Ideen oder über neue Aspekte zu alten Gedanken (interne Welt) genau so, wie über neue Tatsachen in der externen Welt!**

---

* Mir geht es ebenso; da meine großen Denk-Zeiten eher nachts stattfinden, habe ich wenig Lust draußen spazierenzugehen, deshalb habe ich eine „Geh-Maschine" (ein besonderes Skywalker-Gerät) im „Denk-Zimmer", auf dem ich bereits über 2000 Meilen absolviert habe. Dabei denke ich nach, lese, entwickle KaWa.s, ABC-Listen etc.

** Erste Zeichen hierfür ergaben „heimliche" Experimente in den sechziger Jahren in der UdSSR, über die ich 1975 bereits in meinem Buch *„Freude durch Streß"* berichtete, Stichwort; Stimulus-Deprivation (Reiz-Entzug); das waren die Vorläufer der Meditations-Tanks, bei denen man Menschen in einen Pool „hängte", mit einem dicken Tauchanzug, Watte auf den geschlossenen Augenlidern, dicken Handschuhen etc., so daß sie fast keine Reize mehr aus der Außenwelt erhielten. Schon damals zeigte sich ganz klar: völligen Entzug an Reizen überleben wir nicht, es kommt sehr schnell zu Halluzinationen, danach kommt es zu einer Art Kurzschluß im Gehirn.

Deshalb ist es ausgesprochen leicht, das Gehirn auch über längere Zeit mit einem Thema zu „befassen", solange wir ihm **Variationen**, neue Aspekte, neue Fragestellungen etc. anbieten. Dies zeigt ein weiteres spannendes Experiment, bei dem Leute sich darauf konzentrieren sollten, einen Knopf zu drücken.

Experiment: Knopf bei Verschwinden drücken!

Nach Ellen J. LANGER

Was: Konzentration

Wie (Durchführung): Am Computer-Screen tauchen Figuren auf. Wenn eine Figur verschwindet, soll man einen Knopf drücken. Also eine Art von Reaktions-Test.

Aufgabenstellungen: Drei Gruppen erhalten unterschiedliche Anweisungen.

Gruppe 1 Fokussieren Sie, konzentrieren Sie sich auf die Figuren, die am Bildschirm auftauchen werden und drücken Sie den Knopf, sowie eine Figur **verschwindet**.

Gruppe 2 Auf dem Screen erscheinen einige Figuren. **Zeichnen** Sie ihre Umrisse auf dem Bildschirm nach (mit Finger) und drücken Sie den Knopf, wenn die Figur **verschwindet**.

Gruppe 3 Denken Sie über die Formen, die hier auf dem Screen erscheinen **nach. Entdecken** Sie so viele verschiedene Aspekte wie möglich, bei jeder einzelnen Form. Drücken Sie den Knopf, wenn eine dieser Formen **verschwindet**.

Ergebnis: Ausgewertet wurden die Gedächtnisleistung, der Schwierigkeitsgrad und die Frustrationserfahrung.

1. **Gedächtnis: Gruppe 3** schnitt bei weitem am **besten** ab.

.... wiewohl Gruppe 3 genaugenommen am härtesten „arbeiten" mußte!

2. **Auf die Frage, wie schwierig die Versuchspersonen die Aufgabe fanden**, beurteilten die Teilnehmer von **Gruppe 3** sie am **wenigsten** schwer.

3. **Auf die Frage, wie sehr die Aufgabenstellung frustrierte,** zeigten sich die Teilnehmer der **Gruppe 3** am **wenigsten** frustriert!

Langweilen sich Experten, wenn sie sich immer und immer wieder mit demselben Thema befassen?

Erinnern Sie sich an die **Quizfrage Nr. 4**? Was findet ein Briefmarkensammler an Briefmarken so spannend? Was ein Insektenforscher? Was kann uns selbst wirklich faszinieren?

Antwort: Wenn wir ständig **neue Aspekte** finden, wenn sich unserem inneren Archiv (Wissens-Netz) immer wieder neue Fakten/Aspekte hinzufügen, wenn wir immer wieder neue Verbindungen entdecken etc., dann wird und bleibt die Sache spannend und faszinierend!

Zwischenbilanz:

> Während autoritäre Status-Quo-Aussagen oder Anweisungen einen **geistigen Stillstand** produzieren, öffnen **konditionelle** Formulierungen (bei Texten oder Anweisungen) unseren Verstand. Sie erlauben uns an viele Möglichkeiten zu denken, d.h. sie schaffen **Bewegung im Geist.**

Der beste Weg, unsere Konzentrations-Fähigkeit zu stärken ist es, immer wieder nach **Neuheiten** Ausschau zu halten:

❐ **extern**: in der Welt oder

❐ **intern**: innerhalb der Information, um die es gerade geht.

Der Begriff „Neuheit" bedeutet: „in **diesem** Zusammenhang neu"; es kann also auch ein neuer Aspekt an einer Sache sein, auf den wir **achten**. Oder **drei** Aspekte, oder **sechs** …? Auch hierzu gibt es ein spannendes Experiment:

Experiment: Lesen im Zug

Was (Frage): Verändert die **Art der Anweisung zum Lesen** die Auswirkungen auf das Erinnern des Gelesenen?

Nach Ellen J. LANGER

Wie (Durchführung): Pendler, die täglich mit dem Zug reisen, werden gebeten, an einem Lese-Experiment teilzunehmen. Es handelt sich um kleine Kurzgeschichten. Man liest die Stories und wird später gebeten, an einem kleinen Quiz zu den Stories teilzunehmen. Es galt, anhand einer Stichpunkt-Liste aufzuschreiben, woran man sich erinnerte.

Aufgabenstellungen: Drei Gruppen erhalten unterschiedliche Anweisungen.

Gruppe 1 Lesen Sie, wählen Sie **3 Aspekte** aus und konzentrieren Sie sich beim Lesen auf diese drei Aspekte der Geschichte.

3 Aspekte

Gruppe 2 Lesen Sie, wählen Sie **6 Aspekte** aus und konzentrieren Sie sich beim Lesen auf diese sechs Aspekte der Geschichte.

6 Aspekte

Gruppe 3 Lesen Sie die Story.

nur Lesen

Variation Nehmen Sie beim **Lesen** unterschiedliche **Standpunkte** ein und ziehen Sie auch andere mögliche Endungen der Stories in Betracht.

Ergebnis: Je größer die **persönliche „Verwicklung"** bzw. das Engagement **(involvement)** der einzelnen, desto mehr wußten sie, ohne im eigentlichen Sinne irgend etwas „gelernt" zu haben:

Gruppe 1 Auf 3 Aspekte achten: schon besser

Gruppe 2 Auf 6 Aspekte achten: wesentlich besser

Gruppe 3 Nur lesen: mit Abstand die miesesten Ergebnisse

Variation Aber die besten Ergebnisse gab es, **wenn die Leute** mit **den** Inhalten „spielten".

Mit „spielen" meinen wir, das Einnehmen unterschiedlicher Standpunkte bzw. das Erfinden anderer Endungen der Stories (nach dem Motto: Was wäre, wenn …?). Ich wiederhole: Bei größter geistiger Anstrengung (pardon: Aktivität) ergaben sich mit Abstand **die besten Ergebnisse!** Die Leute in der Gruppe hatten die Stories wirklich begriffen und in ihr inneres Archiv (Wissens-Netz) integriert. Außerdem konnten sie die Fakten der Stories hinterher aktiv in ihr Denken einbeziehen.

Fazit: Persönliches INVOLVEMENT führt zu Info-INTEGRATION! Das Prinzip ist immer dasselbe: Ob wir eine Kurzgeschichte oder einen Abschnitt eines Textbuches lesen (müssen), ob wir Figuren an einem PC-Bildschirm beobachten oder einen Kundenbrief lesen (sollen), es gilt die Spielregel:

Info-Integration

> **Indem wir selbst nach neuen Aspekten suchen, übernehmen wir Verantwortung für unseren Lese- oder Lern-Prozeß.**

Auch das predige ich seit drei Jahrzehnten. Manchen hat mein Rat in der Vergangenheit nicht gefallen, deshalb kann ich heute ich mit Genugtuung feststellen, daß die Harvard-Professorin, nach drei Jahrzehnten brillanter Experimente und Studien-Reihen nachgewiesen hat: Es ist einfach der beste Weg! Merke:

> **Suchen Sie das Neue im (Lern-)Stoff! Das ist die wertvollste Lektion für unsere Kinder, denn es erlaubt ihnen, relativ unabhängig von anderen zu werden und vom physischen Umfeld.**

Und genau das war immer mein Ziel gewesen: autonome Lerner.*

LANGER erinnert uns auch daran, daß wir **mit der richtigen Frage** auf interessante **Zusammenhänge** stoßen. Aber auch in diesem Punkt versagen unsere Schulen. Wenn Sie mal beiläufig am Kaffeetisch in gemischter Runde das Thema eröffnen, indem Sie von jemandem erzählen, der/die in der Schule regelmäßig aneckte, weil er/sie Fragen stellte, die aus ehrlichem Interesse erwuchsen, aber von Lehrkräften als Angriff gewertet wurden (vgl. Rand), dann lehnen Sie sich gemütlich zurück und lauschen. Sie werden selten enttäuscht, weil so gut wie immer mindestens eine Person anwesend ist, die (oder deren Kind) ähnliches ebenfalls (regelmäßig) erlebt hat.

Wenn wir darüber nachdenken, daß es manchen recht schwer zu fallen scheint, aufmerksam zu bleiben, dann können wir fragen: „Warum ist es so schwer?" Beispiel (nach LANGER):

Wir erklären einer neuen Reitschülerin den neuen Reitpfad und warnen sie vor überhängenden Zweigen. Wir bitten sie, ja gut aufzupassen, daß die Zweige sie nicht verletzen. Sie wird **krampfhaft** auf Zweige achten, diese Art der **verengten Konzentration** ist aber **anstrengend** und **ermüdend**, und bald wird sie Konzentrations-Probleme bekommen.

Wir bitten Sie nämlich, Ihre Aufmerksamkeit zu ver-ENG-en und nur auf einen Aspekt zu achten (Zweige).

Das entspricht dem **Starren auf den unbeweglichen Finger** oder dem „festen Bild" (siehe Seite 160). Wenn wir sie aber einladen, die wunderbare Landschaft zu genießen, auch das Reitgefühl, die Harmonie mit dem Pferd und die Bäume, an denen wir vorbeireiten werden, dann WEITen **wir das Bewußtseins-Spektrum**. Wir lassen **Bewegung** im Geiste zu (von der Landschaft zum Pferdekontakt zu den Bäumen etc.), damit aber wird es leicht, „bei der Sache" zu bleiben und auch die Zweige wahrzunehmen!

Bei LIBERMAN habe ich eine wunderbare Übung gefunden, die uns hilft, die Kombination von offenem Geist und offenem Blick zu entwickeln, er nennt diese paradoxe Art zu sehen „**offener Fokus**":**

So flog ich z.B. im Religionsunterricht regelmäßig „hinaus" (und mußte vor der Türe auf das Ende der Stunde warten), sodaß ich mit dem Rektor meines Gymnasium gut bekannt wurde, da er um die Zeit zum Mittagessen strebte. Die ersten zwei, drei Male sagte er nichts, aber dann fiel ihm auf, daß immer dieselbe Schülerin draußen stand und er fragte, was los sei. Ich berichtete ihm und ab da konnte ich meine ernst gemeinten Fragen mit ihm diskutieren.

---

* Deshalb habe ich eine spezielle gehirn-gerechte Sprachenlern-Methode für Selbstlerner entwickelt (vgl. *„Sprachenlernen leicht gemacht"*, Buch oder Hörspiel), endlich beginnen einige wenige LehrerInnen, mit der Methode zu arbeiten.

** LIBERMAN, Jacob: *„Natürliche Gesundheit für die Augen – Sehstörungen beheben, die Sehkraft verbessern"*. Integral, 1997 (S. 72 ff.).

Offener Fokus heißt, **nach nichts zu suchen und alles zu sehen**. Diese Sehweise löst die Diskrepanz auf zwischen dem, was wir zu suchen meinen, und dem, wonach wir **nicht** suchen. Sie gestattet es unseren Augen, sich wie von selbst von dem Bereich unseres Gesichtsfelds anziehen zu lassen, der in **diesem** Augenblick der Aufmerksamkeit **bedarf**. Normalerweise handelt es sich dabei **nicht** um das Objekt, auf das wir unsere Augen **sonst** scharf einstellen würden.

Entledigen Sie sich Ihrer Brille oder Ihrer Kontaktlinsen ...

Testen Sie, wie gut Ihnen diese Seh-Übung tut (eine von vielen wunderbaren Übungen), sie verbindet das optische Sehen mit Sehen im übertragenen Sinne:

Blicken Sie (auf) und suchen sich einen **Punkt**, auf den Sie Ihre Augen ausrichten. Einen Moment lang **fixieren** Sie diesen Punkt und versuchen, ihn wirklich scharf zu sehen. Dann entspannen Sie Ihren Blick und betrachten den Punkt ganz weich. Achten Sie darauf, **daß Sie weniger sehen, je mehr Sie sich auf den Punkt konzentrieren**. Vielleicht bemerken Sie, indem Sie den Punkt angestrengt fixieren, daß Ihr peripheres **Sehvermögen trüber wird und sich einengt**. Jetzt blicken Sie den gleichen Punkt oder das Objekt an, ohne Ihre Augen darauf auszurichten oder zu fixieren. Machen Sie sich Ihren Atem und Ihren Körper bewußt. Achten Sie darauf, wie sich ihre Augen anfühlen – müde, angespannt, taub? Atmen Sie tief ein und aus, und **lassen** Sie alle Anspannung in Ihrem Körper los. Gestatten Sie Ihrem Blick, weicher und weiter zu werden, bis Sie nicht mehr nur das eigentliche Objekt, sondern auch alles in seiner Umgebung sehen. Dann beobachten Sie, wie Sie Ihren Blick noch weiter ausdehnen können, bis Sie alles in Ihrem Gesichtsfeld wahrnehmen, noch immer ohne sich auf ein bestimmtes Objekt zu konzentrieren und ohne den Bewegungen Ihrer Augen Zügel anzulegen.

Der Blick

Schweift weit ...

vgl. KLEINGE-DRUCKTES lesen

Spiel oder Arbeit?

Nun fragt es sich, wenn Sie die Übung tatsächlich (öfter) durchführen, ob Sie sie als „Spiel" oder als „Arbeit" definieren. Wußten Sie, daß es für Ihr Ergebnis von ausschlaggebender Bedeutung ist, wie Sie es nennen werden? LANGER berichtet von einer **Reihe von Studien**, deren Ergebnisse eindeutig sind:

1. Wird **ein und dieselbe Tätigkeit** einmal als „**Arbeit**" (Pflicht, ernsthafte Aufgabe) und einmal als „**Spiel**" vorgestellt, so macht sie durch das Etikett „Arbeit" **weit weniger Spaß** als in der Spiel-Variante.

2. Wird **vorher** angekündigt, daß es später eine **Prüfung** geben wird, machen **selbst als „Spiel"** vorgestellte Aufgaben **nicht mehr viel Spaß**.

3. Und, genau so wichtig: Je **näher** man der **Spiel-Definition** kommt, desto mehr wissen die Ausführenden hinterher. Somit hat der **Spiel-Charakter** eindeutig positive Auswirkungen auf die **Merkfähigkeit**. Dies aber ist Vorraussetzung dafür, daß man mit den Gedächtnis-Inhalten (also Inhalten unseres Wissens-Netzes in unserem **inneren Archiv**) denken und handeln kann!

Also ist es kontra-produktiv, wenn wir „ernsthaftes Lernen" fordern, wodurch wir die eigentlich lustvolle Tätigkeit des Lernens zur (leidigen) Arbeit deklarieren! Denn die Ergebnisse bei „Arbeit" sind um vieles schlechter als bei „Spiel"!

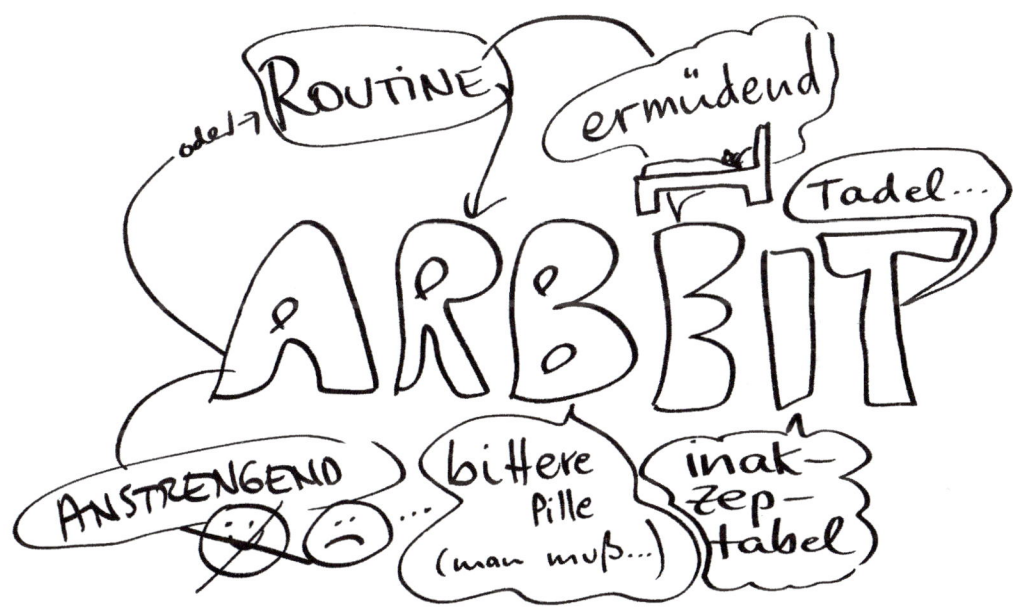

Das sollten all jene sich hinter die Ohren schreiben, die sich immer noch gegen das Konzept von **infotainment (edutainment** u.ä.) wehren. Ich mußte nach der Rückkehr nach Deutschland (1972) meinen in den USA entwickelten „leichten" **gehirn-gerechten Unterrichtsstil** oft verteidigen ...

Seit Mitte der 80er Jahre aber übernahmen immer mehr meiner KollegInnen den Begriff „gehirn-gerecht" (meist ohne Bindestrich!), weil man inzwi-

Für deutsche „zahlende Seminar-TeilnehmerInnen" (bzw. die zahlenden Führungskräfte bei firmeninternen Veranstaltungen) hatte Lernen damals noch eine (bier-)ernste Angelegenheit zu sein (wo kämen wir denn da hin?!).

schen begriffen hatte, daß selbst zahlende KundInnen doch **lieber** (und weit erfolgreicher) **entspannt** und stellenweise **erheitert** lernten.

Inzwischen ließen sich immer mehr TeilnehmerInnen geistig und emotional gerne involvieren, was das Gedächtnis dramatisch verbesserte. Nach einem Vierteljahrhundert begannen immer mehr meiner Wettbewerber den amerikanischen Begriff **infotainment** einzuführen und sich plötzlich zu rühmen, **interessante** und kurzweilige Vorträge und Seminare* zu zu veranstalten. Tja … Nun, nur was uns persönlich (intellektuell und/oder emotional) einbezieht, kann uns interessieren oder gar faszinieren. Je aktiver die Rolle, die wir als Lernende einnehmen **dürfen**, desto größer sind unsere Chancen, leicht (fast nebenbei) zu lernen! Und umgekehrt: Je passiver die Rolle, die wir einnehmen (oder die man uns einzunehmen **zwingt**, wie beim klassischen Schulunterricht), desto weniger wird hängen bleiben.

infotainment
edutrainment
edutainment

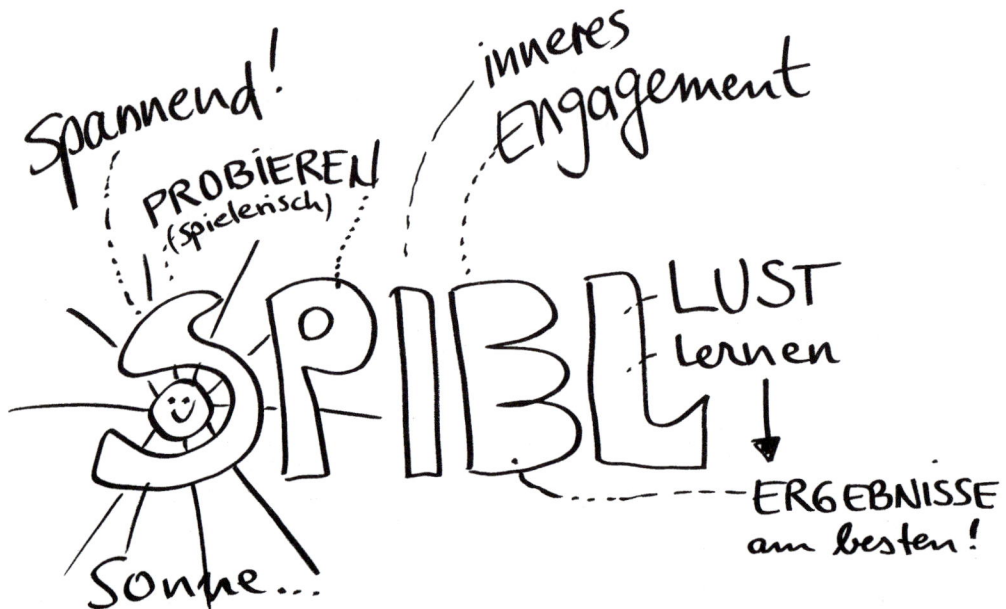

---

* Das ganze wurde letztlich so turbulent, daß einige Kollegen meinten, das Herumhüpfen, Schulterklopfen etc. könne ernsthafte Inhalte ganz ersetzen, weil sie infotainment nie wirklich begriffen hatten: Es besteht aus **INFORMIEREN** plus Entertainment (d.h. informieren plus Unterhaltung). Bei manchen Seminarveranstaltern wurde reines Entertainment daraus, Das ist natürlich legitim, wenn man das wünscht, sollte aber nicht mit echten infotainment (im Sinne eines gehirn-gerechten Unterrichts) verwechselt werden.

Es hat mir schon in der Schulzeit nicht eingeleuchtet, warum wir Kinder die Hauptlast des Lernens zuhause bei den Hausaufgaben tragen sollten, insbesondere da wir ja **keine guten Spielregeln für erfolgreiches autodidaktisches Lernen erhielten.** Später begriff ich in zunehmendem Maße, daß Lernende aktiv am Lernprozeß mitwirken **müssen** und daß Pauken die passivste Maßnahme ist, die man sich vorstellen kann. Trotzdem hatte ich enorme Hemmungen, die Idee zu überwinden, daß jemand es dem Lernenden „beibringen" müsse. **Bis ich begriff, daß alles Lernen letztlich (teilweise) autodidaktisch sein muß!** Ab dann bestand ich bewußt auf der **aktiven Mitarbeit des lernenden Geistes**, als ich (1969) begann, mein Konzept des gehirn-gerechten Lernens zu entwickeln.*

Deshalb freut es mich ungemein, daß eine Reihe von Experimenten der eminenten Harvard-Professorin (und ihrer MitarbeiterInnen und SchülerInnen) immer wieder zeigen: **es ist der einzige Weg.**

Geduld

3. Frage: Man muß ein wenig warten können (Kinder und unreife Erwachsene wollen ihren Spaß immer gleich). Unterricht kann nun einmal nicht von der ersten Lektion an zu einem neuen Thema immer sofort interessant und/oder unterhaltsam sein, wie es diese TV-zapping-Generation erwartet . . .

Hypothese: Wenn man Lernen zu einem aktiven Prozeß macht, hat jeder seinen Spaß – das ist wie mit der Konzentration . . .

Betrachten wir die Fragen 3 und 4 (von Seite 27 f.) gemeinsam.

Auswendig lernen

4. Frage: Man kommt nicht umhin, gewisse Dinge stur auswendig zu lernen; es ist einfach notwendig (ob es uns paßt oder nicht); deshalb ist dieser modische Hang, alles (aber auch alles!) mit infotainment und edutainment unterhaltsam, sinnvoll, spannend etc. machen zu wollen, absolut kontraproduktiv für **ernsthaftes** Lernen.

Hypothese: Warum ist Lernen unlustvoll? Antwort: Lernen ist umso unlustvoller, je näher es dem PAUKEN kommt. LANGER:

Stures Pauken ist eine nervtötende Art, sich auf ein Examen vorzubereiten . . .

---

* Für diese Einstellung war ich in der Vergangenheit so oft angegriffen worden, daß ich noch 2000 anläßlich der völligen Überarbeitung von *„Stroh im Kopf?"* (zur 36. Auflage) eine (fast entschuldigende) Erklärung abgeben zu „müssen" meinte (S. 116 ff.).

Es lohnt sich also, die Frage zu stellen, ob es einen effektiveren und ange-
nehmeren Weg gibt! LANGER bringt die Misere des Schul-Lernens durch eine
herrliche Metapher auf den Punkt:

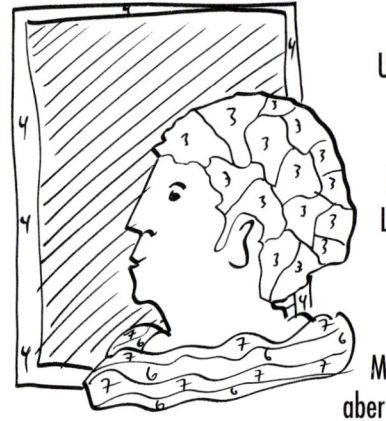

Unterricht entspricht oft einem **Malen-nach-Zahlen-Schema**:
Lehrkräfte geben de facto „numerierte" Anweisungen und die
SchülerInnen sollen gleichsam brav „nach Zahlen malen", weil
Lehrkräfte von der Annahme ausgehen, sie wüßten die richtige
Lösung (sie kennen also das Ziel) und nun gälte es, ihre Schüle-
rInnen in kleinstmöglichen Schritten dorthin zu bringen.

Mit dieser Einstellung
aber wird der **wache
Intellekt** der SchülerInnen
auf dem **Altar der korrek-
ten Lösungen** geopfert! LANGER:
„Wenn wir als Lehrkräfte diese
Ziel-fixierte Orientierung loslassen können, dann werden wir
vielleicht fähig, zu entdecken, daß
die Freiheit, einen Prozeß selbst
zu finden, wichtiger sein kann, als ein konkretes
vorausberechnetes Ziel zu erreichen, das den Betroffenen absolut nichts
sagt (und das außerhalb des Klassenzimmers keinerlei Bedeutung hat)."

Genau das ist das Ziel mei-
nes Konzeptes vom gehirn-
gerechten Vorgehen:
**Hilfe zu Selbsthilfe –
Em-POWER-ment von
Feinsten!!**, wie beim Ball-
im-Tor-Effekt (vgl. mein
Video-Vortrag und CD-
ROM: „Gehirn-gerechtes
Rechen-Training").

Und sie zitiert die beiden Forscher-Kollegen Ann BROWN und Joseph CAMPIO-
NE: „Entweder man lehrt eine spezifische Fertigkeit (die in einem **engen**
Zusammenhang wertvoll sein soll) oder aber man lehrt die **Fähigkeit, Fer-
tigkeiten zu erwerben**."

LANGER bedauert die Misere: Der Unterricht ist so schlecht, weil Lehrkräfte
nie gelernt haben, gut zu unterrichten. Sie glauben **auch heute noch
weitgehend**, ihre Hauptaufgabe bestehe darin, Informationen aufzubereiten und zu präsentieren bzw. komplexere Informationen in leichtere Info-
Päckchen zu zerkleinern und diese dann (wie gehabt) linear anzubieten,
aber das ist eben **nicht** der optimale Weg ...

Das erinnert mich doch stark an das Zwangsfüttern (Löffel für Löffel) entmündigter Lernender, die man wie Gänse behandelt …

Antidote zum Pauken:
Differenziert wahrnehmen, differenziert denken!

Ein Gedanke, der bei LANGER immer wieder auftaucht ist der, daß wir mehr und besser (sowie leicht) lernen, wenn wir **eingeladen werden, möglichst viele (feine) Unterschiede wahrzunehmen**. Dieser Gedanke geht einher mit der Einsicht, wie hilfreich das **Engagement** ist, welches nur aktive Mitarbeit unsererseits schafft. Verglichen mit Pauken, sehen wir den Unterschied: Pauken heißt null Engagement, stures Herunterleiern von Fakten (ohne Einschalten des intelligenten Geistes). Deshalb sagt LANGER auch:

Vgl. Expriment „Lesen im Zug", S. 165 f.

Pauken ist für Lernstoff ohne persönliche Bedeutung.

Wer pauken kann, kann zwar Prüfungen bestehen, ist aber in der Regel unfähig, das Material in einen neuen Zusammenhang **anzuwenden** oder einzusetzen. Das ist der **größte** Nachteil des mechanischen Lernens.

Dem stimmt Robert J. **STERNBERG** zu, der ebenfalls feststellt: In den ersten Schuljahren siegen die sturen Pauker, sie haben die besten Noten und scheinen für große Karrieren prädestiniert, sie mögen jahrelang besonders intelligent wirken, sowohl auf Lehrkräfte als auch auf MitschülerInnen und ihre eigenen Familien. Aber je weiter die Schulbildung (die in den USA die Universität mit einschließt), desto weniger kommt man mit sturem Pauken klar und **auf einmal haben die einst „schlechten" Schüler gute Chancen:**

STERNBERG, Autor von *„Erfolgsintelligenz"*

„school" umfaßt jede Bildungseinrichtung von Kindergarten bis zum Doktoranden-Programm.

Gerade intelligentere Kinder haben besondere Probleme „dumm" zu lernen und tun sich in den ersten Schuljahren dementsprechend schwer. Dadurch aber könnten sie vor allem

Vgl. 3 Arten von Intelligenz (S. 21 f.) nach PERKINS.

auf Lehrkräfte, die das sture Pauken bevorzugen, „zurückgeblieben" oder „dumm" wirken.

Ist das nicht absurd? Weil sie nicht rein mechanisch, also „dumm", lernen können, ist es möglich, daß sie einige Jahre lang dumm **wirken**. Schon interessant, gell?

Hier wurde und wird noch immer viel kaputt gemacht, und zwar von allen: Eltern, Lehrkräfte und MitschülerInnen!

Diese Metapher ist brillant. Sie beschreibt die **Nachteile des Paukens** ganz hervorragend!

Allerdings muß man berücksichtigen, daß leider so manche SchülerInnen durch jahrelange negative Botschaften zu glauben gelernt haben, sie seien ziemlich dumm und daher, aufgrund der Bremse im Kopf, zum späteren Zeitpunkt nicht mehr „aufwachen" können. Ellen J. LANGER zieht eine interessante Analogie:

Undifferenziertes, mechanisches Pauken entspricht dem Übernehmen von verschlossenen Info-Paketen.

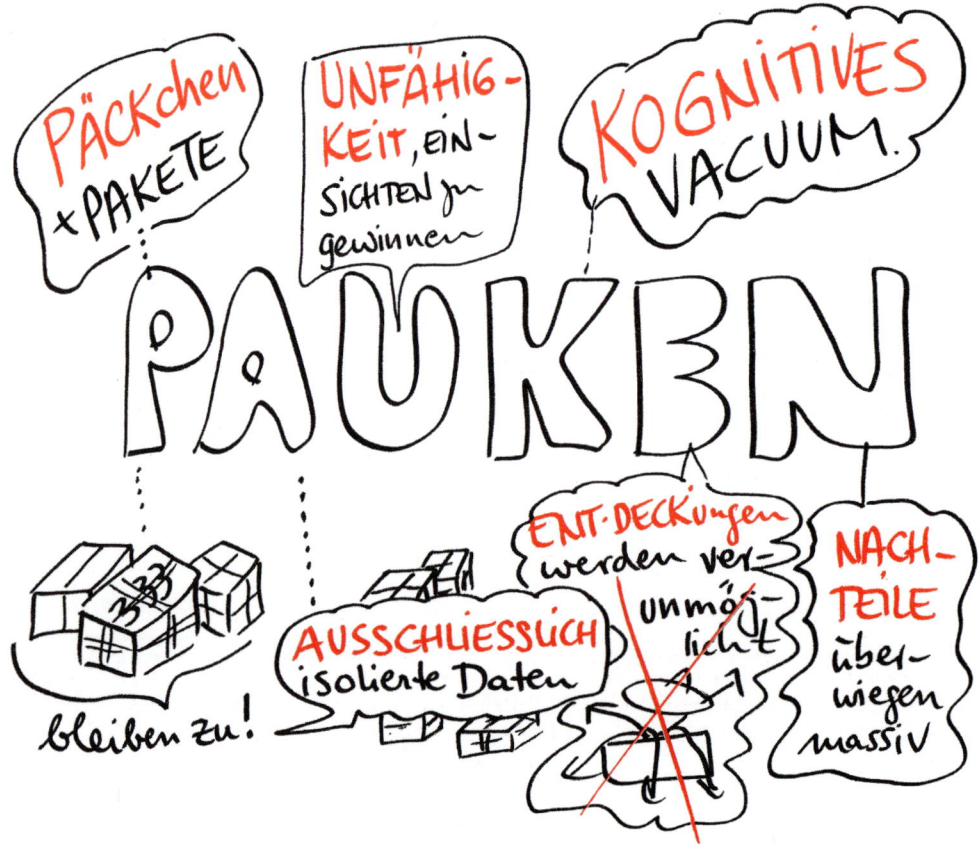

Wollen wir uns die Hauptgedanken näher betrachten:

P = **Päckchen bleiben verschlossen** (wir erfahren nichts von Inhalt, von der Bedeutung; inkl. von der Bedeutung, die sie für uns hätten haben können). LANGER weist darauf hin, daß verschlossene Info-Pakete wie Fakten wirken (wir kommen gleich darauf zurück). Und sie bringt ein hervorragendes Beispiel: Als sie selbst noch viel auswendig lernte, mußte sie als Studentin einmal einen Artikel zweier Autoren lesen (ROCK und HARRIS). Kurz darauf fragte sie jemand, was sie von der Arbeit von HARRIS hielt und sie sagte, sie hätte nie von HARRIS gehört. Sie stellt fest: Hätte man nach ROCK und HARRIS gefragt, so hätte es bei ihr sofort „geklickt", aber da sie mit ihrem mechanischen Pauken nie wirklich in das Paket hineingesehen hatte, konnte sie einzelne Elemente des Paketes nicht erkennen …

A = **ausschließlich isolierte Daten wirken wie Fakten** und sind doch kaum lernbar, nicht für ein **organisches** Gehirn, das Verbindungen (für assoziatives Denken) und Bedeutungen benötigt. **Sinnloses kann nun einmal nicht gelernt werden.** In England ist es **the Battle of Hastings (1066)**, in den USA der **Bürgerkrieg** (der ja angeblich ausschließlich gefochten wurde, damit die Sklaven im Süden befreit werden konnten).

Bei uns:
„333 – bei Issos Keilerei".

Dieses Paket bleibt in der Regel ebenso verschlossen wie unser Issos-Keilerei-Päckchen.*

LANGER schlägt vor, **das Paket zu öffnen**. Zum Beispiel, indem man sich fragt, aus welchem Blickpunkt die sogenannten **drei Gründe für die Schlacht von Hastings** (wie sie im Unterricht vorgetragen werden) eigentlich gesehen werden? Oder, indem wir untersuchen, aus welchem Blickwinkel man uns vom Bürgerkrieg erzählt: Aus dem eines 50jährigen weißen Südstaatlers? Aus dem eines 50jährigen schwarzen Sklaven im Süden? Aus dem eines befreiten Sklaven im Norden, oder dem einer jungen Nordstaatlerin? LANGER unterstreicht einen ganz wichtigen Gedanken: Läßt man die Standpunkte einfach weg, bzw. erklärt man nie genau, wessen

---

* Ich benütze das Beispiel seit fast zwei Jahrzehnten im Seminar und habe abertausende von Menschen gefragt, ob auch nur eine/r jemals im Unterricht gelernt hatte, über die Bedeutung solcher Daten nachzudenken. Zum Beispiel durch „Was wäre, wenn …?-Fragen", wie Fachleute sie ja auch zu stellen pflegen. Was wäre wenn Alexander der Große jene Schlacht bei Issos **nicht** gewonnen hätte? Dann wäre ganz Europa unter die Herrschaft von Persien geraten und was hätte das für uns bedeutet? Es gibt einen spannenden Zweig der sf-Literatur, sogenannte „alternative fiction", in der solche alternativen Geschichts-Szenarios romanartig verarbeitet werden.

Standpunkt man beschreibt, dann behandeln Texte (oder Lehrkräfte) die Info als FAKTen, unabhängig von möglicher Wertigkeit, Bedeutung etc. Selbst wenn man zwei Blickpunkte anbietet, pauken Lernende einfach beide Standpunkte, ohne die beiden Päckchen zu öffnen, wenn sie dazu nicht angeleitet werden. Dadurch fehlen selbst bei zwei Standpunkten Möglichkeiten zu echten Einsichten für die Lernenden.

Neil POSTMAN: „Das Ende der Erziehung"

Neil POSTMAN bemängelt ebenfalls zwei Dinge am klassischen Schulsystem: Erstens, daß die Schüler nie erfahren, **wer** die **Begriffe** bzw. ihre **Definitionen**, die ständig benutzt werden, **erfunden** hat – und zu welchem Zweck. Es wäre unbedingt notwendig, daß wir lernen, **wer** ein „Kampf gegen …" als „Rebellion" oder als „Terrorakt" verkaufen will, und warum er das tut. Das begreifen Lernende aber so gut wie nie, weshalb die meisten Erwachsenen davon keine Ahnung haben und von den Medien und anderen „Autoritäten" wunderbar des-informiert werden können. Zweitens betont POSTMAN, daß Schüler das wichtigste Denk-Tool, das es gibt, im Schulbetrieb in der Regel nicht lernen, nämlich das Stellen von **Fragen**. Damit meint er vor allem, das Denken in Fragen! Fragen wie „Wer hat diese Definition ins Textbuch geschrieben?" sind genau so wichtig wie die berühmten „Was wäre wenn … ?-Fragen", beide Fragetypen öffnen unseren Geist! Und bei beiden Fragetypen gilt: Je weniger sie auftauchen, desto verschlossener bleibt der Geist. Das aber ist der Kern der Kritik von LANGER: Verschlossene Info-Pakete = verschlossener Geist!

Fragen öffnen das Denken

U   **U = Unfähigkeit, Einsichten zu gewinnen** und die Information dem eigenen Wissen einzuverleiben. Demzufolge auch die Unfähigkeit, von diesen Infos **später** in irgendeiner Form zu **profitieren** …

K   **K = Kognitives Vakuum:** Pauken verhindert echtes Begreifen. Da wir verschlossene Info-Pakete für Fakten halten, können wir nicht lernen, eine fragende, denkende Haltung einzunehmen, weil wir glauben, Fakten als „real" unveränderlich hinnehmen zu müssen. Auch Neil POSTMAN bedauert außerordentlich, daß wir in der Schule das wichtigste Denk-Tool nicht lernen, nämlich: intelligente Fragen zu stellen.

E   **E = Ent-DECK-ungen werden verunmöglicht**, denn, wie das Wort schon sagt, Ent-DECK-ungen können ja nur stattfinden, wenn man den DECKEL liftet (vgl. auch engl.: dis-COVER, oder franz.: de-COUVRIR). Wer aber verschnürte Pakete als ganzes „runterwürgt", kann keinerlei Einsichten über Inhalte gewinnen …

Ent- DECK -en

Dis-Cover

De-Couvrir

N = Nachteile überwiegen massiv!

1. Durch **Pauken entstehen so gut wie keine notwendigen Neuro-Verbindungen.** Es entstehen keine echten (notwendigen) bevorzugten Nervenbahnen, welche die neuen Infos mit möglichst vielen anderen Informationen in unserem Wissens-Netz im inneren Archiv verbinden würde.

2. **Pauken ist langweilig.** Bei Langeweile aber sind wir biologisch auf Abbrechen programmiert. Deshalb ist Pauken extrem schwierig: Bei maximalem Zeit- und Energieaufwand erhalten wir nur minimale Ergebnisse, also ein mieses Preis-Leistungs-Verhältnis.

3. **Pauken verhindert eigenständiges Denken!** Man kann also selbst Daten, die man endlich „halbwegs drin" hat, denkerisch nicht einbeziehen. Dies ist einer der Gründe, warum man man gepaukte Daten auch bald wieder verliert. Leuchtet doch ein, nicht wahr?

Letztlich halten Klangbilder (z.B. bei Vokabeln) oder irgendwelche Vorstellungen (z.B. bei Eselsbrücken) die Daten vordergründig und kurzfristig (mit etwas Glück, bis zur Prüfung) fest.

Die Antidote zu Pauken ist **gehirn-gerechtes Lernen mit Verständnis.** Das zeigen die Studien von LANGER u.a. immer wieder: Wenn Geschichts-SchülerInnen die Rolle von recherchierenden Junior-Geschichts-Experten einnehmen, oder wenn SchülerInnen im Bio-Unterricht ein Brettspiel basteln, mithilfe dessen sie sich mit den Namen der Knochen **vertraut** machen, **ehe** sie anfangen, mit diesem Fakten zu denken – wann immer wir den **Geist einschalten**, bauen/erweitern wir unser **inneres Archiv.** Nun haben Lehrkräfte grundsätzlich zwei Möglichkeiten, wie Infos für Lernende **relevant** gemacht werden können:

1. **Wir können versuchen**, den Lehrstoff so zu präsentieren, daß er die meisten SchülerInnen irgendwie berührt. Das ist sehr schwierig und zeitintensiv! Darüberhinaus kann man Infos niemals so aufbereiten, daß man das Interesse **jedes** einzelnen Schülers trifft. Oder:

2. **Wir ändern unsere eigene Lehrer-Einstellung**, die man uns einst eingebleut hat, nämlich: Lehrer (Eltern, Führungskräfte) seien von Natur aus Wissens-VermittlerInnen und müßten dies in alle Ewigkeit bleiben! Nur wenn LehrerInnen (Eltern, Führungskräfte) es schaffen, diese alte Einstellung loszuwerden, können sie neue Wege beschreiten, auf daß die Lernenden die **Erlaubnis** erhalten, sich die Infos selbst näherzubringen.

Auch Eltern und Führungskräfte können an dieser Lehrer-Einstellung leiden!!

Lehrereinstellung ändern !!

Was viele Menschen nicht wissen, ist die Tatsache, daß die Aufgabe von Lehrern ursprünglich idealerweise eher mit der eines Fremdenführer verglichen werden konnte, der den Schüler „sokratisch" auf seiner Reise begleitete, ihn

„Edukators" leitet sich her von *educare: e* = heraus und *ducare* = führen; es gilt also, das sich im (in der) Lernenden Befindliche herauszuführen!

Die „Schmeißfliege" muß-te den Schierlingsbecher trinken ...

Nach ZAJONC, R.: „Attributional Effects of Mere Exposure", In: Journal of Pers. and Social Psych. 9, suppl. No. 2, part 2, 1968.

Wenn Sie das Modul „Unterschwellig?" (S. 279 ff.) gelesen haben, dann sehen Sie hier natürlich sofort eine spannende Verbindung.

aber selbstständig denken ließ. Lehrkräfte als Zwangsfütterungs-Gehilfen, die ihren armen Opfern das Wissen Teelöffelweise eintrichten, sind eine neuere Entwicklung. Also suchen wir eigentlich eine **Rückkehr** zum alten Ideal eines **Edukators**.

Der zweite Weg ist wesentlich spannender und zwar für beide Parteien, also für die Lernenden und ihre „sokratischen Helfer" – und im übrigen sehr erfolgreich für alle! Wußten Sie übrigens, daß Sokrates zwei Metaphern für seine Rolle in der Gesellschaft anbot? Erwachsenen gegenüber sah er sich als **Schmeißfliege**: klein und schwach, aber lästig! Bezogen auf Lernende und Denker sah er sich als **Hebamme**, als **Dienstleister**, der hilft, die Geisteskinder anderer ans Licht der Welt zu bringen, also im Sinne des Herausführens (educare)!

Ich weiß, daß so manche meiner LeserInnen an dieser Stelle den Kopf schütteln oder zumindest tief seufzen und sagen: „Ach, wenn das alles nur so leicht wäre!", oder: „Na ja, ganz nett, aber doch letztlich unrealistisch!", oder ähnlich. Deshalb möchte ich Sie einladen, uns wieder ein bahnbrechendes Experiment anzusehen. Diesmal geht es darum, was passiert, wenn Lernende mit Wörtern einer Sprache konfrontiert werden, die ihnen vollkommen unbekannt sind. Ich hoffe, Sie sind festgeschnallt, denn diese Studie könnte Sie wirklich „vom Hocker reißen", aber lesen Sie selbst!

Experiment: Exposure-Effekt

Was (Frage): Würde man unbekannte Wörter negativer einschätzen als solche, die einem langsam vertraut(er) wurden?

Wie (Durchführung): Den amerikanischen Versuchspersonen wurden **türkische Wörter** (deren Bedeutung ihnen unbekannt waren) gezeigt. Sie wurden gebeten, für diese Begriffe eine **Definition zu erfinden**. Das Experiment wirkte wie eine **Kreativitäts-Übung**.

Später wurden jedoch Begriffe in Listen „gepackt", neue und solche, die schon vorgekommen waren. Würden die Versuchspersonen diese Begriffe wiedererkennen?

Im folgenden geht es um den Begriff „**Exposure**", der so gut wie nicht ein-zudeutschen ist, denn er bedeutet vieles. Jede dieser Bedeutungen wirft ein gewisses Licht, keine kann den Begriff adäquat umfassen (vgl. Rand).

Ergebnis: Expo-Effekt erhöht positive Einschätzung! Je bekannter die Begriffe wurden, desto positiver wurden die ausgedachten Definitionen.

Erhöhtes „Ausgesetztsein" (**exposure**) erhöht den Grad des „Mögens", ins-besondere bei komplexen Stimuli.

Hierzu gibt es vier spannende Parallelen in LANGERS Beschreibung der fol-genden Experimente:

1. Zum einen geht es um die Frage: Kann man Menschen **Musikstücke** nahebringen, indem man sie dieser Musik „aussetzt", auch wenn sie sie **zunächst** nicht mögen? Könnte man reinrassige Liebhaber von Rock und Pop für klassische Musik „aufschließen" und umgekehrt?
2. Im selben Doppel-Experiment stellte man sich dieselbe Frage bezüglich Fußball (genauer American **Football**): Kann man total desinteressierte Versuchspersonen durch den **Expo-Effekt** soweit „reizen", daß sie es nicht mehr ganz so furchtbar finden?
3. In einer weiteren Studie sehen wir, was passiert, wenn man **Kunstba-nausen** per **Expo-Effekt** zwei Gemälden „aussetzt".
4. Und in der letzten Studie werden wir sehen, ob das **sogar mit Men-schen** machbar ist. Kann man einer Menschengruppe durch den **Expo-Effekt** ein wärmeres Willkommen schaffen, als das „normale"?

Beginnen wir mit der Doppelstudie:

Experiment: Musik und American Football

Was (Hypothese): Was uns langweilt, nervt.

Wie (Durchführung): Man lud Versuchspersonen ein, sich dem auszuset-zen, was sie NICHT MOCHTEN, also z.B: Wer Musik mochte, aber kein Fan von klassischer Musik war, bekam gerade die zu hören. Liebhaber von klassi-scher Musik wurden mit Rap-Songs „traktiert", etc., ähnlich: Sport-Muffel „durften" ein Spiel (Football) sehen, auf das sie „Null Bock" hatten. Eine spannende Ausgangs-Situation, finden Sie nicht?

Exposure heißt „ausge-setzt sein", aber auch „erhellt" (exposed) wer-den. Auch Fotos werden be-LICHT-et (exposed), aber wenn jemand einen anderen gegen seinen Wil-len „outet", hat er ihn ebenfalls dem Licht der öffentlichen Meinung aus-gesetzt (exposed). Somit ist **eine** der Bedeutungen von Exposure neben dem „Ausgesetzt-Sein" auch das „Ausstellen" (vgl. **Exposi-tion**) und so nutze ich die Kurzform dieses bekann-ten Begriffs (**Expo**) für den Transfer des Exposure-Effects ins Deutsche.

Lori PIETRASZ und Ellen J. LANGER

+ Football

Vgl. unsere ABC-Listen als Inventur unseres inneren Archivs.

Vgl. unsere Unterscheidung zwischen einer stehenden (autoritären) Anweisung im Gegensatz zu einer bewegten bzw. dem stehenden contra bewegten Bild (S. 159 f.)

Aufgabenstellungen: Drei Gruppen erhalten unterschiedliche Anweisungen.

Gruppe 1 Diese Leute wurden lediglich instruiert, **zuzuhören** (bzw. **zuzuschauen**), sie erhielten also die **normale** Anweisung (für das stehende „Bild").

Gruppe 2 wurde instruiert, beim Hören (Schauen) **3 neue Aspekte** zu entdecken, die sie bei dieser Sache in der Vergangenheit noch nie wahrgenommen hatten. Dies ist eine „bewegtes Bild" Anweisung, die den **Geist in Bewegung** bringt!

Gruppe 3 wie Gruppe 2, nur mit dem Unterschied, daß sie **6 neue Aspekte** finden sollten. Noch mehr Bewegung für den Geist!

Ergebnis: Je mehr **Unterscheidungen** (z.B. durch das Finden neuer Aspekte) die Versuchspersonen machten, desto mehr Dinge nahmen sie wahr, **desto mehr wußten sie hinterher bei vorab nicht angekündigten Tests.** Aber das ahnten wir schon, aufgrund der bereits beschriebenen Aspekte. Was hier zusätzlich herauskam ist **bahnbrechend**, denn es beweist, was manche Forscher schon lange behauptet haben, anhand von empirischen Resultaten: Je mehr (feine) Unterschiede man wahrnehmen sollte, desto stärker änderte sich das „mag nicht" in ein „ich mag" …

Die folgende Studie zeigt ein sehr ähnliches Ergebnis, bezogen auf Kunstwerke, aber sie geht noch einen Schritt weiter, denn sie zeigt: Wir werden nicht nur in höherem Maße von Dingen angezogen, die wir besser kennengelernt haben, sondern: Durch unser tieferes Wissen sind wir auch (weitgehend) gegen Gruppen-Druck gefeit. Eigentlich einleuchtend: Eine eigene Meinung kann nur bilden, wer etwas weiß!

Es gibt Studien über Fremden-Feindlichkeit, die ähnliches zeigen (weshalb wir ja auch von Fremden-Feindlichkeit sprechen und nicht von Bekannten-Feindlichkeit). Je bekannter und vertrauter wir werden, desto schwieriger ist es, abzulehnen. Umgekehrt; es ist leicht zu hassen, was man nicht kennt!

Kunst

Andreas MARCUS und Ellen J. LANGER

Experiment: Kunst-Betrachtung

Was (Hypothese): Was wir wirklich kennenzulernen beginnen, **wird Teil von uns**: wir mögen es (mehr) und wir bilden **eine echte eigene Meinung***, die uns weit stabiler gegen Gruppen-Druck macht, als oberflächliche erste Eindrücke über eine Sache …

---

*   Ich unterscheide ja seit Jahren zwischen einer aktiv selbst erarbeiten eigenen **MEIN**-ung (die zurecht die Silbe „mein" enthält) und oberflächlich gewonnenen **ANDER**-ungen, die **andere** Leute uns eingeredet haben.

Wie (Durchführung): Versuchspersonen wurden eingeladen, sich zwei Gemälde anzusehen und sich dann zu entscheiden, welches Ihnen besser gefiel.

Aufgabenstellungen: Zwei Gruppen erhalten unterschiedliche Anweisungen.

Gruppe 1 Diese Leute wurden nur angewiesen, sich die Bilder anzusehen.

Gruppe 2 Diese Leute sollten in den Bildern Neues entdecken (was, wie wir inzwischen wissen, ein gewisses **Engagement** voraussetzt) und sich tiefer mit dem Objekt auseinandersetzen (wodurch man es besser kennenlernt).

Später wurden sie gebeten, **ihre Unterschrift** unter das Gemälde zu setzen, das ihnen besser gefiel. Zum einen stellte sich heraus, daß die Versuchspersonen, die Neues entdecken sollten, **mehr über das Bild wußten**, aber – viel interessanter: Diejenigen, die sich intensiv befaßt hatten, waren in ihrem Urteil so sicher, daß sie sich **nicht** umstimmen ließen, wenn das Bild, das ihnen weniger gut gefiel, mehr Unterschriften (von angeblich anderen Testpersonen) aufwies.

Die anderen Gruppen-Mitglieder hingegen ließen sich relativ leicht umstimmen, wenn das von ihnen nicht präferierte Bild mehr Unterschriften aufwies.

Fazit: Gehirn-gerechtes Vorgehen macht um einiges unabhängiger von der Meinung anderer.

Experiment: Engagement

Was (Frage): Ist es möglich, Kinder auf den Kontakt mit **behinderten** Kindern vorzubereiten?

Wie (Durchführung): Man zeigte (6- bis 7jährigen) Schulkindern Dias von diversen Behinderten und stellte ihnen Fragen. Später wurde den Kindern mitgeteilt, ein behindertes Kind würde bald in die Schuld kommen.

Engagement

Benzion CHANOWITZ, Richard BASHNER und Ellen J. LANGER

Dabei wurde folgende Frage gestellt: Hättet ihr Lust auf ein Picknick mit diesem Kind, bzw. auf andere Aktivitäten?

Aufgabenstellungen: Das Experiment fand **zweimal** mit unterschiedlichen Anweisungen statt.

1 Antwort

4 Antworten

Gruppe 1 Die Kinder sollen pro Frage **eine einzige Antwort** finden.

Gruppe 2 Die Kinder sollen pro Frage **mindestens 4 Antworten** finden.

Beispiel: Sie sehen das Dias eines **hörgeschädigten** (tauben) **Menschen**. Die Frage lautet: Wie könnte so jemand einen Job besser ausführen als ein normal hörender Mensch? Eine mögliche Antwort könnte z.B. lauten: *So jemand könnte konzentriert arbeiten, wo viel Krach ist, weil er ihn ja nicht hört.*

Ergebnis: Die Kinder aus **Gruppe 2** waren weit offener für das behinderte Kind. Sie wurden im Anschluß an die Dias mit Diskussion informiert, daß bald ein behindertes Kind in ihre Klasse käme. Auf die Frage, ob sie mit ihm gewisse Aktivitäten, Spiele etc. durchführen wollten, antworteten sie sehr differenziert, z.B. bezüglich eines **blinden** Kindes: Für ein Picknick wäre dieses Kind sicher ein guter Spielpartner, nicht aber für ein Rollstuhl-Rennen. Das heißt, sie konnten die Vor- und Nachteile einer konkreten Behinderung sehr wohl einschätzen und überlegen, inwieweit diese hilfreich oder hinderlich wäre. Sie behandelten die Behinderung nun nicht mehr wie etwas, worüber man lacht, sondern sie sahen sie jetzt wie jede andere Charaktereigenschaft eines Menschen.

Expo-Effekt

Das sind typische Auswirkungen des **Expo-Effekts**: „Sich-Aussetzen" (exposure) **positiviert die Grundeinstellung**, und durch das Beantworten von Fragen (vgl. auch Experiment Exposure-Effekt, S. 178 f.) wurde **Engagement** erzeugt und das positive Klima verstärkt. Beim Suchen von **vier** möglichen Antworten pro Frage wurde dieses anfängliche Engagement noch **vertieft** und demzufolge auch die sich entwickelnde positive Einschätzung Behinderter … Außerdem sehen wir hier auch Auswirkungen eines **Effektes**, den das Exposure-Experiment ebenfalls aufzeigte:

Je mehr **Unterscheidungen** wir wahrnehmen/finden, desto positiver empfinden wir gegenüber der Angelegenheit (von einem Lernthema bis hin zu einer Menschengruppe). Somit hilft die Fähigkeit, (feine) Unterschiede wahrzunehmen gleichzeitig zu lernen, die Sache oder Person mehr zu mögen!

Dieses Mögen wird ausgelöst, wenn etwas **mehrmals kurz** auftaucht und ist umso stärker, je höher unsere Toleranz für Mehrdeutigkeiten ist. In anderen Worten:

mehrmals kurz

Je mehr jemand darauf beharrt, immer sofort „alles" wissen und verstehen zu wollen, desto weniger können der **Exposure-Effekt** bzw. das differenzierte Wahrnehmen als Maßnahme **greifen**, denn für solche Personen ist das Ausgesetzt-Sein voller Streß. Können wir hingegen eine innere abwartende Haltung einnehmen, dann kann jeder dieser beiden Effekte greifen (einzeln oder gemeinsam).

Abwartende Haltung:
Na, mal sehen, was kommt … oder: Na, mal sehen, was sich später ergeben wird …

Wenn wir der Natur (oder der Evolution) Zweckhaftigkeit unterstellen würden, würde auch dies sehr viel Sinn ergeben, nach dem Motto: Begegnet mir eine unbekannte Sache nur ein einziges Mal, besteht absolut kein Sinn darin, diese Sache **sofort** mögen zu wollen. Erstens, weil ich sie beim ersten Anblick nicht gut genug einschätzen kann, um positive Gefühle zu entwickeln, und zweitens, weil sie mir **vielleicht nie wieder** begegnen wird (dann könnte ich sie vermissen). Taucht diese Sache in meinem Leben aber immer wieder auf, dann sind positive Gefühle in Verbindung damit sehr sinvoll: Erstens, weil diese mich veranlassen, mich näher zu befassen, um sie besser kennenzulernen (alles, was häufig auftaucht, sollte man einigermaßen einschätzen können), und zweitens, weil weitere Wiedersehen positive Gefühle auslösen werden. Und im Zweifelsfall zieht die Natur Lustgefühle etwaigen Unlustgefühlen immer vor.

Fazit: Der **Expo-Effekt** bewirkt, daß Dinge, die uns häufiger begegnen, langsam aber sicher immer angenehmere Gefühle in uns auslösen … Wenn wir dies mit der Idee des PRIMING verbinden, so heißt das:

PRIMING

> Setzen Sie sich (oder Lernende, die Sie betreuen) **vorab** einige Male der neuen Info aus, **ehe** Sie offiziell gelernt werden soll, so schaffen Sie ein **erstes Vertrautheits-Gefühl**. Dies löst später positivere Gefühle aus und verstärkt den Wunsch, sich näher damit zu befassen. Welch bessere Plattform für einen **zukünftigen Lernvorgang** könnte es geben??

Fallbeispiele:

Zu **REM** könnten wir dann **REM**oulade assoziieren, ohne Rücksicht darauf, was **REM** tatsächlich heißt. Die **REM**oulade können wir in ein Bild „packen" (z.B. läuft jemandem REMoulade über das Gesicht). **Später** lernen wir, was **REM** tatsächlich heißt (**REM**ARK, ab hier achtet der Computer auf nichts, was in der Zeile steht, so können Menschen Kommentare für Menschen in Computer-Programme einbetten).

1. In *„Stroh im Kopf?"* (ab 36. Auflage) zeige ich einen **Zugang zu einer unbekannten Computersprache**, indem man im Vorfeld mit den häufigsten Begriffen (Termini, Befehlswörtern) spielt (vgl. Rand). Am Ende verbinden wir die Bedeutung mit dem inzwischen „vertrauten" (in diesem Fall: Vorstellung zu **REM**oulade) und so verbindet sich der **neue** Computer-Befehl mithilfe des **Expo-Effektes** mit bereits **Vertrautem**. Der **Expo-Effekt** hilft uns, durch Vertrautheit angenehme Gefühle zu entwickeln, das „alte" Bild hilft uns, die neue Info ins Wissens-Netz (innere Archiv) einzubringen! Ähnliches ist mit Fachausdrücken jeden Wissensgebiets möglich.

2. Wenn wir wissen, daß wir uns **zukünftig** mit einem neuen Thema befassen wollen (oder müssen), können wir **im Vorfeld** den **Expo-Effekt für uns arbeiten lassen**, indem wir uns einen Text über die neue Dinge besorgen und ihn auf Band lesen (lassen). Unabhängig davon, wie viel oder wenig wir im ersten Ansatz begreifen, hören wir diese Aufnahme mehrmals – aktiv und passiv. (**Aktiv** bedeutet z.B. beim Spazierengehen oder in der Küche beim Kartoffelschälen; **passiv** heißt „leise und nebenbei", während Sie andere Dinge bewußt tun, arbeiten, lesen, schreiben, fernsehen.) Auf diese Weise **setzen Sie sich dem neuen Stoff mehrmals aus** und erzeugen jenen **Expo-Effekt**.

3. Für einige Seminar-Teilnehmer erfand ich vor einigen Jahren ein **Fremdwort-Spiel**, das an deren Institution (einer Schule) seither zum „Standard" wurde. Wenn Sie es einmal ausprobieren wollen, **es hilft Ihnen, neue Fremdwörter in Ihr inneres Archiv einzugliedern.**

Ich kam darauf, weil in einer *Golden Girl*-Szene Rose (natürlich, wer sonst?!) einen Begriff falsch gebrauchte, in etwa so: „Ja und dann hypothetisiere ich mich gerne abends nach dem Duschen."

Spielregeln: **1.** Wählen Sie Wörter, deren Bedeutung Sie **noch nicht** kennen; **2.** benutzen Sie diese in Beispielsätzen wie Begriffe, die sie kennen; **3. später**, wenn die wahre Bedeutung nachgeschlagen wurde, werden diese Sätze vorgetragen, oft unter lautem Gelächter. Denn **jetzt** kann die **ausgedachte Bedeutung** äußerst **witzig** wirken. Dies erinnert uns an das Experiment von Seite 178 (Definitionen für türkische Begriffe ausdenken).

Aber so geht das doch nicht? Wirklich nicht?!

Wir haben aus den Experimenten gelernt: Allein die Tatsache, daß wir einer Sache mehrmals „ausgesetzt" sind, löst eine gewisse Vertrautheit aus, die wiederum mit positiven Gefühlen einhergeht (**Expo-Effekt**). Ebenso bewirkt die Fähigkeit, feine(re) **Unterschiede wahrzunehmen**, eine tiefere Vertrautheit mit der Sache, die wir nun **differenzierter sehen** (hören, schmecken etc.) können als zuvor. Nun sorgt Mutter Natur dafür, daß uns das Material (sogar Menschen!) dadurch sympathischer wird, weil wir uns **engagiert haben**. Außerdem wissen wir inzwischen, daß wir uns auf diese Weise wesentlich **mehr merken** – und zwar, ohne bewußt einen Lern-Versuch unternommen zu haben!

Für alle, die sich jetzt fragen, was passieren würde, wenn eine Lehrkraft **allen** ihren SchülerInnen volle Freiheit über einen Lehrstoff geben würde, möchte ich einige konkrete praktische Anregungen anbieten.

Wenn Sie testen wollen, was passieren würde, wenn Sie sich darauf einließen, schlage ich folgendes Vorgehen vor. Wollen wir es am Beispiel einer **Geschichtsstunde** aufhängen, und zwar am Einstieg in eine für die Klasse ganz neue Thematik:

Vgl. dazu auch das „Lehrer"-Modul" (S. 242 ff.).

Die Lehrkraft könnte der Klasse einen kleinen Einstieg in den Stoff vortragen, nachdem sie jedem freigestellt hat, sich **einen Aspekt** herauszupicken, der einem besonders interessant erscheint. Dies könnte im Prinzip **alles** sein – und so werden kaum zwei SchülerInnen denselben Aspekt herauspicken. Nun lädt die Lehrkraft die SchülerInnen ein, darüber in einer Kleingruppe kurz zu reden.

Hier nutzen wir einen bisher noch nicht besprochenen Effekt, auf den Wolf SCHNEIDER bereits vor Jahrzehnten hinwies: Sprache hat beileibe nicht nur die Funktion, daß wir mit Worten Gedanken mitteilen können (Kommunikation), sondern wir brauchen Sprache auch, um **Dinge in Worte zu fassen**, damit sie **faßbar** werden – insbesondere neue Dinge!

Wolf SCHNEIDER: „Wörter machen Leute"

Seit ich das begriffen habe, lade ich in meinen Seminaren regelmäßig ein, in Kleingruppen kurz über das eben Besprochene zu reden. Dies hilft den TeilnehmerInnen, das Neue zu verarbeiten: Manche haben jetzt ein ausgeprägtes Bedürfnis zu reden, andere profitieren davon, daß mehrere Leute, die sie kennen, über das Neue sprechen und sie zuhören können.

Wenn die SchülerInnen sich dann in Kleingruppen austauschen, werden sie erstaunt feststellen, was andere MitschülerInnen **auch** interessant an diesem Text fanden. Ganz automatisch registrieren sie vieles von dem, was die anderen MitschülerInnen sagen. Danach könnte man sie einladen, dazu stichpunktartig zu notieren, was das Interesse jedes Gruppenmitgliedes zu packen vermochte. Diese Listen (pro Kleingruppe eine) können anschließend an die Wand geheftet werden. Nun könnten die SchülerInnen herumwandern und die Kleingruppen-Ergebnisse betrachten. Dabei werden sie (die ersten Male) erstaunt sein, was die MitschülerInnen in den anderen Gruppen alles beachtet hatten. So lernen junge Leute, wie gut, ideenreich, kreativ, clever sie selbst sind, statt immer nur passiv zu sitzen und zu staunen, was die Lehrkräfte alles wissen! Sie merken, wie viele Details sie selbst wahrgenommen hatten und zudem, wie ergiebig eine Ideensammlung im Kreise Gleichgesinnter ist!

Welch bessere Vorbereitung für gute Teamarbeit in der Arbeitswelt später könnte es geben?

Ich weiß aus Seminaren, daß Lehrkräfte jetzt laut zu stöhnen beginnen, mit den Köpfen wackeln und unisono rufen: „Dafür haben wir die Zeit nicht!" Nun, ich muß Sie enttäuschen (hoffentlich angenehm): Die ganze Aktion dauert nicht mehr Zeit als die Art von Diskussionen, die Lehrkräfte unter der Überschrift „Lehrgespräch" zu führen pflegen.

Angenommen, die Kleingruppen tauschen sich 5 Minuten lang aus und angenommen, die SchülerInnen brauchen 2 Minuten, um die Kleingruppen-Ergebnisse an die Wand zu heften und angenommen, sie wandern weitere 5 Minuten lang herum, dann haben sie sich **12 Minuten** lang **intensiv** mit dem Stoff beschäftigt. So erzeugen Sie:

Überdies bewirkt die Übung, daß den SchülerInnen **das neue Thema sympathischer** wird, was für **Sie als Lehrkraft** auch kein Nachteil sein dürfte, oder??

a) Den **Expo-Effekt** zum einen, sowie

b) die Fähigkeit, das neue Thema **weit differenzierter zu sehen** als zuvor.

Nun folgt der nächste Einwand (ich kenne sie alle, seit den frühen 1970er Jahren): „Ja ist denn das nicht alles sehr oberflächlich?!" Richtig. Es mag zunächst so sein – und das verursacht jenen Lehrkräften „Bauchweh", die sich nie erinnern können, wie das war, einst, vor Jahrhunderten, als ihnen selbst dieses Thema noch gaaaaaaaaaaaaaaaaanz neu gewesen war!

LehrerInnen neigen (wie alle Menschen) dazu, ihren **heutigen** Standpunkt für „normal" und für erstrebenswert für SchülerInnen zu halten. Daher fällt es ihnen schwer, SchülerInnen einen **leichten Einstieg** zu erlauben, der

kurzfristig oberflächlich sein mag, aber: Da dieser Weg den **Expo-Effekt** erzeugt und da dieser Weg eine erste Sympathie für den Stoff sowie ein erstes inneres aktives Engagement der SchülerInnen **erzeugt**, haben wir doch das Klassenziel erreicht! Denn das ist eine „flache" Basis, eine erste Grundlage, auf der Sie **aufbauen** können. Vier Wochen später sind Sie um einiges tiefer in die Sache eingetaucht, aber mit **willigen** SchülerInnen, die inzwischen auch reif sind für mehr Tiefe!

Ah, Sie meinen, die ganze Schilderung sei doch vielleicht etwas blauäugig, so aus der Warte einer Management-Trainerin, die den täglichen Schulalltag gar nicht kennt? Nun, dann muß ich Sie schon wieder enttäuschen (ich hoffe, positiv): Eine Seminar-Teilnehmerin ist Geschichtslehrerin, und sie entschloß sich, diesen Weg einige Wochen nach dem Seminar auszuprobieren. Nicht etwa (wie sie mir später gestand), weil sie mir geglaubt hatte, sondern, weil sie **sich selbst beweisen wollte**, daß mein Vorschlag „Quatsch" war — nur um sicherzugehen, daß **ihre instinktive Ablehnung** aufgrund ihrer **vielen Jahre als Lehrerin gerechtfertigt** war. An jenem Montag war nämlich der Einstieg in ein Thema fällig, das sie mit einer Parallelklasse bereits vier Wochen vorher durchgenommen hatte. Sie hielt einen kurzen **einführenden** Vortag von 5 Minuten, spielte den Rest (wie **beschrieben**) mit der Klasse durch (weitere 12 Minuten) und dann bat sie anschließend um erste ABC-Listen zum Thema. Sie war sehr erstaunt, daß die Listen dieser Gruppe, die vor 25 Minuten in den neuen Themenbereich eingestiegen waren, direkt vergleichbar waren mit ABC-Listen der anderen Klasse, nachdem diese bereits **einen Monat** lang an diesem Stoff „drangewesen" war. Sie rief mich an und war fassungslos.*

ABC-Listen hatte sie gleich nach dem Seminar bereits einzusetzen begonnen und sehr erstaunt festgestellt, wie gut sie sich inzwischen in **allen** Klassen bewährt hatten.

Die eben geschilderte Maßnahme ist natürlich nur **eine** Möglichkeit, SchülerInnen, die das selbständige Denken ja meist nicht gewohnt sind, langsam von den autoritären Strukturen der Vergangenheit zu befreien. Sämtliche Experimente zeigen Ihnen weitere Möglichkeiten auf. Deshalb habe ich sie ja so ausführlich geschildert, nach dem Motto: Nachahmung empfohlen!

---

* Ich muß hier wieder einmal feststellen, daß meine TeilnehmerInnen oft sehr erstaunt sind und dann immer meinen, ich müsse ähnlich überrascht sein. Ich bin es natürlich **nicht**; ich weiß ja, daß die Techniken funktionieren, sonst würde ich sie ja nicht anbieten! Trotzdem freue ich mich immer sehr über Fallbeispiele. Falls Sie eines beisteuern können, fühlen Sie sich bitte frei, unsere **Wandzeitung** auf **www.birkenbihl.de** zu nutzen, um uns Ihre Erlebnisse mitzuteilen. Nichts motiviert die Zweifler vom Dienst mehr, als solche Berichte **aus der Praxis anderer LeserInnen**!

Vgl. S. 175.

Ähnliches passiert, wie ich seit drei Jahrzehnten betone, beim **Vokabelpauken**: Sie speichern mit einem Riesenaufwand eine Kombination ein, die sich als Pseudowort in Ihr Wissens-Netz einhängt, z.B. „Tischtable" oder „Nachtnight". Deshalb „kleben" die beiden Hälften ähnlich aneinander, wie für LANGER die Kombination ROCK und HARRIS nur als Kombi-Info existierte.

Übrigens zeigen Ellen J. LANGERs Studien eine weitere Schwachstelle des PAUKENS: „Informationen scheinen und bleiben absolut, d.h. man kann mit ihnen nicht flexibel denken." Bei isolierten Fakten, die wir für eine Prüfung büffeln, mag das ja nur ein kleiner Nachteil sein, da wir diese Infos sowieso bald vergessen (wollen). Aber wenn angehende **Juristen** oder **Mediziner** später **unfähig** sind, Gelerntes in ihre Gedanken in der täglichen beruflichen Praxis einzubeziehen ...? Erinnern Sie sich an das Beispiel von LANGER, als sie den Artikel von ROCK und HARRIS gelesen hatte und hinterher nicht merkte, daß jemand mit ihr über HARRIS reden wollte, weil sie ja nur die Kombination ROCK und HARRIS gepaukt hatte.

„Tischtable"
„Nachtnight"
„Rockandharris"

Wenn wir als Lehrkräfte die **Lernenden** oder uns selbst (in der Rolle als Lernende) **zum Denken einladen** wollen, so können wir dies sehr einfach erreichen, **z.B. indem wir mit konditionellen Aussagen arbeiten** (bzw. aus autoritären Statements konditionelle Aussagen machen). Diese Erlaubnis **zum Denken** beinhaltet natürlich auch die **Ermächtigung**, feststehende Aussagen zu hinterfragen. Dies bewirkt eine ungeheure Befreiung des Geistes. Ich wiederhole LANGERs Aussage:

Wenn man uns erklärt, etwas **könnte** sein, dann begreifen wir **sofort**, daß es **auch anders sein könnte**. Wenn wir eine wichtige Information lehren (z.B. über Gesundheit, oder wie man ein Flugzeug steuert), dann **müssen wir Ausnahmen einplanen**. Nur so werden SchülerInnen und StudentInnen offen für Faktoren, die (später erst) in einem **anderen** Zusammenhang wichtig werden können.

Nun folgt ein weiterer LANGER-Satz, den wir auf ein Poster schreiben und uns täglich vor Augen halten sollten:

Wer nur die bekannte Vergangenheit paukt, bereitet sich nicht für die noch unbekannte Zukunft vor.

So zeigt eine weitere LANGER-Studie: Erstens entsprechen Diagnosen von Medizinern weitgehend den früher gepaukten Fällen, und zweitens tun sich Ärzte schwer mit a) selteneren Fällen (die nicht mechanisch gelernt wurden) sowie b) mit neueren Konstellationen, auf die sie nicht vorbereitet wurden. Durch das jahrelange Pauken wurde das Denken so vernebelt, daß Routine am bequemsten ist.

Desweiteren zeigt sich ein gefährlicher Effekt, der ebenfalls schon lange bekannt ist, nämlich **daß Wissen Kreativität stark beeinträchtigen kann:** Die folgende Studie liefert den Beweis:*

Wer die Antworten zu kennen glaubt (z.B. Lehrkräfte), sucht selten nach wirklich neuen Wegen, Aspekten, Fakten.

Experiment: Verringert Wissen Kreativität?

Was (Hypothese): Vorkenntnisse schränken die Möglichkeiten ein, neue Ideen zu schaffen, weil es schwer ist, Wahrgenommenes zu vergessen und Neues zu schaffen.

Itiel DROR und Ellen J. LANGER

Wie (Durchführung): Es galt aus „Baumaterial" (z.B. Lego) eine Brücke zu bauen.

Aufgabenstellungen: Die Testpersonen wurden in zwei Gruppen eingeteilt und bekamen verschiedene Anweisungen.

Gruppe 1 Sah vorher Bilder, wie die Brücke aussehen **könnte**.
Gruppe 2 Sah **keine** Bilder.

Ergebnis: Gruppe 1 erfand nur zwei neue Brücken-Typen, 92 % aller Teilnehmer bauten die Brücken nach, die sie gesehen hatten. Nur 8 % probierten Abweichungen. Ganz anders sah das Ergebnis der anderen Versuchspersonen aus: **Gruppe 2 erfand 10 neue Lösungen!**

Wenn wir um die Gefahr wissen und mit Methoden der künstlichen Bisoziation neue Verbindungen in unserem Wissens-Netz anregen (z.B. mit LULL'schen Leitern, ROTAE etc.), dann haben wir eine gute Chance, trotz Wissen neue Ideen zu generieren!

---

* Deshalb kommt es ja immer wieder zu bahnbrechenden Durchbrüchen von Laien in Wissenschaft und Technik. Wir verdanken diesen „Nicht-Wissern" viel! Natürlich weiß man anfangs, wenn jemand eine neue Idee, Technik (oder ein neue Verfahren für den Unterricht) vorstellt noch nicht, ob es funktioniert. Aber solange man sich standhaft weigert, dem neuen Prozedere wenigstens eine faire Chance zu geben, wird man nie erfahren … Schade, gell? Vielleicht hilft ja die folgende Studie, insbesondere wenn Sie andere überzeugen, die noch stur auf dem beharren, was sie schon wissen …

D = **Differenzierte Wahrnehmung**, Schlüssel zu differenziertem Denken

E = **Engagement** = Pforte zum inneren Archiv

N = **neuro-Mechanismen** (z.B. assoziatives und flexibles Denken)

K = **Kognitive Leistungen** (z.B. Kategorienbildung)

E = **Ent-DECK-ungen**

N = **Neues finden** und **BE-merken** (Grundvoraussetzung für **MERKEN**)

Gedächtnis-Paradox

M 9

Auch die Erkenntnis dieses Moduls verdanken wir dem prominenten Gehirn- und Gedächtnisforscher sowie wissenschaftlichem Autor Daniel L. SCHACTER. Er stellt fest:

Daniel L. SCHACTER:
„Wir sind Erinnerung".

> **Einerseits** wissen wir genau, daß unser Gedächtnis alles andere als perfekt ist, **andererseits** schwören wir Stein und Bein, daß die Inhalte in unserem Kopf die absolute „Wahrheit" darstellen.

Das kann man laut sagen! Wieviel **Streitgespräche** im Familien- und Freundeskreis haben nur damit zu tun, **wer sich besser erinnert**? Allerdings sprechen die Menschen hier nicht (bewußt) von den **Erinnerungen** in ihrem Kopf, sondern sie meinen tatsächlich, sie sprächen von der „Realität da draußen". Beispiel:

Er: Weißt Du noch, damals, als wir den ersten Fiat 1800 gekauft hatten, das war ein Wagen …

Bis hier ist beiden völlig klar, daß sie von einer Erinnerung reden („Weißt du noch …?"). Aber dies ändert sich nun dramatisch:

Sie: Ah ja, das war toll, als wir mit offenem Verdeck durch die Gegend gedüst sind …

Er : Der Fiat hatte kein offenes Verdeck. Du verwechselst das mit …

Sie: Quatsch doch nicht, Heinrich! Das war der hellblaue Fiat, mit dem wir damals von Hamburg nach Italien gefahren sind, weitgehend mit offenem …

Die ZEIGEFINGER-Argumente…

Er: Du erinnerst dich falsch! Dieser Fiat kann kein offenes Verdeck gehabt
haben. Den Wagentyp des 1800 hat es nie als Cabrio gegeben!

Sie: Papperlapapp ...

Weil er seine Aussage für eine Tatsache hält, begreift er nicht, daß sie **beide**
über Gedächtnis-Inhalte reden. Und so geht es dann weiter. Solange er nicht
in irgendwelchen Unterlagen nachschlagen kann, mag er meinen, es hätte
diesen Wagentyp nie in der offenen Variante gegeben; er mag sogar recht
haben, aber darum geht es nicht! Solange er nicht nachsieht, gilt:

**Er „wühlt" genauso in seinem Gedächtnis wie sie. Nur glaubt
man immer, man selber habe die „wirkliche Wirklichkeit", der
andere aber nur eine fehlerhafte Erinnerung ...**

Schon spannend, gell? Wie viele Male haben wir selbst im letzten Jahr
irgendwelche Behauptungen aufgestellt? Wie oft waren wir uns unserer
Sache schon „absolut sicher"? Meine Mutter pflegte zu sagen: „Ich wette
meinen Kopf!" (den hat sie aber leider oft „verloren"), wenn sie „ganz
sicher" war ...

Wie sicher sind Zeugenaussagen?

In den USA kann man bei einem Indizien-Prozeß zwar zu lebenslang, nie
aber zum Tod verurteilt werden, weil man dort davon ausgeht, **ein Urteil
ohne Zeugen sei weniger wert, als eines mit Zeugen.** Hier sei die
Gefahr eines Fehlurteils um so viel größer, daß ein Todesurteil nicht ver-
hängt werden darf. Gibt es aber nur einen einzigen Zeugen, dann darf man
zum Tode verurteilen, weil die Wahrscheinlichkeit eines gerechten Urteils
weit höher sei. So meinten es die Männer (damals waren Politiker und Richter prinzipiell männlich), die diese Regelung verabschiedeten. Tja, gut
gemeint nützt nicht viel.

**In Wirklichkeit ist die Gefahr eines Fehlurteils bei einer Zeugen-
aussage mindestens genauso groß (vielleicht sogar größer).**

Natürlich weiß das heute jeder Film-Fan. Es ist heutzutage nicht mehr so
einfach wie früher, **Gegenstände** (Indizien sind Gegenstände oder Spuren
derselben) zu Ungunsten eines Verdächtigen zu manipulieren, wie es in der
Zeit, aus der das Gesetz stammt, noch war.

> **Krimi-Aufgabe:** Angenommen Sie schieben das Blatt mit dem angeb-
> lichen Abschiedsbrief ihres Opfers in seine Schreibmaschine (die seine
> Fingerabdrücke hat) und schaffen es, mit einem Stöckchen zu tippen,
> so daß Sie seine Abdrücke nicht durch Ihre ersetzen, und angenommen
> das würde später bei der Spurensicherung niemand merken, dann
> könnte es immer noch sein, daß Sie vergessen, an die Fingerabdrücke
> auf dem Papier zu denken und schon merkt jemand etwas und beginnt
> alles detailliert zu überprüfen (wie in einem *Columbo*-Krimi).

Aber es ist kinderleicht, sich zu Ungunsten des Angeklagten zu irren, auch
im bestgemeinten Falle, weil jemand wirklich „die Wahrheit und nichts als
die ganze Wahrheit" erzählen will. Das können wir gar nicht. SCHACTER
berichtet von zahlreichen Fallbeispielen und Studien, die belegen, was da
alles „schief gehen" kann, um nur zwei Beispiele zu nennen:

1. Kryptomesie: Pseudo-Erinnerungen

Das Opfer glaubt, eine Handlung, von der es erfahren hat (gehört/gele-
sen), sei ihm selbst widerfahren. So meinte Präsident REAGAN immer, er
habe einen jungen Flugingenieur im Zweiten Weltkrieg heroisch gerettet,
während man später herausfand, daß der Dialog, den er mit dem jungen
Soldaten zu haben meinte (von dem er oft erzählte), Wort für Wort in
einem Drehbuch stand, das er einst gelesen hatte.

Weit gefährlicher sind in diesem Zusammenhang **Pseudo-Erinnerungen,
die bei Verhören entstehen**. Wer seinen *Perry Mason* brav gelesen hat
oder die neueren spannenden US-Anwalts-Serien kennt (von *L.A. Law* über
Murder One bis zu *Practice – die Anwälte*) weiß, daß Suggestivfragen vor
Gericht verboten sind. Da heißt es dann gleich „Einspruch!" und diesem Einspruch wird immer stattgegeben! Aber im Vorfeld ist niemand da, der darauf achtet, was passiert. So kann der Staatsanwalt so viele **„leading ques-
tions"** stellen wie er will und **damit regelrechte Erinnerungen erzeugen**. Wohlgemerkt, wir unterstellen hier keinen bösen Willen, nur „intuiti-
ve" Ausnutzung der Erfahrung von Fachleuten für Verhöre … Besonders
gefährlich jedoch wird dies, wenn Kindern oder Jugendlichen suggeriert
wird, jemand habe sich sexuell an ihnen vergangen. Wir wollen Fälle, in
denen es tatsächlich geschehen ist, nicht wegdiskutieren, aber SCHACTER zeigt

Alle guten Krimis mit Sze-
nen vor Gericht bieten hervorragende Fallbeispiele.

mehrere Fälle auf, in denen Menschen durch solche falschen Erinnerungen (ihrer eigenen Kinder) jahrelang ins Gefängnis mußten, was natürlich ihr gesamtes (professionelles) Leben abrupt beendete.

2. Quellen-Amnesie – so entstehen Gerüchte!

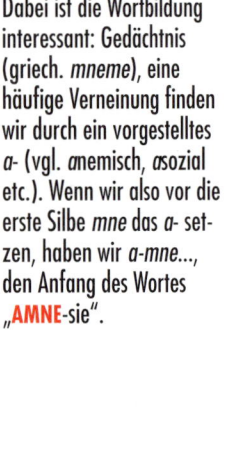

Amnesie ist das **Gegenteil von Gedächtnis**. Dabei ist die Wortbildung interessant: Gedächtnis (griech. *mneme*), eine häufige Verneinung finden wir durch ein vorgestelltes *a-* (vgl. *a*nemisch, *a*sozial etc.). Wenn wir also vor die erste Silbe *mne* das *a-* setzen, haben wir *a-mne*..., den Anfang des Wortes „**AMNE**-sie".

Beginnen wir mit einem sehr ähnlichen Problem. SCHACTER berichtet von einem australischen Psychiater: Eine Zeugin, die sich zu 100 % sicher „war", „dichtete" ihm an, von ihm vergewaltigt worden zu sein. Tatsache ist, daß es – hätte er kein Alibi gehabt – 100 %ig zur Verurteilung gekommen wäre. Aber er hatte ein brillantes unumstößliches Alibi: Er saß zu jener Zeit in einem Fernsehstudio (in einer Live-Sendung und sprach pikanterweise mit Vergewaltigungsopfern). Frage: Hatte die Dame sich geirrt? Ja. Frage: Wie konnte sie ihn identifizieren? Antwort: Weil sie ihn Minuten vor der Vergewaltigung **im Fernsehen gesehen** hatte, sich aber dann nicht mehr daran **erinnern** konnte, wo sie ihn gesehen hatte. Sie wußte mit absoluter Sicherheit (korrekt!) nur, daß sie ihn an jenem Abend gesehen hatte und schloß (unbewußt) darauf, er müsse daher ihr Vergewaltiger sein! Die Dame ist weder verrückt noch unglaubwürdiger als Sie und ich – sie ist ein Opfer eines bestimmten Erinnerungs-Problems, das offiziell nach dem fehlenden Faktor benannt wurde. Das ist die **Quelle** der Information (**Quellen-Amnesie**).

Eine weitere Variante der Quellen-Amnesie sind **Gerüchte**. SCHACTER schildert ein wundervolles Beispiel: Sie stehen an der Kasse im Supermarkt und lesen in einer Zeitung (die im Ständer hängt, damit man sie leicht mitnehmen kann).

Die Quelle

Hier „erfahren" Sie nun, daß der Sowieso (ein Politiker, Schauspieler, Prominenter, den Sie kennen) dies und das getan haben soll. Natürlich sagen Sie innerlich sofort: „Unsinn, diese Räuberpistole will doch nur Zeitungen verkaufen! Das glaube ich von dem nie und nimmer!" Nun, „nie" dauert hier etwa sechs Wochen. Dann hören Sie den Namen jener Person vielleicht in einem Partygespräch und sofort fällt Ihnen ein, was er Furchtbares getan haben soll – diesmal aber **ohne Quelle**.

Da Sie nicht mehr wissen, daß Sie die Nachricht einer Quelle entnommen hatten, der Sie **nicht vertrauen**, halten Sie es jetzt für wahr! Und genau das ist die große Gefahr des Gedächtnis-Paradoxes.

Sie halten Ihre eigenen Kopf-Inhalte im Zweifelsfall immer für wahr. Ohne Rücksicht auf fehlende Quellen sowie die Tatsache, daß Sie zu anderen Zeiten sehr wohl wissen, daß Ihr Gedächtnis fehlerhaft sein kann.

Die Natur „erfand" Gedächtnis als hilfreiche Überlebens-Funktion, damit wir Leute, Tiere, Pflanzen, Gegenstände, Orte und Verhaltensweisen wieder erkennen können. Dabei war es unerheblich, woher man sie kannte. Daher bestehen zwei große Gefahren für alle, die nicht bewußt die Quellen „mitlernen" (wie ForscherInnen):

2.1 Ideenklau (Plagiat)?

- **In der Wissenschaft:** Wir könnten aus Versehen Ideen anderer klauen. Gerade meine Berufs-KollegInnen kümmern sich fast nie darum, wessen Gedanken sie als ihre eigenen weitergeben, weil die meisten von ihnen leider nie gelernt haben, **wissenschaftlich** zu arbeiten. Hier lernt man nämlich, die Quelle mitzuspeichern. Dies hat zwei Gründe: Erstens, damit man möglichst keine Gedanken stiehlt (Plagiat) und zweitens, weil es ja für einen Experten auch wichtig ist, ob man dieser Quelle besonders gut trauen kann. Also wäre es für eine/n WissenschaftlerIn weniger wahrscheinlich, daß sie/er im Supermarkt …? Nein! Nur, wenn eine Person die Botschaft mit kritischen Forschergeist liest. Liest sie den Text aber in einer anderen Rolle (als Normalmensch, Partner, Freund, Nachbar, Kollege), die man auch als ForscherIn inne hat, dann könnte auch sie der Quellen-Amnesie im Supermarkt zum Opfer fallen.

- **In der Musikszene:** Aber nicht nur Wissenschaftler und Autoren laufen Gefahr, un-WISSENT-lich zu plagiieren, auch Komponisten kann das pas-

Deshalb dürfen sie nie dememtieren. alle, die Ihr Dementi hören oder lesen wissen zwar **heute**, daß Sie dementieren, aber in einigen Tagen oder Wochen weiß man nur noch den Inhalt des Dementis, nicht aber die Situation (entspricht hier der Quelle). Deswetieren kommt hinzu, daß wir Ver-NEIN-ungen nicht so wahrnehmen können, wie wir wollen: Wenn ich Sie bitte, 14 Sekunden lang keinesfalls an eine maus auf einem roten Fahrrad zu denken, woran denken SIe dann? Wenn der Dementi-Text also sagt: „Wir hattten .. nicht...", können Sie sich ausrechnen, was übrigbleibt.

sieren. So wurde George HARRISON, Ex-Beatle, vor vielen Jahren verurteilt, weil einer seiner Songs einem anderen, der in der Jugend von HARRISON sehr populär gewesen war, zu sehr ähnelte. Wir dürfen seiner Versicherung, dies un-WISSENT-lich getan zu haben, sicher Glauben schenken.

Boshafter Kommentar
(anonym):
Wenn uns ein neuer
Gedanken begegnet:
Beim ersten Mal sagen wir:
„So ein Schmarrn!"
Beim zweiten Mal: „Na ja,
soooooo schlimm ist es
nicht."
Beim dritten Mal: „Ja,
dooooooooch, gar nicht
so dumm."
Beim vierten Mal: „Könnte
fast von mir sein."
Beim fünften Mal:
„Das ist von mir!"

- **Im Büro:** Wie viele MitarbeiterInnen haben festgestellt, daß ihre Ideen oft von ihren Vorgesetzen (KollegInnen) geklaut worden seien. Wir können davon ausgehen, daß in über 90 % dieser Fälle die Quellen-Amnesie zu un-WISSENT-lichem Ideenklau geführt hat.

2.2 Irrtümer!

Ob wir nun offiziell als Zeuge „gerufen" werden (wie in den bereits erwähnten Beispielen), oder ob wir im Alltag in einer Zeugen-ähnlichen Funktion agieren: Wann immer wir im Brustton der Überzeugung etwas behaupten, **stützen wir uns auf Gedächtnis-Inhalte.** Wir kennen den Spruch: „Vier Zeugen – fünf Schilderungen!"

Das sollten wir im Alltag vielleicht öfter berücksichtigen. Wenn Menschen sich in ihrer Funktion als „Zeuge" irren, dann dürfte dies in der **Mehrzahl** der Fälle weder geschehen, weil sie böse sind noch weil sie uns belügen (wollen), sondern **weil die Inhalte unseres Gedächtnisses weit fragiler sind, als wir normalerweise wahrhaben wollen.** Alles klar?

Gehirn-gerecht Machen von <u>neuen</u> (Lern-)Infos

M 10

Überblick und neue Erkenntnisse

Vorbemerkung: Wiewohl ich inhaltliche Überschneidungen zwischen meinen Büchern weitgehend vermeide, so daß es nie mehr als 10 bis 20 % sind, stellt dieses Modul eine Weiter-Entwicklung (mit partiellen Überschneidungen) zu dem gleichnamigen Modul in „*Stroh im Kopf?*"* dar.

Die nachfolgend aufgeführten 5 Schritte sind „*Stroh im Kopf?*" entnommen. Dieses Modul bietet jedoch den Überblick** (zur ersten Orientierung bzw. zur Erinnerung) plus weiterführende Gedanken.

Die Leute meckern an ihrer (Ernte) Gedächtnis-Leistung herum, statt mit der **Saat** zu beginnen! Wie können wir **neue Informationen** so gehirn-gerecht „aufbereiten", daß sie sich **schnell** & **leicht** in unser Wissens-Netz ein-**BIND**-en lassen?

KONSTRUKTION = SAAT

In „*Stroh im Kopf?*" stellte ich fest, daß es um die **Qualität der ursprünglichen** KONSTRUKTION (Einspeicherung) geht, welche die **Qualität** der späteren Re-KONSTRUKTION (Gedächtnis-Leistung) maßgeblich mitbestimmt. Inzwischen wissen wir aber mehr; nämlich erstens, wie wichtig der ABRUF-REIZ (vgl. das „AbRUF-Reiz"-Modul, S. 58 ff.) sein kann, als auch zweitens, wie dramatisch sich die automatische Mitspeicherung des Kontextes auswirken kann. Der innere Kontext (und Sinn-Zusammenhang) ergibt sich automatisch aus dem **gehirn-gerechten Lernen**, aber der **äußere Kontext** wurde bisher immer völlig vernachlässigt.

Sie finden phänomenale Erkenntnisse und Praxis-Tips zum **äußeren Kontext** im Modul „Tapeten-Effekt" (S. 268 ff.).

---

*   Mit „*Stroh im Kopf?*" ist immer das neue „*Stroh im Kopf?*" (ab der 36. Auflage) gemeint.
** Detaillierte Fallbeispiele (z.B. Medizin und Jura) bitte bei „*Stroh im Kopf?*" nachlesen.

Phase 1: Die Planung

Wieviel Sorgfalt verwenden wir auf die Planung eines Urlaubs, einer Weihnachts- oder Geburtstagsfeier. Aber wenn wir in ein für uns **neues** Wissens-Gebiet einsteigen wollen, das planen wir **nicht!**

Planen Sie, wie sie vorgehen wollen! Dabei **familiarisieren** Sie sich (noch **oberflächlich**). mit dem neuen Lernstoff, Thema, Wissensgebiet …

Einige Fragen nach Erscheinen des (neuen) *„Stroh im Kopf?"* zeigten, daß ich einen Gedanken anscheinend nicht klar genug herausgearbeitet hatte. Ich dachte, er sei selbstverständlich, aber das war er für manche nicht. Daher jetzt überdeutlich:

Es geht um das Lernen von **neuen** (= bisher unbekannten !) Informationen. Natürlich wird es immer leichter, weil Sie ja ständig Fäden zu diesem Wissensgebiet (Thema) in Ihr Wissens-Netz einfügen.

Weil das Pauken so furchtbar kontra-produktiv ist, habe ich ein ganzes Modul dieser heißen aber heiklen Thematik gewidmet. Wer Angst hat, Vorurteile (MEMe) gegen das Pauken zu verlieren, soll das Modul „Forschungsergebnisse über das Lernen" (ab S. 149) keinesfalls lesen!

Am Anfang ist der Weg extrem flach ansteigend, man macht wenig Fortschritte, es ist frustrierend. Deshalb spricht der Volksmund ja vom schweren Anfang (in vielen Sprachen!). Aber bedenken Sie:

Je weniger Sie Ihren Einstieg planen und je weniger gehirn-gerecht Sie vorgehen bzw. je mehr Klassisches „Schullernen" (also Pauken) Sie anwenden, **desto schwerer wird es.**

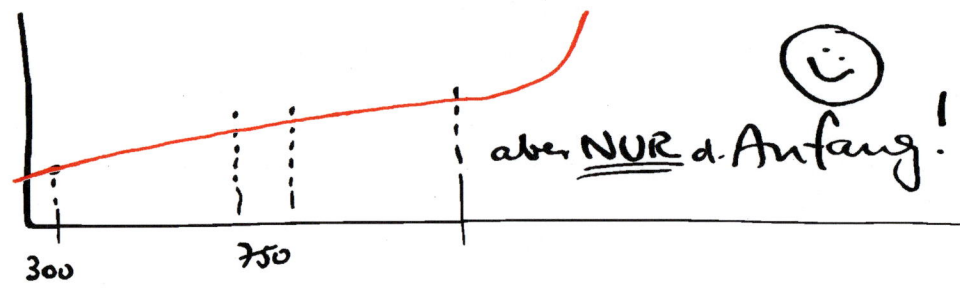

Und umgekehrt: Wenn Sie die ersten beiden Schritte gehen (**1.** die **Planung** und **2.** die **Vorbereitung**), dann können Sie das Sprichwort vom schweren Anfang Lügen strafen.

Es muß nämlich nicht schwer sein. Denn es ist ja gerade das **herkömmliche Lernen, das es schwer „macht"** – und wir akzeptieren das, als sei es eine Naturgewalt. Das ist es nicht! Deshalb lohnen sich die beiden ersten Schritte tausendfach: Sie sparen nicht nur Zeit und Nerven, sondern erlauben eine **intelligente Annäherung** an das neue Thema!

Das heißt: Wenn ich sage, daß Sie **nach den ersten Vorbereitungen** von den fünf (5!!) Schritten nur mehr **3 bis 5** weitergehen, dann bedeutet das: Beim **Einsteigen** handelt es sich um eine **5-Schritt**-Methode. Zum **Weiterlernen** sind jedoch nur noch **3 Schritte** nötig, nämlich die Schritte 3, 4 und 5, mit jeweils einer Handvoll Informationen (Daten, Fakten, Ideen etc.). Alles klar?

Phase 2: Hilfsfäden festlegen bzw. spinnen

Nehmen wir an, Sie wollen (sollen, müssen) sich in das Thema der Quantenphysik einarbeiten, und nehmen wir an, Sie hätten Null Vorkenntnisse. Nehmen wir weiter an, Sie hätten in **Phase 1 entschieden**, einen ersten Einstieg über **Wortspiele** vorzunehmen, da diese Ihnen „liegen", dann würden Sie jetzt in Phase 2 einige erste Begriffe sammeln (indem Sie im **Inhaltsverzeichnis** des Textes „herumschnüffeln" und z.B. **Bildunterschriften** und Begriffe im **Stichwortverzeichnis** lesen, um etwa **10 bis 20 Begriffe und Namen** zu finden, die **immer wieder** auftauchen). Manchmal sehen Sie auch schon gleich, daß der eine oder andere Begriff automatisch mit einem Namen verbunden ist (hier durch ein „&" gezeigt), z.B. Aspekte, Bosonen, Fermionen, implizite/explizite Welt(en) **&** David BOHM; Komplementaritäts-Prinzip **&** Niels BOHR; Max PLANK **&** das Quantum, Quantensprung, Quarks; Unschärferelation **&** HEISENBERG, usw.

Jetzt gilt es, mit diesen Begriffen/Namen zu spielen – unabhängig davon, was sie tatsächlich bedeuten. Es gilt, eine erste (oberflächliche) Familiarität herzustellen, z.B. indem wir uns an Klangbild und Schreibweise gewöhnen. Erst danach wollen wir uns damit befassen, wofür Sie stehen (das wäre dann **in Phase 3** der **Beginn** des **eigentlichen Lernens**). Also könnte jemand, der Wortspiele liebt, einfach zu spielen beginnen. Ein faszinierendes Spiel ist es, sich Definitionen zu neuen, unbekannten Wörtern auszudenken.

Erste Hilfsfäden erzeugen

Je konkreter, desto leichter wird es, auch Absurdes ist erlaubt! Dies sind Vorbereitungen zum eigentlichen Lernen (ab Phase 3).

Zum Beispiel können wir Wortspiele mit den wichtigsten neuen (Fach-)Begriffen machen, so wurde (im Computer-Beispiel in *„Stroh im Kopf?"*) aus dem **Computerbefehl** REM erst einmal **REM**oulade (die jemandem über das Gesicht läuft …). Lächeln, Grinsen, Amüsieren erlaubt.

Fazit:

Phase 1: Nur planen (z.B.: ich arbeite **über Wortspiele**, ausgedachte Definitionen, die später, im Vergleich zu den echten, viel Heiterkeit auslösen können, oder indem ich die Infos an meine tollen Kenntnisse des Start Trek-Universums „hängen" werde etc.)

Phase 2: Erste Hilfsfäden vorbereiten, indem wir „spielen" (und spielerisch eine erste Vertrautheit mit dem Neuen herstellen. Dies erlaubt es unserem Gehirn, die ersten Nervenbahnen aufzubauen; Grundvorausset-zung für echtes **Lernen** ab dem **folgenden Schritt**.)

Phase 3: Einstieg in die eigentliche Lern-Arbeit

Nun besteht die Aufgabe darin, erste Fakten/Infos an diese in Phase 2 vorbereiteten Hilfsfäden zu „hängen". Dabei ist es wichtig, besonders **langsam** vorzugehen.

Das Anlegen von Nervenbahnen braucht eine gewisse Zeit, das ist physiologisch vorgegeben. Deshalb wollen Sie sich gerade am Anfang besonders **Zeit lassen** (Stichwort: SLOW MOTION).

Wobei Sie bitte bedenken, daß Ihre Grund-Geschwindigkeit **genetisch** festgelegt ist. Wir sprechen also jeweils von relationalen Tempi (d.h. schneller **für Sie persönlich**), nicht von absoluten Lerngeschwindigkeiten. Mehr dazu finden Sie bei „Hier geht's los ...", unter dem Stichwort „Intelligenz" (S. 21 ff.).

Solange Sie noch keine Fäden im Netz haben, ist SLOW „der Weg".

Dies ist ein Denkmodell – wir tun einfach so, als könnten wir die Daten, Fakten, Informationen des neuen Wissensgebietes sauber abgrenzen und zählen ... Je mehr **Zeit** Sie sich bei **den ersten 100 Fakten** lassen, desto leichter können Sie die **nächsten 100 Fakten** in Ihr Wissens-Netz einhängen und desto leichter werden die nachfolgenden 100 Fakten. Ab dann verfügen Sie bereits über ein kleines aber feines Grundwissen, auf das Sie zukünftig „nur noch" aufbauen.

Jetzt wird die Lernkurve schräg ...

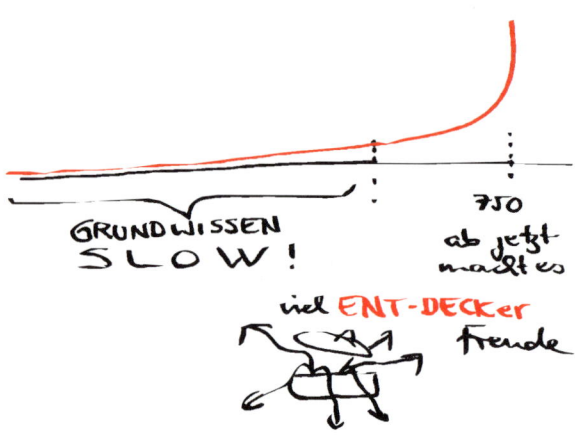

Jetzt wird die Lernkurve schon **schräg**, nach 750 Fakten, wird Sie **sehr schräg** und **ab 1000 geht sie EXPONEN-TIELL** (ganz steil) nach oben. Ab jetzt macht es Ihnen Spaß, immer neue „Töpfe" zu finden, deren **DECK**-el sie „heben" wollen; jetzt erst kommt große Ent-**DECK**-er-**FREUDE** auf, wenn Sie auf etwas Neues zu „Ihrem" Thema/Gebiet stoßen!

MELLANDERs Buch *„Power-Learning"* (inzwischen auch auf deutsch erhältlich) ist übrigens eines der besten Bücher zu Lernen im Berufs-Alltag, vgl. den orig. Untertitel *„fostering employee growth"* (= Mit-arbeiter-Wachstum fördern).

Beispiel: Fragen Sie sich (im Fallbeispiel „Medizin", in *„Stroh im Kopf?"*), wozu die Natur all diese Teile „erfunden" hat, die Sie gerade lernen wollen (sollen, müssen).

Phase 4: Fragend denken – Fragen stellen!

Klaas MELLANDER schlägt (zum Abschluß eines Lesestückes) ein Vorgehen vor, das wir in (fast) jeder Lern-Situationen anwenden können:

Denken Sie fünf Minuten lang über verschiedene konkrete Situationen nach, in denen das neue Wissen hilfreich wäre.

Eines der wichtigsten Denk-Tools wird ja in Schule, Ausbildung und Berufsleben, nicht nur ungenügend gefördert, sondern zum Teil **aktiv unterdrückt**, ja sogar **verboten** bzw. von Machtinhabern regelrecht pervertiert. Bis die Kinder in die Schule kommen, haben sie ihre Fähigkeit, Fragen zu stellen, stetig weiterentwickelt (hier ist das Elternhaus und das Kindergarten- oder Tagesmutter-Umfeld) maßgeblich verantwortlich dafür, wie häufig dieses Denk-Werkzeug trainiert werden darf. Hört man ständig „Frag nicht so viel!", „Gib endlich Ruhe!", „Weil ich das so gesagt habe!" und ähnliches, dann versiegt eine der wichtigsten Quellen allen Forschens und Lernens. Aber viele Kinder schaffen es bis zur Schule einigermaßen, weil ihre Umwelt genügend Fragen zuläßt und/oder beantwortet. Mit der Schule ändert sich dies nun (in der Regel!) dramatisch, denn:

In der Schule dürfen die Kinder kaum Fragen stellen. Hier stellen sie perverserweise die LehrerInnen.

Diese Befragung der Kinder dient aber nicht etwa einem ehrlichen Bedürfnis, Neues zu erfahren oder gemeinsam fragend nachzudenken, sondern es sind rhetorische Fragen, die fast immer vor allem aufzeigen (sollen), wer was (nicht) weiß. Also im Sinne einer Quiz-Show, nur nicht so lustig! Denn es gibt ja Noten! Bei einer Quiz-Show bin ich vielleicht einen Preis los, mit dem ich sowieso nicht wirklich gerechnet hatte – es ist ja nur ein Spiel. In der Schule aber werden falsche Antworten nach wie vor bestraft – wie soll das **Ent-DECK-er-Freude** und **Lust am Lernen** erzeugen? Deshalb müssen größere Kinder, SchülerInnen, StudentInnen sowie alle lernwilligen Erwachsenen erst wieder üben, denn allzu oft war ihre Fähigkeit zu fragen auf unwichtige administrative Details im Haus („Ist noch Butter da?") oder des Tagesablaufs beschränkt („Gehen wir zum Chinesen zum Essen?"). Ist dies der Fall, fällt es zunächst schwer, Fragen zu stellen. Bei unserem Spezial-Fragetechnik-Seminar dauert es bei ersten Ratespielen oft eine Stunde, bis die TeilnehmerInnen innerlich von Aussagen („Das ist ein X") zu Fragen („Ist das ein X?") umschalten können. Es ist unglaublich, wie schwer es fällt, eine regelrechte Kette von Fragen (einer nach der anderen) zu denken.

Daher tun sich manche anfangs mit diesem Lernschritt so schwer. Notfalls bitte möglichst viele Rate-Spiele spielen, wobei Sie kaum Probleme haben werden, Freiwillige zu finden, die als „Spielleiter" fungieren und die Antworten geben. Denn Sie wollen ja trainieren, eine gewisse Zeit lang eine Frage nach der anderen zu stellen!

Also, wenn Ihre Fähigkeit Fragen zu stellen, (wieder) für diesen Lernschritt aktiviert wurde, gilt, **auf die neuen Inhalte bezogen**: **Lernen Sie, wichtige Fragen zu stellen!**

Und:

Diese Fragen sind wichtiger als die Antworten, denn:

1. **Das Ausdenken intelligenter Fragen** ist ein extrem wichtiger Teil Ihres Trainings (egal, was Sie gerade **lernen** wollen).

2. **Inhaltlich ist für Sie momentan wichtig, ob** Sie eine Antwort wissen **und ob Ihre** Antwort **von einem aufgeweckten 10jährigen Kind verstanden werden könnte**. Wenn ja, dann haben Sie dieses Detail wahrscheinlich ganz gut begriffen.

Vgl. Sie mein Hörspiel „Fragen Sie sich zum Erfolg" sowie mein Taschenbuch „Fragetechnik schnell trainiert" (ein Vorläufer des direkten Buch-Seminars – viele Übungen, wenig Theorie).

Es gibt für Firmen ein Video-Seminar, dessen 1. Tag sich mit Grundlagen der Kommunikation und der **Frage-Technik** befaßt. www.birkenbihlinstitut.de (dort: Eingangskorb).

Phase 5: Virtual Reality (V.R.)

Klaas MELLANDER fügt seinem Vorschlag einen Gedanken hinzu, indem er uns erinnert, wie wichtig das Vorausdenken ist. Wenn wir heute lernen, wie man Löcher für Schrauben (vor-)bohrt, dann sollten wir uns hier und heute fragen, in welchen Situationen wir dies später tatsächlich tun wollen (müssen):

(Durch) unsere Vorstellungskraft simulieren wir die Zukunft und nehmen (sie) mental voraus.

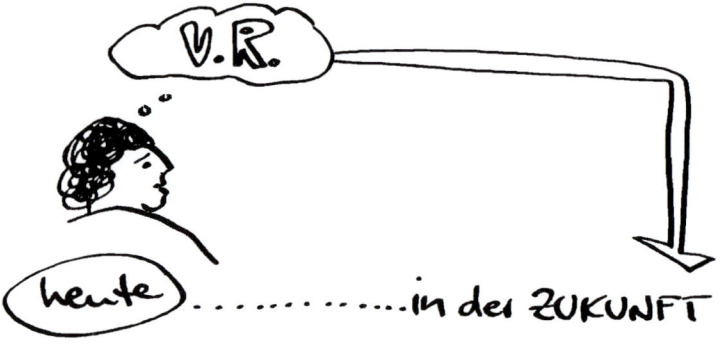

Sie bezog sich auf meinen langjährigen Trainerkollegen Paul SMITH, mit dem man so wundervoll „albern-ernst sein" oder „ernst herumalbern" kann.

Auch ich hatte diese Erfahrung vor Jahrzehnten bereits gemacht und schon im „alten" *„Stroh im Kopf?"* (= vor der 35. Auflage) finden Sie dieses Prinzip mehrmals, besonders spannend war eine Stelle (die in der Überarbeitung leider entfallen war): Das Fallbeispiel mit der Ratte! Wenn Sie die Quizaufgaben im ersten Kapitel (S. 35 f.) durchlaufen haben, haben Sie dort notiert, wie Ihre Strategie aussieht, nun geht die Story weiter …

Fallbeispiel: Die Ratte

Zur Erinnerung: Ich hatte einen Termin mit (ihm) ausgemacht. Dieser Zeitpunkt lag (…) **in der Zukunft**, als Paul mich aus London anrief und mich bat, ihn bei unserem nächsten Treffen daran zu erinnern, daß er mir etwas erzählen wolle. **Stichwort: *Ratte.*** Nun, wie würden Sie vorgehen?

Würden Sie eine Notiz im Terminkalender machen, sich einen Zettel schreiben, oder sollten wir nicht versuchen, gehirn-gerecht vorzugehen? Wollen Sie Ihre Antwort zum Vergleich (Kapitel 1, S. 35 f.) hier eintragen?

Ihre Antwort: _____

Ich ging visuell vor: Ich stellte mir nämlich vor, wie er das nächste Mal käme ... (da mein Büro damals im ersten Stock war, sah ich jeden Gast die Treppe heraufkommen; also erst den Kopf und die Schultern ...). Ich stellte mir also vor, wie er die Treppe heraufkäme: Ich visualisierte *seinen Kopf,* mit einer fetten *Ratte,* deren *Schwanz* ihn im Gesicht *störte.* Er machte eine ungeduldige Handbewegung, um sie *loszuwerden* ...

So verband ich das Wort *Ratte* mit dem Bild der Ratte **in dieser spezifischen Situation mit Paul!** Danach vergaß ich den ganzen Vorfall. Ich war mitten im Schreiben eines Buches unterbrochen worden, kehrte also zu meinen Gedankengängen zurück. **Die folgenden sechs Wochen habe ich kein einziges Mal daran gedacht!** Aber als Paul dann kam, „sah" ich sofort die Ratte auf seinem Kopf und fragte ihn danach.

Howard LEVINEs* Seh-Duktion

Vor 2500 Jahren erfand die Menschheit die **De-Duktion**; man lernte **aus vorhandenen Informationen**, also aus **Prämissen** zu **schlußfolgern** und man lernte weiterhin, daß es solche **De-Duktionen** waren, die einen großen Vorteil hatten:

PRÄMISSE (*prä* = vor, *misse* = gegeben), also: vorgegebene Informationen.
DE-DUKTION (Her-Leitungen, Heraus-Führungen).

Sofern alle Prämissen wahr sind, muß es auch die (sauber gezogene) Schlußfolgerung sein. Dies ermöglichte es bereits den Denkern im alten Griechenland **logisch** zu schließen, daß die Welt aus Atomen bestehen müsse, daß die Erde rund sein müsse, daß sie nicht im Zentrum des Universums stehen könne. Der letzte Gedanke war politisch so inkorrekt, daß man ihn ca. 2000 Jahre lang verneinen konnte, bis er dann bewiesen wurde.

Vor ca. drei Jahrhunderten erfand der Mensch die **In-duktion**. Er lernte **analogisch** (nicht logisch!) **von wenigen Beispielen** auf den Rest zu

---

* Hier muß ich gleich noch einmal zitieren, und zwar aus einem **e-book** (eigentlich sollte man „e-Artikel" sagen, dieses hat nur sieben Seiten!): Titel: „V.R.", bei **www.active-books.de**. Genaugenommen zitiere ich jedoch nicht mich, sondern einen amerikanischen Professor namens Howard LEVINE (adjunct professor of mathematics at the California College of Arts and Crafts), der wiederum von RHEINGOLD (vgl. www.Rheingold.com) zitiert wurde ...Allerdings habe ich für dieses Buch zusätzliche Zeichnungen geschaffen ...

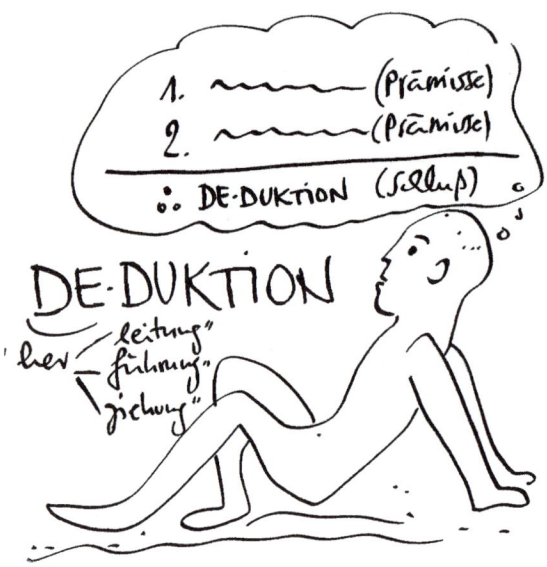

schließen, von einer **Teilmenge** auf das Ganze und **dies beschleunigte das Tempo wissenschaftlicher Findungen (!) um einiges!** Diese Art, nicht logisch, sondern **a-logisch** zu denken stellte einen weiteren Riesenschritt für die Menschheit dar, denn er erleichterte die Schöpfung der sogenannten „wissenschaftlichen Methode" (beobachten, Hypothesen bilden, weiter beobachten, Hypothesen in Thesen umwandeln etc.).

In Klartext: Mit der **De-Duktion** gelangt dem Menschen nach vielen hunderttausend Jahren ein geistiger Quantensprung, der blühende Entwicklungen (wissenschaftlicher, kultureller, ja sogar wirtschaftlicher Art) nach sich zog.

Diese Art zu schließen erlaubte ein gigantisches Sprießen in alle Richtungen (wissenschaftlich, kulturell und wirtschaftlich). Aber nachdem wir hunderttausende von Jahren brauchten, bis zum ersten **Giga-Denk-Schritt** und gute 2000 für den nächsten, liegt der letzte de facto noch in unserer Gegenwart:

Vor einigen Jahrzehnten erfand der Mensch die Seh-Duktion, also was heute unter **virtual reality** verstanden wird. Davor konnten wir nur mental so manches in einer **geistigen „Simulation"** vorwegnehmen (vom genauen Pläneschmieden bis zur Vorfreude).

Ende Prof. LEVINE

Soweit Professor LEVINE. Vielleicht möchten Sie sich einmal fragen:

Warum wird in unserer Kultur so wenig Wert auf dieses mächtige Denk-Tool gelegt?

Bei uns ist Tagträumen verpönt, und erwachsene „Traumtänzer" findet man ja (z.B. auf einer Party) vielleicht „ganz nett", sie werden aber im allgemeinen (und besonders im Business) **nicht** ernst genommen.

Der Begriff „Vorstellungs-Kraft" zeigt uns aber, was wir nicht mehr wissen dürfen, nämlich: Welche **Kraft** in der Fähigkeit liegt, sich die Zukunft konkret „ausmalen" zu können. Nicht nur im Sinne des letzten Schrittes, wenn Sie neue Dinge lernen. Aber zurück zur Aufgabenstellung:

Mentale V.R. als letzter Lernschritt

Stellen Sie sich vor, welche **praktischen Handlungen** Sie (Sie persönlich, nicht irgendwelche anderen Leute!) später **mit diesem neugelernten Wissen vollziehen** werden! In welcher Weise **Sie** später mit diesem Wissen **arbeiten** werden. Bei Medizin wäre dies z.B. als **Arzt/Ärztin**, als **KrankenpflegerIn**, als **Pharma-ReferentIn** oder als **ForscherIn** (usw). Bei Jura – welche Art von praktischen Fertigkeiten wollen Sie mit diesem Wissen hinterher ausüben? Welche Art von Fähigkeit soll dieses Wissen Ihnen später geben? **Diese Fragen und die Vorstellung (V.R.) beziehen sich zunächst immer nur auf die jeweilige letzte „Lerneinheit",** die von Phase 3 zu Phase 5 „wandert", aber am Ende, wenn Sie mehrere Lektionen koordinieren, verbinden Sie in Ihrer Vorstellung mehr und mehr des neuen Wissens-Gebietes.

Vgl. die Ratten-Story von S. 204 f.; diese Art von V.R. empfehle ich meinen HörerInnen seit über zwei Jahrzehnten!

Merke: **Wenn Sie außer der Prüfung keinerlei Vorstellungen haben, was mit diesem Wissen jemals angefangen werden kann**, dann orientieren Sie sich **außerhalb** der Klasse, Schule, Institution (z.B. in Bibliotheken, im Internet). Für fast jede Art von Wissen gibt es faszinierende Anwendungsgebiete, auch wenn die fälschlicherweise als „Vermittler" (dieses Wissens) bezeichneten oft leider unfähig sind, dies zu **vermitteln. Lehrkräfte,**

die Begeisterung für Ihr Fach „vermitteln" können, können wir mit der Lupe suchen. Leider …

Diese Methode ist auf so gut wie jedes Lern-Gebiet übertragbar. Je intensiver Sie über die Transfer-Möglichkeiten nachdenken (z.B. indem Sie lernen, intelligente Fragen zum Thema zu stellen!), desto klarer wird es Ihnen.

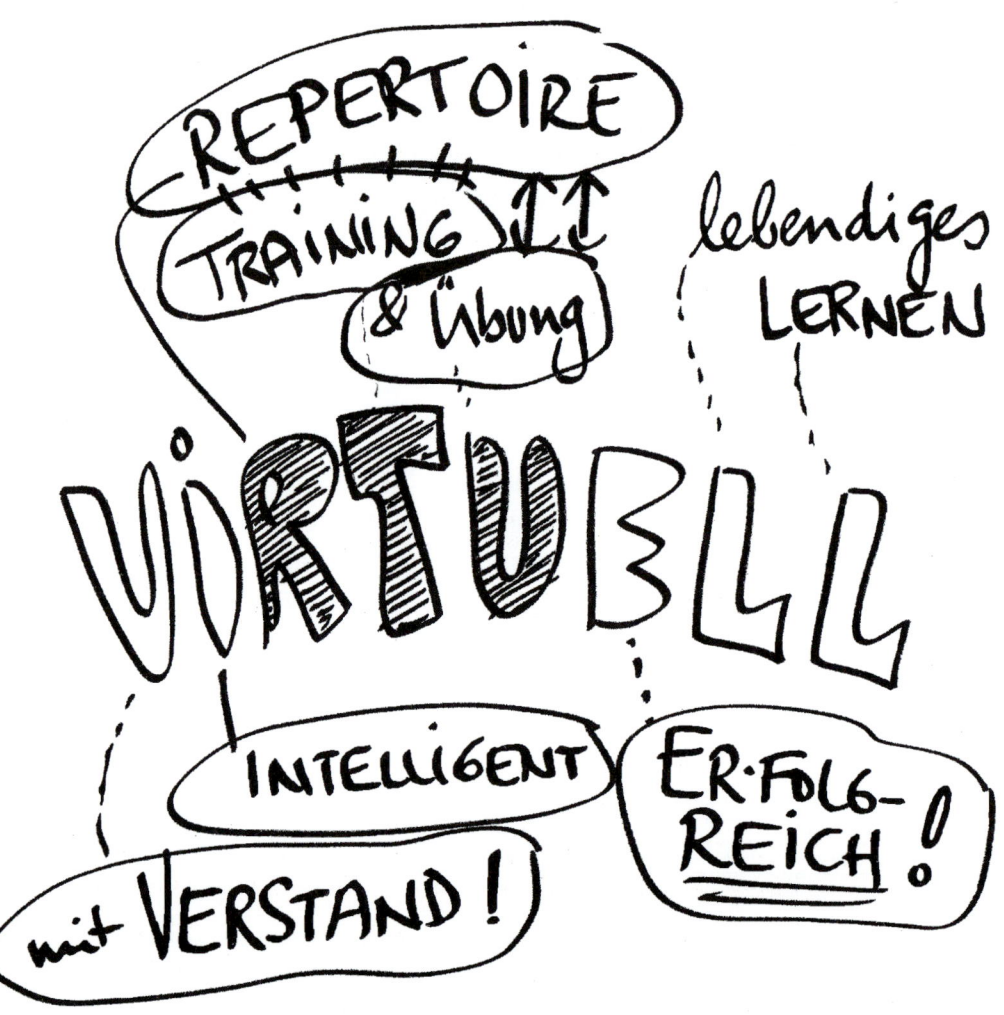

Geniales Denken
Oder: Denken GENIES anders?

In seinem äußerst praxisorientierten Kreativitäts-Buch *„Erfolgsgeheimnis Kreativität"* erwähnt Michael MICHALKO, daß sehr frühe Versuche, gemeinsame Nenner bei kreativen Denkern zu finden (wie eine großangelegte Studie von Ellis HAVELOCK im Jahre 1904) zum Scheitern verurteilt waren. Zwar hatte man eine Vielzahl von Daten gesammelt, konnte aber zu keinem klaren Ergebnis kommen. Wahrscheinlich ist sowohl die Möglichkeit, große Datenmengen per Computer auszuwerten, eine Voraussetzung, als auch neuere Rechen-Verfahren. SIMONTON zeigt, wie erfolgreich diese Versuche seit Mitte der 1950er Jahre waren, wobei die Studien von Wayne DENNIS zu den frühesten gehören, deren Ergebnisse wirklich erstaunlich waren (Quellen siehe Rand).

Quellen s. Literaturverzeichnis (S. 261 f.): Wayne DENNIS (zitiert von SIMONTON), KEITH, Michael MICHALKO, PERKINS, SIMONTON, ZUCKERMAN: „Genius, Creativity and Leadership in Historiometric Inquiries". 1984 und überarbeitet 1999.

GENIE(-ale) Studien!

Bis ca. 1950 glaubte man, die Verteilung aller menschlichen Fähigkeiten entwickle sich statistisch gemäß der berühmten glockenförmigen Kurve.

Die „übliche" Verteilung sieht so aus, daß **80 %** der „breiten Masse" im „Normalbereich" angesiedelt sind (mittig), dann egalisiert es sich aus und ganz **am Rand** finden wir die jeweils ca. 10 % „völlig anders" gelagerten. Hier kann man sich schön irren, wenn man die Elite in der „Spitze" der Kurve „sucht", denn dort finden wir stattdessen die höchste, „normalste" Normalität!

Diese Kurve nennen wir Europäer nach einem unserer Mathematiker „Gauß" (GAUß'sche Kurve), der die Formel zur Berechnung der sogenannten Normalverteilung 1794 fand, während die Angelsachsen sie als BELL's Kurve bezeichnen. Dies ist besonders interessant, weil die Form der Kurve einer Glocke ähnelt (BELL = Glocke).

Bei der Verteilung der Ergebnisse von Intelligenz-Tests (die ja in Wirklichkeit nicht Intelligenz messen, sondern „Schul-Fähigkeit"!!) heißt das: Die Glockenspitze enthält die Masse (IQ = 100), an den Rändern finden wir **links** subnormal (unter 80) und **rechts** die **Elite** (bis **240**). Somit sind

GOETHE wird ein IQ von 240 zugeschrieben.

Idioten genau so selten wie geistige Giganten. Aber damals dachte man auch: **Analog müßten extrem unkreative Menschen genauso rar sein wie besonders kreative.** Dann kam Wayne DENNIS und zeigte, daß die Annahme völlig falsch war, denn die Verteilung entspricht eindeutig nicht der Gauß'schen „Normalverteilung".

---

1. **Komponisten** des 18. Jahrhunderts (damals wurde die Musik geschrieben, die wir heute als „klassisch" bezeichnen)

2. **Bücher**, die in die Elite vorgestoßen waren. Dies war daran erkennbar, daß diese Titel in der **LIBRARY OF CONGRESS** zu finden waren (Stand 1942)

3. **Forschungsergebnisse** über Gerontologie und Geriatrie, die es in die Fachzeitschriften mit dem höchsten Prestige geschafft hatten

4. **Forschungsergebnisse** über nordamerikanische Geologie (von 1929–1939)

5. **Forschungsergebnisse** über infantile Paralyse-Erscheinungen (von 1789–1944)

6. **Chemiker**, die es in die Top-Gruppe derer geschafft hatten, von deren Arbeiten Kurzfassungen in **„Chemical Abstracts"** aufgenommen wurden (1937–1947)

Die normale (= vorgefundene) Norm bezüglich **Kreativität & Genialität** ist definitiv äußerst „unnormal". Wie bitte?

DENNIS analysierte in dieser ersten Studie (der später weitere folgten) sechs Gebiete (s. Kasten). Dabei sollten wir beachten: Den kreativen Forscher erkennt man an der originalen und intelligenten, der „genialen" Art, wie er eine Studie erfindet und durchführt. Indem DENNIS einige Gebiete wählte, dessen Genies **nicht allgemein bekannt sind**, mußte er objektive und objektivierbare Kriterien finden. Und indem er das **Zeitspektrum** teilweise über 10 Jahre (1929–1939) und teilweise über 150 Jahre (1789–1939) wählte, vermied er viele mögliche Fallstricke einer solchen Untersuchung. Außerdem wählte er ein Gebiet, auf denen die größten Genies allgemein bekannt sind und fünf, in denen nur andere Fachleute das geringste Interesse an den Arbeiten der ForscherInnen haben, die möglicherweise genial sein könnten. Ein Forschungsanteil führte quer durch alle Wissens-Gebiete, denn die LIBRARY OF CONGRESS ist eine extrem exklusive Staatsbibliothek, die sehr genau auswählt, welche Titel sie aufnimmt. Auf diese Weise wurden auch Bücher in die Studie aufgenommen (im Gegensatz zu den anderen Bereichen, in denen es um die Publikation von Fachartikeln in Fach-Journalen ging).

Geniale Ungleichheit?

Nun zeigte sich jedoch, daß GENIALES Denken das Ergebnis einer eklatanten kreativen Ungleichheit war: Einige wenige Ergebnisse von DENNIS:

Die Ungleichheiten waren auf allen Gebieten gleich überwältigend. Ein typisches Beispiel liest sich wie folgt:

Referiert von SIMONTON, S. 82 ff.

- **Komponisten: 64 %** aller Arbeiten waren von **10 %** sehr produktiver Menschen komponiert worden. Der produktivste schuf **11 %** aller Kompositionen ganz alleine (im Gegensatz zu 46 % der Komponisten, die je nur 1 Stück produziert hatten).

- **Bücher/LIBRARY OF CONGRESS:** Die **Top 20 Autoren** hatten **53 %** der Bücher in diesem prestigeträchtigen Katalog geschrieben.

Und so könnte man jetzt weiterfahren. Auf allen Gebieten gilt folgender Schnitt:

- **10 %** der Kreativen leisteten **50 %** der gesamten Arbeit.
- **61 %** der Leute schaffen nur je 1 Arbeit.

In einer späteren Studie zeigte DENNIS denselben Trend unter Psychologen:

- **10 %** publizierten **37 bis 47 %** aller Forschungs-Ergebnisse, die am wenigsten produktiven hingegen nur knapp **15 %**. Im Klartext: **10 % der produktiven Elite arbeitet 3-mal so viel wie die 50 % in der unteren Hälfte zusammengenommen!** Die allermeisten publizierten gar nichts. Das verändert die **Relationen** massiv zugunsten der wenigen in der Elite.

Inzwischen haben auch andere Forscher großangelegte Studien unternommen, und auch sie kommen zu vergleichbaren Ergebnissen. Einer, der die Ergebnisse von DENNIS und anderen näher analysiert (MOLES, 1958) hatte, stellte fest:

Wiewohl die Anzahl klassischer Komponisten in die Tausende geht, haben **nur 250 von ihnen** alle Arbeiten komponiert, die **regelmäßig** aufgeführt werden ... nur **36 von ihnen** komponierten **drei Viertel** all dieser Arbeiten und **nur 16 Komponisten** schufen **50 %** dieser Musikstücke. Anders besehen, „sagen" uns die Zahlen: **die TOP TEN** schufen **40 %** der Musikstücke, und: **die TOP THREE** schufen **20 %**.

Dreimal dürfen Sie raten, wer die Top Three waren:

und Mozart
Beethoven
Bach,
Antwort:

1. _____

2. _____

3. _____

Im Klartext haben **weniger als 1 %** all der vielen Komponisten fast die gesamte sogenannte klassische Musik geschaffen!

Wir sehen also eine völlig andere Verteilung als die „Normalverteilung" der Gauß'schen Kurve. Diese Relationen haben eine Reihe von **Mathematikern berechnet** und sie alle kommen auf sehr ähnliche Ergebnisse, egal ob sie Menschen berechnen oder Prozentpunkte von Investmentfonds:

Die Anzahl von **veröffentlichenden Wissenschaftlern**, die genau 100 Arbeiten publizieren, ist ungefähr **proportional** zu $1/n^2$, wobei die Proportionalität sich in den einzelnen Disziplinen leicht verändert.

LOTKA (1926), der Vater der demographischen Analyse (und selber Autor von 95 wissenschaftlichen Arbeiten und von sechs Büchern) formulierte eine Formel, die inzwischen nur minimal verändert werden mußte (s. Kasten).

SIMONTON erklärt, daß LOTKA.s Gesetz sehr dem PARETO-Gesetz (80:20) ähnelt (wobei es hier um **Investitionen** ging). Inzwischen hat man festgestellt, daß sich diese Art der Relation **weltweit quer durch alle möglichen Gebiete zieht.**

80:20

Zum Beispiel: **20 % der Kunden kaufen 80 % der Waren; 20 % der Mitarbeiter machen 80 % der Arbeit, aber eben auch: 20 % der Kreativen in einer Bevölkerung schaffen 80 % der wichtigen Entwicklungen, Erfindungen, wissenschaftlichen Theorien, Kunstwerke, Ideen etc.**

SIMONTON:

Isomorphismus (iso = gleich, morphe = Form) bedeutet demnach: Formen-Ähnlichkeit)

Es gibt einen provozierenden Isomorphismus zwischen **kultureller Kreativität** und **ökonomischer Führung**, so daß die **intellektuelle** Hegemonie eines EINSTEIN mit der **materiellen** Hegemonie eines ROCKEFELLER verglichen werden kann.

Insgesamt können wir festhalten: Die Hälfte aller wissenschaftlichen Beiträge quer durch alle Fachrichtungen wurden von einer Anzahl von Forschern geleistet, die der Wurzel entsprechen:

Von 100 Forschern einer Disziplin werden nur 10 für 50 % aller Veröffentlichungen sorgen!

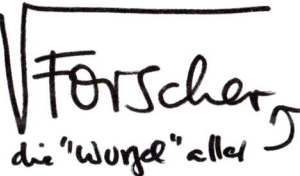

√Forscher, die "Wurzel" aller

Das beantwortet die Frage, ob es eine **Korrelation** zwischen **Quantität** und **Qualität** gibt, eindeutig mit „JA". Das darf zwar nicht so interpretiert werden, daß jede Person, die nur fleißig genug ist, unbedingt auch Qualität generieren wird, aber umgekehrt wird ein Schuh daraus:

Alle Kreativen, alle Genies, alle großen Wissenschaftler, Künstler, Schriftsteller etc. haben überproportional viel geschaffen.

In der LISTE (rechts) sehen Sie **einige** dieser Namen; jeder in der Liste schuf weit mehr als 80 % aller Mitbewerber auf seinem Gebiet.

ASIMOV über 350 Bücher, davon die Hälfte wissenschaftliche (Fach- und Sachbücher), der Rest sf.

BACH über 1000 Werke (Sie füllen 46 Bände; noch auf dem Totenbett diktierte er eine Komposition. Sein absolutes Minimum war eine Kantate pro Woche – egal, ob er krank war oder sonstig sehr unter Zeitdruck mit anderen Arbeiten.)

DARWIN, 119 (davon sind einige dicke Bücher und über eines davon reden wir heute noch!)

EDISON, 1092 Patente

EINSTEIN, 248 Arbeiten

FREUD (330 Arbeiten auf dem Gebiet der Psychologie, weitere zu anderen Themen)

GALILEO entdeckte den Isochronismus des Pendes mit 17

GALTON, 227 Arbeiten

LEONARDO DA VINCI hat zwar vieles unbeendet gelassen und vieles erfunden, was seinerzeit nicht realisiert werden konnte, aber allein seine Notizbücher entsprechen gigantischen Mengen an Erkenntnissen: naturwissenschaftlich wie kulturell.

MOZART, 600 Werke (viele davon entstanden auf Reisen in Kutschen auf schlechten, ungepflasterten Wegen)

PASCAL (erste wissenschaftliche Publikation mit 16 oder 17 Jahren)

PICASSO, 20.000 Werke

POINCARÉ, 500 Arbeiten

REMBRANDT, 650 Gemälde, 300 Radierungen und 2000 Zeichnungen

SCHUBERT, über 500 Werke

US-Nobelpreisträger publizierten im Schnitt über **20 Arbeiten vor dem Alter von 30!**

Ich stelle immer wieder fest, daß die meisten Menschen „total überrascht" sind, wenn sie etwas über die Relation zwischen Genialität und vielem Schaffen erfahren. Zwar hat man schon mal gehört, daß da jemand (es war EDISON) gesagt haben soll, **Genialität** bestehe aus **1 % Inspiration und 99 % Perspiration** (also 99 % Schweiß & Fleiß), aber dann fallen einem eher irgendwelche Workaholics ein, die man kennt, deren lange Arbeitsstunden nicht gerade Geniales produziert haben, und man zuckt die Schultern und denkt nicht weiter darüber nach. Schade! Dadurch kann man nämlich nicht herausfinden, was diese genialen Forscher, Erfinder, Ingenieure, Schriftsteller, Komponisten, bildenden Künstler (meist intuitiv) begriffen haben (denn die wenigsten von ihnen wurden ja im Denken unterwiesen, im Gegenteil):

Das Schaffen dieser Menschen stellt eine Denk-Form dar. Geniale Leute „schaffen" nicht des „Schaffens" willen, sondern weil sie aktiv nachdenken.

Es gibt eine interessante **Parallele**: Schon die alten Römer stellten fest, daß die beste Art zu Lernen das Lehren ist *(docendo discimus)*. So kann man sagen: **Die beste Form des Denkens** ist das Notieren, wobei das analografische Notieren das Schreiben und Zeichnen miteinander verbindet. Auch ich brauchte ca. 30 Jahre, bis mir klar wurde, daß meine Art zu Denken einen **Denk-Stil** repräsentiert, den andere erlernen können, und wodurch sich die Qualität ihres Denkens sehr schnell maßgeblich erhöht. Früher vermittelte ich den von mir entwickelten Lern-Stil, aber daß auch meine Art zu

Vgl. Merkblatt Nr. 1 (S. 296 ff.) und *„Das große Analograffiti-Buch"*: **ANALOGRAFFITI** steht ja für „analoges **DENKEN** mit einem **STIFT IN DER HAND"**.

Denken vermittelbar ist, erkannte ich in zunehmendem Maß erst in den letzten Jahren.

Davon haben sogenannte normale Menschen in der Regel leider nie etwas „mitbekommen", weil unser Schul-System kreatives Denken nicht nur **nicht lehrt**, sondern weitgehend verhindert! **Denkende Menschen aber wissen, daß nur beim Denken Neues entsteht.** Wollen wir dies kurz am Beispiel **Schreibkrampf** erläutern:

Der Normalmensch hat in der Schule* gelernt, er solle nur etwas schreiben, wenn er etwas zu sagen habe. Solange seine Gedanken noch nebulös ums Thema kreisen, solange meint er demzufolge, sei es leider noch „zu früh" zum Schreiben. Falsch. Indem er zu schreiben beginnt (wohl wissend, daß die ersten 17 Seiten auf die große „Rundablage" zielen könnten), **beginnt sich sein Denken zu entwickeln**: Man **entdeckt** Neues, **entwickelt** neue Gedanken, verfolgt neue **Kombinationen** von Ideen, die „einfach so" nicht verbunden worden wären, man **gewinnt** die eine oder andere **Einsicht**, die **ohne das Schreiben nie entstanden wäre.** So halten es alle, die viel publizieren; sie haben ein Vielfaches dessen geschrieben, was sie letztlich publizieren, aber bei diesen „Schreib-/Denk-Übungen" entstanden auch jene Werke, die es dann wert waren, publiziert zu werden!

Gottseidank können wir heute mit den LISTEN-TECHNIKEN, die dieses Buch anbietet, weit schneller **schreibend denken**, indem wir nur noch **Stichwörter** notieren und gemäß verschiedener möglicher Spielregeln LISTEN kreieren. Das vereinfacht die Sache sehr, entspricht aber immer noch der Maxime, daß man **schreibend besser denken kann** als „still".

Manche Lehrkräfte nehmen meine Schul-Bemerkungen gerne übel, weil sie noch nicht eingesehen haben, daß das gleiche Schul-System in fast allen industrialisierten Ländern ähnlich schlecht ist. Deshalb folgt eine weitere **Schul-Information** aus den **Genie-Studien**. Wir alle haben ja oft genug gehört, daß die meisten Genies die Schule haßten … Stimmt das eigentlich?

Mit „Schul-System" und Lehrkräften meinen wir das Schul-System **der industrialisierten Länder**! Aber an der Schwelle zum **Wissens-Zeitalter** müssen wir unseren **Traum wiederfinden**! (Vgl. „Lehrer-Modul", S. 242 ff.)

Vgl. „Kombinatorisches Listen-Denken", S. 118 ff., im Modul „Denk-Technik" (S. 90 ff.).

---

* Die Schule will uns ja auch weismachen, man dürfte nur sprechen, wenn man die Lösung wisse. Mit „die Lösung" ist die sogenannte einzig richtige Lösung gemeint (d.h. die, die von der Lehrkraft akzeptiert wird). Wenn ich Menschen ermuntere, im Zuge eines Gespräches Dinge zu **erforschen**, tun viele sich eingangs „unendlich schwer". Man kann doch nicht gleichsam gemeinsam laut denken … doch, man kann lernen, genau das zu tun!

Wollen Sie raten? Bei EINSTEIN wissen wir, daß es stimmt, aber sonst …?

SIMONTON gibt uns einen interessanten Vergleich: OPPENHEIMER hatte weit bessere Schulnoten als EINSTEIN, aber EINSTEIN transformierte die Physik.

❑ 100 % der genialen Denker haßten die Schule.

❑ 60 % der genialen Denker haßten die Schule.

❑ 40 % der genialen Denker haßten die Schule.

❑ 10 % der genialen Denker haßten die Schule.

Und, so könnte man hinzufügen: In Los Alamos zeigte sich, daß OPPENHEIMER doch wohl mehr Politiker als Physiker war.

Noch ein Gedanke, ehe wir zur Auflösung der Frage schreiten: Nobelpreisträger geben das hohe Denkniveau und ihre Art zu denken weiter. **Nobelpreisträger züchten in der Regel 6,2 weitere Nobelpreisträger** (im statistischen Schnitt).

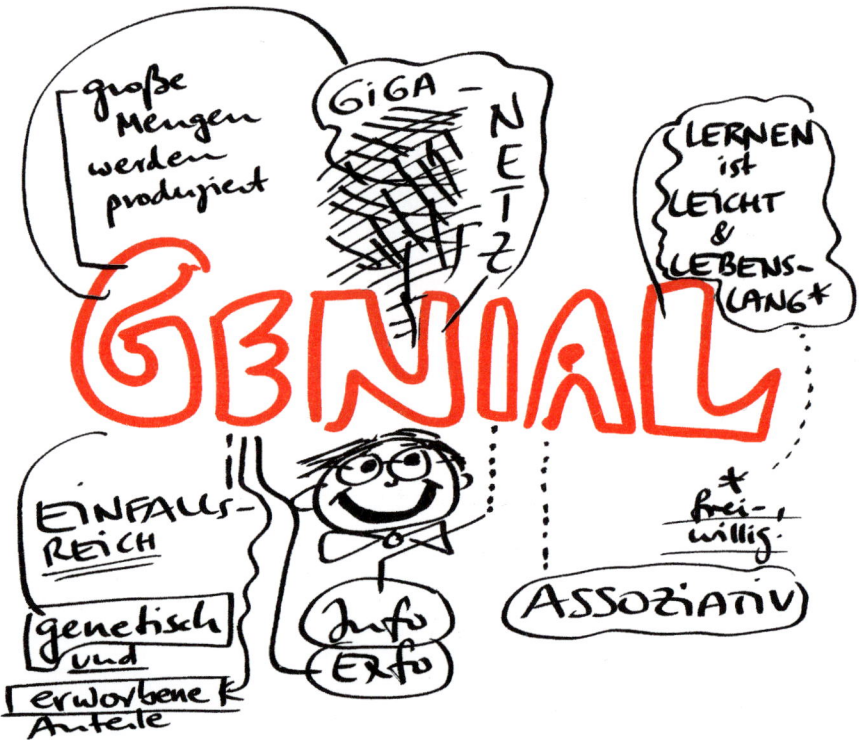

Nun, die Ergebnisse: **60 %** der TOP Wissenschaftler **haßten die Schule, nur 30 % mochten sie**, (10 % waren neutral bzw. man konnte ihre Einstellung nicht mehr feststellen).

Von den Wissenschaftlern, die die Schule mochten, wurde ein relativ hoher Prozentsatz (in den angelsächsischen Ländern) Politiker, während bei uns in Deutschland ein ähnlich hoher Anteil von Politikern einst LEHRKRÄFTE waren! Viele jener, die die Schule **nicht** liebten, **lernten extrem viel**, aber **autodidaktisch**! Sie waren gezwungen, sich das, was sie brauchten, selber beizubringen (z.B. EINSTEIN).

Multiplikatorische Ideen-Explosion?

Es gibt noch einen gemeinsamen Nenner aller besonders kreativen Denker (und in zunehmenden Maß auch Denkerinnen), nämlich das **assoziative Netzwerk** dieser Personen. Dies ist besonders in Zusammenhang mit einer faszinierende Frage wichtig, nämlich: **Vermehren** sich Ideen **additiv** (kumulativ, arithmetisch) oder **multiplikatorisch** (geometrisch, exponentiell)? Nun, Sie ahnen es: Letzteres ist der Fall! SIMONTON bezüglich des Generierens von Ideen in einem assoziativen Netzwerk:

> Je höher die Anzahl an Ideen/Konzepten und je verbreiteter ihre Verbindungen (innerhalb des Netzwerks), desto größer ist das potentielle Angebot an neuen Kombinationen.

Allerdings (vermehrt) sich die Anzahl möglicher Ideen (bzw. Variationen) nicht linear, sondern „explosiv" (exponentiell)

Damit wächst der potentielle REICH-tum den uns unser inneres Archiv bieten kann mit der Menge der **möglichen** Assoziationen:

> **Je mehr wir wissen, desto mehr Ideen können wir produzieren oder generieren.**

Aber wir müssen auch **Zugriff auf die Fakten** in unserem Wissens-Netz haben, um dieses Wissen in unserer normalen alltäglichen Denk-Prozesse einzubeziehen, wenn wir tun, was man früher einmal „nachdenken" genannt hat. Kennen Sie den Ausspruch von Georg Bernhard SHAW bezüglich (echten) Nachdenkens?:

> **Die meisten Menschen denken zwei- bis dreimal pro Jahr. Ich aber habe Weltruhm erlangt, weil ich ein- bis zweimal pro Woche denke.**

Dabei gilt: Genau die Techniken, die uns den Zugriff erlauben, durften die meisten Menschen in der Vergangenheit nie trainieren. In der Schule lernten wir **nicht nur keine** Ideen-produzierenden und wissensvermehrenden Denk-Techniken (vom intelligenten Fragen ganz zu schweigen), sondern wir

Übrigens berichtet SIMONTON auch: Die meisten dieser Leute lesen pro Jahr im Schnitt gleichsam fast nebenbei 50 (non-fiction) Bücher und sie schaffen weit mehr in weniger Zeit als normale Leute ihres Faches.

Mit der Anzahl der Elemente steigt die Menge an potentiellen Gedanken, die generiert werden können, explosionsartig (multiplikatorisch)!

Im Gegensatz zu Selbstgesprächen wie „Es ist keine Marmelade mehr im Haus!"

Ich **wiederhole**: Mit „Schul-System" meinen wir das System **der Indu-strie-Länder**! (Vgl. „Leh-rer-Modul", S. 242 ff.)

lernten auch Angst vor unseren eigenen Assoziationen zu haben. Zum Bei-spiel sollte man den Mund erst aufmachen, wenn man die Lösung wußte, allerdings wurden in der Regel keine Techniken zum **Finden** von **nicht-mathematischen Lösungen** angeboten. (Bitte beachten Sie die **Rand-spalte**). Aber dieses Buch bietet sie, insbesondere das LISTEN-DENKEN, inkl. ABC-Listen, sowie der LULL'schen LEITERN und ROTAE! Im „Lehrer-Modul" erwähne ich einen wichtigen Gedanken von STERNBERG, nämlich:

Wir erwarten die Art zu Denken, die sich in den Genie-Studien als „genial" herausgestellt hat, erst in der zweiten Hälfte des Hochschul-Studiums, d.h. zu einem Zeitpunkt, da die meisten vom System völlig „verseucht" sind. Deshalb schaffen es nur so wenige in die elitäre Elite jener, die wirklich den-ken können! Dies war in den vor-industriellen Epochen wie auch noch im Industrie-Zeitalter günstig, denn man regiert nun mal leichter, wenn die Masse der Bürger nicht wirklich gut denken kann. Aber im neuen Zeitalter des Wissens (also in der zweiten post-industriellen Ära, jetzt, da wir uns von einer Informations-Gesellschaft in eine Wissens-Gesellschaft wandeln) – jetzt kommt es darauf an: **Die Ressource der Zukunft ist die Geistes-Leistungsfähigkeit ihrer Bürger.** Diejenigen Staaten werden im Staa-ten-Wettbewerb obenauf sein, die **mehr denkfähige Menschen** (die wir früher als Genies zu bezeichnen pflegten) „produzieren". Und innerhalb der Gesellschaft werden diejenigen reüssieren, die die Art von Denke, wie dieses Buch (und seine angrenzenden „Brüder und Schwestern") sie beherrschen. Es ist wirklich wesentlich leichter, als die meisten Menschen je für möglich gehalten hätten.

Vgl. „Hier geht's los ..." (S. 11), Modul „Denk-LUST", (S. 86 ff.) und das „Lehrer-Modul" (S. 242 ff).

Wir brauchen auch nur wenige Stunden Trainings-Zeit, die wir gerne auf kleine Minuten-Einheiten verteilen können. Mehrmals täglich einige Minuten, gern auch zwischendurch (an der roten Ampel, beim Gemüseputzen, beim Gassigehen, in der Badewanne oder unter der Dusche, vor dem Ein-schlafen, etc.). Es fühlt sich nur eingangs ungewohnt und fremd an, aber wenn wir sehr schnell merken, was es bringt, und zu wieviel mehr unseres Wissens wir immer leichter Zugang finden, dann beginnt es Spaß zu machen.

Für manche ein komischer Gedanke:
Spaß beim Denken (ha ha)

AQUIN oder EINSTEIN?

Nach Mary CARRUTHERS kann man **zwei** grundsätzliche Denk-Stile unterscheiden, wobei **geniale** Denker eher zum **zweiten** Typ (in der Abbildung auf der rechten Seite) gehören:

Mary CARRUTHERS: *„The Book of Memory"* (zitiert bei SIMONTON).

AQUIN war ein großer Befürworter der klassischen (griechischen) Gedächtnis-Traditionen. **EINSTEIN** dachte Dinge, die vor ihm noch niemand gedacht hatte.

Der **Denk-Stil Thomas von AQUINs** möchte vor allem vorhandenes Wissen bewahren. Gedächtnis-Inhalte sind etwas, das bewahrt werden soll. Gedächtnis-Inhalte sind aber für **geniale Denker Ausgangspunkte** für die **Vermehrung** von Ideen bzw. für die **Generierung neuen Wissens und neuer Ideen.**

Thomas von **AQUIN** (13. Jahrhundert) hielt das Memorieren für eine notwendige Pflichtaufgabe, damit man wußte, was **andere** Denker vorher bereits zu einem Thema/Problem gedacht hatten. Wir wissen nicht, ob er verhindern wollte, daß man das Rad mehrmals erfinden müßte oder ob er einfach große Ehrfurcht vor den früheren Denkern hatte. Böse Zungen meinen, es sei wohl eine gewisse Faulheit, selbst zu denken, aber da das klassische Memorieren eine Menge Zeit beansprucht, ist dies wohl eher nicht anzunehmen.

Vgl. „LULL'sche LEITERN und ROTAE" (S. 252 ff.) sowie „Kombinatorisches Listen-Denken" (S. 118 ff.) im Modul „Denk-Technik" (S. 90 ff.).

EINSTEIN entwickelte einen entgegengesetzten Denk-Stil. Es interessierte ihn nur sehr bedingt, was „man" über eine Frage vorher gedacht hatte. Er stellte Fragen, die vor ihm noch niemand gestellt hatte (z.B. „Was wäre, wenn ich auf einem Lichtstrahl durch das Universeum reisen könnte?", „Was wäre, wenn ein Zwillingsbruder mit Lichtgeschwindigkeit durchs All rasen würde, während der andere hier bliebe, wenn der Astronaut nach – für ihn – kurzer Zeitspanne zurückkehrte? Wieviel Zeit wäre inzwischen auf der Erde vergangen?"). Er dachte sich Antworten aus, die vor ihm ebenfalls noch niemand gedacht hatte.

Der **Denk-Stil Thomas von AQUINs** möchte vorhandenes Wissen primär **bewahren**. Gedächtnis-Inhalte sind hingegen für **geniale Denker Ausgangspunkte** für neue Gedanken sowie für die **Vermehrung von Ideen** bzw. für die **Generierung neuen Wissens** aus dem eigenen Wissens-Netz heraus.

Je mehr der assoziativen Trainings-Aufgaben Sie regulär angehen, desto mehr **Möglichkeiten für Wissens-Vermehrung** durch Ihre eigenen Assoziationen schaffen Sie. Wenn Sie diesen Trick erst einmal heraus haben, dann macht es Ihnen wirklich bald Spaß, immer „genialer" zu denken!

Informations-Flut?   M 12

Vorbemerkung: Manches in diesem Modul mag Ihnen bekannt sein, wenn Sie schon öfter bei Brain-Tagen dabei waren oder *„Das große Analograffiti-Buch"* sehr intensiv durchgearbeitet haben. Daher darf ich Sie erinnern: Dieses Buch ist modular aufgebaut, das bezieht sich selbstverständlich auch auf einzelne Teile von Modulen. Wenn Sie meinen, manches schon zu kennen, dann schauen Sie, lesen Sie quer, und stürzen Sie sich auf jene Teile, die Ihnen noch neu sind. Zum Beispiel befassen wir uns in diesem Modul mit:

1. **FISCH** (eine uralte Story und eine Analogie)
2. **BEDEUTUNG** (wie „erhalten" Informationen eigentlich Bedeutung?)
3. **WAHRNEHMUNG** (warum nehmen wir das „für wahr", **was wir wahrnehmen**? Dies führt uns noch einmal zu
4. **BEDEUTUNG** (oder: konkave **Kreativität**)
5. **INFO-FLUT**? (3 Arten von **INFORMATION**).

1. Fisch

Bevor ich Ihnen die Fisch-Analogie serviere, möchte ich Sie bitten, Ihre ersten Assoziationen zu dem Begriff „Fisch" zu notieren – ganz schnell:

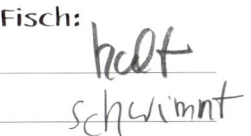

Fisch:
_____ hat
_____ schwimmt

Sufi-Story: Fische auf der Suche

Zwei Fische hatten gehört, es gäbe eine Substanz, genannt „Wasser", und sie wollten gerne herausfinden, was es damit auf sich hätte. Also schwammen sie zu dem ältesten Fisch in ihrer Nachbarschaft und fragten ihn, ob er wisse, was denn dieses Wasser sei. „Oh", meinte er, „Wasser ist enorm wichtig, immens wichtig, in der Tat …" Ob er denn nun wisse, was es sei? „Nein, aber ich kenne einen Fisch, noch älter und weiser als ich, der weiß es vielleicht …" Und nun begaben sich die beiden Fische auf eine Odyssee, jeder Fisch bestätigt die enorme Wichtigkeit von Wasser, keiner weiß aber, was es ist, bis sie letztlich, nach langer Suche, zu einem uralten Fisch in einer versteckten Grotte gelangten. Es ist ihre allerletzte Chance. Wenn er es nicht weiß, gibt es keinen. Sie sind müde, frustriert, haben kaum noch Hoffnung und befürchten, daß die ganze Suche umsonst gewesen war. Als sie dem uralten weisen Fisch ihre erste Frage stellen, stimmt auch er zu, aber auf die zweite Frage, ob er wisse, **was** dieses geheimnis-

Der Sufismus ist eine uralte philosophisch-religiöse Bewegung im persisch-arabisch-türkischen Raum. Er bietet drei Wege zur Weisheit (BaRaKa): 1. der Weg der Ekstase (vgl. die tanzenden Derwische), 2. der entgegengesetzte Weg (Meditation, Stille) und 3. der Weg des Intellektes. Hierher gehören die bekannten Sufi-Lehrgeschichten, welche ähnlich den Gleichnissen aller großen Meister eine Lehre enthalten, aber nur für die, die sie ihr entnehmen können. Eine der Hauptfiguren ist Mullah Nasruddin, aber, wie man sieht, gibt es auch Sufi-Geschichten ohne den Mullah.

volle Wasser denn eigentlich sei, sagte er: „Ja!" Sie konnten es nicht glauben. Sie wiederholten ihre Frage und er bejahte wieder. Natürlich wisse er, was Wasser sei. Sie waren überglücklich, konnten es kaum fassen und baten um die Erklärung. Er begann: „Als erstes müßt Ihr begreifen, daß alles, was euch umgibt, Wasser ist …" Da schaute der eine den anderen traurig an und sagte: „Er weiß es auch nicht!" Der zweite nickte und völlig enttäuscht schwammen sie davon …

Scherzfrage: Warum ersäuft der Fisch im Wasser nicht?

Antwort: Weil er Kiemen hat. Kiemen verhindern das Ertrinken gesunder Fische.

Kiemen stellen ein raffiniertes Filter-System dar, mit dessen Hilfe der Fisch überlebt. Nun ist das Lebens-Elixier des Fisches das **Wasser**, das er wahrscheinlich genau so wenig „bewußt" versteht, wie wir Menschen bisher begriffen haben, daß wir von einer Informations-Flut umgeben sind.

Deshalb gilt es, unsere metaphorischen Kiemen sauber zu halten (wir kommen hierauf zurück).

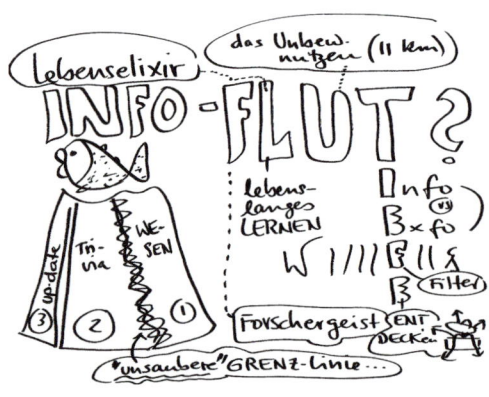

Damit meine ich nicht nur die stetig wachsenden Medien-Ergüsse, sondern zunächst einmal die Tatsache, daß wir von einer gewaltigen Flut von Stimuli umgeben sind, die wir alle möglicherweise wahrnehmen könnten, aber wir picken uns ein extrem schmalbandiges Rinnsal heraus, das wir als Realität bezeichnen und aus dem wir uns das „maßschneidern", dem wir „**Bedeutung**" zu geben pflegen.

2. Bedeutung

Oder: wie „erhalten" Informationen eigentlich Bedeutung?

Früher glaubte man, die Bedeutung einer Sache liege **innerhalb** derselben. Heute gehen wir davon aus, daß der **Wahrnehmende** das Wahrgenommene durch den Akt des Wahrnehmens (Deutens) verändert.

Schließlich leitet sich der Begriff „Bedeutung" vom Deuten her, also davon, daß wir unsere Aufmerksamkeit auf eine Sache lenken.

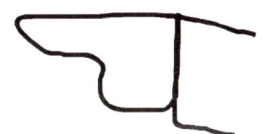

Wir können uns auch vorstellen, daß die Hand nicht nur „deutet", sondern daß sie unsere berühmte Taschenlampe hält, mit der wir die Welt untersuchen, indem wir mit dem Spotlicht unseres Bewußtseins in der Dunkelheit herumleuchten und den Strahl auf Dingen ruhen lassen. Je vertrauter wir mit einer Situation sind, desto genauer wissen wir vorab, wohin wir das Licht lenken wollen. Je fremder eine Situation für uns noch ist, desto wichtiger wird die Frage: Welchen Aspekt einer Sache **sollen** wir eigentlich **bewußt** registrieren (= beleuchten)? **Was ist denn bitte das Wesentliche an dieser Sache?**

Vgl. Modul „PICASSO et al." (S. 263 ff.).

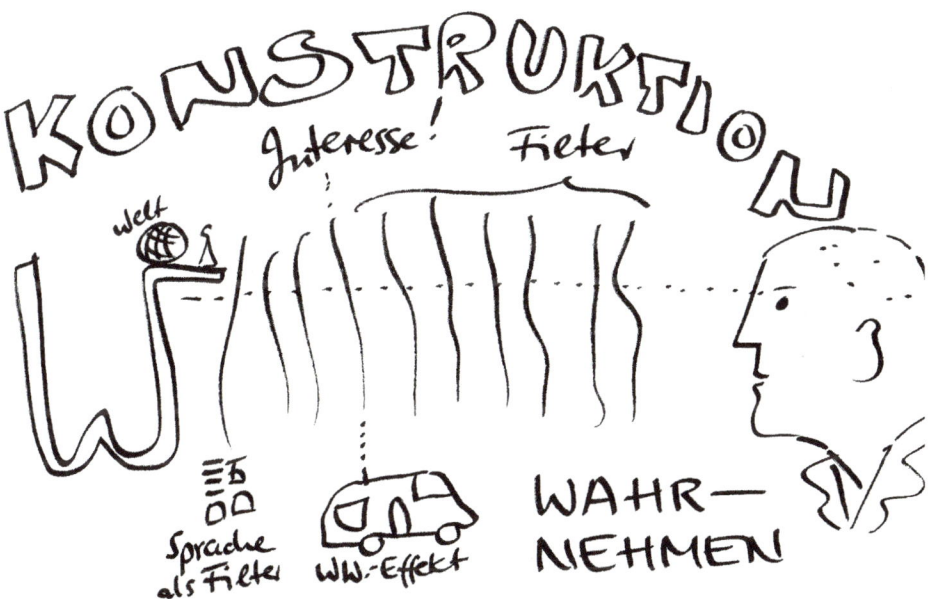

Links sehen wir die **Welt (Wirklichkeit)** inkl. Weltall, Universen, subatomarer Welt, aller Lebewesen; rechts einen wahrnehmenden Geist. Nur ist es eben nicht so einfach, daß man seine Sinnesorgane einfach auf diese Welt „wirft" (vgl. die Redewendung „Ein Auge auf etwas/jemanden werfen") und dann weiß, was Sache ist. Wahrnehmung ist anders ...

3. Wahrnehmung

**Oder: warum nehmen wir das „für wahr",
was wir „wahr-nehmen"?**

Wir selektieren einen minimalen Ausschnitt aller möglichen Reize, die wir zu einem Bündel zusammenschnüren, das Sinn ergibt (für uns). So „finden" (eigentlich „erfinden") wir, jeder von uns, ständig unsere eigene subjektive Wirklichkeit. **Lassen Sie mich dies an drei bekannten Beispielen „aufhängen".**

Wahrnehmungen durch unterschiedliche Filter

Beispiel 1: Drei Männer besteigen einen Berg: ein Architekt, ein Kunstmaler und ein Schürzenjäger. Wiewohl sie **gemeinsam** gehen und die Welt aus fast demselben Blickwinkel sehen, besteigt jeder von ihnen einen „ganz anderen" Berg. Der **Architekt** sieht vornehmlich potentielles **Bauland** und **Gebäude** (von der Almhütte über eine alte Scheune, die man zum Partylokal herrichten könnte, bis zu Grundstücken, die zum Bebauen geeignet wären). Er sieht also keine Wiese, keinen Hügel, keine Lichtung — er sieht Grundstücke. Seine Interpretation, der kleine Taschenlampenkegel seines Bewußtseins, sucht und findet Bauland ...

Vgl. dazu auch Merkblatt 2, **15 mm** (Bewußtsein = „Licht") in **11 km** (unbewußter) „Dunkelheit".

Der **Schürzenjäger** sieht **alle** (und wir meinen wirklich alle!) **Frauen**, die sich auf dem Bergweg hinauf- oder hinunterbewegen ...

Der **Kunstmaler** sieht vor allem **Farben und Formen**; er sieht zwar einige der „Grundstücke" (des Architekten), aber er sieht sie als **Licht und Schatten**. Er bemerkt auch einige der Damen (die er gerne malen würde), die anderen weiblichen Wesen sind für ihn so unerheblich, daß sie genau so gut unsichtbar sein könnten.

Fazit: Jeder der drei nimmt einige Aspekte wahr (nämlich jene, auf die das Licht ihres Bewußtseins „hinfällt"), ohne zu merken, daß er aus diesen wenigen Aspekten seine ganze (Berg-)Welt konstruiert. Hinterher hat jeder ein Gefühl, mehr über Berge zu wissen, als vorher ...

Beispiel 2: Mehrere blinde Männer (in Indien) studieren den ersten Elefanten, der ihnen begegnet. Der erste hat ein **Bein** zu pakken bekommen, der zweite den **Rüssel**, der dritte den **Bauch**. Bald stellt der erste belehrend fest. „Also, ein Elefant ist säulenartig!", woraufhin der zweite vehement widerspricht: „Quatsch. Ein Elefant ähnelt einer Schlange, weich und biegsam und vorne ein Maul ..." Daraufhin bricht der dritte in wieherndes Gelächter aus und hält seine Deutung (des Bauches) für die einzig mögliche.

Fazit: Jeder sieht **einen** Aspekt und glaubt, das Ganze „erfaßt" zu haben (man beachte die begriffliche Nähe zwischen „be-GREIF-en" und „er-FASSEN").

**Beispiel 3: Ein Mann kniet im Kegel der Hauslaterne vor dem Ein-
gang und sucht verzweifelt etwas.** Ein zweiter kommt vorbei und
fragt, ob er ihm helfen kann.

Auch eine alte Sufi-Story

„Ich habe meinen Schüssel verloren!" – „Gut,
ich helfe dir." Und nun suchen sie zusammen, lange Zeit. Endlich fragt der zweite Mann: „Sag mal, bist du sicher, daß
du ihn hier verloren hast?" – „Nein,"
meint der andere, „verloren habe ich
ihn da drüben in der Dunkelheit,
aber hier ist es hell und darum suche
ich hier."*

Fazit: Dieser Suchende tut, **was wir
alle tun** – in einem Meer von Dunkelheit (unsere 11 km Unbewußtsein) konzentrieren wir uns auf den kleinen Lichtkegel
(15 mm Bewußtsein) und suchen nach dem **Schlüssel** (im übertragenen
Sinn) **zur Bedeutung**, während wir die gigantische Dunkelheit „außen
vor" lassen.

4. Bedeutung entsteht

Oder: konkave Kreativität

Alberto MANGUEL: „Eine
Geschichte des Lesens",
rororo 1999 (original:
„A History of Reading",
USA, 1995); Hervor-
hebungen meine.

Die Tatsache, daß Bedeutung nicht von vorneherein in die Welt „eingebaut"
ist, sondern erst durch den Akt der Wahrnehmung geschaffen wird, ist von
zentraler Wichtigkeit. Wollen wir deshalb diesen Akt der Entstehung von
Bedeutung verfolgen, der gleichsam **zwischen** dem Objekt und seinem
Betrachter entsteht. Dies beschreibt Alberto MANGUEL, als er den Prozeß des
Lesens in Worte faßt:

---

*   Auch dies ist eine berühmte Sufi-Lehrgeschichte, bei uns im Westen gerne als Besoffenenwitz kolportiert, aber der
Mann in der Original-Story ist weder betrunken noch dumm. Vgl. auch das Merkblatt Nr. 4 **„Sublimale Wahrnehmung"** (S. 344 ff.).

HIER, zwischen Sender (ob persönlich oder per Aufzeichnung bzw. Buch) **und Empfänger ensteht die Bedeutung.**

(So) „bearbeiten die Leser den Text. Sie **erschaffen** Bilder, verbale Umwandlungen, um seine Bedeutung zu **erfassen**; (die) sie **erschaffen**, indem sie beim Lesen Beziehungen herstellen zwischen ihrem Wissen und ihren Erfahrungen und dem Text …

So wie man **alleine keinen Tango tanzen** kann, so ähnlich ist es, wenn ein Kunstwerk entsteht. „Nun", mögen Sie denken, „ein Kunstwerk entsteht, wenn der Künstler es erschaffen hat!" Fein. Aber Sie kennen vielleicht die alte Frage: „Wenn im Wald mit lautem Krachen ein Baum umfällt und niemand ist Zeuge, hat es dann gekracht?"

Diese Frage ist Jahrhunderte alt.

Sie impliziert, daß ein Signal von (mindestens) einem Empfänger (der die Bedeutung des Signals begreift) wahrgenommen werden muß.

Im Klartext: **Ohne Gehirn eines Empfängers gibt es kein Signal.** So entsteht Bedeutung erst im Zusammenspiel zwischen etwas Gesendetem und jemandem, der es wahrnimmt, indem er es „für wahr nimmt" und interpretiert.

It takes two to tango

In ähnlicher Weise verläuft der Prozeß des **gemeinsamen Schaffens** von Kunstwerken zwischen **Künstler** (auf der einen Seite) und **Betrachter** auf der anderen.

Ich nenne dies die **konvexe & die konkave Kreativität.**

(Vgl. auch Modul „PICASSO et al.", S. 263 ff.)

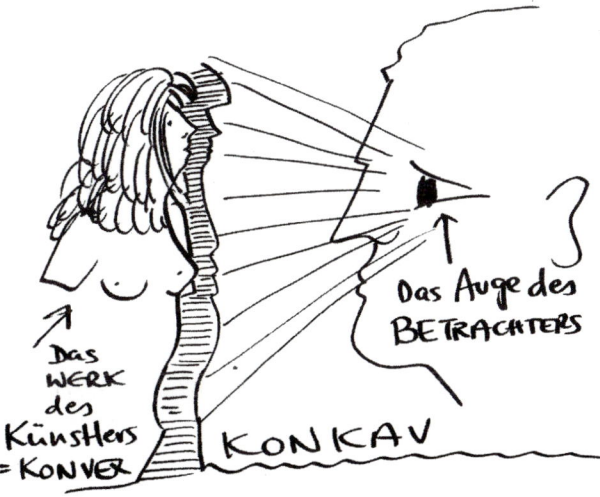

Ganz ähnlich verläuft der Prozeß des **Hörens**. Auch hier entsteht die Bedeutung ebenfalls „auf dem Weg" vom Sender zum Empfänger.

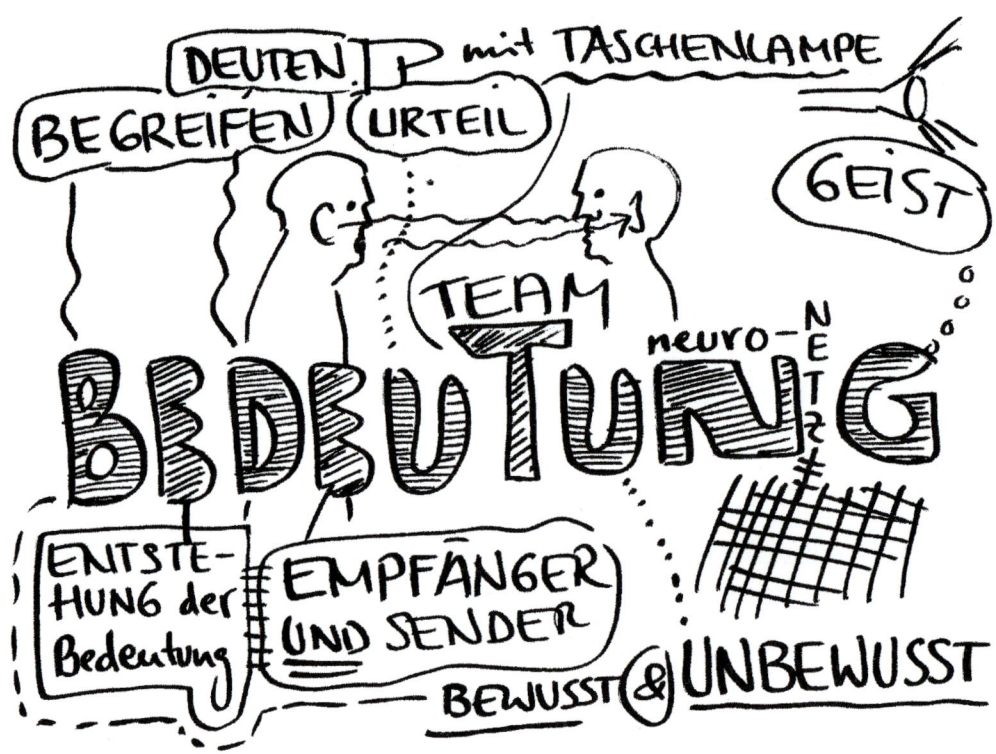

Leider gibt es für den englischen Begriff „Mind" keine Übersetzung ins Deutsche, weshalb er seit einigen Jahren in immer mehr Übersetzungen aus dem Englischen als „Mind" übernommen wird. Es bedeutet u.a. Bewußtsein, Geist, Verstand ... – alles, was **eine wache Intelligenz** beschreibt, die z.B. etwas wahrnehmen und interpretieren kann ...

Weder der Sender noch der Empfänger alleine könnten Bedeutung schaffen, denn die Bedeutung kann erst entstehen, wenn mindestens zwei **Minds** (Lebewesen mit Verstand) zu kommunizieren beginnen.

Fazit: Jede Botschaft ist wie ein Kunstwerk. Der **Empfänger** muß **mithelfen**, die Nachricht zu **erschaffen**, indem er sie (mit all seinen Filtern) wahrnimmt und interpretiert.

Wenn wir im Licht des Gesagten über die **Informations-Flut** nachdenken, wird uns klar: **Es gibt keine Info-Flut da „draußen" in der Welt – nur in den Köpfen von Menschen, deren Filter verstopft sind.** Sie haben kranke Kiemen (jetzt schließt sich der Kreis zu unser Fisch-Scherzfrage). Wer unter der Info-Flut leidet, ist **unfähig zu entscheiden**, was für ihn wesentlich sein soll und was nicht. Merke: **Nur wenn man alles für gleich wichtig hält, kann man sich „überflutet" fühlen.**

Deshalb möchte ich Ihnen mein Modell anbieten, Informationen in drei Gruppen zu unterteilen. Wenn Sie eine Info klar zuteilen können, ist das Wichtigste gelungen.

5. Die Info-Flut beherrschen

Solange wir zu viele einzelne Posten gleichzeitig im Kopf jonglieren müssen, ist es hilfreich, Dinge in **Kategorien** einzuteilen. Ich entwickelte hier eine besondere Varian- te, eine Art gezeichnetes Torten-Diagramm, welches sich gut bewährt hat, wenn wir 100 % von etwas aufteilen wollen; solche Zeichnungen (**Kategorien-Torten**) sind **KaGa**.s und gehören zum **Analograffiti-Konzept.**[*]

Natürlich müssen wir nicht automatisch Kreise zu zeichnen beginnen, wenn wir bildlich nachdenken wollen. Im Falle der drei Arten von Informationen habe ich eine Art Kegel unterhalb des Fisches gewählt, den ich in drei Teile unterteile. Wichtig ist nur, daß die Technik, „in Kategorien zu denken" uns oft aus mentalen Sackgassen herausführen kann. Wenn wir in ein Thema „kategorien-denkend" einsteigen, spielen interessanterweise die Art der Kategorien noch gar keine so große Rolle, wie die **Tatsache, daß** wir so denken. Nun mögen Sie meinen: „Ja, aber was ist, wenn jemand mit schwachen Kategorien anfängt?" Antwort: Keine Sorge, wir merken es bald selbst, daß wir unsere „Inhalte" so nicht (gut) sortieren können; dies löst neue Gedanken aus und schon bald beginnen wir uns gleichsam auto- matisch in notwendige gedankliche Korrekturen hineinzuentwickeln.

Lieber mit „falschen" (schwachen) Kategorien beginnen als ohne, weil dadurch **wichtige Denk-Prozesse ausgelöst werden**; in deren Verlauf wir uns selbst zu korrigieren beginnen. Verbesserungen, **die ohne den schwachen Anfang nie stattgefunden hätten.**

Die Spielregel.

---

[*]   Vgl. Merkblatt Nr. 1 „Analograffiti für Quereinsteiger" und *„Stroh im Kopf?"* (ab 36. Auflage). In diesem Buch möchte ich kein eigenes Modul hierzu anlegen.

Deshalb biete ich Ihnen im folgenden **meine** drei Kategorien für Informationen an. Fühlen Sie sich frei, diese zu verändern, aber es ist ein Ausgangspunkt:

Drei Arten von Informationen

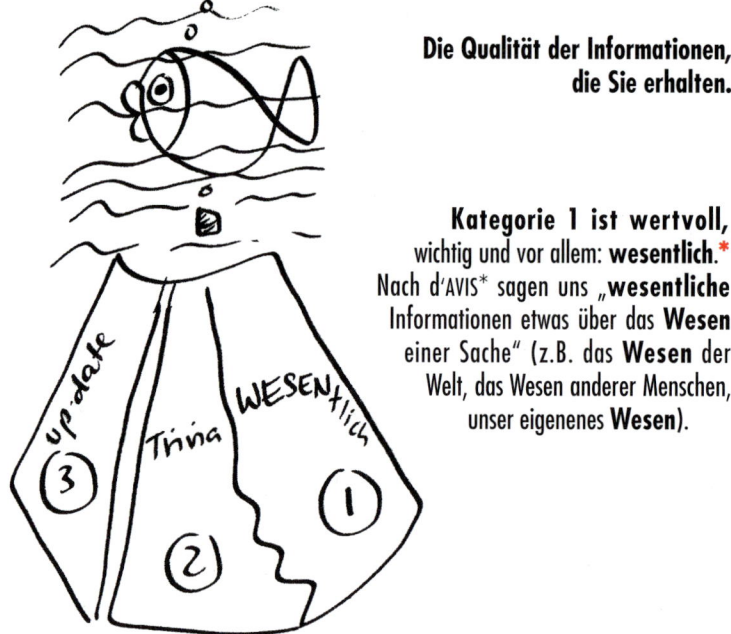

Die Qualität der Informationen, die Sie erhalten.

Kategorie 3:
Update Wissen, kann **bedingt wertvoll** sein, unter gewissen Umständen; (analog: Modell-Politik), Details im Text.

Kategorie 1 ist wertvoll,
wichtig und vor allem: **wesentlich.**[*]
Nach d'AVIS[*] sagen uns „**wesentliche** Informationen etwas über das **Wesen** einer Sache" (z.B. das **Wesen** der Welt, das Wesen anderer Menschen, unser eigenes **Wesen**).

Kategorie 2: Info-Müll: isolierte Infos, Daten, Fakten **ohne Wert** — es ist die Art von „Kreuzworträtsel-Wissen", der Quiz-Shows. Nett zu wissen, aber es ist weder notwendig noch wesentlich; davon lassen viele sich terrorisieren.

Kategorie (Info-Typ) 1 und 2: Wesentlich oder Info-Müll?

Wir müssen lernen, **Kategorie 2** und **3** von **Kategorie 1** zu unterscheiden. Es gibt keine Info-Flut an wesentlichen Informationen! Dazu sagt d'AVIS: **Wesentliche Informationen ändern sich nicht über Nacht.** Wenn Sie eine gute Allgemeinbildung haben und wissen etwas über die Schwerkraft oder darüber, wie Atome zu Moleküle werden usw., dann werden Sie durch neue Forschungs-Ergebnisse nicht **andauernd** verunsichert. Wir lieben es, Ergänzungen unseres vorhandenen Wissens zu erhalten. Und: Wesentliches Wissen ist nicht über Nacht „out", auch wenn man das manchmal meinen

---

[*]   Quelle: Die Definition von „wesentlich" verdanke ich d'AVIS (s. Literaturverzeichnis).

könnte. So hat die Quantenphysik die klassische NEWTON'sche „Mechanik" **nicht ungültig** gemacht, denn es ist NEWTON, der uns zum Mond gebracht hat. Aber die Quantenphysik hat unseren geistigen Horizont **erweitert!**

Nun müssen wir berücksichtigen, daß die Grenze zwischen Kategorie 1 und 2 diffus ist. Für einen Quantenphysiker kann es von großem Wert (und äußerst wesentlich) sein, daß wir (gemäß) HEISENBERG'scher Unschärfe-Relation entweder die Geschwindigkeit oder den Ort oder den Spin eines Teilchens bestimmen können, nie alle. Für Sie mag das die Art von Info sein, mit der Sie in einem Fernseh-Quiz eine Stufe weiter kommen. Das heißt:

> **Kein Außenstehender kann bestimmen, welche Art von Info für Sie wertvoll sein wird, das muß jede/r von uns alleine entscheiden.**

Jede Info **kann** trivial oder wertvoll sein, es hängt vom Zusammenhang ab, vom vorhandenen Wissens-Netz und von unseren Prioritäten.

In diesem Zusammenhang sei bedacht: Je unterschiedlicher die Prioritäten zweier Menschen (oder Parteien), desto unterschiedlicher wird ihre Bewertung und Beurteilung von Info (und Wissen) ausfallen. Also halten Schulbuchautoren und Lehrkräfte viele Infos für wesentlich, aber wenn sie den SchülerInnen nicht nahebringen können, über welches/wessen Wesen sie mit dieser Info mehr erfahren können, dann bleibt es Info-Müll und Kreuzworträtselwissen für jene! Merke:

> **Wesentlich an unwesentlichen Infos ist, daß sie sich laufend ändern.**

Wenn Sie nicht gerade beruflich in der Branche sind, in der diese Art von Wissen zu Ihrem Profi-Wissen gehört, dann ist diese Art von Info für Sie vielleicht „ganz nett" oder, wie die Angelsachsen sagen „nice to know" (nett zu wissen), aber sie ist eben **nicht wesentlich**. Mit Info-Müll und trendy „In"-Information schaffen wir es nie, up-to-date zu werden/bleiben. Diese Art von Informationen **bereichern uns nicht**. Sie verstopfen unsere Filter, sie machen unsere Kiemen „krank" und plötzlich kann unser eigentliches Lebens-Elixier, die Information, zur **Bedrohung** für uns werden. **Dann reagieren wir die Fische**, die um das Wesen von Wasser nicht genug wußten … Eine Doppel-Frage, die in diesem Zusammenhang immer auftaucht, lautet:

Ab und zu gibt es einen sogenannten Paradigmenwechsel, aber das geschieht in Abständen. Darum hat Max PLANCK gesagt: „Die Wissenschaft schreitet nicht etwa voran, weil die alten Wissenschaftler umdenken, sondern weil sie aussterben und dann kann die nächste Generation mit dem nächsten Paradigma anfangen."

Zu Informations-Müll, Kreuzworträtselwissen, Trivial etc. zähle ich z.B., welche Boygroup gerade in ist, welcher Song in den Pop-Charts ganz oben rangiert u.ä.

Können wir verstopfte Kiemen erkennen? Und wenn ja, woran?

Antwort: Beobachten Sie Ihr eigenes **Medien-Konsum-Verhalten** und beurteilen Sie es selbst. Ich will es am Beispiel Ihres **Fernsehverhaltens** verdeutlichen. (Natürlich gilt ähnliches für Radiohören, häufige Kinobesuche etc., aber die meisten können es am TV-Verhalten am besten nachvollziehen.)

Gegen den INFO-Terror beim Fernsehen

Sitzen Sie vor dem Fernseher und **zappen** von einer Sendung in die andere, dann sind das lauter flache Sendungen, denn aus einer Sendung, die Tiefe anbietet, zappen Sie auf keinen Fall weg. Merke:

Wesentliche Infos haben automatisch Tiefe (weil sich tief in uns etwas „angesprochen" fühlt), falls nicht, ist es keine wesentliche Info für den Betreffenden gewesen.

Selbst wenn der Werbeblock kommt, dann bleiben Sie gedanklich lieber bei diesem Inhalt, denken nach, sprechen vielleicht mit Anwesenden darüber oder schicken schnell ein e-mail an einen Freund, mit **einem Gedanken**. So haben Menschen früher **wesentliche** Gedanken verarbeitet: sie schrieben Briefe und tauschten sich aus. Sie mußten oft Wochen warten, um einen Dialog fortsetzen zu können (wenn der Briefpartner weit weg wohnte). Heute können wir mit Handy schnell mal zwischendurch telefonieren und mit e-mail schriftlich kommunizieren. Ganz abgesehen davon, daß wir ein Journal führen könnten, in dem wir wesentliche Infos und Reaktionen festhalten.

Nach einer Sendung mit Tiefgang, wollen Sie darüber reflektieren, mit ihrem Partner diskutieren, ein paar Gedanken aufschreiben – Sie sagen eben nicht: „Na, mal sehen, was jetzt kommt." Das sagen Sie nur, wenn Sie **fastfood for the mind** angeschaut haben (seelische „Hamburger").

Das Schlimme an flachen unwesentlichen Informationen (der Info-Kategorie 2): sie hinterlassen Menschen, die **ständig hungrig** (nach Informationen) sind. Deshalb schauen sie mehr und mehr fern und werden immer unzufriedener, sie werden dauernd aggressiver, sie haben immer mehr Schlaf- und Konzentrationsprobleme – das kommt alles nicht von ungefähr. **Wenn wir uns ständig flaches Zeug reinziehen** (egal, auf welchem Wege, Fernsehen ist der bequemste), dann erhalten wir **nicht**, was wir als Mensch, als geistiges Wesen, **brauchen**.

Vgl. auch meinen Video-Vortrag „Gehirn-gerechte Einführung in die Komplexitäts-Theorie".

Interessanterweise hat es sich mit dem Handy auch eingebürgert, daß man schnell zwischendurch mal die eine oder andere kurze Frage stellt, eine Form des gesprochenen e-mails sozusagen. Früher begannen fast alle Telefonate mit Höflichkeits-Ritualen („Wie geht's?" – auch wenn man gar kein Interesse daran hatte). Heute beginnt man oft mit: „Ganz kurz, eine Frage …" ohne Floskeln.

Unser Lebens-Elixier sollte aus **wesentlichen** Informationen bestehen, Informationen, die **für uns** wertvoll sind, aber nicht aus diesem Ramsch, damit **vergiften viele ihr System**. Und dann leiden sie an der sogenannten Info-Flut, sie leben permanent in der Angst, übermorgen könnte eine andere Boygroup in sein und sie wissen nicht Bescheid. Entsetzlich! Sie sind ständig **out of date**, ständig daneben. Da kennt jemand eine neue Salatsauce, die sie noch nicht probiert haben, da redet jemand von einem Popstar, von dem sie noch nichts gehört haben, da fragt sie jemand nach ihrer Meinung zu einem jener Bücher, die Prominente von Ghostwritern schreiben lassen, Bücher, die nach einer Saison schon wieder out sind, aber in der Zwischenzeit meinte man, man „müsse" es kennen.

Früher warnte man uns vor den **Konsum-Terroristen**, jetzt müssen wir uns die **Info-Terroristen** vom Leib (genauer, aus dem Geist!) halten. Allerdings kann man sich gegen diese wehren! Neil POSTMAN hat in seinem Buch „*Wir amüsieren uns zu Tode*" festgestellt: Als das Telegrafieren begann, wurde Information erstmalig in der Menschheitsgeschichte zur Ware. Und wenn Information zur Ware wird, dann ist völlig egal, was der Empfänger am Ende damit macht. Da geht es nur noch um die Frage, wer mit der Info verdient. Und das sind jene, die damit **handeln**. Er bringt ein brillantes Beispiel: Sie sehen fern, eine Sendung, die sich „Nachrichten" (news) nennt, was den Eindruck erweckt, hier würden wertvolle Neuigkeiten vermeldet. Nun, sagt POSTMAN, sehen Sie eine brennende Lagerhalle. Frage: Welchen Informationswert hat das für Sie?

Info als Ware

Antwort: Null. Es hätte nur einen, wenn es Ihre **eigene** Lagerhalle wäre, aber das würden Sie auch ohne Fernsehnachrichten erfahren. Die meisten Informationen, die mit dem Mäntelchen „Nachrichten" eingekleidet sind, sind ähnlicher Müll. Flammen fotografieren sich gut, das sieht gut aus, das bietet sich an.

Deswegen rate ich schon lange: Schauen Sie **Nachrichten von Video** (eine halbe Stunde später). Das ist immer noch früh genug, und nun benutzen Sie Ihre **Fernbedienung**. Nicht zum **Zappen – das ist Müll-Info-Verhalten** – sondern lernen Sie mit der „FF-Taste" zu spielen. Das ist viel wertvoller als die Programm-Tasten zu bedienen. Sie sehen eine brennende Lagerhalle:

„FF" (mit Bild, wenn es aufhört zu brennen, lassen Sie den „FF-Knopf" los). Was ist die Meldung danach? Aha, ein Flugzeugunglück: „FF" ... Autobahnunglück: „FF" ... usw.

Für mich bleiben von einer halbstündigen Nachrichtensendung in der Regel etwa 8 bis 12 Minuten übrig. Wer täglich einmal „richtig" Nachrichten gesehen hat, gewinnt mit einem Schlag jeden Tag 20 Minuten, ein Zeit-Geschenk.

Diese Zeit könnten Sie nutzen, um zu lesen, zu meditieren, zu joggen, zu zeichnen, ABC-Listen anzufertigen, Trainingsaufgaben für Ihren Geist zu absolvieren – all die Dinge, für die Sie angeblich nie Zeit haben.

Studien zeigen übrigens, daß Menschen heute viel mehr Angst vor dem Fliegen haben als vor 15 Jahren. **Statistisch ist Fliegen um keinen Deut gefährlicher geworden als vor 15 Jahren –** es ist nach wie vor weit gefährlicher, mit dem Auto zum Supermarkt zu fahren. Aber die Art der Berichterstattung in den Medien hat zunehmend den Eindruck geschürt, Fliegen müsse doch sehr gefährlich sein. Und das passierte in Dokumentar- und Nachrichtensendungen!

Und Sie **lernen fast nebenbei, auf das Wesentliche zu achten**. Ein Lern-Effekt, der sich bald auf andere Gebiete (z.B. beim Lesen) **überträgt**. Sie lernen auch (wieder), wie (er-)füllend wesentliche Informationen sind, kein „fastfood for the mind". Picken Sie sich die wenigen Rosinen in einer Nachrichtensendung heraus. Z.B. will ich durchaus wissen, ob und wie die Friedensverhandlungen in Palästina weiterlaufen. Was immer Sie **wichtig und wesentlich** finden, das schauen Sie selbstverständlich **vollbewußt** an. Aber:

Sie lassen sich nicht länger betrügen und sich brennende Lagerhallen und den anderen Müll als Informationen von hohem Wert andrehen.

Dachten wir früher, Nachrichten hätten a priori einen hohen Wert – weit mehr als z.B. eine Sitcom-Sendung oder ein Krimi –, dann gilt dies schon lange nicht mehr. Übrigens können wir in einer guten Sitcom (z.B. *Golden Girls*) oder einem guten Krimi (*Columbo, Quincy, Dr. Samantha Ryan*) teilweise weit mehr (über Menschen mit Problemen und Ängsten, über ihre Versuche mit dem Alltag oder dem Altern fertig zu werden) lernen als in vielen Nachrichtensendungen.

Wenn Sie lernen selbst zu unterscheiden, welche Informationen echten Nachrichten-WERT besitzen (**Qualität**) und was Ramsch ist, dann treffen Sie die Entscheidung: Brauche ich das? Ja oder Nein. Meistens Nein. Dann können Sie **Info-Müll** rausschmeißen, das ist intelligentes Info-Management.

Kategorie (Info-Typ) 3: Update-Wissen

Update-Wissen ist spannend. Angenommen eine ältere **Schriftstellerin** arbeitet immer noch höchst zufrieden auf ihrer alten IBM-Kugelkopfschreibmaschine und jemand kommt und sagt: „Du kannst **noch viel schneller** mit einer Textverarbeitung arbeiten. Du kannst Fehler problemlos korrigieren, es ist extrem leicht, Texte umzuschreiben, Wörter oder Sätze ausschneiden und kopieren."

Sie entscheidet sich für dieses System, weil sie damit angeblich so viel Zeit sparen soll. Das ist natürlich nur sehr bedingt wahr. Versetzen Sie sich in ihre Situation:

Die ersten drei Monate lernen Sie das Programm, da sparen Sie überhaupt keine Zeit. Andauernd sind Sie heimlich mit Ihrer alten IBM zugange, wenn Sie schnell arbeiten wollen. Irgendwann kommt der Zeitpunkt, da Sie das alte Arbeitstempo mit der Textverarbeitung erreicht haben, jetzt können Sie genau so gut arbeiten, wie vorher. Und jetzt, wenn der Zeitpunkt naht, an dem Sie zum ersten Mal tatsächlich etwas schneller und effizienter arbeiten **könnten** als in der IBM-Zeit, jetzt – Sie erraten es – jetzt kommt das Update. Und so fängt das Ganze von vorne an.

Update-Wissen ist Wissen, daß ständig hinten herunterfällt, weil alle Nase lang ein neues Update kommt.

Wenn nicht von Ihrer Textverarbeitung, dann von Ihrem Fax- oder e-mail- oder Kalkulations-Programm. Und wenn alle gleichzeitig vier Wochen lang genutzt werden können, dann kommt garantiert ein System-Update!

Seit ich das kapiert habe, weigere ich mich, ca. alle halbe Jahre das System abzudaten. Ich nutze ca. 16 verschiedene Anwender-Programme, es dauert im Schnitt mindestens 8 Wochen, bis alle wieder einigermaßen laufen (das eine druckt mit dem neuen System nicht, das andere stürzt ab).

Wie konnte es dazu kommen, daß diese Info-Terroristen uns weismachen, wir bräuchten ständig diese Updates?

Weil sie mit jeder Version Geld verdienen, klar. Das ist **deren** Vorteil. Und wo ist **unserer**? Sie erhalten 117 neue Befehle, von denen Sie maximal 4 ab und zu benutzen werden. Viele Dinge gehen nicht mehr wie gewohnt, d.h. Sie müssen sich ständig auf die PC-Programme konzentrieren, statt auf Ihre eigentliche Arbeit. Wenn man sich das einmal überlegt, es ist unglaublich!

Wann immer Sie ab heute mit einem Update **bedroht** werden (das meine ich wörtlich!), fragen Sie sich: **Brauche** ich dieses Update? Brauche ich **es heute**?

Da kommt z.B. das neue Programm mit einer phänomenalen Farbseparierung. Die brauchen Sie aber nicht, wenn Sie **nicht** mit Farbe arbeiten. Die brauchen Sie **auch nicht**, wenn Sie nur mit Ihrem alten Tintenstrahldrucker arbeiten, der die neuen Befehle sowieso nicht „verstehen" wird. (Man nennt dies „fehlende Rückwärts-Kompatibilität"!) Die neue Farbseparierung brauchen Sie nur, wenn Sie professionell DTP betreiben. Aber selbst hier könnte es sein, daß Sie diesen letzten Teil der Druckvorstufe auslagern wollen (outsourcing), wenn das nur ab und zu anfällt. Denn selbst wenn Sie diese phänomenale Farbseparierung beherrschen – wenn die meisten Ihrer KundenInnen nur schwarz-weiß mit Grautönen (600 dpi) wollen, dann nützt es Ihnen auch nicht viel.

> Lernen Sie zu entscheiden: Ist es wichtig? Brauche ich das? Die meisten Programme bieten Ihnen viel Müll an, denn Sie gar nicht benötigen, z.B. Befehle, die Sie nie brauchen.

Zum Schluß noch zwei Bemerkungen:

1. Was die **Update-Politik** bei Software ist, ist die **Modell-Politik** bei Hardware. Wenn ich ein paar tolle Schuhe entdecke, die leicht einzulaufen waren (ohne daß man sich die Fersen aufgerieben hat), dann bestelle ich sofort drei weitere Paare. Wenn meine neuen Schuhe nämlich kaputtgehen, kann ich sie nicht nachkaufen, weil es sie nicht mehr geben wird. Dito ein Sony-Walkman oder Diktiergerät (alle 6 Monate neue Modelle; da ist man bei Sony auch noch stolz darauf!).

2. Was die **Hand- und Schulbücher** angeht: Es gibt große Studien, die zeigen, daß Verbraucher (und Lernende) sich häufig die Schuld geben, wenn sie die Handbücher nicht verstehen. 65 % der Betroffenen meinen, sie seien „zu blöd"! Tatsache aber ist: Die meisten Hand- und Schulbücher sind auch heute noch (nachweislich) **nicht gehirn-gerecht**. 65 % der Betroffenen erhalten den bitteren Eindruck, daß sie zu wenig begreifen (also dumm sind) bzw. daß ihr Gedächtnis nicht ok sei, weil sie sich leider nichts merken können. Tatsache ist: **Informationen, die nicht gehirn-gerecht sind, müssen erst vom Empfänger gehirn-**

> Übrigens ist das Teil des Problemes: Leute beurteilen Texte (z.B. Fach-Redakteure), die sich überhaupt nicht in die LeserInnen hineinversetzen können, denen die nötigen Fäden noch fehlen (besonders bei Schul- und Handbüchern!).

gerecht gemacht werden, falls er nicht bereits so viele Fäden im Netz hat, daß er sie verstehen kann – nicht wegen, sondern trotz der Art der Darstellung. (In diesem Fall braucht er die Info ja kaum noch.)

Lernen Sie zu fragen:
1. Ist es wesentlich?
2. Ist es gehirn-gerecht?

Nur so können wir uns **auf lebenslanges Lernen freuen!** Dann können wir weiter wachsen und immer wieder neue, spannende, faszinierende, wesentliche Infos in unser inneres Archiv integrieren, die uns Freude bereiten.

Verheißung?
Lebenslanges Lernen kann eine magische Wandlung erfahren: von einer Drohung zu einer Verheißung. Keine Pflanze beendet ihr Wachstum, solange sie **lebt**! Warum sollte unser Geist damit aufhören …?

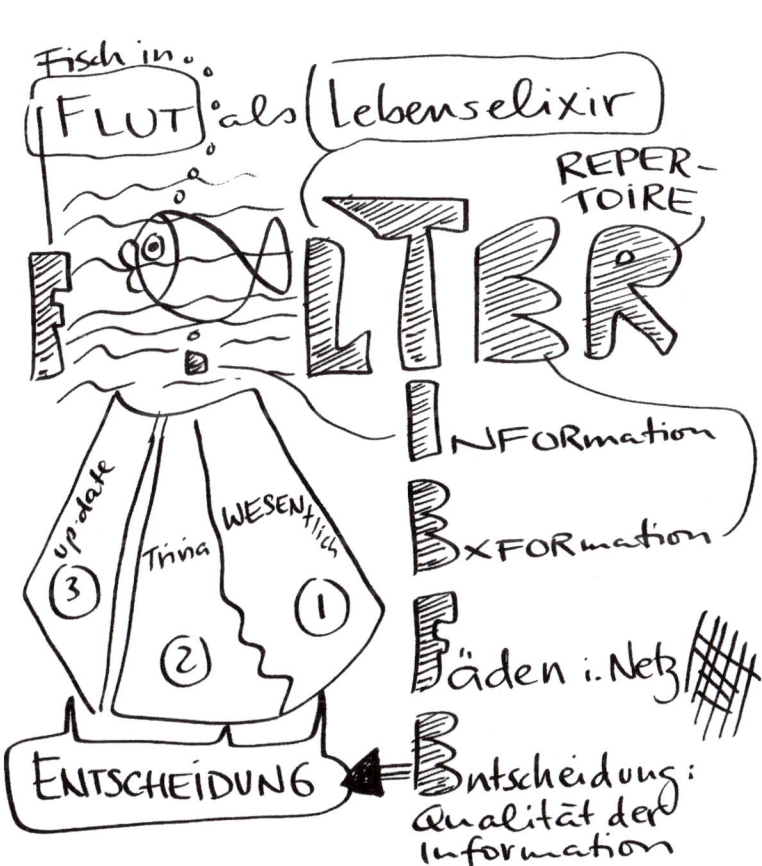

M 13   Kreatives Schummeln

Vgl. dazu auch die Module „Listen-Denken" (S. 90 ff.) und „LULL'sche Leitern und ROTAE" (S. 252 ff.).

Wann immer wir einen Buchstaben mit einem Begriff „verheiraten" möchten, kann es sein, daß wir manche Kombinationen „schwierig" finden. Schwierig sind aber nur Dinge, für die noch Fäden in unserem Wissens-Netz fehlen, sei es, weil es bestimmte Kombinationen einfach kaum gibt (z.B. deutsche Wörter, die mit „Y" beginnen), sei es, weil wir die fehlende Info noch nicht gelernt haben (wie bei „schwierigen" Themen). Konkret: Wenn wir ein Wort-KaWa oder eine ABC-Liste anlegen wollen, gibt es vor allem zwei Situationen, in denen wir „Probleme" haben könnten – hier gilt es, kreativ zu schummeln! Zum Beispiel:

1. ABC-Listen, um schwierige Buchstaben zu „füllen"

Lassen Sie mich einige Beispiele für die beiden schwersten Buchstaben im Deutschen geben: X und Y.

X: So „bastelte" ich bei meiner ersten Tierliste bei „X" nach einigem Nachdenken „e**X**tinct": Dino. Später benutzte ich auch öfter „X" für „e**X**tra" oder auch „e**X**traordinary" (im Sinne von „besonders"), auch „e**X**trem" oder „e**X**zellent", z.B. bei einer Liste von Eigenschaften/Fertigkeiten von Leonardo da VINCI trug ich bei „X" ein: „e**X**zellentes Beobachtungsvermögen". Manchmal benütze ich das „X" aber auch als Kreuz. Zum Beispiel, wenn ich das Wort **Kontext** „bearbeite", dann dient mir das „X" in seiner „**Kreuz**"-Funktion als Erinnerung dafür, daß kontextuell (unbewußt) eingespeicherte Infos in der Regel als passives Wissen vorhanden sind, auch wenn wir sie nicht bewußt RE-KONSTRUIEREN können, aber wir können sie erkennen, z.B. in einem Multiple-choice-Test, in dem wir die richtigen Antworten nur an-**KREUZ**-en müssen.

Eine Trainerkollegin, Claudia MONNET, schlug vor, mit dem Begriff „**x-beliebig**" zu operieren*, z.B. in einer Tierliste (**x-beliebiges** Insekt) oder in einer Pflanzen-Liste (**x-beliebige** Grasart) etc. Auch eine feine Variante.

---

* Das geschah übrigens in einem Kurz-Seminar in Bremen, als ich einige Schlüssel-Ideen zum (neuen) *„Stroh im Kopf?"* (kurz vor Erscheinen der überarbeiteten 36. Auflage, Herbst 2000) vorstellte, vgl. den Video-Mitschnitt hierzu.

Y: Auch mit dem „Y" kann man sehr kreativ umgehen. Vielleicht wollen Sie einmal kurz nachdenken, was Sie mit dem „Y" in dem Begriff „Story" tun könnten?

Ihre Ideen:

_____
_____
_____
_____
_____
_____

Wenn wir unseren Geist ein wenig „strecken", wird es spannend. Zwar drängt sich der Begriff „Yin-Yang" im ersten Ansatz nicht immer direkt auf, aber wenn wir ein wenig reflektieren, wird uns klar, daß fast jedes Thema möglicherweise davon profitieren könnte, über mögliche Gegensatz-Paare nachzudenken. Dies ist besonders interessant im Hinblick auf die Frage der Grenz-Ziehung: Wenn wir einen Gegensatz haben (heiß/kalt, ehrlich/unehrlich, mutig/feige): Wo ziehen wir die Grenze?

Wir können uns alle Gegensätze immer als Spektrum vorstellen: eine Linie, an deren einem Ende die eine Variante, am zweiten die andere Variante „sitzt":

A _____ **B**

Wenn wir fragen: „Was ist nicht mehr heiß, aber eigentlich noch nicht kalt?", fragen wir nach der Temperatur, also danach, wo auf dem Spektrum wir uns gegenwärtig befinden. Aber das funktioniert nicht immer gleich gut! Fragen wir: „Was ist nicht mehr ehrlich, sondern eigentlich schon unehrlich?", dann müssen wir uns weitere Fragen stellen, z.B.: Wie definieren wir „ehrlich" und „unehrlich" („mutig" und „feige")? Oft stellen wir fest, daß die Definitionen einer Sache mit der ihres Gegenteils überhaupt nicht übereinstimmt ... Sie sehen, es kann sich sehr wohl lohnen, über Gegenpole zu reflektieren (und darum sollte es uns an dieser Stelle gehen).

Yin-Yang

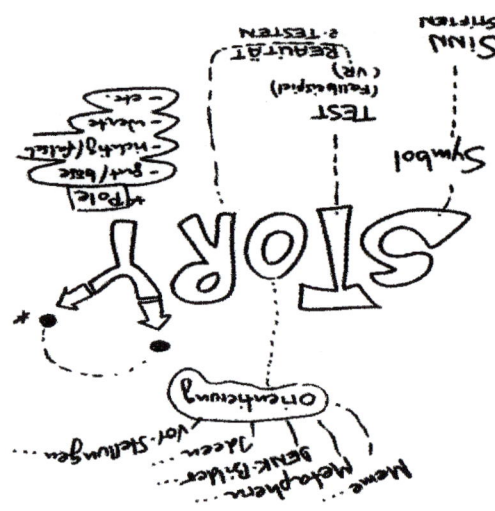

Das originale Beispiel wurde stark verkleinert und meine Lösung auf dem Kopf stehend gedruckt, damit Sie noch einen Moment Zeit haben, selbst nachzudenken ...
Sie brauchen diesen Wink mit dem Zaunpfahl natürlich nicht. Sie denken freiwillig nach ...?

zwischen zwei Polen.
wörtlichen Sinn: es „TRÄGT" die Entscheidung
„Y" als „Entscheidungs-TRÄGER" verwendet (im
So habe ich z.B. bei diesem Story-Beispiel das

Ich nutze das „Y" gerne als „Wegweiser" zwischen zwei Aspekten, über die wir nachdenken können, z.B.: Fördert eine bestimmte Story unser Wissen über die **äußere** oder über unsere **interne** Welt (im Sinne der Selbst-Erkenntnis)?

LINKS
Wahlmöglichkeit 1

RECHTS
Wahlmöglichkeit 2

Natürlich dürfen wir alle Sprachen zum Einsatz bringen, die uns geläufig sind. Bei mir findet ca. 70 bis 80 % meines professionellen Denkens immer noch in Englisch statt, also schleichen sich auch bei deutschen KaWa.s oft englische Begriffe ein (vgl. Beispiel KaWa.s in *„Das große Analograffiti-Buch"*).

2. KaWa.s: Der Buchstabe, den wir suchen, fehlt

Beispiel: Ich wollte im Zusammenhang mit dem **Tapeten-Effekt**[©] (vgl. S. 268 ff.) unbedingt hineinbringen: das **UMFELD**, die **UMWELT**, den **KONTEXT**, den **ZUSAMMENHANG**; es fehlten aber „U", „K" und „Z". Wenn uns so etwas passiert, gilt es, **kreativ zu schummeln**. Also suchen wir ein Synonym, wobei wir KaWa.s für uns persönlich anlegen und demzufolge auch frei „spielen" dürfen. Ich suche immer zuerst einmal in meinem englischen Denken und werde oft schnell fündig, aber ich kenne Leute, die mit

Dialekt-Wörtern arbeiten oder mit „kreativen" Abkürzungen unterschied-
lichster Art. Hier sehen Sie das erwähnte Beispiel zum Tapeten-Effekt, mit
der Erklärung zu **Environment**.*

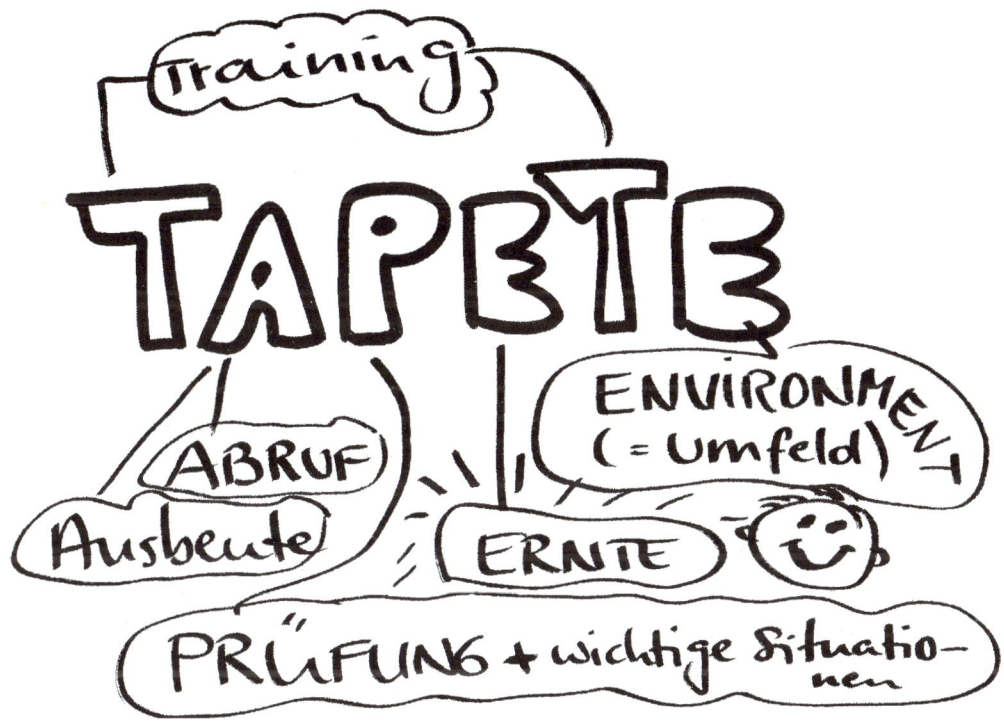

*

---

* **Environment – Kleiner KaWa-Tip:** Wenn Sie einen Begriff benötigen, den das Schlüsselwort nicht enthält, und sich
kein passendes Synonym findet, weichen Sie ruhig auf eine andere Sprache aus. KaWa.s erstellen wir für uns selbst,
und die Fallbeispiele in diesem Buch sind aus meinen eigenen Vortrags- und Seminar-Dispositionen entnommen. Weitere Beispiele finden Sie natürlich in *„Das große Analograffiti-Buch"*, ein ganzes Modul mit Dispo-KaWa.s und KaGa.s

M 14

Lehrer-Modul
für alle LehrerInnen, die einmal einen TRAUM hatten, den sie aufgegeben haben

Der sogenannte Enthusiasmus bedeutet nämlich, ganz wörtlich: Gott-im-Inneren (*En* = innen; *THUS* ist eine Zusammenziehung des gr. *THEOS*).

Achtung!
Alles, was ich über das „Schul-System" und über Lehrkräfte sage, betrifft natürlich das Schul-System **von beinahe allen industrialisierten Ländern**, nicht nur unser eigenes Land! **Aber an der Schwelle zum Wissens-Zeitalter müssen wir unseren Traum wiederfinden!**

In diesem Modul möchte ich kurz die Tatsache beleuchten, daß extrem wenige Lehrkräfte in der Lage sind, ihre Schüler mit Begeisterung „anzustecken" (ein Feuer in ihnen zu entfachen). Dazu gehört nämlich u.a.

1. eine heiße **Liebe** für das eigene Fachgebiet,

2. **GEIST** (Be-**GEIST**-erung!!) und

3. eine Qualität, die man schon fast als „heilig" empfinden kann, wenn man den Begriff wörtlich nimmt: **En-THUS-iasmus**.

Wenn eine Lehr-KRAFT innerlich mit der Liebe zu diesem Thema **brennt**, wird sie diese LIEBE energiemäßig weitergeben! Sie wird das Buschfeuer weitertragen – es geht gar nicht anders.

Aber bei vielen LehrerInnen, da schwelt nur noch ein Häufchen lauwarmer Restkohlen in der Asche, nicht zuletzt, weil unser Schulsystem vielen ihren **TRAUM** darüber, wie man dieses Wissen vermitteln **könnte**, **geraubt** hat. Aber es ist Zeit, wieder **aufzuwachen** und **weiterzuträumen**:

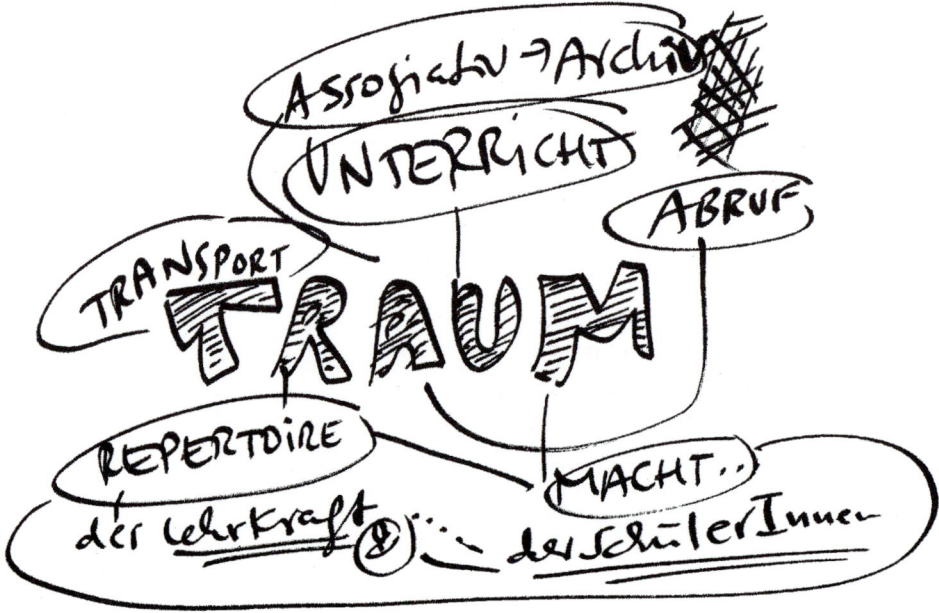

Je mehr die SchülerInnen aus dem Unterricht „mitnehmen" können (d.h. in ihr Wissens-Netz und/oder ihr inneres Archiv integrieren), desto mehr Fäden (Wissens-REICH-tum) besitzen sie, um über alle (späteren) Themen, Fragen, Probleme ihres Lebens, intelligent/kreativ nachzudenken.

Mit **MACHT** an die Schüler geben (siehe KaWa, S. 248) meinen wir **Er-MÄCHT-igung**! Natürlich ist (u.a.) Wissen auch Macht, nur merken die SchülerInnen im herkömmlichen Unterricht nichts davon. Sie erleben eher die **Macht der Pauker** (aufgrund ihrer Position und der **Macht**, schlechte Noten zu geben), selten aber dürfen sie die **Er-MÄCHT-igung** erleben, die mit Wissen einhergeht. Abgesehen von Ergebnissen gewisser großangelegter internationaler Studien (z.B. der **PISA**-Studie) gilt: Wenn weniger als 10 % der Schüler in der Schule lernen, „geil auf Wissen" zu sein, wenn sie aus der sogenannten Penne kommen, dann ist das ein Armutszeugnis allererster Güte. In gewissen sogenannten unterentwickelten Drittwelt-Ländern laufen Kinder täglich mehrere Kilometer, um in die Schule zu kommen; die sind „geil auf Wissen" und werden oft von armen Eltern daran gehindert. In gewissen „fundamentalistischen" Umfeldern (es gibt deren auch christliche!) dürfen Mädchen oft nicht auf die (höheren) Schulen gehen und leiden darunter!

Bei uns darf man, leider aber ist das, was sich Unterricht nennt, teilweise sehr schlimm.

Ich weiß, LehrerInnen glauben es ungern! Aber erstens zeigen die Reaktionen von betroffenen Jugendlichen, wie auch von Eltern in den Brain-Seminaren, daß wir hier nicht über einige wenige Ausnahmen reden. Zweitens sammelt eine Kollegin (Frau Dr. Christina KUNZ aus Villingen in der Schweiz) seit Jahren Erfahrungen an Schulen, wo sie gehirn-gerechte Techniken vorstellt; sie (als ehemalige Lehrerin) arbeitet täglich mit Rektoren, Lehrkräften, Eltern und, nicht zuletzt, SchülerInnen. Sie berichtet darüber z.B. in sogenannten (hunderten) „**Kummerseiten**", in denen SchülerInnen und Eltern sich „ausweinen". Daraus geht hervor: Die Zahl der SchülerInnen, die nicht nur akut leiden, sondern sich aus Angst vor schlechten Noten nirgendwo zu beschweren wagen (auch nicht bei der Klassen-Lehrkraft noch beim Rektor), dürfte bis zu 60 % betragen (dies variiert stark von Schule zu Schule, es kann auch unter 10 % liegen, aber der statistische Schnitt ist extrem hoch).*

www.kunz-villmergen.ch

---

* Vgl. auch die Video-Filme von Reinhard KAHL (mehr dazu in der „Schublade" **EMPFEHLUNGEN** auf meiner web-Site **www.birkenbihl.de**). Er berichtet über neuere Schul-Experimente, die viel Mut machen!

Merke:

Jede Firma mit einer solchen Konstellation wäre schon lange pleite; in der Schule sind die SchülerInnen Kunden und werden wie Bittsteller, Sklaven oder Kriminelle behandelt.

Die Noten

Es gibt eine Menge gegen die GAUß'sche Verteilungs-Kurve für Noten zu sagen, sowie für die **Annahme, bei jeder Prüfung müsse es einige ganz schlechte Ergebnisse geben** und nur wenige gute (an der Spitze). Rein theoretisch könnten bei exzellentem Unterricht durchaus die meisten SchülerInnen die Prüfung mit „gut" und „ausgezeichnet" bestehen. Hierzu wäre es allerdings nötig, über die **Meßergebnisse** nachzudenken, die dem Noten-Vergeben vorausgehen:

Vgl. in diesem Buch das Modul „Gehirn-gerecht Machen von neuen (Lern-) Infos" , wie auch das gleichnamige Vorläufer-Modul im (neuen) *Stroh im Kopf?"* (ab 36. Auflage).

1. **Prüfungsfragen:** Wie wir wissen, können LehrerInnen schlaue Bücher mit Prüfungsfragen und Antworten kaufen. Wenn wir mal von Mathematik und Grammatik absehen (hier gibt es inzwischen jede Menge Lernhilfen mit Aufgaben und Lösungen), kaufen die LehrerInnen diese Bücher **nicht, wie sie gerne behaupten, vor allem wegen der Lösungen**, sondern im Gegenteil, **wegen der Fragen**. Wenn wir nun von Verständnis-Fragen absehen („Was ist das?", „Wie heißt das?", „Wie geht das?"), dann gilt die Fähigkeit, gute Fragen zu stellen als Beweis, etwas begriffen zu haben! Ich habe in vielen Seminaren festgestellt, daß gerade LehrerInnen dazu oft nicht fähig sind. Viele beherrschen ihre Lehrbücher, nicht aber den Stoff! Das ist ein großer Unterschied.

Ich plädiere auch hierfür seit vielen Jahren: Erwachsene streichen sich Dinge **farbig** an, um sich zu **merken**, weil Farbiges sich besser einprägt. Aber Lehrer bestehen immer noch darauf, Fehler mit roter Tinte anzustreichen (z.B. „Dicktat"), damit es sich besonders gut einprägt … Warum nicht mit Bleistift, so daß die SchülerInnen die **Korrektur farbig** eintragen können, damit diese sich einprägen kann? Aber das würde ja die Arbeitsweise des Gehirns respektieren (wäre also gehirn-gerecht)!

2. **Selbst-Benotungen:** Sehr gute Resultate haben auch Selbst-Benotungen der Lernenden erbracht. Ich weiß, daß viele LehrerInnen jetzt auf die Barrikaden gehen (während einige wenige inzwischen hervorragende Erfahrungen damit gemacht haben). Ich erinnere mich an ein Erlebnis mit dieser brillanten Maßnahme: Wir hatten eine Schulaufgabe in Mathematik (ca. 1958) vollkommen „verhauen". Statt sie uns fertig benotet (mit dem üblichen „langen Gesicht") zurückzugeben, verteilte der Lehrer die Blätter, in denen alle Fehler nur mit Bleistift angestrichen waren und bat uns, jeweils zu zweit, alles genau durchzusehen und dann gemeinsam festzulegen, welche Note wir für fair hielten. Wir taten das und legten unsere Noten fest.

Anschließend bat er uns, unsere Note vorzulesen, wobei er uns im Anschluß jeweils die Note sagte, die er uns gegeben hätte. Dreimal dürfen Sie raten: Lagen die selbst zugeteilten Noten **über** oder **unter** seinen? Was glauben Sie? (Übrigens stellte er uns jeweils frei, seine oder unsere Note zu wählen).

Antwort: Wir lagen fast immer eine halbe Note „unter" seiner, hatten uns also **im Schnitt 0,5** schlechter eingestuft, als er uns. **Nun** fanden wir seine Noten **äußerst** fair.

3. **Transparenz:** Immer mehr Manager gehen dazu über, alles (bis hin zu finanziellen Fragen) offen zu legen, nicht nur innerhalb der Firma, sondern teilweise bereits im Internet. **Es hat sich ausgezeichnet bewährt.** Wenn alle (von den Kunden bis zu den eigenen VertreterInnen) genau wissen, wieviel Rabatt maximal „drin ist", dann gibt es weit seltener Verdächtigungen oder Gerüchte (ein anderer könne mehr bekommen haben), auch ungerechte Forderungen nach unsinnigen Rabatten werden extrem rar. Ähnliches gilt für den Sport: Bei allen Sportarten mit transparenter Punktevergabe fühlen sich alle hinterher wohl, Athleten wie Publikum; bei den weichen (wischi-waschi) Entscheidungen (z.B. Eiskunstlauf) wäre eine Erklärung oft sehr hilfreich. Wenn man herumraten muß, ob ein Preisrichter gesehen hat, daß ein Sprung auf der Außen- statt Innenkante landete, dann bleibt ein ungutes Gefühl – wie die endlosen Debatten um diese Urteile jedes Jahr zeigen. Sogar Richter müssen ihre Urteile genau begründen, wiewohl das Urteil aus dem Gesetzes-Text abgeleitet worden war! Ähnliche Ergebnisse können in der Schule erwartet werden: Bei Aufgaben mit klar umrissenen Richtig/Falsch-Lösungen kann jeder sehen, wieviel von 100 % richtig waren. Sogar die SchülerInnen selber (siehe Selbst-Benotung, oben!).

4. **Jury:** Wo immer Transparenz nicht selbst-evident erscheint (schließlich können wir Aufsätze oder Referate nicht nach einem Richtig/Falsch-Muster bewerten), gilt es möglichst, die Arbeit von einer **Jury** begutachten zu lassen.

   a) **Extern:** Warum setzt man weltweit bei weichen Entscheidungen Jurys ein? Das hat doch einen Grund. Zwar ist die Jury keine Garantie für eine optimale Bewertung, aber sie verhindert gröbste unfaire Urteile, die jeder Lehrkraft unterlaufen können, weil jede Lehrkraft auch Mensch ist (errare humanum est, nicht wahr?). **Unser Gehirn**

Leider war er nur ein Aushilfslehrer, der bald wieder gehen mußte. Warum müssen solche Maßnahmen, die das Benoten so transparent machen, daß wohl kaum Zweifel übrig bleiben, so selten sein? Außerdem habe ich (bis zum College in den USA) nie wieder erlebt, daß Lernende die Prüfungsaufgabe im nachhinein so aufmerksam durchdachten, wie hier!

Das entspricht übrigens der Benotung in angelsächsischen Ländern: Man „hat" 92 % und keine „Note 2", was letztlich einer weit besseren **Kontrolle für den Lernenden** entspricht, von wegen Em-POWER-ment der Opfer ... Wenn Schüler nach der Prüfung diese mit einem **Schlüssel** selbst bewerten und dann die korrekte Prozentzahl eintragen, dann gibt es auch keinen Streit.

Die Geschworenen bei Gericht sind auch eine Art „Jury".

sorgt für viele Illusionen, nicht nur optischer Art (wir beginnen langsam, ein wenig davon zu verstehen). Daher wissen wir inzwischen, daß wir nicht halb so objektiv sein können, wie wir glauben. Deshalb setzen wir sowohl im Gericht als auch bei Punkt-Gerichten außerhalb der Schule schon lange Gruppen ein (Schöffen, Geschworene, Jury-Mitglieder). Im Schulalltag würde das bedeuten, daß auch andere Lehrkräfte (optimal einer anderen Schule, oder pensionierte Lehrkräfte, die nebenamtlich ein wenig mitwirken wollen) die Arbeiten ebenfalls begutachten.

b) Intern: Schülergruppen beurteilen die Arbeiten der Mitschüler. Bitte bedenken Sie den gigantischen Lern-Effekt, wenn SchülerInnen „Lehrer spielen". Plötzlich verstehen Sie die Lehrer-Position um so viel besser, schon allein das wäre es wert! Außerdem müssen Sie sich mehrmals intensiv mit den Inhalten auseinandersetzen – eine bessere Festigung des Wissens können Sie nirgendwo kaufen! Drittens ist diese Lösung kostenlos, weder müssen andere Lehrer sich gegenseitig Zeit-Budgets zugestehen, noch kostet es Geld (wie wenn wir pensionierte LehrerInnen hinzuzögen).

Sie sehen, es könnte sich schon lohnen, Ihren Traum wieder zu träumen, indem Sie aus dem schulischen Dornröschenschlaf erwachen, in den das System Sie versetzt hat! Wachen Sie auf, damit Sie wieder träumen können!

Assoziatives Denken in der Schule!

Assoziatives Denken ist dem Gehirn „angeboren", es ist der einzig mögliche (und natürliche) Denk-Stil. Im Gegensatz dazu ist das Gehirn überhaupt nicht darauf eingerichtet, mit isolierten Info-Bits umzugehen. Um nur drei Beispiele zu nennen:

Vgl. mein *„Sprachenlernen leicht gemacht"* (als Buch bzw. als didaktisches Hörspiel).

1. Vokabel-Pauken ist extrem ineffizient! Das Speichern von isolierten Info-Einheiten ist von der Natur „nicht vorgesehen" und daher sehr kontra-produktiv (deshalb ist es ja auch bei der BIRKENBIHL-Methode, Fremdsprachen zu lernen, verboten!)

2. Multiplikations-Fehler: Warum verwechseln die meisten Menschen gewisse Multiplikations-Ergebnisse immer und immer wieder (7 x 8 = ??)? Weil wir assoziativ denken, diese Ergebnisse aber diskret (einzeln, isoliert, absolut) gelten müssen, worauf unser Gehirn **nicht** eingerichtet ist. Wenn wir also die erste Zahl (z.B. 7) wahrnehmen, assoziieren wir 17, 71, 77 etc. und wenn wir die zweite Zahl dazudenken sollen (z.B. 8), dann fallen uns 18, 81, 88 etc. ein; auch die Verbindung beider (78, 87) erscheint uns völlig **naheliegend**. Aber das Ergebnis (56) liegt so fernab aller assoziativer Denk-Verbindungen, daß es „schwer" wird.

3. Sogenanntes Schul-Lernen – Pauken von isolierten Daten und Fakten: Das **kann** ebenfalls **nicht** funktionieren! Viele Millionen von SchülerInnen und StudentInnen quälen sich weltweit, weil **nur** SINN-volle Informationen mit dem eigenen Wissens-Netz verbunden werden können. Deshalb wurden umfangreiche mnemonische Systeme erfunden, mit deren Hilfe man SINN-lose Einzeldaten (um nicht gleich „Unsinn" zu sagen) tatsächlich ins Gedächtnis überführen kann. Aber **erstens** ist diese Liaison sehr **brüchig**, weshalb alle Gedächtnis-Päpste seit dem Altertum darauf beharren, man müsse den Lehrstoff immer wieder repetieren. (Deshalb ist es auch gar nicht erstaunlich, daß die meisten Leute über **80 % des in der Schule gelernten „Stoffes"** spätestens fünf Jahre nach Schulschluß **vergessen** haben.)

Zweitens wird hier der völlig falsche Eindruck erweckt, Lernen sei schwer, während in Wirklichkeit das genaue Gegenteil stimmt. Wie Klaas MELLANDER aufzeigt, lernen wir ununterbrochen, wir merken es nur nicht. Erst wenn etwas stattfindet, das wir „Unterricht" oder „Unterweisung" nennen, beginnen die „Lern-Probleme". Kein Wunder, da das meiste dieser Darbietungen ja auch massiv gegen die Arbeitsweise des Gehirns „anzustinken" versucht. Übrigens könnten wir uns in diesem Zusammenhang fragen:

Warum reüssieren SchülerInnen mit den besten Noten zwar **im Schulleben hervorragend**, aber in der Weltspitze genialer DenkerInnen sind extrem wenige dieser Menschen zu finden?

Diese werden (im statistischen Schnitt) weit häufiger Lehrkräfte und PolitikerInnen. „**Stop!**" – sagen Sie jetzt vielleicht. Wir wissen doch, daß **brillante Absolventen der großen privaten Universitäten** auch brillante wissenschaftliche Karrieren machen (viele Nobelpreisträger!) und daß nur solche Erfolgreiche einen Lehrstuhl an einer Lehr-Institution mit hohem Prestige erringen können (z.B. Harvard). Beißt sich das nicht mit eben Gesagtem? Nein! STERNBERG stellt eindeutig klar:

Gute Pauk-SchülerInnen und Studenten können nur bis zur **ersten Hälfte ihres Studiums** brillieren, während schwache StudentInnen,

Studien (vgl. DAHAENE, Literaturverzeichnis) haben gezeigt, daß es einige wenige Standard-Fehler gibt, **die assoziativ nachvollzogen werden können**, während in Abertausenden von Berechnungen niemals andere Fehler-Zahlen (z.B. 7 x 8 = 101) aufgetaucht sind!

Diese Memo-Techniken sind hervorragend für Daten geeignet, wie Ihre geheime PIN-Nummer, Ihre Konto-Nummern oder die Namen von Leuten, die Sie sich merken wollen, nicht aber für Informationen, mit denen Sie später „rechnen" wollen, d.h. Infos, die Sie als echte „Fäden" in Ihrem Wissens-Netz besitzen wollen.

Klaas MELLANDER: „*Power-Learning!*" (Unbedingt empfehlenswert, insbesondere in Bezug auf das praktische Weiterlernen im Berufsleben!)

Robert J. STERNBERG: „*Erfolgs-Intelligenz*".

die sich bis hierher irgendwie durchgeschleppt haben, jetzt zunehmend die Oberhand gewinnen.

Denn jetzt heißt es in zunehmendem Maße assoziativ denken, analysieren, Synthesen finden, bewerten, beurteilen, Entscheidungen treffen, intelligente Experimente ausdenken und durchführen etc.

Jetzt beginnt man nämlich wissenschaftlich zu arbeiten, ab jetzt macht es Freude, jetzt wird der Denk-Stil **investigativ** und das ist spannend und faszinierend!

Vgl. *to investigate* = untersuchen (Detektivspiele).

Es ist unglaublich, daß wir damit warten, bis unsere jungen Leute 10 bis 14 Jahre institutionalisiertes Pseudo-Lernen (Pauken) hinter sich haben, ehe wir ihnen zeigen, wie aufregend **echtes Lernen** sein kann! Inzwischen sind die meisten leider abgesprungen, weil sie sich fälschlicherweise für dumm, unfähig, unkreativ etc. halten.

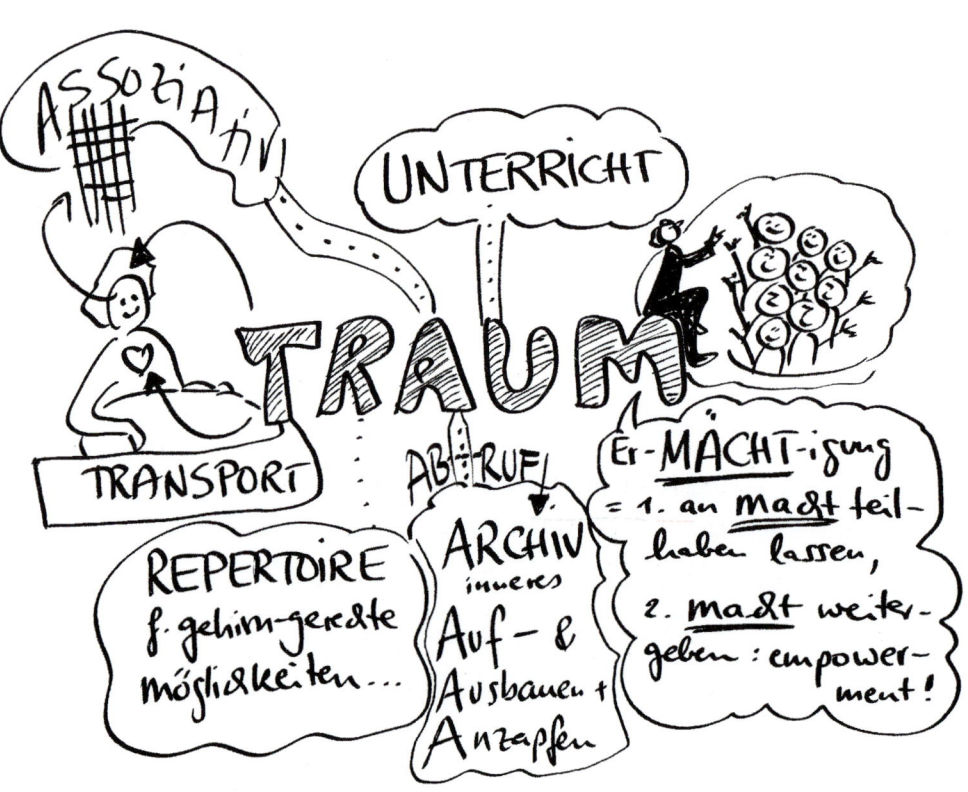

Die Zahl derer, die das offizielle Schul-System unterhalb der Hochschulen nicht einmal bis zu einem qualifizierten Abschluß schaffen, ist enorm hoch. Die Zahl derer, die sich irgendwie durchgemogelt haben, und trotz Abschluß auf Papier weder logisch noch wissenschaftlich denken können, ist mindestens genau so hoch.

Vgl. PISA-Studie 2002: Deutschland fiel in den vergangenen zwei Jahrzehnten auf Platz 17, während Finnland aus früheren Erfahrungen Konsequenzen zog und inzwischen zur Weltspitze gehört!

Aber es gibt ein Gegenmittel, und das ist das **ASSOZIATIVE DENKEN**. Es gehört zu einer der herausragenden Eigenschaften, die geniale Denker aller Sparten (von Forschern bis zu großen Künstlern) vereinen: Sie denken assoziativ, und genau das findet in unserem Schul-System erst sehr spät statt. Viel zu spät!

Die engagierte Lehrerin Dr. Christina KUNZ, die gehirn-gerechtes und analografisches (assoziatives) Denken an Schulen vorstellt (sie arbeitet mit Rektoren, Lehrkräften und SchülerInnen), stellt fest:

> Es ist sehr zäh! Viele wehren sich, weil sie ganz anders ausgebildet wurden und sie dieser neue Weg gleichsam gegen den Strich bürstet. Aber diejenigen, die umstellen, ernten großartige Erfolge. Und was mich ebenfalls enorm erstaunt hat ist, daß schon die 15- bis 17-jährigen SchülerInnen vom alten System so verseucht sind, daß sie richtig umlernen müssen, während die jüngeren SchülerInnen viel leichter klarkommen. Wir müssen mit den Kleinen damit beginnen, nicht erst, wenn es schon so spät ist. Aber diejenigen SchülerInnen wie LehrerInnen, die sich umstellen, erleben immer wieder das **große Glück des eigenen Könnens**.

www.kunz-villmergen.ch

Und sie sagt:

> **Nichts beglückt uns so, wie die eigenen Fähigkeiten bewußt zu registrieren.**

Eine Hoffnung ihres Projektes ist es, daß mehr Eltern und LehrerInnen begreifen: **Durch systematisches Empowerment (Er-MÄCHT-igung) der SchülerInnen werden alle profitieren.**

Vgl. auch S. 243.

Eine Lehrerin, die nach einem Seminar bei ihr den Unterricht dramatisch umgestellt hat, stellte fest, daß sie jetzt wieder gerne in die Schule geht (vorher trug sie sich mit dem Gedanken, sich aufgrund des hohen Streß-Niveaus vorzeitig pensionieren zu lassen). Inzwischen freut sie sich wieder auf den Unterricht, und die Probleme mit den SchülerInnen haben auch aufgehört. Natürlich! Wenn wir (jungen) Menschen die Chance geben, **herauszufinden, was sie können** (statt ihnen andauernd klarzumachen, was

Vgl. Sie auch das Modul „Forschungsergebnisse über das Lernen" (S. 149 ff.).

sie **nicht** können), dann beenden wir den Teufelskreis der Vergangenheit. Das *Innere-Archiv*-Buch bietet viele Ideen, um nur einige kurze Anregungen zu erwähnen:

- **Lassen wir die SchülerInnen zum Einstieg in ein Thema eine ABC-Liste anfertigen** und diese miteinander vergleichen! Einige Minuten (= aktives assoziatives Selbst-Denken) ersetzt 30 Minuten Unterricht, dem niemand fasziniert gelauscht hätte. Allerdings **nach** einem selbstdenkenden Einstieg ist man viel interessierter an dem, was folgt! So machen wir uns das Unterrichten leichter und den SchülerInnen das mitdenken!

Definitions-Spiel

- **Lassen wir die SchülerInnen für neue Fachbegriffe der nächsten Unterrichts-Einheit vorab eigene Definitionen erfinden**, damit sie mit den neuen Wörtern vertraut werden und erste Hilfsfäden in ihr Wissens-Netz „spinnen" (indem sie durchaus albern „herumspinnen" dürfen). Einige Minuten dieser aktiven Denk-Arbeit macht sie neugierig darauf, was diese Termini nun **wirklich** bedeuten und spart später viel Zeit. Denn wenn der Terminus vertraut ist und wenn man beim Erläutern der gemeinten Funktion auch erklärt, warum die Sache so heißt, wird der Unterricht gehirn-gerecht. Allerdings müssen wir jetzt manchmal erst recherieren, weil die Autoren von Schulbüchern sich in der Regel nicht damit aufhalten, gehirn-gerechte Informationen zu geben. Diese gehen nämlich noch davon aus, daß man es „halt zu lernen habe" – allerdings nur solange, wie Lehrkräfte und Schulen diese Bücher freiwillig auswählen ... Ich kenne eine Schule, da schreiben die Lehrkräfte sich in Zukunft ihre Lehrbücher selbst. Sie entstehen modular, jedes Modul wird ins Intranet (der Schule) gestellt und kann von allen Schülern (auch denen in anderen Klassen) eingesehen werden. Die SchülerInnen e-mailen Fragen, Unklarheiten werden beseitigt und bald wird es hier ein tolles Online-Werk für bestes In-School-E-Learning geben. All das als Resultat eines Brain-Management-Seminars, das macht doch Mut, oder??

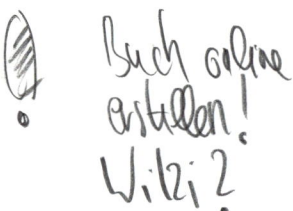

Buch online
erstellen!
Wiki ?

- **Lassen wir die SchülerInnen zwei Listen miteinander verbinden (LULL'sche LEITERN)** und mit den Inhalten der beiden Listen „spielen". Wer will denn auch heute noch darauf bestehen, daß es immer ernst zugehen müsse? **Merke: Jedes Kichern über komische Verbindungen schärft das Denken**, denn um zu kichern muß man erkannt haben, **warum** diese Verbindung „nicht funktioniert!"

- **Lassen wir die SchülerInnen den Lehrstoff zum Lernstoff machen, indem sie wesentliche Aspekte** (z.B. auch mittels LULL'scher ROTAE) **selber entdecken dürfen.** Diese Denk-Werkzeuge schuf Raimundus LULLUS (ein Feind jedes sturen Paukens) zur **Generierung neuer Gedanken und zur Erweiterung von Wissen** im 13. Jahrhundert.

Geben wir unseren SchülerInnen eine echte Chance mit diesen Power-Tools! Und träumen wir unseren Lehrer-Traum weiter. Wir müssen nur endlich **aufwachen**!

Mehr dazu in den Modulen „LULL'sche Leitern und ROTAE" (S. 252 ff.) und „Denk-Technik" (S. 90 ff.). Die Scheiben (von denen eine dem Buch beiliegt), können über www.birkenbihl.de geordert werden; es ist auch möglich, für Schulen größere Kontingente mit Schul-Rabatt zu beziehen. Dazu muß man keiner „offiziellen" Schule angehören, wer immer große Mengen braucht, kann zu Schul-Konditionen beziehen.

---

* Schreibweise eines Schülers; soll „Chance" heißen ...

M 15 LULL'sche Leitern und ROTAE

Raimundus LULLUS, geboren 1235 auf Mallorca, gestorben 1316 im Alter von 81 Jahren, größte Wirkzeit Ende des 13. und Anfang des 14. Jahrhunderts (in ganz Europa).

Der große Denker **Raimundus LULLUS** scheint zunächst ein Lebemann gewesen zu sein, zwar durchaus religiös, aber Wein, Weib und Gesang nicht abgeneigt. Allerdings hatte er sich schon immer für **die großen Fragen seiner Zeit** interessiert. Dazu gehörte z.B. der **Dialog der drei großen Religionen** (Judaismus, Christentum und Islam). Das war im 13. Jahrhundert ein „heißes" Thema (bei dem allgemeinen Trend, der von den Kirchen wegführt, heute schwer nachvollziehbar). Aber die einigermaßen gebildeten Menschen damals haben solche Ereignisse ähnlich betroffen verfolgt, wie wir die Frage nach dem Frieden im Nahen Osten.

Natürlich war die lingua franca (die das Englische heute darstellt) damals das Lateinische, wobei einige wirklich gebildete Leute damals auch arabisch sprachen (bzw. es zumindest lesen konnten).

Normalerweise stritten sich gelehrte Vertreter der großen Religionen auf **internationalen Konferenzen** über die Unterschiede ihres Glaubens und versuchten, die anderen **von ihrem „Unrecht" zu überzeugen**. LULLUS ging viele Jahre lang mit dem vagen Gefühl schwanger, es müsse auch einen anderen Weg geben, um diese großen, anscheinend unüberbrückbaren Differenzen doch irgendwie zu vereinen.

Die **Erleuchtung** traf ihn wie ein Blitz im Jahre 1272 (also im Alter von 35 Jahren), nachdem er jahrelang gebrütet hatte, und zwar u.a. mithilfe von **WORTLISTEN** (s.u.).

Inzwischen wissen wir, **daß große Erfindungen zwar oft wie ein Blitz einschlagen**, aber, wie PASTEUR bereits feststellte, eine Erleuchtung nur über **einen vorbereiteten Geist** „hereinbrechen" kann. So auch hier. Nachdem LULLUS viele Jahre lang **immer wieder** über dieser Frage gebrütet und gegrübelt hatte, erlebte er plötzlich eine wahre **Erleuchtung.**[*] Sie bestand aus zwei Elementen:

1. Ihm wurde klar, daß man von (aus) den Attributen Gottes den gesamten Kosmos (also die ganze Welt, das Universum, das, was wir als *Realität* oder *Wirklichkeit* bezeichnen) ableiten können müsse.

2. Er begriff gleichzeitig, daß die großen Religionsvertreter die Sache strategisch völlig falsch angingen, da sie immer auf den **Unterschieden** ihres Glaubens herumhackten, während seine blitzartige Erleuchtung ihm auch gezeigt hatte, daß es in **dieser** Frage weitgehende **Überschneidungen** gab.

---

[*] Quellen: Da (wie wir noch sehen werden) die Arbeit von LULLUS auch in Verbindung mit Gedächtnis gesehen werden kann, enthält YATES *„Gedächtnis und Erinnern"* einige Hintergrund-Informationen, nicht nur zu LULLUS selbst, sondern auch zu späteren Gedächtnis-Technikern (wie RAMUS und KIRCHNER durch deren Arbeiten letztlich der „Draht" zu LULLUS erhalten blieb). Wer sich durch ein fachliches Werk nicht abschrecken läßt: RIEGER (s. Literaturverzeichnis).

Das war zur damaligen Zeit ein völlig neuer Gedanke, aber, wie bei allen Erleuchtungen: Man kann im nachhinein seine vorherige Position überhaupt nicht mehr nachvollziehen. Nach der Erleuchtung kann man seine Glaubensinhalte, früheren Verhaltensweisen etc. nicht mehr begreifen. Jetzt erschien es ihm so sonnenklar, daß er es nicht fassen konnte, warum er es nicht schon lange vorher begriffen hatte:

Die **Juden** sprachen seit Jahrhunderten von den **Namen Gottes** (so stellen z.B. die 10 Sefiroth in der Kaballa 10 **Namen = Attribute** Gottes dar).

Auch im **Islam** sind die **Namen und Attribute Allahs** eine Schlüsselfrage; das gleiche galt für das **Christentum** des 13. Jahrhunderts!

Nun galt es, jene **Attribute Gottes**, über die alle drei Religionen sich **einig** waren, **herauszuarbeiten** und **aufzulisten**. Anschließend galt es dann, genau zu erarbeiten, wie (im Detail) die Welt von diesen Attributen her- und abge-**LEIT**-et werden mußte. Nach einiger Zeit begann die Vision von LULLUS konkrete gedankliche Gestalt anzunehmen, mit seinen Schlußfolgerungen und Ableitungen füllte er eine Reihe von Büchern (handschriftlich!!), von denen manche bis heute nicht veröffentlicht wurden (sondern nur in Museen und Bibliotheken eingesehen werden können). Wir wollen hier nur einen extrem vereinfachten Überblick erhalten, um das nachfolgende zu begreifen! Wir können es uns wie folgt vorstellen: Eine göttliche hierarchische **LEITER**, die man gleichsam hinauf- und hinuntersteigen kann, vom Niedrigsten (unbelebte Materie) zum Höchsten (den Engeln), denn **Gott** selbst schwebte (als prima causa) gleichsam **über der Hierarchie**, die er geschaffen hatte!

9 Gott
8 Engel
7 Welt
6 Himmel
5 Elemente
4 Mensch
3
2
1 unbelebte MATERIE

Wenn wir die Weltsicht von damals mit dem Ergebnis des jahrelangen Grübelns von Raimundus LULLUS mit unserem heutigen Weltbild vergleichen, dann ergibt sich folgendes Bild:

Vorstellung 13. Jahrhundert	LULLUS sogenannte UNIVERSALIEN	Vorstellung 21. Jahrhundert
Daß ganz oben Gott thronte und direkt darunter die Engel, war im 13. Jahrhundert so glasklar, daß ein Anzweifeln unmöglich war. So wie heute jeder weiß, daß die Erde ein kleiner Planet in einem kleinen **Sonnensystem** (am Rande einer Galaxie) ist, von der es **so viele gibt,** daß uns schwindlig werden kann. Damals wurde den Leuten schwindlig, wenn sie daran dachten, **wieviele Engel,** selbstverständlich hierarchisch sortiert (von kleinsten Schutzengeln zu den großen Erzengeln) Gott dienen.	• **D E U S** = GOTT (steht über der Hierarchie, ist nicht Teil von ihr!) • **ANGELUS** = Engel • **MUNDUS** = WELT • **COELUM** = HIMMEL • **ELEMENTA** = ELEMENTE • **HOMO** ⟁ * = MENSCH • **NATURA sensitiva** = TIERWELT (mit Sinnen ausgestattete Lebewesen, damals meinte man, die Pflanzen nähmen nichts wahr). • **VEGETATIVA** = PFLANZENREICH • **INANIMATA** = tote Materie (wörtlich: „unbeseelt")	Auch wir kennen solche Hierarchien, z.B. • **Höhere Lebewesen** (z.B. der Mensch) • **Einfachere Lebewesen** (z.B. Algen) • **Dinge** (Stoffe, Materialien, aus denen alles in der Welt besteht) • **Elemente** • **Moleküle** • **Atome** • **Partikel** • **Quarks** • **Strings** • **??**

Wir sehen (von unten nach oben) **8** Stufen, über der eine **9.**, d.h. **göttliche** thront, und da die **9** seit langem als heilige Zahl galt, ist anzunehmen, daß LULLUS eine Weile herumbastelte, bis Gott auf Nr. 9 in der Rangliste „landete".

Hilfreich: einzelne Begriffe auf Papierstreifen zu schreiben und sie solange „herumzuschieben", bis die Hierarchie „steht".

Wenn Sie den Prozeß selbst einmal nachvollziehen wollen: Wählen Sie ein Thema und versuchen Sie, eine hierarchische Aufstellung (von Null aufwärts) zu kreieren. Sie werden feststellen, daß Sie immer wieder radieren, umstellen, **herumschieben** etc. müssen, bis die Reihe zu stimmen scheint.

---

* ⟁ Der Mensch nimmt in LULLUS Hierarchie **(von unten)** den **4. Rang** ein. Er steht also in der **Mitte** all dessen, was das Universum ausmacht, da **Gott als erster Urgrund über** der Hierarchie schwebt und als ihr Schöpfer nicht Teil von ihr sein kann. Somit steht der Mensch zwar an der Spitze der mundanen Welt, aber **noch unterhalb der Elemente**, welche diese Welt ausmachen, weshalb er selbst den Elementen der Natur große Ehrfurcht entgegenbringen sollte …

Danach zeigen Sie Ihre fertige Rangliste mindestens zwei Menschen, und nun hat wahrscheinlich jede/r Betrachter etwas zu „meckern". Ihre erste Hierarchie muß in der Regel mehrmals überarbeitet werden, bis sie Bestand hat, wenn **andere** Menschen sie betrachten! Denn jeder beurteilt sie mit seinem Wissens-Netz, bei dem die Vernetzungen subjektiv anders sind, und jeder bewertet gemäß seinen Erfahrungen, seinem Wert-System etc. Deshalb dauert es ein wenig, bis man **UNIVERSALIEN** herauskristallieren kann. Dabei stellen Sie fest, wie Sie hier und da Dinge nachschlagen, mit Leuten reden, Artikel lesen etc., und wie Sie tiefer und tiefer in die Materie eindringen. Merke:

> **Man muß eine Materie gut begriffen haben** (bzw. man lernt sehr viel über sie, wenn man es versucht) und man muß **ein Thema ausgezeichnet** (und tief!) **durchdacht haben, um eine Hierarchie zu erstellen**. Und umgekehrt: Durch das mehrmalige Sortieren beim Erstellen einer solchen Hierarchie lernen wir enorm viel über den Gegenstand und dringen tief in die Thematik ein!

Vgl. auch das Modul „Denk-Technik" (S. 90 ff.).

Wir wollen an dieser Stelle nur einen kurzen Blick darauf werfen. Daher sehen wir uns nun den zweiten Schritt von Raimundus LULLUS an: Nachdem seine Liste der sogenannten **UNIVERSALIEN** „stand", baute er ein gigantisches System darauf auf. Er begann systematisch die **Namen = Attribute Gottes** zu erarbeiten – und zwar **gemäß der gemeinsamen Nenner zwischen den drei großen Religionen**. Alle drei sind ja sogenannte „Buch-Religionen".

Zwar besitzen diverse buddhistische Bewegungen zahlreiche „Schriften", aber kein einziges „**Buch**".

Unsere drei Bücher berichten alle über eine gemeinsame Schöpfungsgeschichte und stellen uns jene Personen vor, welche die Historie der Gläubigen schufen (auch hier teilen die drei Religionen viele gemeinsame Persönlichkeiten, von Adam und Eva über Abraham, Noah, alle großen Propheten, Könige und viele andere).

Nun studierte und verglich LULLUS die Aussagen **über** Gott, die Attribute und Eigenschaften, die Juden **wie** Christen **und** Muselmanen glaubten. Dabei destillierte er nachfolgende **9 gemeinsame Nenner** heraus:

Zufällig wieder **9**, wie angenehm …

Attribute Gottes

BONUM

MAGNUM

DURANT

POTENT

SAPIENT

VOLENT

VIRTUOSUM

VERUM

GLORIUM

BONUM	Gott ist **GUT**
MAGNUM	Gott ist **GROSS**
DURANT	Gott ist **EWIG**
POTENT	Gott ist **MÄCHTIG**
SAPIENT	Gott ist **WISSEND**
VOLENT	Gott ist „**WILLEND**", d.h. sein Wille ist alles; im Sinne der berühmten Gebetszeile: „Dein Wille geschehe" (Judaismus/Christentum) bzw. der gleichbedeutenden alltäglichen Bemerkung: „In-Sh'Allah" (im Islam)
VIRTUOSUM	Gott ist **ALLMÄCHTIG** („alleskönnend", vgl. „Virtuose", der auf seinem Gebiet alles können muß)
VERUM	Gott ist **WAHR** (im Sinne von: die einzige Wahrheit ist Gott bzw Allah)
GLORIUM	Gott ist **HERRLICH**.

Da LULLUS in einigen Jahrzehnten ein gigantisches System erschuf, kreierte er auch jede Menge Listen. Nun wissen wir hier in den deutschsprachigen Ländern den Wert einer guten Liste (noch) nicht wirklich zu schätzen.

Wir gehen im Modul „Denk-Technik" näher darauf ein (S. 90 ff.). Bitte beachten Sie auch das Modul „Exformation" (S. 135 ff.), wenn Sie das Konzept noch nicht kennen.

Eine qualitativ hochwertige Liste bietet **Exformation**! Die Informationen bestehen aus einigen „dürren" Wörtern. Jedes für sich sind isolierte Informationen („nackte" Daten) wie unser Schulsystem sie so liebt – aber völlig wertlos! Nur **als erarbeitete Liste** wird Exformation daraus: Die **Ansammlung von Begriffen** kann wertvoll sein. Die hohe **Qualität** einer guten Liste liegt **allein** in der Tatsache begründet, **daß** diese Wörter in dieser Liste stehen.

Ist nun schon **eine** Liste wertvoll, was passiert erst, wenn wir mehr als eine miteinander **verbinden**? Wobei ich noch um einen Moment Geduld bitte, denn Sie mögen diese Verbindungen zwar **thematisch** nicht so aufregend finden, wie ein Mensch des 13. Jahrhunderts, aber es geht ja zunächst nur darum, das **Prinzip** zu verstehen. Also folgen Sie bitte noch kurz den LULL'schen Gedankengängen.

LULLUS verband u.a. die **UNIVER-SALIEN** und die göttlichen **Attribute**, indem er die beiden LEITERN gleichsam nebeneinander stellte und begann, systematisch **alle Verbindungen** zwischen ihnen zu **testen**, eine nach der anderen. Er begann mit einer **Kombination** (Was fällt mir dazu ein?) und machte Schritt für Schritt weiter:

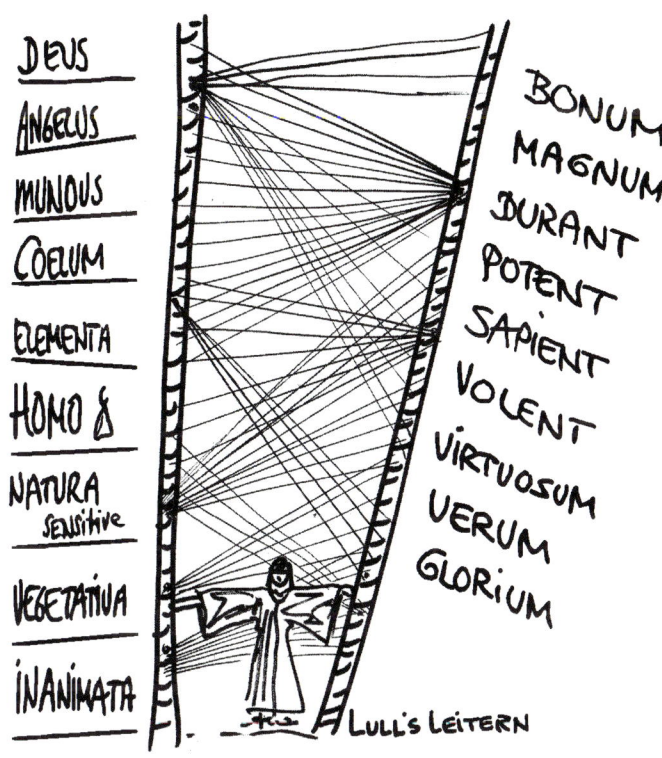

DEUS
ANGELUS
MUNDUS
COELUM
ELEMENTA
HOMO ☉
NATURA sensitive
VEGETATIUA
INANIMATA

BONUM
MAGNUM
DURANT
POTENT
SAPIENT
VOLENT
VIRTUOSUM
VERUM
GLORIUM

LULL's LEITERN

DEUS-cum-**BONUM**
ANGELUS-cum-**BONUM**,
MUNDUS-cum-**BONUM**
COELUM-cum-**BONUM** etc.

Danach:
DEUS-cum-**MAGNUM**
ANGELUS-cum-**MAGNUM**
MUNDUS-cum-**MAGNUM**
COELUM-cum-**MAGNUM** etc.

Das DENKEN in LISTEN ist eine **uralte Denk-Technik***, sie wurde schon von ARISTOTELES praktiziert. Als ich diese Art, Dinge anzugehen, entwickelte, ehe ich lernte, daß es solche Techniken bereits gegeben hatte, habe ich de facto eine alte (jahrhundertelang mit Erfolg angewandte) Technik **wieder** erfunden. Jedenfalls darf es uns nicht erstaunen, daß Raimundus LULLUS wie selbstverständlich in Listen dachte. Aber er entwickelte auch andere Denk-Techniken weiter.

---

* Da die angelsächsischen Länder diese Art zu denken weit häufiger einsetzen als die Bewohner germanischen Länder, bin ich der Technik erst als (junge) Erwachsene in den USA begegnet. Dort erlebte ich diese Denkart vielleicht 3- bis 4mal pro Jahr (in sieben Jahren also vielleicht 21- bis 28mal); daher hat es mich so unbewußt beeinflußt, daß ich zunächst meinte, eine völlig neue Technik zu entwickeln. Zwar denkt „man" normalerweise nicht in ABC-Listen, aber als ich mich in das Thema vertiefte, lernte ich, daß diese Art zu denken im Mittelalter regelrecht „in" war und erst vor einigen hundert Jahren verschwand.

Links: LULLs **Vorläufer MindMap**
Mitte (unten): LULL'sche LEITERN
Mitte (oben): Vorläufer COMIC

Raimundus LULLUS benutzte zwar die alt-
bekannte Technik, in Listen zu denken,
aber er schuf **bahnbrechende** neue
Aspekte: den **Wissensbaum** und die
„Spinnenform". Links im Bild: LULLs **Vorläufer** eines **MindMap**. Hier verbindet
er die 9 Weisen (ganz links) mit der linken (senkrechten) **Leiter** (Bildmitte).
Mitte (oben): Wir sehen einen **Vorläufer**
zum **COMIC** mit Erklärungstexten **im** Bild
(hier senkrecht eingetragen). Mitte
(unten) **sehen wir das Kernstück:**
LULL'sche LEITERN (eine senkrecht in der
Bildmitte, sie ist nach links verbunden
und verbindet sich zusätzlich nach rechts
zu der schräg aufsteigenden Leiter. Die
Verbindungslinien sind nur **gedacht**!
Rechts: Ganz oben Gott + Engel zu denen
man über die (schräge) Leiter aufsteigt,
so überwindet man die **UNIVERSALIEN**
Stufe um Stufe, vom Materiellen bis zu
Gott (über den Engeln, als perfekte
Kugel dargestellt). Natürlich kann man
die Leiter auch hinunter steigen …

YATES: *„Gedächtnis und
Erinnern"*

Dieser kreative Mann **entwickelte** zwei bekannte Techniken um einen
bahnbrechenden Folgeschritt weiter. Es existierte die Möglichkeit, Wissen in
runde **Scheiben-Diagramme** einzutragen, eine Schreibform, die sich im
Zuge der Mnemotechniken (zum besseren Merken) entwickelt hatten. Und
man kannte das „**Listen-Denken**" (wie gesagt, seit ARISTOTELES), aber man
arbeitete jeweils mit oder an **einer** Liste; man verband sie vor LULLUS noch
nicht.

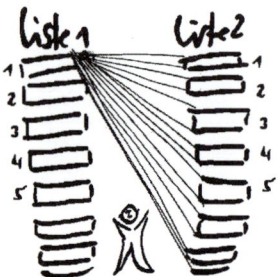

Leitern

LULLs Listen waren weitgehende hierarchische „Leitern", die man
hinauf- und hinunter-„gehen" konnte. Und: Er arbeitete mit Parallel-
Listen (das war neu!), er stellte zwei Leitern nebeneinander, um der
Reihe nach jeden Begriff mit jedem zu verbinden.

ROTAE

LULLUS brachte nun (im Wortsinn) **Bewegung** in die Sache, indem er bewegliche Scheiben benutzte. So kann man durch Drehen **die unterschiedlichsten** Kombinations-Formen schaffen. Diese Technik bringt dermaßen viel und macht so viel Spaß, daß wir dem Buch eine leere „Scheibe" beilegen, für einen ersten Versuch.*

In Philosophia verò figuram sive tabulam in hunc modum formemus

A	Forma
B	Materia
C	Generatio
D	Corruptio
E	Elementatio
F	Vegetatio
G	Sensus
H	Imaginatio
I	Motus
K	Intellectus
L	Voluntas

Oben: eine 11-gliedrige HIERARCHISCHE Liste.
Rechts: ein ROTAE. Man beachte:

1. Die **Buchstaben außen** stehen für die **Attribute Gottes**. Bei Raimundus LULLUS wird fast alles dazu in Bezug gesetzt, deshalb schreibt er diese gern als „stenographische" Buchstaben (so steht B für BOMUM, C für MAGNUM, D für DURANT, E für POTENT etc.).

2. Die **Dreiecke innen**: Durch das Verbinden von **jeweils drei Aspekten** des inneren Kreises ergeben sich besonders spannende Kombinationen!

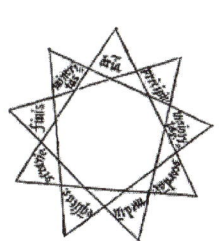

Testen Sie dies: Listen Sie 9 Begriffe zu einem Thema im Kreis auf und verbinden Sie jeweils das dritte, also: die Nummern 1, 4, 7, dann die Nummern 2, 5, 8, und zuletzt die Nummern 3, 6, 9. Sie finden diese Art von Drittelung z.B. auch im Zodiac (Stier – Jungfrau – Steinbock bilden ein solches Dreieck).

---

* Später können Sie jede Menge solcher ROTAE selber basteln. Wem das zu viel Mühe ist, kann das Format, das dem Buch beiliegt, auch bestellen; wir lassen es für unsere Insider herstellen (www.birkenbihl.de, dort: Schublade „Empfehlungen" öffnen).

Die spezielle „Denke" von LULLs LEITERN und ROTAE

Nun sehen wir uns das schrittweise **Verbinden zweier Listen** (oder Inhalte der „runden Listen" auf den radförmigen ROTAE) näher an. Aber inzwischen können Sie bereits zu experimentieren beginnen, und wenn Sie nur eine Tierliste mit einer Berufeliste (vgl. Listen-Sammlung, S. 304 ff.) miteinander verbinden. Übrigens sollten wir ABC-Listen, da sie in der Regel keine HIERARCHIE ausdrücken, im technischen Sinne nicht als Leitern bezeichnen. Aber als **metaphorische** Leiter können wir sie allemal ansehen, denn wir steigen ja alphabetisch hinauf und herunter. Na also!

Wenn wir mithilfe von LISTEN unsere denkerische Leistung verbessern wollen, gilt es, zwei TECHNIKEN zu unterscheiden:

1. das Erstellen von Listen und
2. das Nutzen vorhandener Listen.

Damit Sie sofort (erste) Erfahrungen mit der zweiten Technik sammeln können, ehe Sie Ihre eigenen Listen erstellt haben, bietet dieses Buch Ihnen eine Reihe von Listen an (S. 304 ff.).

Bei www.birkenbihl.de gibt es Foren, für meine LeserInnen, HörerInnen (Vorträge) bzw. TeilnehmerInnen (Seminare). **ABC-Listen gehören zu den analografischen Techniken.**

L = Das erste „**L**" steht für **Listen**, das zweite für LULLs **Leitern**, das dritte für die dramatisch erhöhte Denk-**Leistung**, die sich durch Anwendung der Leitern und ROTAE ergibt.

U = Das „**U**" soll uns daran erinnern, daß wir mit diesen Techniken unser **UNBEWUßTES** „anzapfen", denn mit diesem Vorgehen passiert eine Menge, das bei normalem Denken nicht passiert wäre.

I = Das „**I**" steht für **Ideen**, deshalb bezeichnen spätere Anwender der LULL'schen Techniken die Leitern & ROTAE als **Ideen-Generator**; KIRCHNER nennt es das **Denk-Register**. Das „I" steht jedoch **auch** für **Inventur**, weil jede Arbeit dieser Art immer eine geistige Inventur darstellt, wir fragen uns (bewußt oder unbewußt) immer: Was wissen wir? Was denken wir? Wie schnell bewegen sich unsere Gedanken (d.h.: Wie vertraut sind uns diese Denk- und Nervenbahnen?) Sie wissen ja: Je vertrauter, desto schneller laufen sie ab. Das „**M**" sagt uns: **Methodisch** zur **Meisterschaft**: Indem wir ganz systematisch Schritt-für-Schritt mögliche und unmögliche Verbindungen testen, entstehen völlig neue Ideen. Ideen, die wir ohne diese Technik niemals entwickelt hätten!

Denk-Wolken, Ideen-Schwärme etc.: vgl. Modul „AbRUF-Reiz" (S. 58 ff.).

U = Das zweite „**U**" steht für **Übersetzen**, weil wir Gedanken aus einer Denk-Wolke (Liste 1) systematisch zu einer anderen (Liste 2 und/ oder 3) übertragen. Indem wir einzelne Gedanken von einer Liste zur anderen „übersetzen" (**wie ein Fährmann Leute vom einen ans andere Ufer bringt**), geschehen Dinge in unserem Denken, die manchmal langweilig, manchmal aber wirklich Sternstunden des Geistes sind!

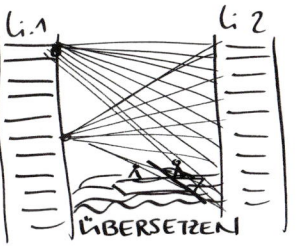

Manche Menschen müssen es **mehrmals** probieren, bis es zu funktionieren beginnt! Manche geben nach ein, zwei Versuchen auf (kann ich nicht!) und erleben so leider niemals, was möglich gewesen wäre. Schade!

S = Das „**S**" steht für **Scheiben** (gemeint sind die ROTAE), wie auch **Systematik**.

LULLUS sah auch eine Verbindung zwischen **Gedächtnis** (Lerntechniken etc.) und seiner eigentlich zu anderen Zwecken erfundenen Kunst (ARS MAGNA und ARS BREVI); im hohen Alter schrieb er ein kleines Gedächtnis-Traktat, aus dem hervorging: Er war kein Anhänger der klassischen Mnemonik. Eigentlich hätte er gerne den Dominikanern beitreten wollen, da er aber dann sein eigenständiges System hätte opfern müssen, war er zu den Franziskanern gegangen. Er lehnte die ganze mnemonische Tradition des Altertums (emotional besetzte BILD-liche Vorstellungen) ab. Und von den vier Regeln des Thomas von AQUIN (deren erste drei der klassischen Merkkunst entsprungen waren) akzeptierte er nur die vierte (die ARISTOTELISCHE), welche besagte: Nur sorgfältiges Durch-DENKEN des Stoffes kann diesen dem Geist auf Dauer übergeben. Seine Devise lautete:

Wenn man eine Sache wirklich durchdacht hat (mehrmals), braucht man keine künstlichen BILD-Verbindungen zu einem Tempel oder sonstigen ORTEN (LOCI) herzustellen.

Nun muß man prüfen, inwieweit das zu lernende Material **sinnvoll, wertvoll** oder gar **wesentlich** ist. Aber LULLUS und andere Denker meinten, das denkerische Vorgehen sei der einzig sinnvolle Weg bei qualitativ hochstehender Information, die so wirklich ein Teil von uns werden und von uns in Zukunft in unser Denken einbezogen werden können. Nun entscheiden Sie: Welche Art von Info bietet die Schule vorwiegend an?

Vgl. hierzu unbedingt auch das Modul „Informations-Flut?" (S. 221 ff.).

Bei sinn- und wertlosem Stoff muß man quasi stur, mechanisch **PAUKEN**; hier helfen die antiken Systeme der lebendigen, phantasievollen Vorstellungen, wie sie auch heute noch von Gedächtnis-Trainern trainiert werden (so kann man z.B. geheime Pin-Nummern auswendig lernen).

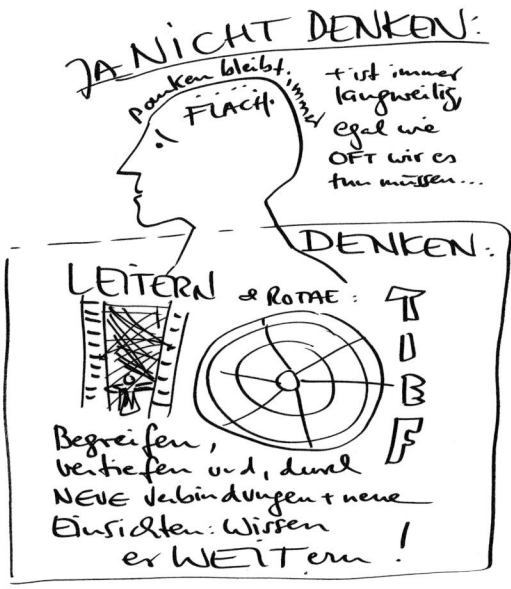

Wenn der Lernstoff tatsächlich **sinnvoll, wertvoll** oder gar **wesentlich** ist, dann bedeutet mehrfaches Durch-Denken keine Strafe, sondern es ist faszinierend und macht Freude. Dann ist es spannend, sich das Material autodidaktisch durch **LISTEN-DENKEN** zu erschließen, es in Listen zu „packen" und mit den **LEITERN** und **ROTAE** zu spielen, um das **Wissen** nicht nur zu festigen sondern – und das war das erklärte Ziel von LULLUS, das Wissen systematisch zu er-**WEIT**-ern! Seine Methoden stellen eine Form der **Wissens-Generierung** dar. Sie wurden in späteren Jahrhunderten als „DENK-REGISTER" und als „Ideen-Generatoren" angeboten.

PICASSO et al.

Sie wissen, daß der frühe PICASSO sehr realistisch gemalt hat (da saßen die Augen noch dort, wo gewohnte Wahrnehmung sie zu sehen erwartet); die Bilder waren „leicht zu verstehen". Sie waren **bequem** für Betrachter, deren **bekannten** Sehgewohnheiten sie folgten. Im Klartext:

> **Je bekannter, vertrauter etwas für uns ist, desto weniger Energie benötigen wir, es wahrzunehmen.**

Allerdings könnten wir etwas Wesentliches übersehen, weil wir nur Bruchteile registrieren und den Rest **ergänzen**. Erschafft aber ein Künstler etwas, das völlig außerhalb aller Erwartungen und Erfahrungen (wichtige Filter!) der Betrachter liegendes, dann sind die meisten Menschen de facto unfähig, wirklich zu sehen „was sie sehen".

Beispiel Nr. 1: Insektenart „Büffel"?

Der Anthropologe Colin TURNBULL erlebte eine außergewöhnliche Demonstration über die Tatsache, daß wir nur wahrnehmen können, was in unsere Erfahrungen paßt, als er mit seinem eingeborenen Führer unterwegs war. Dieser Mann hatte Zeit seines Lebens im Urwald gelebt; er hatte seinen Wald vorher niemals verlassen, er hatte also niemals gelernt, seinen Blick in die Weite schweifen zu lassen, den **Horizont** (z.B. nach Wild) abzusuchen bzw. daß vorhandene Naturerscheinungen (Berge, Bäume) oder Lebewesen in der Entfernung sehr klein wirken, dann aber stetig zu wachsen scheinen, je näher man ihnen kommt. Bitte bedenken Sie, daß Sie all das kennen, wiewohl diese Erwägungen normalerweise Teil Ihres „Hintergrund-Denkens" sind. Das heißt: Sie beziehen all diese Aspekte in Ihre Wahrnehmungs-Prozesse mit ein, ohne darüber nachzudenken.

Aber nun versetzen Sie sich in die Situation eines erwachsenen Mannes, der all das **nie** erlebt hat. Der also keinerlei passives Wissen hierzu hat, auf das er beim Wahrnehmen zurückgreifen kann.

Nun macht er mit diesem fremden weißen Zauberer eine lange Reise und lernt, daß sich seine einzige Heimat, der Dschungel, nicht, wie er annahm, unendlich fortsetzt, sondern daß er begrenzt ist. Einige Tage später findet er sich in einer völlig fremden Welt wieder, einer Steppe: meilenweit flaches Land, „so weit das Auge reicht", wie wir sagen.

et al. = „und andere"

Vgl. das Modul „AbRUF-Reiz" (S. 58 ff.)

Tor NØRRETRANDERS: *„Spüre die Welt"*

All das spielt sich normalerweise in den 11 km Ihres Unbewußten ab; nur wenn wir darüber sprechen, wird Ihnen bewußt, daß Sie es wissen. Vgl. dazu auch Merkblatt Nr. 2 (S. 339 ff.).

M 16

Tatsache aber ist, daß nur das trainierte Auge „weit reicht", das Auge jenes Dschungelbewohners hingegen hatte das „weit reichende" Blicken nie gelernt.

Demzufolge war der Dschungelbewohner unfähig, in großer Ferne liegende Dinge „richtig" zu sehen. Wiewohl seine Augen fähig waren, ihre Formen wahrzunehmen, konnte er nicht interpretieren, was er sah (wodurch die Wahrnehmungen keinen Sinn erhalten konnten). Ein Beispiel von vielen waren die Büffel. Am Horizont graste eine Herde dieser gewaltigen Tiere, die zunächst Briefmarkengröße zu haben schienen.

Der Dschungelbewohner konnte die Büffel zwar sehen, aber er hielt ihre Größe (oder besser Kleinheit) für Teil der objektiven Wirklichkeit außerhalb seines Kopfes und schloß aufgrund ihrer winzigen Abmessungen, daß es sich nur um Insekten handeln könne.

TURNBULL versuchte ihm zu erklären, daß diese Tiere wesentlich größer als eine Tierart, die er gut kannte waren, aber das ergab für ihn absolut keinen Sinn. Jene Tiere, die der Fremde erwähnt hatte, reichten ihm bis zur Schulter (wenn sie sich aufrichteten) und es war absolut unmöglich, daß jene Insekten dort ... Er rieb sich die Augen: Während er einen Augenblick seinen Gedanken nachgehangen hatte, war der Jeep weitergefahren und nun waren aus seinen Insekten Wesen von der Größe einer fetten Ratte geworden.

Diese Beispiele verdanken wir Tor NØRRETRANDERS, auf dessen brillantes Buch („*Spüre die Welt*") ich schon oft hingewiesen habe! Ich halte es für eines der besten Bücher über Wahrnehmung, Bewußtsein und unterbewußte Prozesse und hier stellt der Autor uns sein bahnbrechendes Konzept der Exformation vor.

Während er hierüber nachdachte, waren die Tiere wieder größer geworden und so ging es weiter. Er war absolut sicher, daß der weiße Mann ein großer Zauberer sein mußte, denn daß es hier nicht mit rechten Dingen zuging hätte jedes fünfjährige Kind seines Stammes schon mit Sicherheit zu sagen vermocht!

Zwischenspiel vor dem nächsten Beispiel

Kennen Sie den alten wissenschaftlichen Treppenwitz von dem Professor, der die Wahrnehmungs-Fähigkeit von Flöhen testen wollte. Er brachte ihnen bei, über ein Stöckchen zu springen (Beweis, daß sie seine gerufenen Kommandos hören konnten), dann riß er ihnen ein Beinpaar aus. Das Hüpfen gelang noch ganz gut und so riß er sukzessive Beinpaare aus, bis der beinlose Floh nicht mehr hüpfte. Daraufhin schrieb er in sein Tagebuch: „Seit ich dem Floh die letzten Beine ausgerissen habe, hört er nicht mehr. Anscheinend befinden sich die Hörorgane in den Beinen ...“

Beispiel Nr. 2: Bildauffassung bei den äthiopischen Me'em

Stellen Sie sich vor, Sie wären Anthropologe, unterwegs in Äthiopien und Sie wollten Einheimischen diverse Bilder zeigen, um ihre Reaktionen zu beobachten. Die Leute sind auch bereit, sich die Blätter anzusehen, die Sie herumreichen, während Sie sehr genau beobachten, was passiert und Ihren Übersetzer angewiesen haben, alle Aussagen (auch kleine Zwischenbemerkungen) zu übersetzen.

NØRRETRANDERS zitiert den Bericht eines Forschers.

Sie befühlten das Papier, rochen daran, zerknüllten es und lauschten dem Knittergeräusch. Sie bissen kleine Stücke ab und kauten, um zu spüren, wie es schmeckt. Das Muster **auf** dem Papier interessierte sie nicht, denn Bilder sind für die Me'em (immer) auf Stoff gemalt.

Dasselbe passierte als westliche Wissenschaftler und Missionare weltweit Kultur- und Kunstgegenstände zerstörten, weil sie ihn ihnen ähnlich „wertloses Zeug“ sahen, wie die Me'em in einer Zeichnung, welche die Wissenschaftler sehr wichtig fanden?

Beispiel Nr. 3: Der Hühnerfilm

In den 1940er Jahren war eine Forschergruppe in Afrika unterwegs. Sie hatten einen in USA gedrehten **Stummfilm** im Gepäck. Sie hatten ursprünglich geplant, den Film (mithilfe der Autobatterie und einem Spezial-Projektor) vorzuführen und mit den Bewohnern mehrerer Dörfer zu diskutieren (weil man auf diese Weise sehr schnell sehr viel über diese Menschen lernen könnte). Aber der Plan ging schief. Warum? Nun, die Afrikaner waren durchaus bereit, den Film anzusehen, aber erstens **lachten** sie an allen möglichen Stellen, die (aus der Sicht der amerikanischen Forscher) weiß Gott nicht lustig waren. Zweitens war es unmöglich, hinterher über den Film zu reden, weil die Afrikaner immer nur von den **Hühnern** sprachen.

Dieser baute so großartig auf Pantomime auf, daß er keine Texttafeln einblenden mußte, um den Dialog in Stummfilmzeiten zu imitieren.

Nach einigen verzweifelten Versuchen, ein Gespräch über die Filminhalte in Gang zu bringen, mußten die Forscher letzten Endes annehmen, daß ihr Übersetzer wohl doch weit weniger fähig war, als man ursprünglich angenommen hatte. In diesem Film ging es um Liebe, um Tod, um Heirat und Nachkommen, um die großen Themen der Menschheit ... schade. Na ja. Später stellte sich heraus:

1. Am Filmrand waren tatsächlich einige Hühner ins Bild gerutscht, die hatte der Regisseur bei der Aufnahme entweder nicht bemerkt oder es hatte ihn nicht gestört. Sie hatten mit der Story nichts zu tun.

2. Diese Hühner erschienen in ca. 30 % der Filmszenen, anscheinend hatten die Afrikaner jedesmal gelacht, wenn sie die Objekte ihres Interesses wieder auftauchen sahen. Daß zu diesem Zeitpunkt die Menschen im Bild in tragische Schicksale verwickelt waren, hatten sie nicht registriert.

3. Jene Hühner konnten die Forscher in Afrika nicht wahrnehmen, denn sie hatten sie auch zuvor noch nie gesehen, wiewohl sie alle geschworen hätten, daß sie den Film in- und auswendig zu kennen glaubten. Diese Hühner waren bis jetzt für sie de facto unsichtbar gewesen.

4. Wir alle tun täglich dasselbe: Wir blicken in eine vertraute Welt und sehen (hören, schmecken etc.) das Bekannte routinemäßig. Leichte Abweichungen vom Bekannten finden wir faszinierend. Aber für alles, was **wirklich** anders ist, sind wir oft „blind" und „taub". Deshalb sehen wir Hühner, wenn andere uns ganz andere Aspekte „zeigen" wollen …

Beispiel Nr. 4:
Die Frau von PICASSOs Mitreisenden

Ein Mann erkannte PICASSO in einem Zug und beschwerte sich, seine Bilder seien in den letzten Jahren so verrückt geworden und warum er keine realistischen Bilder mehr male etc. Daraufhin fragte PICASSO seine Mitreisenden: „Was ist denn bitte **realistisch** für Sie?"

Der Mann zückte seine Brieftasche, entnahm ihr ein Foto seiner Frau und reichte es hinüber zu PICASSO: „Das", sagte er, „ist meine Frau und dieses Bild ist realistisch." PICASSO studierte das Bild eine Weile, hielt es näher ans Gesicht und weiter weg, zwickte seine Augen zu und studierte das Bild allen Ernstes. Schließlich seufzte er und reichte es dem Mitreisenden zurück. „Na ja," meinte er, „sie ist doch wohl ziemlich klein und flach …?"

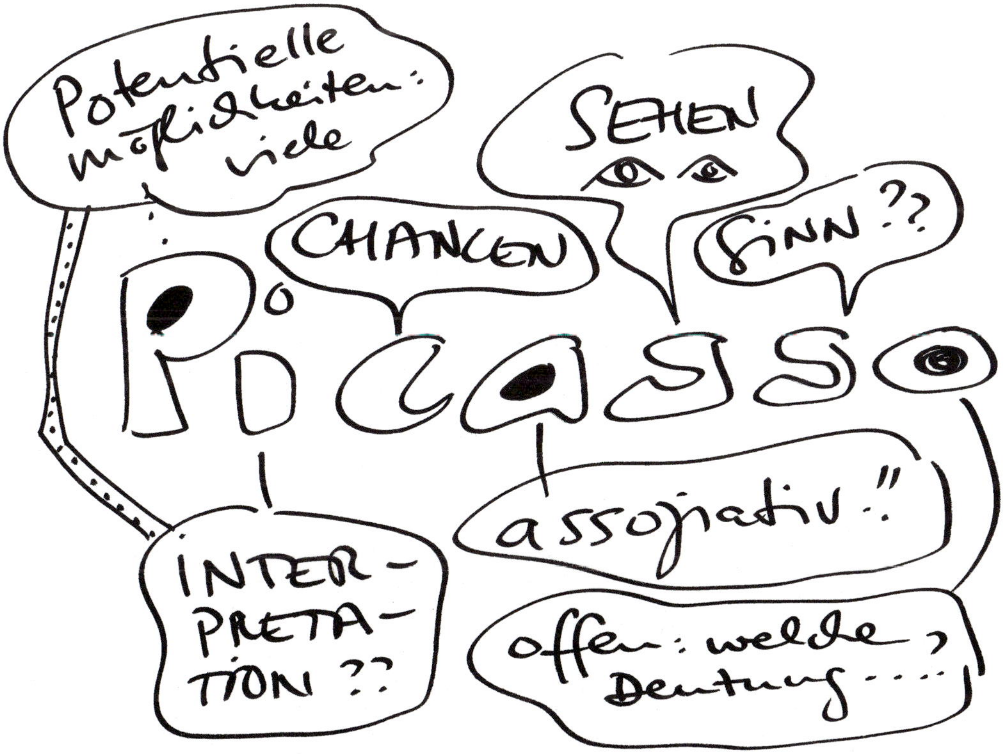

M 17   Tapeten-Effekt

Sie haben Klagen wie diese schon gehört:

Mutter: Komisch, **zuhause weiß er immer alles**, in der Schule ist viel davon wie weggeblasen!"

Redner: **Zuhause wußte ich alles**, aber dort stand ich da wie ein Blödmann!

Mitarbeiter: **Ich hatte mich ausgezeichnet vorbereitet**, auf mögliche Einwände etc., aber dann saß ich dort in dem Konferenzraum und mir fielen die besten vorbereiteten (!!) Gedanken und Aussagen einfach nicht mehr ein.

Nun, mal ganz ehrlich, was meinen Sie?

a) ☐   Ja, ja, so reden Leute, nachdem sie (oder ihre Kinder) sich **nicht** vorbereitet haben

b) ☐   Na ja, soooooo gut wird die Vorbereitung wohl kaum gewesen sein

c) ☐   Komisch, ich habe das auch schon erlebt und ich weiß, daß ich mich verd... gut vorbereitet hatte.

Tja, die dritte Antwort entspricht der Realität. Jedem von uns kann es ähnlich gehen und vielen von uns ist es passiert. Diese Klagen sind tatsächlich weit berechtigter, als viele Menschen im ersten Ansatz annehmen. Nun gibt es zwei grundsätzliche Probleme, die diese unangenehme Situation auslösen können, nämlich erstens die **innere** Ver-**BINDUNG** (des Sinn-Zusammenhangs) und zweitens der äußere Kontext (siehe Punkt 2, S. 265 ff.).

1. Ver-BIND-ung = innerer Kontext

Wenn man „stur paukt", versucht man, untereinander **nicht verbundene** Informations-Einheiten bzw. solche, die mit den Inhalten unseres Wissens-Netzes nicht direkt verbunden werden können, zu lernen. Die neuere Gehirn- und Gedächtnisforschung hat inzwischen eindeutig bewiesen, daß unser Gehirn **keine isolierte Daten** speichern kann. Ich kämpfe schon seit Jahrzehnten gegen die sture Paukerei, die in der Schule leider immer noch viel zu häufig **gefordert** wird! Unser Gehirn ist kein Computer und etwas zu „merken" heißt genaugenommen, früher **KONSTRUIERTE** Gedanken später **RE-KONSTRUIEREN** zu können. Der **innere** Kontext hat mit dem **Sinn-Zusammenhang** zu tun, weshalb isoliertes Pauken extrem arbeitsintensiv ist, bei extrem geringer „Ausbeute" hinterher. Aber worüber wir in

Vgl. SCHACTER in: *„Wir sind Erinnerung"*

Vgl. RE-KONSTRUKTION (S. 68 ff.).

diesem Buch noch **nicht** gesprochen haben, das ist der **zweite** Prozeß, der hinter dem eigenartigen Versagen trotz guter Vorbereitung steht.

2. Ein-BIND-ung in den äußeren Kontext

Der Effekt, den ich als Tapeten-Effekt© bezeichne, hat mit dem **äußeren** Kontext zu tun. Viele (er-)kennen, was ich meine, ohne die Situationen bisher bewußt **strategisch** in die Bildung neuer Erinnerungs-Inhalte einbezogen zu haben, z.B.: Als ich mit dem aktiven Mitsprechen eines arabischen Textes begann, befand ich mich auf einem Spaziergang auf einem einsamen Sportgelände. Langsam schritt ich im Nieselregen dahin und deklamierte: „Abuu-RRiishi, WaLaDun Sa-GiiRun, MiNa-l. HuNuuDi-l. Humri …"

Wann immer dieser Text aus irgendeinem Grunde aktiviert wird, sehe und fühle ich mich dort auf- und abmarschieren … Und umgekehrt: Wann immer ich dort vorbeifahre, erinnere ich mich an damals, allerdings nicht

immer gleich intensiv (oder schnell): Je regnerischer das Wetter ist, desto wahrscheinlicher ist es, daß mir mein damaliger Lern-Spaziergang wieder (intensiv) einfällt.

Zwar gab es schon vor Jahrzehnten einige Studien zum äußeren Kontext, aber manche werden erst in neuerer Zeit verstanden, seit wir nämlich zu begreifen begannen, daß die äußere **Umgebung automatisch mitein-gespeichert** wird. So wie mein Arabisch-Spaziergang verbunden ist mit bestimmten Aspekten, so enthält jede neue KONSTRUKTION Aspekte dieses äußeren Kontextes. In meinem Fall hängen viele Aspekte „irgendwie" an jener Erinnerung, z.B. an

Einige dieser Studien beschreibt z.B. A. BADDELY in: *„Die Psychologie des Gedächtnisses"*, Stuttgart, 1979 und in: *„So denkt der Mensch"*, München, 1986.

- **dem Wetter** (**feucht**, regnerisch aber nur kühl, nicht kalt);
- **dem weichen Untergrund** des **Fußballfeldes** (dessen Perimeter ich umschritt), denn es hatte seit Tagen ständig (leicht) geregnet;
- **der Kleidung** (der **Anorak**, den ich trug, plus die **Mütze** und der **Schal**, den ich anhatte, sowie die ehemals weißen Tennis-**Schuhe**);
- **technischen Geräte und „Peripherie":** Hinzu kam der ziemlich neue kleine **Walkman** (einer der allerersten, die es überhaupt gab, kostete damals so viel wie ein Stereo-Super-VHS-Video-Recorder heute), den ich in einer **Umhängetasche** trug, weil der Anorak nur sehr kleine Taschen hatte.
- Desweiteren registrierte ich: den **Blick** auf andere Teile des **Sportplat-zes** und darüber hinaus (eine **Birken-Allee** am Horizont), sowie auf die **Straße**, die parallel zum Fußballplatz verlief, etc.

Es ist faszinierend, was alles zu meinem Arabisch-Text „dazugehört", insbesondere wenn wir bedenken, wie viele Aspekte ich über das Genannte unbewußt gespeichert haben könnte. Das heißt, **all diese Aspekte „umgeben" meinen Lernstoff** wie die Tapete an den Wänden eines Zimmers – Wände, die wir nie bewußt registriert hatten.

Stellen Sie sich vor, Sie betreten ein Zimmer: Sie sehen Menschen, Tiere, vielleicht sogar Pflanzen, und – je nach Interesse – Möbel. Die meisten nehmen Fenster und Türen schon kaum noch wahr, ebenso Bilder oder Bücherregale an der Wand. Und die Tapete registrieren die wenigsten Menschen und auch nur, wenn sie das eigentliche Thema ist, wenn sie sich immer (oder nur derzeit) besonders für Tapeten interessieren. Aber normalerweise ist die Tapete eben **nicht** das Thema, wir registrieren sie völlig unbewußt.

Vgl. auch das Modul „Unterschwellig?" (S. 279 ff.).

Würde man in einem Zimmer absolut **nichts außer der Tapete** ändern, dann würde es so gut wie jede/r bemerken, der/die das Zimmer betritt – auch und vor allem Menschen, die **jene Tapete** zuvor **nie bewußt** „einge-

speichert" (= **konstruiert**) hatten. Sie gehört zum **impliziten** (unbewußten) Wissen.

Trockentraining konktra-produktiv?

Etwas ähnliches wie meinen Arabisch-Effekt erlebten der eminente britische
Psychologe Alan BADDELY (mit Duncan GODDEN) bei der Ausbildung von Tief-
seetauchern: Es ging darum, den angehenden Tauchern gewisse Handgriffe
so gut beizubringen, daß sie diese „blind" ausführen konnten, denn in diesen Tiefen kann das Wasser so trüb werden, daß man tatsächlich die Hand
nicht vor Augen sehen kann. Sie ließen eine Gruppe im Wasser üben, die
andere trainierten oben (Trockentraining). Dann aber stellte man fest, daß
die Taucher aus dem Trockentraining sich weit schwerer taten, dieselbe
Tätigkeit unter Wasser auszuführen (**sie brauchten fünfmal so lange**,
bis sie für die Tätigkeit einsetzbar waren). Dies machte doch sehr nachdenklich, weil es (damals, vor einigen Jahrzehnten) überhaupt keinen Sinn
ergab. Als BADDELY einem Kollegen davon erzählte, berichtete dieser ihm:

Damals, in meiner Kind-
heit, war es z.B. usus, daß
angehende Schwimmer am
Beckenrand stehen und
mit den Armen in der Luft
herumrudern mußten; sie
lernten angeblich
schwimmen …

> Wie haben ein ähnliches Problem: Unsere Taucher untersuchen Wracks
> und klagen regelmäßig darüber, daß **oben** von ihren vielschichtigen Ein-
> drücken, wenn sie wieder auf Deck sind und Bericht erstatten sollen (und
> wollen), kaum noch etwas vorhanden ist. Dann fragte sich einer im
> Team: „Was wäre, wenn sie gleich **unten** Bericht erstatten könnten?"
> und man stattete sie mit einem Mikrophon im Taucherhelm aus. Und
> tatsächlich, auf einmal kamen faszinierende, REICH-haltige Berichte
> **nach oben**, die Tauchexpeditionen können seither erfolgreich fortge-
> setzt werden.

Beide Situationen, diese Unter-Wasser-Berichterstatter und jene Tiefseetau-
cher, die handwerklich wesentlich schneller lernten, wenn sie die Handlungen gleich unter Wasser (also am Ziel-Ort) lernten, ließen ihn nicht los.
Konnte es sein, daß es einen Zusammenhang zwischen den beiden Problemen gab? Um dies herauszufinden, erdachte er ein Experiment, bei dem
Taucher in zwei Gruppen Begriffe lernten, die ihnen per Lautsprecher (bzw.
unter Wasser: Kopfhörer) mitgeteilt wurden; eine Gruppe lernte unten (im
Wasser), die andere oben (am Strand sitzend). Und wieder zeigte sich jener
geheimnisvolle Effekt:

Taucher, die **unter** Wasser gelernt hatten, konnten sich später oben (im Sande sitzend) an fast nichts erinnern; die Kontroll-Gruppe, die jedoch **oben** (im Sande sitzend) gelernt hatte, wußte unter Wasser fast nichts. Brachte man die Leute mit dem „schlechten Gedächtnis" wieder zum Ursprungsort (also Gruppe 1 wieder **unter** Wasser, Gruppe 2 wieder ins **Trockene**), dann verbesserte sich ihre Erinnerungs-Fähigkeit dramatisch!

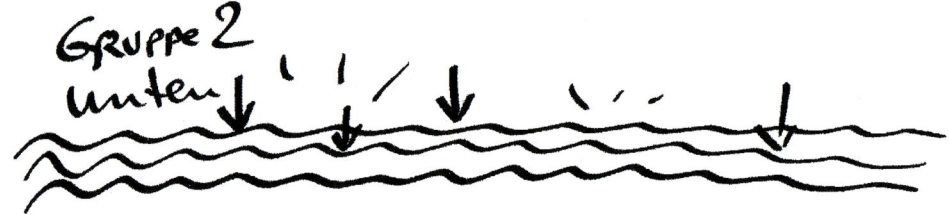

Quelle: Alan BADDELY in: „Your Memory"

Inzwischen hat man viele Parallelen festgestellt, nicht nur, was die äußere Umgebung (Tapeten-Effekt) angeht, sondern sogar in Bezug auf das interne physiologische Milieu im Körper. Auch dieser Effekt wurde inzwischen wissenschaftlich verfolgt, weil man einem bekannten Effekt nachging: Es passiert immer wieder, daß Leute im Suff Dinge verstecken (z.B. Geld), die sie später im nüchternen Zustand nicht mehr finden können. Erst wenn sie wieder trinken, finden sie es und können es wieder vertrinken. Es ist fast so, als seien zwei unterschiedliche Persönlichkeiten am Werk … Erinnert uns das an etwas? Natürlich, sogenannte „Multiple"* (Menschen, die scheinbar aus

---

* Die meisten „Multiplen" sind Opfer von Mißhandlungen in der Kindheit. Es scheint, daß sie damals nur überleben konnten, weil sie einen Teil ihrer Person gleichsam „abspalteten", um „nicht anwesend" zu sein, während ihr Körper Opfer jener Grausamkeiten war. Deshalb hat fast jede/r Multiple eine Schutz-Person, die alle anderen (manche haben ganze Wohngemeinschaften entwickelt!) kennt, während die anderen sich untereinander nicht kennen. Diese Schutzperson ist in der Regel die erste, die sich einst bildete.

mehreren voneinander unabhängigen Persönlichkeiten bestehen) zeigen faszinierende Parallelen.

Auch besitzen die verschiedenen „Personen" unterschiedliche physiologische Zustände (wie echte Personen). So kann es sein, daß einer der „Mitbewohner" (dieses Körpers) Brillenträger ist (fast blind ohne Sehhilfe), während ein anderer bestens sieht. Einer kann schwerhörig sein, andere nicht. Einer kann Säufer sein, andere können Alkohol „nicht riechen" oder sogar nicht vertragen. Einer kann Diabetiker sein, ein anderer nicht!

multiple

Nun interessierte es einen Psychologen, ob Erinnerungen von Trinkern tatsächlich an den Alkohol „gebunden" werden, also führte er eine Studie aus LernerInnen mit und ohne einem Cocktail intus durch. Ergebnis: LernerInnen, die vorher einen Cocktail tranken, konnten sich später nüchtern genauso wenig an den Lernstoff erinnern, wie **die „trockenen" Taucher!** Erst wenn sie wieder becherten, konnten sie die Info wieder „anzapfen". Diese Tatsache kommt in einem *Columbo*-Film zum Tragen:

Der Psychologe war GOODWIN, die Schilderung finden wir bei BADDELY. „Your Memory".

Der ursprünglich betrunkene Zeuge kommt in die Ausnüchterungszelle und erinnert sich so lange an nichts mehr, bis er (freigelassen) zu einem kostenlosen Mittagessen geht, wohin Columbo ihm folgt und ihn zu einem Drink einlädt. Kaum hatte der Mann das Gläschen intus, wußte er wieder alles!

Im Klartext: Wann immer wir Dinge erleben, mag sich unsere Konzentration auf diese oder jene Aspekte beziehen, aber unser „System" speichert weit mehr (unbewußt) als unsere bewußte Erinnerung später vermuten lassen würde. All das wollen wir (im Gegensatz zum Sinn/Inhalt) als „Kontext" bezeichnen, in den die Info eingebettet ist:

Kontext

Der (äußere) Kontext entspricht der metaphorischen Tapete. Sie beinhaltet alles, was wir zum Zeitpunkt der KONSTRUKTION (unbewußt) **mit einspeichern,** z.B. wer, was, wie (inkl. wo) wir während der KONSTRUKTION (gewesen) waren, inkl. Örtlichkeit (Sportplatz, unter Wasser), Essen/Trinken, anwesende Personen, Tiere, Pflanzen etc. **Jeder von zahlreichen, wahrscheinlich hunderten möglicher Tapeten-Aspekte kann uns später** (unbewußt) **helfen, diese Information wieder zu RE-KONSTRUIEREN.**

Diesen Tapeten-Effekt können wir ausnützen, indem wir von Anfang an (beim Lernen oder Vorbereiten zuhause) **so viele Aspekte wie möglich ganz bewußt in den Lern-Prozeß mit einbeziehen.**

8 Praktische Tips

Ob wir uns auf eine **Rede** vorbereiten wollen oder eine **Prüfung**, auf eine schwierige **Konferenz** oder eine **Situation**, in der wir „schnell denken können" müssen, immer gilt: Je mehr Aspekte des Kontextes wir ganz bewußt von der **Vorbereitung** in die **kritische Situation** mitnehmen können (wie eine Tapete), desto leichter können wir unser Wissen „transferieren". Wie können es dort (später) leichter RE-KONSTRUIEREN, weil ja an unseren Gedanken, Fakten etc. viele jener Aspekte „dranhängen". Denken Sie z.B an:

1. **Kleidung:** Kaufen Sie von der Art von Oberbekleidung, die Sie in der Ziel-Situation tragen wollen, so viele, daß Sie identische Stücke in der Vorbereitung tragen können, und tragen Sie sie zumindest in den letzten Phasen dieser Vorbereitung (bzw. sorgen Sie dafür, daß Ihre Kinder oder SchülerInnen das tun).

Bitte nur **leisen** Schmuck wählen. Es kann für andere in der Ziel-Situation (z.B. einer Prüfung oder einer diffizilen Verhandlungs-Situation) außerordentlich unangenehm sein, wenn klirrende Armbänder die Konzentration stören. Außerdem kann es sein, daß ein aufmerksamer Prüfungsaufseher Sie bittet, die Reifen abzunehmen!

2. **Schmuck** (z.B. Armreifen): Leise Armreife, eine Armbanduhr oder auch ein Ring – alles, was in Ihren Seh-Bereich hineinragt, kann KONSTRUKTION und spätere RE-KONSTRUKTION zusammen-BIND-en!

3. **Stifte:** Denken Sie daran, daß viele Menschen zuhause die alten, kurzgeschriebenen Blei- und Buntstifte benützen, draußen (in Schule, Konferenz etc.) aber neue, lange. In Zukunft wissen Sie: Benutzen Sie kurze Stifte nach Herzenslust für normale Notizen, für erste Gedanken, Skizzen etc., aber spätestens im letzten Drittel (besser: in der letzten Hälfte) Ihrer **Vorbereitungen** auf eine besondere Situation nehmen Sie bitte nur noch dieselben Stifte wie „dort!". Dasselbe gilt für Federmäppchen, Lineale und ander Klein-Utensilien, wie z.B. Schmierpapier und Schreibblock!

4. **ABC-Listen** als Gedächtnis-Helfer? Viele meiner Seminar-TeilnehmerInnen bei Analograffiti-Seminaren und Workshops haben inzwischen festgestellt: Wenn sie den Lernstoff durch ABC-Listen spielerisch „er-FASSEN" (egal, ob sie allein oder zu mehreren spielen, indem sie „Stadt-Land-Fluß-Varianten mit dem Lernstoff durchspielen oder ob sie „einfach so" Listen anlegen), können sie diesen Stoff hinterher weit besser „abrufen".

Einige dieser Listen finden Sie im Archiv-Teil dieses Buches (z.B. zur römischen Geschichte, S. xxx). Der Lehrer Dr. Josef KUNZ bat die ca. 15jährigen Schüler einzeln oder in Kleingruppen (je nach Wunsch) eine Liste zu erarbeiten, was in einigen Minuten gelang. Am Folgetag bei der Prüfung erlaubte er ihnen, als Antwort auf eine von fünf Fragen mit einer solchen Liste zu „antworten", die Ergebnisse verblüfften alle, Lehrer wie SchülerInnen! Diese schnitten übrigens in der ganzen Prüfung überdurchschnittlich gut ab und waren höchst erstaunt über diese Resultate! Das ist der **REICHTUM**, von dem ich immer spreche, das ist die **ERNTE**, wenn wir **SÄEN**. Und einige ABC-Listen sind doch wirklich leichte Saat, oder?

5. **Stofftiere** als Gedächtnis-Helfer? Wir können uns ein **Maskottchen** zulegen. Das hat schon seinen Sinn, wenn amerikanische (und einige europäische) Sportteams ein Maskottchen zuhause beim Training **und** beim Spiel dabei haben (z.B. einen Ziegenbock). Auch **unser** Maskottchen soll eigene **Aha-Erfahrungen beim Lernen „miterleben"**, so daß es uns später wieder an diese zu „erinnern" vermag. Spätestens jetzt leuchtet uns ein, weshalb Gäste in Rate- und Quiz-Sendungen oft ein Stofftier mit sich herumschleppen und es beim Beantworten Ihrer Fragen in Sichtweite halten! Nur manche sind „das Lieblingstier meines Töchterchens", viele gehören den Gästen selbst und helfen ihnen enorm. Indem sie es bewußt ansehen, können sie so manche Assoziation wieder herbeiholen.

Manchen Leuten erscheint es wie Magie, wenn sie sich in Anwesenheit eines solchen Spielzeugs besser konzentrieren können, aber wenn wir den Tapeten-Effekt verstehen, wissen wir warum!

6. **Reden lernt man nur durch Reden!*** Der Tapeten-Effekt erklärt auch, warum man eine Rede nicht **schreiben** und später ohne Training gut vortragen kann, denn **das Schreiben bereitet uns nicht auf die Rede vor!** Reden lernt man nur durch reden (optimal sogar stehend, wenn Sie als RednerIn ebenfalls stehen werden!). Wenn Sie also nicht wollen, daß Ihr Vortrag erst nach einigen Malen „real" klingt, üben Sie (mit Stichworten), indem Sie auf Band sprechen. Ich übe alle neuen Vor-

Das einzig Traurige daran ist, daß so ein einfaches Mittel wie ABC-Listen von all jenen nicht getestet werden, die vorab zu wissen glauben, daß „so etwas" keinesfalls helfen könne. Schade, daß wir nicht mehr Forschergeist an den Institutionen haben, die dem Forschen und Lernen gewidmet sein sollten, unseren Schulen nämlich …

Vgl. „Stadt-Land-Fluß-Effekt" (S. 42) sowie *„Das große Analograffiti-Buch"*.

---

* Ausnahme: Politiker-Reden, die vorab an die Presse gegeben wurden, müssen abgelesen werden, denn die Berichterstattung beginnt noch während sie „läuft". Trotzdem wäre es gut, wenn die Betreffenden vorher das Ablesen ein wenig üben würden, insbesondere wenn sie die Rede schreiben lassen. Jeder Schauspieler bereitet sich vor, fremde Texte vorzutragen; der Hauptunterschied scheint zu sein, daß Politiker meinen, sie bräuchten das nicht.

träge* (Vortrags-Elemente) auch heute (nach 32 Jahren Berufserfahrung) mit Personen, die sich freundlicherweise als „Versuchskaninchen" zur Verfügung stellen; meist telefonisch (wobei ich in den Endphasen der Vorbereitung auch am Telefon bereits stehe!).

7. Kontextuelle Info = passives Wissen! In einer Seminar-Disposition zum Thema des Tapeten-Effekts nutze ich das „X" in seiner „**Kreuz**"-Funktion als Erinnerung dafür, daß **kontextuell (unbewußt) eingespeicherte Infos** in der Regel **als passives Wissen vorhanden sind**, auch wenn wir sie nicht bewußt RE-KONSTRUIEREN können. Deshalb fällt es uns leicht, **Multiple-choice**-Testfragen zu beantworten, weil wir die richtigen Antworten ja nur an-KREUZ-en müssen.

*Dies ist eine Funktion dessen, was ich als **kreatives Schummeln** bezeichne, vgl. gleichnamiges Modul (S. 238 f.).*

Ähnlich ist es weit leichter, auf **konkrete Fragen** zu antworten, als gute Fragen zu (er-)finden! Um gute Fragen zu stellen, muß man ein Thema gut durchdacht haben (je mehr wir wissen, desto besser können wir denken, desto intelligenter wirken wir und desto kreativer können wir werden). Darum ist das Fragen-Stellen ja auch der vierte Schritt in meiner 4-Schritt-Methode, zum Einstieg in ein neues Thema!

Vgl. Modul „Gehirn-gerecht Machen von neuen (Lern-) Infos" (S. 197 ff.).

8. DUFT als Gedächtnis-Helfer? Wir meinen kein Parfüm, das durch die Gegend „wabert" und andere stören könnte, sondern z.B. den Duft einer frischen Orange, den es auch in **Tropfenform** gibt.

Wenn Sie von diesen Ölen (die man theoretisch erhitzen sollte) einen minimalen Tropfen in die Beuge zwischen Daumen und der Wurzel des Zeigefingers geben, dann steigt der Duft ziemlich „senkrecht" zur eigenen Nase auf, ohne unsere direkten Nachbarn rechts und links zu stören. (Natürlich testen Sie Ihr Produkt vorher ausgiebig, ehe Sie sich damit „unter die Leute" wagen.)

---

* Details meines *Trainings-Plans für RednerInnen, TrainerInnen* etc. finden Sie unter dem Titel *„Steine im Fluß"* in meinem TB *„Der Birkenbihl Power-Tag"*, etwas ausführlicher in „Stroh im Kopf?", aber auch als **e-book** auf unserer website, unter **www.birkenbihl.de**. „Was ich gerade denke" (klicken Sie „mir" auf den Kopf).

DUFT ist einer der besten **assoziativen Helfer**; wie Marcel PROUST feststellte, als in eine Madelaine (Gebäck) biß. Plötzlich überflutete ihn eine „Flut" von Erinnerungsfetzen an einen Nachmittag bei einer Tante, die dem damals 8-jährigen Knaben ebenfalls eine Madelaine angeboten hatte. Diese Erlebnis erschütterte ihn derart, das er die letzten acht Jahre seines Lebens damit zubrachte, der Frage nachzugehen, wie man solche Erinnerungen bewußt auslösen kann. Das Resultat ist ein mehrbändiges Werk („Auf der Suche nach der verlorengegangenen Zeit"). Da mich dieser Effekt ebenfalls sehr beeindruckte, nenne ich ihn nach PROUST den Madelaine-Effekt©.

Im *„Das große Analografiti-Buch"* finden Sie ein KaWa hierzu.

Warum beim zweiten „E" am Wortende „environment" steht, wiewohl ich eigentlich „Umfeld" meine, wird im Modul „Kreatives Schummeln" erklärt (S. 238 ff.).

Sie sehen, der Tapeten-Effekt kann Ihnen (mit etwas Training) sehr wohl helfen, wenn Sie eine Prüfung oder eine schwierige Situation (vom Kundengespräch bis zu einer Rede) vorbereiten. Der Tapeten-Effekt hilft Ihnen, Ihre Ausbeute beim Abruf und somit Ihre Ernte zu vergrößern.

Unterschwellig?   **M 18**

Beginnen wir mit zwei Mini-Quizfragen; es geht um zwei Schlüsselbegriffe:

1. Die Bedeutung des Begriffes „**limen**":	2. Die Bedeutung des Begriffes „**explizit**":
❒ mit Zitronenfrüchten zu tun habend	❒ ent-FALT-et
❒ eine Grenze	❒ aus-DRÜCK-lich
❒ komisches Gedicht (vgl. Limerik)	❒ DEUT-lich

Nun können wir einsteigen: *Limen* heißt „Grenze" oder „Schwelle", wobei der Begriff in der Wahrnehmungs-Forschung (Neurophysiologie und Psychologie) eine große Rolle spielt. Wissenschaftler teilen **wahrgenommene** Reize nämlich ein als **oberhalb** bzw. **unterhalb** jener **Wahrnehmungsschwelle** liegend.

Subliminal

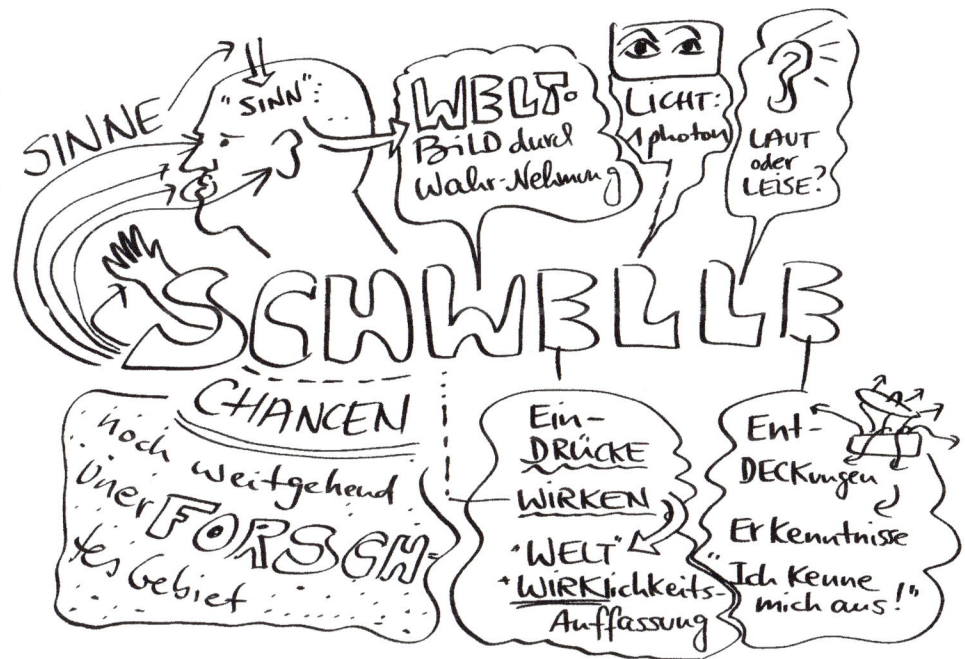

Nehmen wir an, zwei Leute durchlaufen denselben **Hörtest**, dann zeigt die Grenze dessen, was der eine **noch**, der andere jedoch **nicht mehr** hört, wie **subjektiv** diese Schwelle ist. Oder lernen wir z.B., das menschliche Auge sei extrem sensibel und könne sogar ein einzelnes Photon wahrnehmen, dann ist das ein **oberer Grenzwert**, den selbstverständlich nicht jede/r einzelne erreichen wird. Nun interessieren sich zwei Gruppen von Forschern besonders für diese Wahrnehmungs-Schwelle:

1. **Neurophysiologen** studieren die **Grenze** des **bewußt** oder **unbewußt Wahrgenommenen** (das ist auch der Schwerpunkt dieses Moduls), aber es gibt auch eine mentale Grenze:

2. **Psychologen** erforschen diese „**gedachte**" (oder „gefühlte") **Grenze**. Da können zwei Leute z.B. vehement darüber streiten, ob die Musik aus dem Garten des festefeiernden Nachbarn **zu laut** ist oder nicht.

Haben Sie schon etwas von der Debatte über „wirkliche" contra „gefühlte" Temperatur gehört? Früher dachte man, der „objektive" Wissenschaftler sei für erstere (weil meßbare) Forschungen zuständig, der „subjektive" Kollege hingegen für die „weichen" Ergebnisse. Nun stellen wir heute jedoch fest, daß sich auch diese **Grenze** als ziemlich schwammig herausstellt. Wenn „harte" Wissenschaftler eine Versuchsperson in eine Röhre (eine Art Körper-Scanner) schieben und ihr Gehirn betrachten, **während** ein Wahrnehmungs-Experiment läuft, dann kann folgendes passieren: Die Forscher „sehen ganz genau", wie (und wo) **das Gehirn der Versuchsperson eindeutig „wahrnehmend reagiert"**, wiewohl der Gehirn-Besitzer überhaupt **nichts wahrzunehmen scheint**. Hier hilft man sich mit einem geistigen Konstrukt, dem Konzept **expliziter** Prozesse (Gegensatz: **implizit**); wir begegnen diesem Begriff (unten) im Zusammenhang mit **Gedächtnis** wieder:

Denken Sie auch an die Redewendung: „Etwas fällt unter den Tisch." Dieses Etwas ist **immer** eine **Information** und genau das sollen Wahrnehmungs-Prozesse leisten: Informationen aus der Außenwelt in die Innenwelt transportieren.

Diesen bezeichnet man abfällig als „Geisteswissenschaftler".

In den heiligen Hallen der „echten" (harten) Forschung war das Etikett „Geisteswissenschaftler" damals vergleichbar mit dem modernen Begriff „Weichei". Das zeigt, wie wenig die „harten" Wissenschaftler für individuelle (subjektive) Forschung über Dinge, die man nicht sehr exakt formulieren konnte, übrig hatten.

Faszinierend ist auch die Gegenüberstellung von Information und Exformation im Sinne des brillanten Wissensschafts-Publizisten Tor NØRRETRANDERS (vgl. S. 135, 137, 140 und 145).

Wissen wir, **daß** wir etwas wahrnehmen, spielt sich der Prozeß
Wahrnehmung **oberhalb** jener
geheimnisvollen **Schwelle** ab.
Andernfalls fällt er (im Wortsinn)
darunter!

Sie haben es inzwischen sicher erraten: Die Antworten zu unserem kleinen
Eingangs-Quiz zeigen das Spektrum dieses Moduls:

1. Es geht um die **Wahrnehmungs-
   Schwelle**, von der wir heute nicht mehr
   eindeutig sagen können, inwieweit diese
   nur „objektiv" oder auch „subjektiv"
   beeinflußt wird. Jedenfalls geht es um
   die **Grenze** der Wahrnehmung: **Sinnes-
   reize oberhalb** des **LIMEN** tauchen im
   Bewußtsein auf, andere fallen unter
   den „Tisch", der in unserem Bewußtsein
   steht! Deshalb nennt man Wahrnehmungen unterhalb jener Schwelle „subliminal" und da es betreffend dieser „subli-

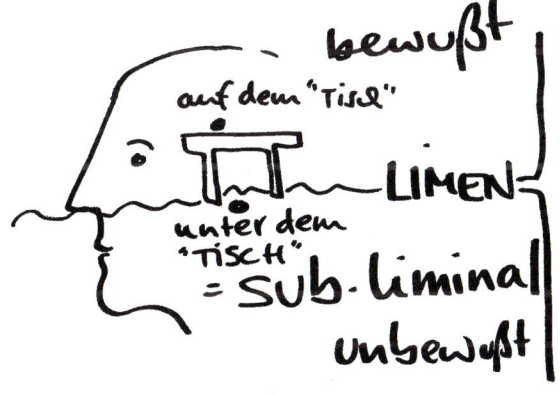

   minalen Wahrnehmung" eine Menge Des-Informationen gibt, wollen wir
   in diesem Modul herausfinden, was es damit in Wirklichkeit auf sich hat.

2. Im zweiten Fall sind alle drei gegebenen Wahlmöglichkeiten richtig, wir
   sprechen von „**explizit**", wenn wir sagen wollen, etwas sei ent-**FALT**-
   et, **aus-DRÜCK-lich** und/oder besonders **DEUT-lich**.

Im Klartext: Mit „ent-FALT-et" meinen wir Dinge, die sich gleichsam **in die
Wirklichkeit „entfaltet"** haben; **diese** Bedeutung des Begriffes „explizit" geht auf den Nobelpreisträger (in Physik) David **BOHM** zurück. Er stipu-

Vgl. hierzu auch meinen Video-Vortrag: *„Gehirngerechte Einführung in die Quantenphysik"*; dort spreche ich u.a. über BOHM's Modell.

liert eine (implizite) „aufgerollte" Wirklichkeit, deren **noch nicht** in Er-SCHEIN-ung getretene Aspekte SCHEIN-bar nicht vorhanden seien, weil wir sie erst wahrnehmen können, wenn sie **explizit** (nach außen gerollt) werden.

Wollen wir mit **„explizit"** hingegen **aus-DRÜCKEN**, etwas sei „aus-DRÜCKlich", dann **DEUTEN** wir an, daß ein Sinnesreiz quasi auf ein Sinnesorgan „drücken" muß, um **bewußt** wahrgenommen werden zu können. Ähnlich **DEUTET** die **Begriffsbe-DEUT-ung** **„DEUT-lich"** darauf hin, daß wahrgenommene Informationen auf etwas **hinweisen** oder **zeigen (deuten)**, so daß sie unser **bewußtes Denken** auf jene Informationen **lenken**. Wenn

Vgl. dazu auch Seite 24 ff.

Sie die kleinen Experimente im Eingangs-Modul mitgemacht haben, dann erinnern Sie sich jetzt vielleicht. Allein eine Frage „Was gibt es in der Umgebung, in der Sie sich momentan befinden, das rot ist" (gerade Kanten hat, sich weich anfühlt etc.), lenkt Ihre Aufmerksamkeit auf diese Aspekte. Dadurch nehmen Sie sie **bewußt (explizit)** wahr, weshalb sie sich jetzt auch in Ihrem **expliziten Gedächtnis** befinden dürften.

Nun haben Wissenschaftler sich seit ARISTOTELES intensiv mit den Prozessen der **bewußten** (expliziten) **Wahrnehmung** befaßt, aber **erst ab 1850 ernsthaft mit der Erforschung** der **unbewußten** (subliminalen) begonnen. Warum? Nun, dafür gibt es drei Gründe.

Der **erste Grund** dürfte jedem einleuchten: Solange man von einem Forschungsgebiet nichts weiß, kann man es auch nicht erforschen.

Der **zweite Grund** ist ein wenig heikel. Nachdem man begonnen hatte zu begreifen, daß es „so etwas" geben müsse, hatte man regelrechte Angst vor dem Thema. Es ist als ob wir unser Leben lang (d.h. das Leben der gesamten Menschheit lang) auf einer Lichtung in einem gigantischen Wald gewohnt hätten, ohne den Wald jemals wahrzunehmen und plötzlich begann er sich in unser Bewußtsein zu drängen und das wollten wir nicht.

Mehr **Hintergründe** finden Sie im Merkblatt Nr. 4 „Subliminale Wahrnehmung".

Aber der **dritte Grund** ist äußerst peinlich, deshalb spricht einer der Spitzenforscher auf dem Gebiet subliminaler Wahrnehmungen, der englische Subliminal-Forscher Norman DIXON von der **Atombombe der Psychologie**.

All dies hat zwei sehr wichtige Konsequenzen für das **Aufbauen** (und **Erweitern**) sowie für die spätere **Nutzung** unseres **inneren Archivs**!

Doppel-Konsequenz für unser inneres Archiv
Auf- und Ausbau des inneren Archivs

Wir können **unbewußt weit mehr wahrnehmen** als bewußt. Dabei gehört das **nicht bewußt** Registrierte zum **subliminalen** Bereich und wird gerne wegdiskutiert, weil es unbewußt bleibt. Sie kennen ja wahrscheinlich meine „berühmte" Metapher von den **11 km bewußter** im Gegensatz zu den von meinen TeilnehmerInnen als „popelig" („läppisch", „winzig" etc.) bezeichneten **15 mm unbewußter** Geistes-Prozesse. Diese Metapher beschreibt sowohl die **Wahrnehmung** als auch die **Verarbeitung von** Sinnesreizen, sowie „richtige" **Denk-Prozesse**.

Siehe Merkblatt Nr. 4.

In **Merkblatt Nr. 2** (S. 339 ff.) finden Sie einen Abriß dieser 11 km vs. 15 mm.

Druckfehler bewußt und unbewußt vertauscht !!

Praktische Nutzung des inneren Archivs

Wenn Sie wissen, daß Sie etwas wissen, und Sie dann bewußt auf dieses **explizite**, d.h. **aktive Wissen** zugreifen, entspricht das unseren Vorstellungen von „Wissen nutzen". Wenn Sie aber begreifen, daß Sie **unbewußt extrem viel wissen** und wenn Sie lernen, **bewußt** auf dieses **gigantische implizite, d.h. passive Wissen zuzugreifen**, dann **widerspricht** das dem alten Bild, das wir uns von geistigen Prozessen (Lernen und Denken) bisher gemacht hatten.

Wir alle besitzen diese königliche Schatzkammer und wir alle können lernen, unsere 11 km Unbewußtes bewußt „anzuzapfen", denn uns allen stehen immense geistige Reichtümer zur Verfügung. Gerade die Tatsache, daß wir so „reich" zu sein scheinen, ist vielen im ersten Ansatz „total ungeheuer", und es erscheint uns umso ungeheuerlicher, je weniger wir gewohnt sind, uns **bewußt** in diese unbewußten Schatzkammern unseres Geistes zu begeben.

Unsere geheimen Schätze ...

Das Unbewußte bewußt nutzen?

Als ich Anfang der 1979er Jahre davon zu sprechen begann, man solle das Unbewußte bewußt nutzen, erntete ich viele mitleidige Blicke. Erstens begriffen die meisten meiner Seminar-TeilnehmerInnen damals überhaupt nicht, wie gigantisch das Unbewußte ist. Erst mit der **11 km-15 mm-Metapher** (ab ca. 1993) konnte ich dieses Problem weitgehend verbessern. Zweitens klingt es natürlich völlig paradox, **bewußten Zugriff auf**

Aus dem alten *„Stroh im Kopf?"*-Buch, 6. bis 25. Auflage.

das Unbewußte anzustreben. Ursprünglich konnte ich erste Ansätze anbieten, wie die folgenden Ratschläge – es ging darum, unbewußte Erinnerungen zu „finden".

Diese Technik ist immer dann wichtig, wenn Sie entweder wissen, daß Sie es eigentlich wissen (müßten), z.B., wenn es Ihnen „auf der Zunge" liegt, aber auch in Prüfungen sehr hilfreich!

Egal, ob es sich um „richtige" Prüfungen handelt oder ob Sie das Gefühl haben, besonders „hart geprüft" zu werden, z.B. in einem Gespräch mit einem mißtrauischen potentiellen neuen Kunden oder Chef.

 Fragen Sie Ihr Unbewußtes, und **warten** Sie; dann steigen gewußte, aber **un**bewußte Informationen langsam in Ihnen hoch.

Fallbeispiel 1: Der Name liegt mir auf der Zunge

Das Protokoll eines Workshop-Teilnehmers zeigt, wie wir vorgehen.

Ein kleiner Protokoll-Ausschnitt soll die Technik verdeutlichen, wobei die Pünktchen (…) **Denk-Pausen** symbolisieren, weil wir jeweils **warten** wollen, bis die Antwort in uns „aufsteigt". In diesem Fall sucht der Sprecher den **Namen** eines **Komponisten**, von dem er **sicher** ist, daß er ihn **erkennen würde**, wenn jemand den Namen nennen würde. Das heißt, er weiß, der Name befindet sich in seinem **passivem** Wissen (seiner Schatzkammer!), aber er kann ihn nicht aktiv **RE-KONSTRUIEREN**.

Testen Sie zunächst die 5 Vokale.

*Also … war es ein einsilbiger Name … hm … nein! Definitiv nicht. Eher drei, vielleicht sogar vier Silben. Hm …. Anfangsbuchstabe …. ein **A** …? … **E** …? … **I** … ? **O** …? **U** …? Hm … nein. Also müßte es ein Konsonant gewesen sein … ein eher **weicher** Buchstabe wie Mm … oder Nn …? … Nein, das glaube ich nicht. Also ein harter … B …? D …? Momentmal, B …? Bu …? Ah, Pu! Das war die erste Silbe. Ich fühle es! Aufregend ist das! Also Pu …, und dann noch Silben, mindestens zwei …. Pu … hm … hm. (Plötzlich ganz aufgeregt:) Ja! Ich hab's! Pucelli! Das war er. Pucelli! Genau!!*

 Sie können Ihr Unbewußtes auch nach Details befragen, von denen Sie **befürchten, daß Sie sie gar nicht wissen!**

Wir wissen heute, daß wir so unendlich viel mehr wissen, als wir uns vorstellen können. Es ist ähnlich wie im Weltraum, dort soll ja auch inzwischen über 90 % der Materie sogenannte dunkle (= unsichtbare) Materie sein, vielleicht sind das die „Schatzkammern" des Universums? Ein zweiter kleiner Protokoll-Ausschnitt aus einem Workshop soll dies verdeutlichen.

Fallbeispiel 2: Das kaum registrierte Büro

Stellen Sie sich vor, Sie hätten neulich in einer Ihnen fremden Firma einen Herrn gesucht; dessen Abteilungsleiter (Herr Gernot) war mit Ihnen durch Gänge gegangen und hat Türen geöffnet, während er sich mit Ihnen unterhielt.

Er: Sie waren doch in unserer Firma. Herr Gernot sagte mir, daß er mit Ihnen kurz in mein Büro gekommen sei, daß Sie mich aber nicht vorfanden und gleich wieder gingen. Erinnern Sie sich?

Sie: Ich erinnere mich an ein leeres Büro. Richtig.

Er   Könnten Sie mein Büro beschreiben?

Sie: (lächelt) Also, im ersten Ansatz bestimmt nicht, ich hatte es nämlich *nicht bewußt registriert*, weil Herr Gernot mit mir sprach; das weiß ich noch sehr genau. Aber lassen Sie mich sehen …

Er: Interessant, Ihre Redewendung: Sie sagen im selben Atemzug, daß Sie den Raum **nicht** bewußt registriert haben, und dann „lassen Sie mich sehen" …

Sie: Genau! Indem ich mir jetzt **Fragen stelle** und auf die Antworten warte, wird das Bild langsam klar vor meinem Auge stehen. Also, … war es ein großer Raum? … Mittelgroß? … Nein … eher klein. Ja, die Türe war hier …, wenn man eintritt, blickt man auf … auf was blickt man? … Auf eine große Wand …, da hing was … Landkarte? … Nein. Ein Bild … nein, nicht direkt … Ein Poster? … Ja! Ein Poster … Moment mal, … Weltraum … richtig, Saturn mit den Ringen … ja. Ach ja, rechts ist das Fenster …, und man blickt von vorne auf Ihren Schreibtisch, d.h., wenn Sie dort sitzen, haben Sie die Wand mit der Tür im Auge … und das Tageslicht kommt von links …, die andere Wand, was war da? … Regale? … Nein … aber so ähnlich … Stellagen … Stellagen irgendeiner Art … hm … ja, ja, jetzt kommt es ins Bild … Ach ja! Metall-Röhren, in denen Papierrollen liegen, die vorne herausragen. Ah, das dürften wohl Konstruktions-Zeichnungen sein, was?

Er: Genau. (grinst) Das war schon sehr gut.

Sie: Ach, mit etwas Geduld kommt da noch viel mehr. Zum Beispiel die Farbe der Wände … also, die hinter Ihrem Schreibtisch ist weiß, und das Poster ist dunkler Weltraum und rötlicher Planet. Die Fensterwand ist …, da ist noch was … Richtig. Unterm Fenster sind Regale mit Leitz-Ordnern. Die Wand ist nicht weiß, eher hellgrau oder ein lichtes blaugrau.

Ihre Position wird durch die Sprecher*in* im Protokoll verdeutlicht, während der Herr, den Sie damals suchten, jetzt (Tage später) Sie befragt.

Er: Genau!

Sie: Die andere Wand mit den Stellagen ist weiß … Nein …, die Stellagen sind weiß; die Pläne, die aus den weißen Röhren herausschauen, sind ebenfalls hell, aber die Wand … hm … ach ja, die ist Holz, helle Holztäfelung.

Er: (lacht) Reine Imitation. Mein Vorgänger hatte sie mal anbringen lassen.

Sie: Die Tür ist aus Metall und ziemlich schwer.

Er: Woher wissen Sie denn das jetzt?

Sie: Das sehe ich, jetzt, nachträglich, an der Art, wie Herr Gernot sie bewegt. Ja, die ist schwer.

Er: Also, Sie haben mich restlos überzeugt.

Man muß die Technik natürlich ein wenig üben; das ist wie beim Autofahren: Je öfter Sie diese Selbst-Befragung durchführen, desto besser verläuft sie.

Das sagte ich seit ca. 1978. **Inzwischen hat die Forschung** meine damals mehr „intuitiven" Behauptungen, die durch die Erfahrungen **unserer** kleinen Studien bekräftigt worden waren, voll bestätigt, wenn es auch viel Ärger auf diesem Forschungsgebiet gibt. Lesen Sie über die Hintergründe der sogenannten **Atombombe der Psychologie**, über Forscher, die ihr Fähnchen in den Wind drehten und ihre eigenen Forschungsergebnisse rückwirkend „neu deuteten" (ha!), weil einige Leute die Öffentlichkeit mit unwahren Aussagen so verschreckt hatten, daß … aber all das können Sie im Merkblatt Nr. 4 „Subliminale Wahrnehmung" nachlesen.

Es folgt das Fazit, das NØRRETRANDERS gibt, plus mein eigenes:

Lassen wir noch einmal Tor **NØRRETRANDERS** zu Wort kommen, dem **preisgekrönten Wissenschafts-Publizisten**, der nach jahrzehntelangem Studium der Forschungsarbeiten, insbesondere der modernen **Gehirnforschung** zwei wichtige Schlüsse zieht:

NØRRETRANDERs Fazit

1. In den 70er und besonders 80er Jahren hat sich endgültig erwiesen, daß der weitaus größte Teil von Informationen, die der Mensch verarbeitet, vom Bewußtsein **nicht** erfaßt wird, auch dann nicht, wenn sie nachweisbar Einfluß auf sein Verhalten ausübt.

2. Dies führt zu einem Dilemma, denn diese Erkenntnisse können mißbraucht werden, (sowohl) zu Reklamezwecken (als auch) für alle möglichen Formen der Meinungsbildung und Manipulation. Deshalb sind sie gefährlich (…) Trotzdem:

Es ist für das Überleben des Menschen und seiner Zivilisation von entscheidender Bedeutung, daß uns klar wird, wie wenig uns von dem, was in uns vorgeht, bewußt ist (...)! Denn: Bei einer Bandbreite von 1 (bewußt) zu 1 Million (unbewußt) macht (...) es wenig Mühe, Leute an der Nase herumzuführen, die nur 1 Millionstel dessen (bewußt) erfassen, was sie wahrnehmen.

Mein Fazit

Es ist seit Jahrzehnten überfällig, daß wir uns mit unbewußt (subliminal) registrierten Reizen und Infos befassen. Allerdings sehe ich neben potentielle Gefahren **viel mehr Chancen für uns Gehirn-Benutzer**. Vergessen wir doch mal kurzfristig, was andere anderen „antun" können und denken statt dessen darüber nach, was die praktische Anwendung der Subliminal-Forschung **jedem einzelnen von uns** bringen kann: Was bisher ständig übersehen wird, ist:

Die **Schatzkammer unserer eigenen Vergangenheit**:

Unsere Studien zeigen immer wieder, daß die (in diesem Buch) vorgestellten Techniken des inneren Archives sowie die analografischen Denk-Tools (in *„Das große Analograffiti-Buch"* und in *„ABC-Kreativ"*) ihren **durchschlagenden Erfolg** eben **jenen gerne negierten Mechanismen** verdanken, **weil** wir tatsächlich lernen können, **unser geheimes (implizites) Wissen anzuzapfen**. Dies besteht nur teilweise aus bewußten aber wortlosen Aspekten (die wir durch Training erworben haben, z.B. beim Klavier- oder Tennisspielen). Aber unsere inneren Schatzkammern bestehen zu einem weitaus größeren Teil aus Aspekten, die wir **beiläufig (mit-)gelernt** haben, ohne es zu wissen. Und dieses Wissen können wir aktiv „anzapfen" und darum geht es in diesem Buch!

Vgl. auch „Tapeten-Effekt" (S. 268 ff.).

In diesem Zusammenhang steht auch der PLÖTZL-Effekt (daß subliminal wahrgenommene Stimuli und Informationen eine Neigung haben, unvermittelt aufzutauchen, und zwar bevorzugt in (Tag-)Träumen und bei freiem assoziativen Denken). Im Klartext:

Vgl. auch Merkblatt Nr. 4.

Der PLÖTZL-Effekt wirkt auch bei assoziativen Übungen!

Zu der Zeit, als PLÖTZL seine Einsichten hatte (1917), waren assoziative Spielchen Mode (nicht nur auf der Couch von Leuten, die einen neuen Beruf ausübten [Psychiater], sondern auch im Salon, bei Kaffee und Kuchen, oder abends, bei einem Cognac am Kamin). Es war die Zeit, in der Buchstaben- und Wortspiele groß in Mode waren, was für die Gehirn-Besitzer weit besser war, als passiv fernzusehen. Das ist auch einer der Hauptgründe, warum heute viel mehr über den „Verfall" des Gedächtnisses geklagt wird. Es ist aber **nicht der Verfall von Gedächtnis**, denn das RE-KONSTRUIEREN von Erinnerungen ist ja eine Tätigkeit und Tätigkeiten werden durch Training besser und ohne Training sehr schnell schlecht.)

Was wir verfallen ließen sind unsere früher eher intuitiv erbauten **inneren Archive**! Heute wissen wir mehr und können systematisch daran arbeiten, unser inneres Archiv zu erweitern und – genau so wichtig – zu **nutzen**! Sofern wir endlich begreifen, daß **assoziatives Denken** der **wichtigste Schlüssel** ist:

Ich halte das für den entscheidenden Grund dafür, daß wir mit „einfachen" KaWa.s und/oder „albernen" ABC-Listen **dem „Rauschen der Hirnrinde"** (nach Peter V. CHRISTIANSEN) ebenfalls **entkommen** können und daß diese Techniken so erfolgreich sind. Dies ist eines der bahnbrechendsten **Geheimnisse assoziativen Denkens**, und es erklärt auch, warum jene „einfachsten" **ABC-Listen** so **ertrag-REICH** sind, ja sein **müssen** und warum sie oft dermaßen reiche (**unerwartete!**) Aus-BEUTE bringen!

Mit dieser Denk-Technik „zapfen" wir **unser inneres Archiv, inklusive unseres eigenen** (unbewußten) **impliziten Wissens** an und „er-BEUTEN" de facto **verborgene** Inhalte der geheimen Anteile unseres **inneren Archivs!**

Deshalb spreche ich bewußt von der **Schatzkammer unserer eigenen Vergangenheit!**

Dies ist keine „leere Floskel", sondern eine machtvolle Metapher, die uns hilft, **diese Reichtümer zu nutzen**. Und da es sich dabei um immaterielle Reichtümer handelt, können wir so „egoistisch" sein wie wir wollen, wir können in unseren Schätzen wühlen (sogar drin baden, wie Dagobert Duck), denn:

Egal, wieviel dieser Schätze wir „verbrauchen", sie werden nicht weniger, sondern im Gegenteil mehr! Wieso?

Use it or lose it – wer rastet, rostet. Dies ist in geistigen Belangen mindestens genau so wahr, wie für unsere Muskelmasse!

Schatzkammer unserer eigenen Vergangenheit.

Dafür gibt es **zwei** Gründe: Erstens können immaterielle Güter nicht „aufge-braucht" werden (wenn man sie nicht „löscht"), vgl. Internet. Wenn Sie dort eines meiner e-books (die eigentlich eher „Elektronische Artikel" heißen müßten) herunterladen, dann bleibt das Original erhalten, denn jeder, der da mitlesen will, kreiert „sein" ganz persönliches Exemplar an seinem Computer. Zweitens „machen" **energetische Güter*** mehr vom selben:

Wenn Sie viel und häufig (oder gar regelmäßig) **passiv Glotze konsu-mieren**, dann wollen Sie noch mehr auf der Couch hocken und als einziges Fitneß-Programm Kartoffel-Chips zum Munde führen (gut für Arm- und Kaumuskeln!). Und umgekehrt: **Wenn Sie viel denken, wollen Sie mehr denken.** Und Sie wollen mehr in derselben Art denken! Im Klartext:

Wenn wir erst einmal beginnen, die Techniken** anzuwenden, merken wir bald, daß es „was bringt". Dies wiederum veranlaßt uns, es demnächst wie-der zu versuchen und bald wird es zur neuen Gewohnheit. Man könnte sagen „high on Denk-Lust".

---

* Eine interessante emotionelle Parallele: Je mehr Haß, Neid, Ablehnung wir in die Welt lenken, desto mehr schlägt auf uns zurück. Je mehr Freude, Respekt, Liebe wir senden, desto mehr erhalten wir. Diese energetischen „Güter" funktio-nieren nach anderen Regeln als materielle.

** Dasselbe gilt natürlich ebenfalls für die Methoden in *„Stroh im Kopf?"* (besonders ab 36. Auflage), sowie für die analo-grafischen Techniken (in *„Das große Analograffiti-Buch"* und in *„ABC-Kreativ"*).

M 19

Para heißt „über etwas hinaus" und *Dox* hat mit Meinung zu tun.

Das ZEIT-Paradox

Der Psychologe Ernst PÖPPEL, der u.a. hervorragend über Klänge und Zeit gearbeitet hat, wies einmal auf ein **faszinierendes Paradox** hin. Seine Erklärung bietet sicher für viele LehrerInnen, Vortragende, TrainerInnen etc. ein erleichterndes „Eureka", indem es uns eine Erklärung für etwas liefert, das viele von uns vorher nicht einordnen konnten.

Oft sprengt ein **Paradox** vorhandene Denk-Rahmen (Grenzen) oder es verbindet Elemente oder Aspekte miteinander, die normalerweise nicht verbunden werden. So beinhaltet ein Paradoxon häufig eine (KOESTLER'sche) Bisoziation. So auch dieses Paradox.

Wodurch wird ein Vortrag langweilig?

Stellen Sie sich vor, Sie hörten an zwei Tagen zwei Vorträge (live) von jeweils genau einer Stunde Dauer. Aber während der Montags-Vortrag äußerst KURZ-weilig ist, LANG-weilt der am Donnerstag Sie „zu Tode". Also vergeht während der **Darbietung am Donnerstag** die Zeit anscheinend „gar nicht", diese (eine) Stunde kommt Ihnen **wie ein halber Tag** vor und Sie **leiden** dementsprechend. Jedesmal, wenn Sie nach einer Viertelstunde auf die Uhr schielen, sind gerade erst 2 bis 3 Minuten vergangen, seit Sie zum letzten Mal nachgesehen hatten, ob Ihr Zeitmesser noch funktioniert.

Das ist ja das Wesentliche an Informationen, die nicht gehirn-gerecht präsentiert werden, bestenfalls langweilen sich die Empfänger (z.B. SchülerInnen) nur „zu Tode", schlimmstenfalls aber kommen sie sich **un**intelligent vor, weil sie ihre **Un**fähigkeit, Lernfreude zu empfinden, sich selbst anlasten und an dieser Last tragen sie schwer.

Ganz anders beim Vortrag am Montag: Wenn Sie nach einiger Zeit mal kurz auf die Uhr schielen, stellen Sie voller Erstaunen fest, daß bereits 44 Minuten vergangen sind. Sie fühlen sich **informiert**, können gut **mitdenken**, haben faszinierende **Assoziationen** aus Ihrem gigantischen Wissens-Netz und es macht Ihnen **Freude**, diesem Referenten zu lauschen.

Ich hielt früher oft den Schluß-Vortrag bei Kundenveranstaltungen einer Weltfirma. Die Kunden hatten fast drei Tage lang viele Referate von „internen Referenten" durchgestanden. Es waren dies zwar Fachleute, jedoch meist rhetorisch armselig und didaktisch total unterbelichtet. Sie waren kompetent auf ihrem Gebiet, aber meist unfähig, dies auch zu kommunizieren. Deshalb hatten deren Vorträge eine Länge von 20 bis maximal 30 Minuten (mehr konnte man dem Publikum kaum zumuten). Dann kam ein Gast-Referent, der sein Fach verstand, mit einem Abschluß-Referat, das rhetorisch gut sein mußte, denn letzte Eindrücke sind bleibende. So schafft man eine gute Erinnerung für die Kunden. Nun war es mir eine Ehre, öfter mit einem Abschluß-Vortrag von 90 Minuten bei diesem Spielchen mitspielen zu dürfen. Allerdings wußte niemand, daß ich anderthalb Stunden sprechen würde, im Programm stand nur die Anfangszeit meines Referates (immer nach der letzten Kaffeepause am 3. Tag).

Abschließend kamen viele, um Fragen zu stellen, ein Buch signieren zu lassen etc. und dabei fielen oft Bemerkungen wie: „Das war die spannendste halbe Stunde, die ich je erlebt habe" o.ä., was mir natürlich immens schmeichelte (aber auch zeigte, wie schwach viele der Referate während dieser drei Tage gewesen sein mußten).

Man wird als Referent immer im Vergleich zu Vorhergegangenen beurteilt, ein überschwengliches Lob bedeutet also nicht (nur), daß ich sooooooooo brillant bin, sondern vor allem, daß meine Vorgänger ziemlich schwach waren, so daß ich im Vergleich besonders „gut" wirkte.

Na ja. Jedenfalls fielen den Leuten die Kiefer immer auf das Brustbein, wenn ich Sie bat, jetzt auf die Uhr zu sehen, kaum einer konnte es fassen, daß 90 Minuten vergangen waren. Erstens, weil sie während meiner anderthalb Stunden nicht einmal auch nur den Impuls gespürt hatten, auf ihre Uhren blicken zu wollen (während sie drei Tage lang sehr viel Uhren-Kontrolle durchgeführt hatten). Zweitens, weil es inzwischen Abendessens-Zeit war und sie drei Tage lang (aus purer Langeweile) immer „furchtbar hungrig" gewesen waren, wenn sich die qualitativ hochwertigen Mahlzeiten näherten.

Aber jetzt sollen Sie erfahren, warum ich dieses Beispiel gewählt habe: Wenn Ihnen einleuchtet, daß ich **zunächst überglücklich** war, wenn HörerInnen meinen 90-Minuten-Vortrag für einen halbstündigen gehalten hatten, weil dies ein **Beweis für meine Kurzweiligkeit** (und gehirn-gerechte Darbietung) war, dann verstehen Sie sicher, daß ich mich zutiefst infrage stellen hätte müssen, wenn jemand gekommen wäre und gesagt hätte: „Also, das war der längste halbe Tag in meinem Leben." Nun, im ersten Ansatz scheint die Idee zwar sicher absurd. Die Leute werden ja wohl unterscheiden können, zwischen einem halben Seminartag und einer spätnachmittäglichen Darbietung. Also sollte es so gut wie unmöglich sein, daß jemand meinen Vortrag mit einer Veranstaltung von einem halben (oder gar ganzen) Tag verwechseln könnte. Richtig?

Falsch! Warum? Nun, genau darum geht es in PÖPPELs Zeit-Paradox. Es ist tatsächlich so, daß manche dieser Menschen mir einige Jahre später wieder begegneten und mir freudestrahlend mitteilten, sie hätten damals den Seminartag (!!!) bzw. den Halbtages-Vortrag mit mir damals außerordentlich genossen und wie lehrreich es gewesen wäre, und wie genau sie sich heute (nach vielen Jahren) noch erinnern könnten etc.

Und ich muß Ihnen ehrlich gestehen, **wenn das passierte**, dann mußte ich mich sehr zusammenreißen, um halbwegs höflich zu nicken und mich schnell einer anderen Person zuzuwenden (von denen in den Kaffeepausen-Gesprächen ja meist einige warten). **Aber es hat mich zutiefst verletzt.** Weder konnte ich begreifen, daß jemand meinen kurzweiligen gehirn-gerechten Vortrag für **länger** halten **konnte**, noch, daß er dann nicht höflich „die Klappe hielt", statt mich zu belügen und mir zu erklären, wie toll er es gefunden habe, wenn er sich doch eindeutig damals **furchtbar gelangweilt haben muß!** Oder? Wäre es denkbar, daß er den Vortrag damals **kurzweilig fand** und sich **trotzdem** in der **Erinnerung zeitlich ins Gegenteil** hinein täuscht? Ja, das ist denkbar, und darum geht es im Zeit-Paradox von PÖPPEL.

PÖPPEL in *„Grenzen des Bewußtseins"*, Hervorhebungen **meine**.

Hier stellt sich ein merkwürdiges und paradoxes Phänomen ein (...) Was uns **gegenwärtig** als **langweilig erscheint**, das wird im Rückblick kurz. Was wir **als kurzweilig erleben**, das wird im Rückblick lang. Dieses *Zeit-Paradox* kann durch die Hypothese erklärt werden, daß wir (die) **Dauer** nach dem jeweiligen **Bewußtseins-Inhalt** beurteilen. Wenn wir **keine** Information verarbeiten, wird unsere Aufmerksamkeit auf die Zeit (selbst) gelenkt. Die Zeit beginnt zu kriechen, aber es wird **nichts im Gedächtnis abgespeichert**, so daß **im Rückblick nichts vorhanden** ist, woran man sich erinnern könnte.

Wenn ich auf Lehrer-Veranstaltungen, zu denen ich mich ja immer wieder hinreißen lasse, feststellen muß, daß auch heute, fast 30 Jahre nach meinen ersten Lehrer-Seminaren in Deutschland, kaum ein/e LehrerIn auch nur eine Ahnung von gehirngerechtem Unterrichten hat, dann wundern mich die Ergebnisse der PISA-Studie kein bißchen!

Wenn ich an die Millionen von Stunden denke, die Milliarden von SchülerInnen, StudentInnen in Räumen verbringen müssen, in denen jemand die Macht hat, sie zu langweilen, ohne Rücksicht darauf, ob irgendwer auch nur irgendetwas versteht oder gar speichert, dann könnte ich weinen. Was wir an geistiger Energie vergeuden – das ist weit mehr als unsere Vergeudung materieller Energien, und die ist gewiß nicht gering. Ich weiß, daß viele (aber beileibe nicht alle!!) LehrerInnen sich aufregen über meine Forderung, daß es den meisten SchülerInnen „gut gehen" müßte. Natürlich gibt es immer einige SchülerInnen, denen man in der Normschule nicht helfen kann, aber jede/r LehrerIn, der/die behauptet, das sei bei den meisten seiner/ihrer SchülerInnen der Fall, macht es sich zu leicht.

Links: heute kurzweilig, Erinnerung „lang", weil viel zu RE-KONSTRUIEREN. Rechts die häufigere Variante: viel heiße Luft und Langeweile, Erinnerung jedoch „kurz", weil wenig Material zum RE-KONSTRUIEREN angeboten wird.

PÖPPEL weiß dazu:

> Wird dagegen **viel Information** verarbeitet, dann ist uns **Zeit nicht bewußt**, daher scheint sie wie im Fluge vergangen zu sein. Aber das **reiche Er-Leben ist im Gedächtnis gespeichert**, so daß **im Rückblick** viel Erinners-Wertes vorhanden ist.

Als ich das las, löste sich der „Knopf" in meinem Kopf! Wie unrecht hatte ich denen getan, die mir voller Freude von einem halben oder ganzen Tag mit mir berichteten! Und welches Kompliment hatten sie mir eigentlich gemacht, ohne daß ich das damals begriffen hätte! Wenn wir dies nun mit dem Konzept der **Exformation** verbinden, dann können wir festhalten:

Vgl. auch das Modul „Exformation" (S. 135 ff.).

Je mehr Exformation wir bieten, je REICH-haltiger unser Angebot, je mehr Saiten (= „Fäden" im Wissens-Netz) in den HörerInnen zum Klingen und Mitschwingen kommen, desto „angesprochener" fühlen sie sich, desto mehr eigene Assoziationen REICH-ern den Prozeß des Hörens an. Je mehr Wissens- und Merkenswertes wir als Sender in gehirn-gerechter Weise anbieten, desto mehr können unsere HörerInnen (oder LeserInnen) aus unserem Vortrag (Text) „(mit-)nehmen", d.h. **KONSTRUIEREN**. Damit aber schaffen sie die Grundlage für spätere **RE-KONSTRUKTIONEN**, die wir als „Erinnerungen" bezeichnen.

Deshalb können die Empfänger von gehirn-gerechten Botschaften später so viel und leicht erinnern. Diese Lernstunden werden zum Teil ihres **episodischen Gedächtnisses**. Wir können auch sagen:

Solche Lern-Erfahrungen sind im Wort-Sinn ein echtes Er-LEB-nis.

Kein Wunder, daß gehirn-gerecht „besendete" HörerInnen (oder LeserInnen) **gerne** hören (lesen), **gerne** mitdenken, **gerne** aktiv **KONSTRUIEREN** und sich in solchen Texten „wiederfinden". Sie denken **gerne** mit, sie entwickeln **gerne** eigene Assoziationen, sie ziehen **gerne** eigene Schlüsse etc.

Vgl. auch das Modul „Denk-LUST" (S. 86 ff.).

gehirn-gerecht

Repertoire des Autors der Lehrkraft

& Repertoire der lernerInnen

genialität für beide

nur! GEIST kann be GEISTern

Vorwort zu den Merkblättern

Wer meine Arbeiten seit längerem verfolgt, der weiß, daß ich inhaltliche Überschneidungen zwischen einzelnen Büchern zu vermeiden suche, und daß ich sie weitgehend in Merkblätter „verbanne". Typisches Beispiel ist das Merkblatt Nr. 1: „Analograffiti für Quer-Einsteiger". Die anderen Merkblätter geben mir die Chance, Ihnen als LeserInnen ver-TIEF-endes **Hintergrund**-Material anzubieten, auf das eilige LeserInnen jedoch auch verzichten können. Da es in diesem Buch so viele „wichtige Merkblätter" gibt, mußte ich einige Entscheidungen treffen, damit sich die Kerngedanken dieses Werkes nicht letztlich „dort hinten" abspielen. Es war nicht immer eine leichte Wahl, deshalb folgt eine kleine Übersicht. Diese Merkblätter enthalten ...

GEISTVOLL

ANALOGRAFFITI

GERNE ASSOZIATIV TRAINIEREN!!

Merkblatt Nr. 1
Analograffiti für Quer-Einsteiger

Dieses Merkblatt bietet Ihnen eine Mini-Erklärung über Art und Zweck der drei grundlegenden analografischen Denk-Techniken.

Analograffiti

Griechisch γραφεν heißt ritzen (z.B. in Tontäfelchen), dies können Wörter oder Bilder sein, wie auch seine moderne Form, das Graffiti.

Der Begriff ist ein Kunstwort und setzt sich zusammen aus „analogem" Denken (ANALOG) mit einem Stift in der Hand (GRAFFITI). Nun können wir mit einem Stift sowohl schreiben (vgl. Graphologie) als auch zeichnen (vgl. Grafik); beides beinhaltet der Begriff, von dem „GRAFFITI" hergeleitet wurde.

Nun gibt es also zwei Möglichkeiten – im Detail:

1. KaWa© (Wort-Bild)

Ein KaWa© ist ein **Wort-Bild**; wenn wir davon ausgehen, daß wir eine denkerisch reiche Ausbeute erhoffen, steht der Begriff **KaWa** für:

Kreatives
Analograffiti
Wort
Assoziationen

Praktisch vollzieht sich ein KaWa, indem wir ein Schlüsselwort zu unserem Thema wählen und dann zu jedem Buchstaben dieses Begriffes frei assoziieren. Dabei beginnen wir jedoch nicht unbedingt vorne und enden hinten, sondern wir lassen unsere Augen über den Begriff „wandern" und tragen spontan ein, was uns einfällt ...

Am leichtesten ist der Einstieg über Namen von Personen (real oder Charaktere in Romanen, Filmen etc.), die wir kennen (wirklich oder über die Medien zu kennen glauben). Fragen Sie sich, was Ihnen, bezogen auf diese Person (den Charakter), zu den einzelnen Buchstaben des Namens einfällt. Wir nutzen hier den sogenannten Kreuzworträtsel-Effekt, indem wir uns jeweils fragen: „Welches Verhalten oder welche Eigenschaft fällt mir ein, die mit dem Buchstaben ... beginnt?" Dabei wandern wir mit den Augen über das Wort-Bild und tragen spontan ein, was uns zuerst einfällt. Wir denken ja eben nicht logisch, auch nicht chronologisch (linear), sondern a-logisch (kreativ) oder analogisch; deshalb wäre es absurd, beim ersten Buchstaben beginnen und beim letzten aufhören zu wollen.

Hier sehen Sie ein KaWa zu dem berühmten Ferengi Quark, der auf Deep Space 9 lebt ...

Wenn Sie ein erstes Gefühl für die Art der schnellen, spontanen Gedanken-Evolution entwickelt haben, gehen Sie zu Wort-KaWa.s zu jedem Thema über, das Sie interessiert.

Mini-Experiment

Nehmen wir an, Sie wollten über den Begriff „**Stift**" nachdenken. Was fiele Ihnen zu den Buchstaben „S", „T", „I", „F" und „T" ein? Notieren Sie jedoch nicht nur Ihre Assoziationen, sondern auch, in welcher Reihenfolge Sie Ihnen zufallen, indem Sie Ihre ersten Assoziationen notieren und gleich numerieren. (Das kopfstehende Beispiel, S. 294, ist nicht numeriert, weil dieser Prozeß von Person zu Person und von Zeitpunkt zu Zeitpunkt immer anders abläuft.)

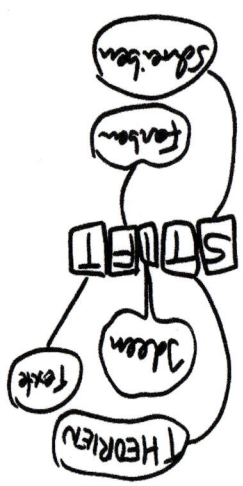

Natürlich könnten Sie jetzt sofort das Buch drehen und gleich meine Assoziationen ansehen. Aber Sie könnten auch zuerst nachdenken (noch besser, eintragen: Was fällt Ihnen zu den einzelnen Buchstaben ein …?

Noch eine Mini-Übung gefällig?

Auf Seite 299 finden Sie noch eine „Auflösung" zu „Erfolg". Wenn Sie wollen, könnten Sie dann unsere Ideen zu diesem wichtigen Begriff vergleichen …? Wobei jedes KaWa immer nur einen seelischen Schnappschuß, eine Momentaufnahme, eine augenblickliche Inventur* darstellen kann. Deshalb ist das mehrmalige „KaWa.en" (so nennen meine Seminar-TeilnehmerInnen das Anlegen eines KaWa.s inzwischen) ein und desselben Begriffes mit faszinierenden Ergebnissen verbunden.

Das Thema wird im derzeit in Arbeit befindlichen zweiten Band zum *„Das große Analografitti-Buch"* erneut aufgegriffen, weil es so wichtig ist.

Stadt, Land, Quantenphysik!

Wahrscheinlich sind Sie mit dem klassischen Stadt-Land-Fluß-Spiel (in der Schweiz als Geographie-Spiel bekannt) vertraut. Es wurde ein Buchstabe des Alphabets bestimmt und dann schrieben wir so schnell wir konnten eine Stadt, ein Land und einen Fluß auf, deren Namen mit jenem Buchstaben begannen, also bei „E" z.B. Essen, England und … Na, welcher Fluß mit „E" fällt Ihnen als erstes ein? Es ist klar: Je öfter Sie diese Spiel spielen, desto besser werden Sie. Nach einer Weile tragen Sie gleichsam ganze ABC-Listen

---

* Sie finden in allen meinen Büchern (seit *„Der BIRKENBIHL Power-Tag"*) KaWa.s, die gewisse Gedankengänge illustrieren, aber sehr viele finden Sie natürlich in meinem *„Das große Analografitti-Buch"*. Darin widmet sich ein ganzes Modul meinen Vortrags- und Seminar-Dispositionen, die jeweils an einem Schlüsselbegriff „aufgehängt" werden.

zu diesen „Themen" im Kopf spazieren, ein veritables inneres Stadt-Land-Fluß-Archiv. Zu „Stadt" könnten Sie alphabetisch assoziieren Amsterdam, Berlin, Celle, Den Haag, Erlangen … zu „Land" fiele Ihnen vielleicht Algerien, Belgien, Chile, Dänemark, England … ein und bei der Kategorie „Fluß" … Was fällt Ihnen da ein?

Nehmen wir an, Sie können das Spiel ganz gut spielen, ja Sie können sogar Unter-Kategorien spielen („Stadt" in Deutschland contra in Europa contra außerhalb von Europa und dasselbe mit den Kategorien Land und Fluß). Aber wie würden wir abschneiden, wenn Sie Stadt-Land-Quantenphysik spielen sollten? Haben Sie ein quantenphysikalisches ABC „griffbereit"? Nun, es hängt davon ab, ob Quantenphysik Teil Ihres bisherigen inneren Archivs ist, nicht wahr? Auf einer Reise zu einem Seminar dachte ich daran, im Seminar zur großen Überraschung der Teilnehmer Stadt-Land-Quantenphysik* zu spielen (was später ein verblüfftes Gelächter auslöste) und ich überlegte, was mir jetzt so einfallen würde. Nun, innerhalb von ca. zwei Minuten waren mir über 20 Begriffe eingefallen, und das war viele Jahre nach meinem vorläufigen Abschluß mit dem Thema: A wie Atom, B wie Bosonen usw.

ABC-Listen sind auch KaWa.s

Eine Sonderform des Wort-KaWa.s ist die ABC-Liste, denn: Während wir beim Wort-KaWa zu den Buchstaben des Wortes frei assoziieren, suchen wir beim ABC-KaWa Assoziationen zu allen Buchstaben des Alphabetes; es ist also ein kompletteres KaWa. Wort-KaWa.s sind reizvoller, weil es immer wieder spannend ist, zu sehen, wie man dieses Thema mit den vorhandenen Buchstaben verbinden kann! ABC-KaWa.s (auch Wissens-ABC.s oder ABC-Listen genannt) sind umfang-REICHER und schenken uns im Sinne des Archivierens mehr „REICHE Beute". Lassen Sie uns festhalten:

Das Anlegen von ABC-Listen – gern auch unterwegs oder in der Badwanne, nachts vor dem Einschlafen etc. (also nur im Kopf) – ist eine der besten Maßnahmen für den Aufbau und die Erweiterung, sowie das (spätere) Nutzen unseres inneren Archivs!

In den ersten Jahren gab es einerseits **Wort-Bilder** (KaWa.s) und andererseits echte kleine **Bilder** (s. unten), während ich auch mit alphabetischen Wort-Listen arbeitete (ohne zunächst zu begreifen, daß sie eine KaWa-Variante darstellen). Diese Erkenntnis kam erst relativ spät und als es passierte, dachte ich wirklich „mich tritt ein Pferd". Es war im nachhinein so klar und einleuchtend, daß ich überhaupt nicht mehr nachvollziehen kann, warum ich ca. ein Jahrzehnt auf diese Einsicht warten mußte.

---

* Vgl. auch meinen Video-Vortrag *„Gehirn-gerechte Einführung in die Quantenphysik"*. Übrigens haben 2002 drei Physiker den Nobelpreis erhalten, weil sie unabhängig voneinander jene Bosonen „fanden", die **EINSTEIN** 70 Jahre zuvor postuliert hatte. Als ich den Begriff in meinem Vortrag einige Jahre zuvor den „Fermionen" gegenüberstellte, kannte ihn so gut wie niemand (selbst unter Physikern wußten die meisten nicht, worum es sich handelte, weil ja nur ein Bruchteil Quantenphysik betreibt).

2. KaGa© (Denk-Bild)

Da gerade das Zeichnen von KaGa.s den meisten Menschen anfangs schwerer fällt als Wortspiele (solange sie nämlich glauben, sie könnten nicht zeichnen), muß ich auf *„Das große Analograffiti-Buch"* verweisen, dessen ausgesprochene Aufgabe es u.a. ist, Ihnen klarzumachen, **warum und wie auch Sie KaGa.s zeichnen können.**

Erinnern wir uns an die Bedeutung von „KaWa" (kreatives Analograffiti, Wort-Assoziationen). Nun erinnert das Kunstwort „KaGa©" daran, daß wir diesmal **grafische Assoziationen** suchen, also wollen wir eine Idee **zeichnen**.

Lassen Sie mich an dieser Stelle nur andeuten, daß selbst jemand, der nur einfachste Linien (Rechtecke, gerade/schräge Linien, einen Punkt etc.) „zeichnen" kann, KaGa.s entwickeln kann. Auch ich meinte einst, nicht zeichnen zu können (das glaubt heute niemand mehr). Aber meine ersten KaGa.s waren extrem einfach „gestrickt" und bestanden aus einfachsten Linien, Rechtecken, Kegeln ...

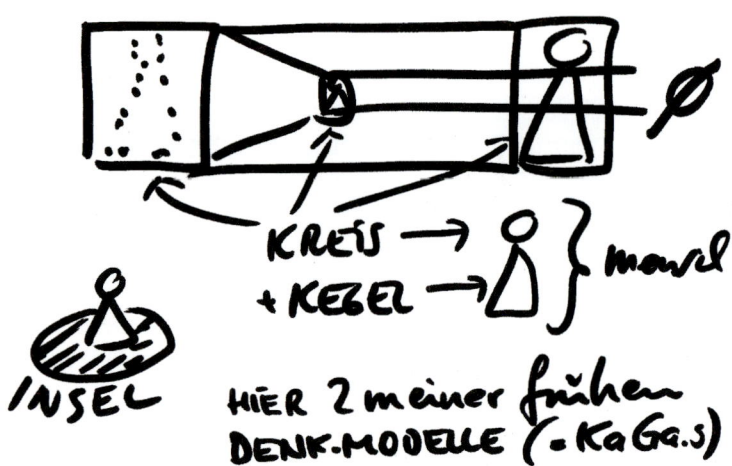

Ehrlich gesagt war ich damals ziemlich stolz darauf, Grafik und Text in einer Abbildung integriert zu haben ...

Selbst heute sind die meisten meiner KaGa.s sehr einfach. Aus dem ersten KaGa (oben) wurde im Lauf der Zeit diese Variante; nur die Darstellung des Menschen hat sich geändert; die folgende Abbildung entstand ca. 1987, eine meiner frühen Computer-KaGa.s (frei Maus am Macintosh, der damals ein Postkartengroßes Fensterchen hatte, das sich bereits „Bildschirm" nennen durfte).

Ihr genetisches Potential   Entwicklung   ein wahrer HOMO SAPIENS

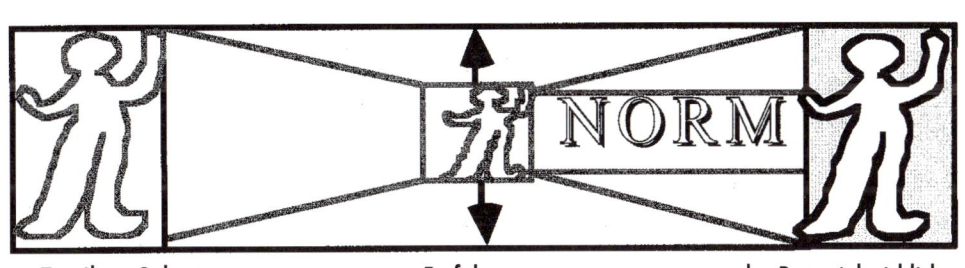

zur Zeit Ihrer Geburt   Entfaltung   nutzt das Potential wirklich

Analysieren Sie doch einmal die Linien dieser Figur. Sie sehen also: Das Zeichnen von KaGa.s kann wirklich einfach sein.

Rechts und links je ein Rechteck (na ja, ungefähr!), dann eine leicht geschlängelte Pfeillinie, zwei unfertige Ovale (Ohren), zwei dicke Punkte (Augen), einige relativ senkrechte Striche (Haare) etc.

Oft verbindet ein Analograffiti KaWa.s mit KaGa.s

Erinnern Sie sich an dieses Analograffiti; es ist zwar weitgehend der Kategorie KaWa zuzuordnen, aber es enthält auch KaGa-Elemente.

Links oben: bildliche Darstellung der betroffenen Sinne (Auge, Ohr, Nase, Mund und Hand). **Rechts oben:** Augen & Ohr als Mini-Bildchen. **Rechts unten:** Mein **KaGa** zum Begriff „Ent-DECK-ung", ein **DECKel wird gehoben** und Verborgenes wird sichtbar, vgl. englisch: to *dis-COVER*, französisch: *de-COUVRE*. (Im „*Das große Analograffiti-Buch*" finden Sie ein ganzes Modul, mit gezeichneten Redewendungen: also KaGa.s)!

Sie finden 1. im **Merkblatt Nr. 5** (S. 359 f.) einen groben Abriß zur Entwicklung (S. 359 f.); 2. im **Merkblatt Nr. 1** die drei grundlegenden analografischen Denk-Techniken und 3. die Grundlagen analografischer Denk-ART mit hunderten von **farbigen** KaGa.s und KaWa.s in meinem „*Das große Analograffiti-Buch*".

Abschließend zu dieser Mini-Einführung in das Thema Analograffiti: Ich benötigte einige **Jahrzehnte**, bis ich zu begreifen begann, worin die Stärke der von mir in unzähligen Versuchsreihen entwickelten **analografischen Denk-Prozesse** eigentlich liegt. Und ich meine den Begriff „eigentlich" hier wörtlich: **Was ist den analografischen Denk-Prozessen (zu)eigen, daß sie so viel erfolgreicher sind, als normales Denken?**

Inzwischen stelle ich immer wieder fest, wie „anders" unsere Wahrnehmungs- und Denkprozesse sich entwickeln, wenn wir **es analografisch angehen**. Aber das werde ich Ihnen nicht ausführlich erklären, denn:

Entweder Sie probieren es aus, dann machen Sie diese Erfahrungen selber. **Oder** Sie probieren es nicht, dann nützen Ihnen meine Beschreibungen auch nichts . Es ist wie mit radfahren oder verliebt sein: Man muß es **erlebt** haben. Bücher können uns Lust machen, es zu versuchen, aber sie können die Entwicklung selbst natürlich niemals ersetzen.

Zum Abschluß dieses Merkblattes: Es folgt die versprochene Auflösung zum **Erfolgs-KaWa**©, wobei auch dieses einige keine KaGa-Elemente enthält.

E.R.F.O.L.G: Dieses KaWa steht „hinter" meinen monatlichen Beratungs-Brief und weist auf die **drei** zentralen Themen des Coaching-Letters hin (Info über www.birkenbihl.de):

1. psychologischer **Erfolg**,

2. **gehirn-gerechtes** Lernen und Denken,

3. **Kommunikation** (vgl. „G" = Gespräch).

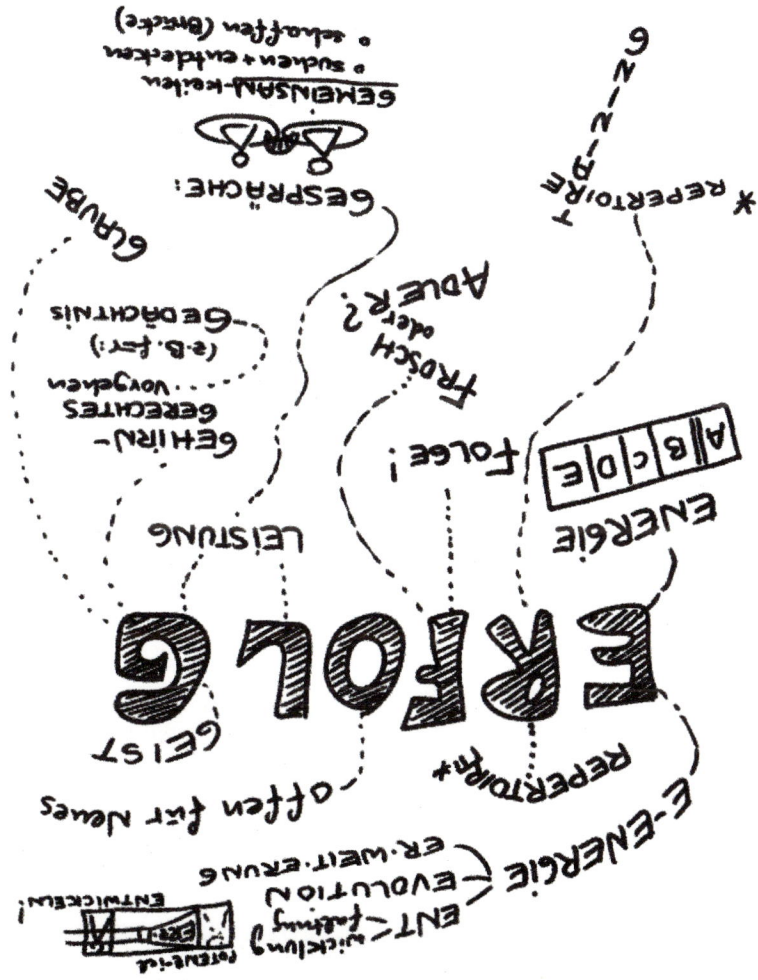

ABC-Listen

als Anregung, Fallbeispiele für LULL'sche Leitern und zum „Konsumieren" im allgemeinen.

Für diese Listen danke ich meinen Seminar-TeilnehmerInnen und Insidern (**www.birkenbihl.de**)

Auto

1. Abblendlicht, Automatik
2. Bremsen, Blinker, Benzin
3. Chauffeur, Chassis
4. Diebstahlsicherung, Drehzahlmesser
5. einparken, Elektronik
6. Felgen, Fernlicht
7. Gaspedal, Gangschaltung
8. Heckscheibe, Hupe
9. Innenspiegel
10. J
11. Kupplung
12. Lenkrad, Licht
13. Motor
14. neutral
15. Öldruck
16. Pneu
17. Q
18. Rad, Radio
19. Schaltung, Scheiben
20. Treibstoff
21. Umluftgebläse
22. Vierwegschaltung, Viertakter
23. Wasser
24. X
25. Y
26. Zylinder, Zündschlüssel

Bahn

1. Abstellgleis, Ankunft, Abteil
2. Bahnhof, Bahnsteig
3. Perron C
4. Dampflokomotive
5. Erste Klasse
6. Fahrplan, Fahrleitung, Fahrkartenkontrolle
7. Gehsteig, Gleise
8. Heizer (Dampflok)
9. Informationsschalter
10. J
11. Kondukteur, Kiosk
12. Lokomotive, Leergüter
13. Manöver
14. Notbremse, Nichtraucher
15. Oberdeck
16. Personenwagen
17. Qualm (Dampflok)
18. Raucher, Rampe
19. Schiene, Signal, Schranke, Schaffner
20. Taktfahrplan, Ticket
21. Unterführung
22. Vorstand
23. Weichen, Warteraum, Waggon
24. X
25. Y
26. Zugpersonal

Bäume/Büsche

1. Ahorn
2. Buche, Birke
3. Crataegus (Weißdorn), Castanea
4. Dattelpalme
5. Eiche, Esche
6. Föhre, Fichte
7. Ginkobaum
8. Holunder
9. I
10. Juniperius (Wacholder)
11. Kirschbaum, Kastanie
12. Linde, Lärche
13. Mammutbaum
14. Nußbaum, Nadelbaum
15. Olivenbaum
16. Pinie, Pappel, Palme
17. Quittenbaum, Quercus (Eiche)
18. Rosskastanie, Rotbuche
19. Silberpappel, Stechpalme
20. Trauerweide
21. Ulme
22. Vogelbeere
23. Weißtanne, Weide, Weißdorn, Wacholder
24. X
25. Y
26. Zwetschgenbaum, Zeder

Bereich, beruflicher	berühmte Namen	Berufe
1. Ausbildung	1. Archimedes	1. Apotheker, Anwalt, Außendienstmitarbeiter, Arzt, Astronaut
2. Bildung	2. Beethoven	
3. Coaching, Choreographie, Corporate Identity	3. Cäsar	2. Bauer, Bankier, Berater, Brauer, Bauchtänzer
4. Dienstleistung	4. Descartes	
5. Erwachsenenbildung, Entwicklung	5. Einstein	3. Chemiker, Chirurg
	6. Freud	4. Dachdecker, Designer, Detektiv
6. Förderung	7. Goethe	5. Elektriker, Einkäuferin, Erzieherin
7. Gestaltung	8. Heisenberg	6. Förster, Fischer, Floristin, Friseur
8. High Tech	9. Ibsen	7. Graphiker, Geograph, Gärtner
9. Informatik, Information	10. Jack the Ripper	8. Hafner, Handwerker, Hutmacher
10. Journalismus	11. Kant	9. Ingenieur, Info-Broker
11. Kommunikation, Kunst, Kultur	12. Leonardo da Vinci	10. Jurist, Journalist, Jäger
12. Lebensqualität	13. Mozart	11. Kaminkehrer, Klempner, Künstler
13. Menschenförderung, Musikbranche, Marketing	14. Newton	12. Lehrer, Liedermacher
	15. Otto	13. Maurer, Maler, Manager
14. Naturgesetze	16. Picasso	14. Näherin, Neurologe
15. Organisation	17. Quark (Star Trek)	15. Organist, Opernsänger, Offizier
16. Personalwesen, Projektarbeit	18. Rachmaninov	16. Physiker, Pianist, Psychologe, Popstar
17. Qualität, Qualifikation	19. Sokrates	17. Quellenforscher, Quantenphysiker
18. Rhetorik	20. Telemann	18. Richter
19. Sprachunternehmen, Schule, schreiben	21. Ullstein	19. Schlosser, Sekretärin, Senator
	22. van Gogh	20. Trainer, Tischler, Techniker
20. Talentförderung	23. Wagner	21. Umweltforscher, Uhrmacher
21. Unternehmensführung	24. Xantippe	22. Vermesser, Verkäufer
22. Verein, Verband, Vorstand	25. Yamaha	23. Wagner, Wissenschaftler, Webdesigner
23. Werbung, Wohltätigkeit	26. Zuckmayer, Carl	24. Xylograph
24. X		25. Yachtbauer
25. Y		26. Zahnarzt, Zimmermann, Zoodirektor
26. Zentrum, zukunftsorientiert		

Biologie

1. **Anatomie:** Wissenschaft vom Bau des Lebens; **Anionen:** negativ geladene Ionen (z.B. Salze); anorganische Stoffe: stammen aus der unbelebten Natur; **Art:** Lebewesen/ Organismen, die sich mit allen wesentlichen Merkmalen gleichen; **Assimilation:** körperfremde Ausgangsstoffe werden durch endotherme Umwandlung körpereigene Substanzen im Rahmen des Stoffwechsels

2. **Bewegungsphysiologie:** untersucht Reaktionsvermögen der Pflanzen (Reizwahrnehmung/Bewegungen); **binäre Nomenklatur:** zweifache Namensgebung; **Biologie:** Naturwissenschaft der Lebewesen; **Botanik:** Pflanzenkunde

3. **C-Assimilation:** Assimilation von Kohlenstoff-Verbindungen (vor allem Kohlenhydrate); **Chloroplasten:** grüne Plastiden, enthalten Chlorophyll (Blattgrün), Funktionszentren der Photosynthese; **Chromatinfäden:** nicht aufgeschraubte **Chromosome**; Chromoplasten: durch Karotinoide gelb bis rot gefärbte Plastiden, für Farbe zuständig; **Chromosom:** Träger des Erbgutes; **Cytologie:** Zellenlehre (Teilgebiet der Morphologie); **Cytoplasma:** Zellplasma; umgibt den lebenden Bereich, den Zellkern (Protoplasma ohne Zellkern)

4. **Differenzierung:** Entstehung ungleichartigen Teile aus einheitlichen Material; **Dissimilation:** energieliefernde (exotherme) Umwandlung körpereigener Stoffe in körperfremde Produkte; **Doppelnamen:** den Namen der Art und der Gattung (erste Namen Gattungsnamen, zweiter Name, Name der Art)

5. **Edukt:** Ausgangsstoff; **Element:** läßt sich in keine anderen Stoffe erlegen, Erklärungen wichtiger Begriffe; **endotherme Reaktion:** Energie wird aus der Umwelt aufgenommen, die Produkte sind energiereicher als die Ausgangsstoffe; **exotherme Reaktion:** Energie wird an die Umwelt abgegeben, die Produkte sind energiearmer als die Ausgangsstoffe

6. **Fotosynthese**, bei Pflanzen: Form der C-Assimilation, die mit Lichtenergie erfolgt – Bildung von Traubenzucker und Sauerstoff aus Kohlenstoffdioxid und Wasser

7. **Gattung:** sehr ähnliche und miteinander eng verwandte Arten; **Gemisch:** verschiedene Stoffarten zusammen

8. **Histologie:** Gewebelehre (Teilgebiet der Morphologie); **Humanbiologie:** Menschenkunde

9. **Interzellulare:** luftgefüllte Zwischenräume zwischen benachbarten Zellwänden (wichtig für Luftaustausch innerhalb der Pflanze); **Ionen:** positiv oder negativ geladene Atome

10. **J**

11. **Kalottenmodell:** Kugelkalotten bestimmter Größe dargestellt; **Karotinoide:** Farbstoffe, die z.B. in Karotten, Hagebutten, Paprika, Tomaten usw. vorhanden sind; **Kationen:** positiv geladene Ionen; **Kernhülle:** umgibt den Nukleus, d.h. trennt das Kernplasma vom Dytoplasma; **Koeffizient:** Mengenverhältnis (z.B. bei 3H2 ist 3 die Koeffizient); **Kohlenhydrate:** organische Verbindungen, Betriebsstoffe (Zucker), Reservenstoffe (Stärke) und Zellwand-Gerüststoffe (Zellulose); **Kohlenstoffassimilation:** C-Assimilation, Photosynthese; künstliches System: äußerliche Kennzeichen erleichtert das Bestimmen von Pflanzen; Kutikula: Schutzfilm aus Kutin

12. **Leukoplasten:** farblose Plastiden, vor allem in unterirdischen Organen der Pflanze vorhanden (in ihn werden die in der C-Assimilation gewonnenen energiereichen Nährstoffe in

Form von Stärke gespeichert); **Lignin:** Holzstoff

13. **Makromoleküle:** Riesenmoleküle; **Mitose:** Kernteilung, die zu zwei erbgleichen Tochterkernen führt (die im Erbgut zu dem gleich dem Mutterkern sind), verbunden mit der Wanderung der Chromosomen unter dem Einfluß der Teilungsspindel und der Teilung der Chromosomen in Tochterchromosomen; **Moleküle:** Bausteine vieler Reinstoffe; **Morphologie:** beschreibt Bau und Gestalt einer Pflanze

14. **natürliches System:** eine Verwandtschaft, die auf gemeinsame Vorfahren beruht, bildet die Grundlage; **Nukleus:** Zellkern (Steuerungszentrale)

15. **Ökologie:** untersucht Beziehungen zwischen Lebewesen und die lebende und unbelebte Umwelt; **Organellen:** abgegrenzte Bereiche des Dytoplasmas mit spezieller Aufgabe: **organische Stoffe:** die meisten Verbindungen des Kohlenstoffes (Ausnahmen: Verbindung mit Sauerstoff, die Kohlensäure und die Salze); **Organographie:** Organlehre (Teilgebiet der Morphologie)

16. **Photosynthese:** Stoffaufbau (siehe F); Physiologie: erforscht Lebensäußerungen und die Funktionen der Zelle, der

Gewebe, der Organe und des gesamten Organismus; **Plasma:** gallertartige Flüssigkeit; **Plasmamembran:** feines semipermeables Häutchen, Außengrenze des Cytoplasmas (wichtig für den Stoffaustausch zwischen Umwelt und benachbarten Zellen), **Plastiden:** Zellorganellen, kennzeichnender Bestandteil der meisten Pflanzenzellen, mehrere Typen mit unterschiedlichen Aufgaben (Funktionen), Produkte: neu (entstandene) Stoffe bei chemischen Reaktionen; **Proteine:** Eiweiße; Protoplasma: lebender Inhalt einer Zelle, dazu gehören Nukleus und Cytoplasma

17. **Q**

18. **Reaktionsvermögen:** Reizwahrnehmung und Bewegung; **Reinstoffe:** Bestandteile der Gemische, die zerlegt wurden

19. **Semipermeable:** halbdurchlässig; **Spezialisierung:** Zellen mit ursprünglich gleicher Aufgabe ändern sich für besondere Funktionen um; **Stoffwechsel:** im Organismus ablaufende chemische Reaktionen, Aufbau körpereigener Stoffe, Umbau dieser Substanzen und Abbau der körpereigenen Stoffe zur Energiegewinnung; **Stoffwechselphysiologie:** untersucht chemische und physikalische Vorgänge im

Innern der Pflanze (Photosynthese und Energiegewinn, Stofftransport); **Sorbin:** Korkstoff

20. **T**

21. **U ... und** miteinander fruchtbare Nachkommen zeugen können (Fortpflanzungsgemeinschaft bilden)

22. **Vakuole:** Zellsaftraum (in ihr werden Abfallstoff und Reservenstoffe gelagert); **Verbindung:** läßt sich durch Hitze, Licht oder elektrischen Strom in Stoffe zersetzen, die von dem Ausgangsstoff abweichen (z.B. Zucker, der auf der heißen Platte zu Kohle(-stoff) wird)

23. **W**

24. **X**

25. **Y**

26. **Zelle:** die kleinste auch isolierte, lebens- und vermehrungsfähige Struktureinheit aller Organismen; **Zellkern:** Teil des Protoplasmas, Steuerungszentrale der Zelle, Hauptträger des Erbgutes; **Zellteilung:** Teilung einer Zelle in Tochterzellen, meist unmittelbar im Anschluß an eine Kernteilung; **Zellwand:** vom Protoplasma nach außen abgeschiedene, unbelebte, starre und mehrschichtige Hülle pflanzlicher Zellen, vor allem aus Zellulose; **Zoologie:** Tierkunde

Blumen	Chemie	Denken

Blumen

1. Aster, Anemone
2. Buschwindröschen, Begonie, Blutströpfchen
3. Chrysantheme, Christrose
4. Dahlie, Distel
5. Enzian, Erika, Edelweiß, Ehrenpreis
6. Frauenschuh, Fresie, Fuchsie
7. Gladiole, Gänseblümchen, Geranie, Glockenblume
8. Hyazinthe, Herbstzeitlose, Hortensie
9. Iris
10. Jasmin, Johanniskraut
11. Krokus, Klee
12. Lupinen, Löwenzahn, Lilie
13. Maiglöckchen, Margerite, Männertreu
14. Nelke, Narzisse
15. Orchidee
16. Pusteblume, Primel, Petunie
17. Quendel
18. Rose, Ringelblume, Rittersporn
19. Strehlizie, Schlüsselblume, Sonnenblume, Schneeglöckchen, Sumpfdotterblume, Seidelbast, Schleierkraut
20. Tulpe, Trollblume
21. Usambaraveilchen
22. Vergißmeinnicht, Veilchen
23. Wicke, Wildrose, Winde, Wiesenschaumkraut, Wandelröschen
24. X
25. Y
26. Zwergmispel

Chemie

1. Atome, anorganisch, Anionen
2. Beschreibung von Versuchen: Aufbau, Beobachtung, Auswertung
3. chemische Reaktionen erkennbar an: Farbänderung, Knallreaktion, Gasbildung, Rauch, Feuer
4. denken
5. experimentieren, Elemente, exotherm, endotherm, Energie, Edukte
6. führen
7. Geschichte der Chemie, Gemische
8. Hilfe
9. Ionen
10. J
11. Kontra, Kationen, Kalottenmodell
12. Laborgeräte, Ladungen
13. Moleküle
14. negativ
15. organisch, Oxidation
16. pro, protokollieren, Produkt, positiv
17. Quecksilber
18. Robert Boyle (Vater der heut. Chemie), Reaktion, Reinstoffe, Reduktion
19. Stoffeigenschaften: Geruch, Oberfläche (Glanz), Farbe/Form, Schmelz-/Siedepunkt; chem. Reaktionsfähigkeit, Elastizität/Duktilität (Verformbarkeit), Wärmeleitfähigkeit, elektr. Leitfähigkeit, Flammenfarbe
20. teilen (Gemische in Reinstoffe)
21. Umwandlung
22. Versuche, Verbindungen, Veränderungen, verstehen
23. Wasser
24. X
25. Y
26. zünden

Denken

1. auswerten, Ausbildung
2. Bewußtsein, Begabungen
3. create, Coach
4. deuten, dienen dürfen
5. Ergebnis, Ehrlichkeit
6. Folgerung, Freude
7. Gehirn, Gesundheit
8. hinterfragen, Humor
9. Intuition, Ideen
10. jubeln, Ja sagen dürfen
11. kunstvoll, Kreativität
12. lustvoll, Liebe
13. meisterhaft, Mut
14. negieren, Neutralität
15. organisieren, Optimismus
16. powern, positive Lebenseinstellung
17. querdenken, Quelle in mir
18. rationell, Ruhe
19. sinnvoll, Sonne
20. täuschen, Tun
21. unlogisch, umfassendes Denken
22. vernetzen, vergeben
23. willkürlich, Wohnung
24. (x)sund
25. yäsoh …
26. zackig, Zukunft

Deutsch

1. Adjektiv, Artikel, Alphabet, attributiv, Adverb, Aufsatz, ABC, aktiv
2. Briefe, Buchstaben, bestimmen
3. Charakter
4. denken, Deklination, Demonstrativpronomen, Diphthong
5. Erzählung, Endungen, einfacher Satz
6. Fabel, finite Formen, flektierbar
7. Grammatik, Geschichten, Genus, Geschichte
8. Humor
9. Indirekte Rede intransitiv, infinite Formen, Indikativ, Imperativ, Imperfekt, Indefinitpronomen, Interrogativpronomen, indirekte Rede
10. J
11. Komma-Regeln, Konjugation, Konjunktiv, Kasus
12. Lesebrief, Limerick, lernen
13. Mythen, Modus, Modalverb, Monophthong
14. Nomen, Numeralien, Numerus, Nebensätze
15. Objekte, Orthographie
16. Phantasie, persönlich, Präposition, Präfix, passiv, Person, Partizip, Personalpronomen, Possessivpronomen, prädikativ, Präsens, Plusquamperfekt, Perfekt
17. Q
18. reflexive, Reflexivpronomen, Relativpronomen
19. Satzglieder, Sprichwörter, Synonyme, Substantiv, Satz, Syntax
20. Trennungen, Tempus, transitive
21. unpersönlich, unflektierbar, Umlaut
22. Verben, Verse, Vollverb
23. Wörter, Wortarten
24. X
25. Y
26. Zeichen setzen, zusammengesetzte Wörter

Eigenschaften

1. aufmerksam, aufrichtig, anmutig, ausstrahlend, ausgeglichen, achtungsvoll, anpassungsfähig
2. bewußt, bildschön, behutsam, barsch, boshaft, bereitwillig, bissig, begeisternd
3. charismatisch, charmant, cholerisch
4. dankbar, demütig, dienend
5. eigenständig, einfühlsam, eifrig, ehrlich, eitel, eigensinnig, eifersüchtig
6. fleißig, fähig, Flexibilität, freundlich, friedvoll, feurig, faszinierend, freudig
7. gutmütig, gläubig, genau, genial, geduldig, Geduld, griesgrämig, großmütig, geizig
8. hilfsbereit, höflich, Herzlichkeit, humorvoll, häßlich, hübsch
9. ideenreich, Idealist, improvisierend, intelligent, intuitiv, innig, irdisch, illusorisch
10. jugendlich, jammern, jauchzend, jubelnd
11. klug, kompromißfähig, kompetent, kommunikationsstark, konzentriert, kreativ, kommunikativ, konstruktiv, kleinlich
12. lustvoll, liebevoll, lieb, lobend, lustig, lebhaft, launisch, lieblich
13. mitfühlend, mitdenkend, mutig, mitreißend, mitteilsam
14. Naturtalent, naturliebend, natürlich, nett, neugierig, Neutralität, neidisch, neutral, nützlich, nörglerisch
15. ordnungsliebend, optimistisch, ordentlich, ordentlich offen(herzig)
16. pflichtbewußt, positiv, pessimistisch, pedantisch, pingelig
17. querdenkend, quellend, quengelig, quietschfidel
18. redegewandt, ruhig, reuevoll, reizend, reizvoll, ruhelos, radikal
19. sauber, sprachbegabt, still, Selbstdisziplin, sensibel, sensibel, sinnvoll, selig, schön
20. tapfer, treu, tolerant, traurig, tugendhaft, typisch, trotzig
21. unternehmungslustig, unkompliziert, umgänglich, ungestüm, unterwürfig, unbrauchbar, unsinnig, umsichtig
22. verantwortungsbewußt, vielfältig, vergebend, vielseitig, verschwiegen, verwegen, verschwenderisch, verspielt
23. weitblickend, warmherzig, würdevoll, wißbegierig, willensstark, weise, wahrhaftig, wahrheitsliebend
24. X
25. Y
26. zuvorkommend, zahm, zielstrebig, zynisch, zeitraubend, zimperlich, zickig

Erfolg	Essen	Fahrrad
1. Ausdauer	1. anrichten	1. aufsteigen
2. Begabung	2. Butter	2. Bremse
3. Coach	3. Café	3. Chromstahl
4. Durchhaltevermögen	4. Duft, Dessert	4. Dynamo
5. Energie	5. Eigengeschmack	5. Einrad
6. Flow	6. Fischgerichte	6. Freilauf
7. Geduld	7. Genuß	7. Glocke, Gabel, Griff
8. Hilfe	8. Hunger	8. Hinterrad
9. Intuition	9. italienisches Essen	9. I
10. Ja-Sager	10. junges Gemüse	10. J
11. Kreativität	11. kochen, kredenzen	11. Klingen, Kettenspanner
12. Lust	12. lustvoll	12. Lenkrad, Lampe
13. Möglichkeiten	13. magenfreundlich	13. Motorvelo
14. Neigung	14. Nachspeise	14. Nabe
15. Organisation	15. opulent	15. Öl
16. Power	16. Pudding	16. Pumpe, Pedal
17. Quantum	17. Qualität	17. Querstange
18. Ratio	18. Rohkost	18. Reifen, Rückstrahler
19. Supervision	19. Süppchen	19. Schutzblech, Sattel
20. Testlauf	20. Trüffel	20. Tandem
21. Utopie	21. unbehandelt	21. Übersetzung
22. Vision	22. vorgekocht	22. Ventil, Vorderrad
23. Wunder	23. Wonne	23. Werkzeugtasche
24. x-ten Mal	24. x-beliebig	24. X
25. Y	25. yolk (Eigelb)	25. Y
26. Ziel	26. Zauber	26. Zahnrad

Ferien

1. ausspannen, ausschlafen
2. baden, bräunen
3. Camping
4. Dauerdurst
5. einkaufen
6. flanieren, flirten
7. gut essen
8. herumhängen
9. Inseltrip
10. Jumping
11. Karten schreiben
12. Liebe, lachen, Lust
13. Markt, Musik
14. Nachtleben
15. Orte entdecken
16. plantschen
17. Quickies
18. rudern, reden
19. surfen, segeln, schwimmen
20. tanzen, turnen, turteln, tun
21. Uferpromenade
22. verlieben
23. Wassersport
24. (x)sund leben
25. Y
26. zufrieden sein

Flugzeug

1. Abflug, Ankunft, anschnallen
2. Borduhr, Boing
3. Charterflug
4. Düsenflugzeug
5. einsteigen
6. Flughafen, Flügel
7. Gurte
8. Hochdecker, Hapag Lloyd
9. Internationaler Flughafen
10. J
11. Kapitän, Kompaß
12. Landung, Lärm, LTU, Lufthansa
13. Motoren
14. Neigung
15. Oberflügel
16. Piste
17. Querruder
18. Rückflug
19. Start, Stewardess, Swiss Air
20. Terminal
21. Überfracht
22. Ventilator
23. Wasserflugzeug
24. X
25. Y
26. Zündschalter

Flüsse

1. Aare
2. Blauer Nil
3. Colorado
4. Donau
5. Elbe
6. Firth-of-Forth
7. Guadalquvier
8. Hinterrhein
9. Inn
10. Jordan
11. Kongo
12. Limmat
13. Moldau, Main
14. Nil
15. Oder
16. Po
17. Qu'appelle
18. Rhone, Rhein
19. Saale
20. Tessin
21. Ural
22. Vorderrhein
23. Wolga
24. Xingu
25. Yellowstone
26. Zorn

Französisch

1. Aussprache, Akzente, Artikel, Adjektive, Answendung, Adverbien
2. Bindung, Betonung, Bestimmung
3. C
4. Deklination
5. e-Verben
6. Formelwörter, Fragesatz, Funktion, Futur I/II
7. Grundzahlen
8. Hilfsverb, hören
9. Irr-Verben, Intonationsfrage, Interrogativpronomen, Imperativ
10. J
11. Konjugation
12. Lautschrift, Lesetexte
13. Modalverben, mündlich
14. nahe Zukunft, nachsprechen
15. Orthographie
16. Plural, Personalpronomen, Präpositionen, Perfekt, Pronominaladverb
17. Q
18. Relativpronomen, reflexiven Verben, Repetition
19. Substantive, Singular, s-Verben, Satzgliederung, Stellung, sprechen, schriftlich
20. Texte
21. unregelmäßige Verben, unbetonte Personalpronomen,
22. Übersetzungen
23. Verneinung, verstehen
24. X
25. Y
26. Zusammenhänge

Freundschaft – Grundlagen

1. Ausdauer, Außenseiter, Ausstrahlung, ausnutzen, abstoßend, allein, achtsam, Angst, Ausgang, Aberglaube, ängstlich, Auseinandersetzungen, Abenteuer, anpassen
2. beliebt, Brieffreundschaft, boxen, Bereitschaft, Bemühungen, beliebt, Bücher, Beistand, Begleitung, böse, Beziehung, Briefe, basteln, Brieffreunde
3. Chamäleon, Charakter, Charme, chatten, Chaos, Chance
4. denken, Dank, Drogen, dazugehören, dazustehen, danken, diskutieren, Disco, diskret, Dauer
5. Erziehung, Ehrlichkeit, einsam, eingebildet, Ehrgeiz, erwachsen, Einsichten, Erfolg, erhaben, echt, Einigkeit, erfinden, erzählen
6. falsche Freunde, feige Freunde, Freude, freundlich, Frieden, Feindschaft, Familie, Freundinnen, falsch, fröhlich, feiern, füreinander da sein, Film schauen, Fotos machen
7. Geduld, glücklich, Geschenk, Glauben, Geburtstag, Gespräch, Gefühle, gerecht, gemein, Großzügigkeit, Geborgenheit, Geheimnisse
8. hänseln, Haß, Hilfe, Händedruck, Halt, hilflos, Herzlichkeit, hilfsbereit, humorvoll, Heiterkeit
9. Ideen, Internet, Interessen, Informationsquelle, ideenreich, informieren
10. Jungs, Jugendliche, Jammer, jetzt leben
11. Kameradschaft, kiffen, Krieg, küssen, kneifen, Kummer, kurzweilig, Kino, kollegial, Kommunikation, Kreativität, kitzeln
12. Liebe, langjährig, lächeln, lachen, lustig, lernen, launisch, leben, lesen
13. Miteinander, mailen, Mut, Mädchen, malen, Macht, Motivation, mental, Musik
14. natürlich, neutral, Note (eigene), Neues entdecken, nichts tun müssen
15. optimistisch, Original, originell, Offenheit, organisieren
16. pessimistisch, Persönlichkeit, Privatfeld, Phantasie, Probleme, Party
17. Qual, Qualität, quer stecken, quatschen
18. Reue, Rassismus, rauchen, Realität, Rat, Regeln, ruhig, Ratschläge, reisen, Rücksicht, reden
19. schlagen, sorglos, Streit, Stolz, Sorgen, Streß, Schule, Streit, sicher, schön, spazieren, spielen, sich selber sein, Spaß, Sicherheit, Sympathie
20. Treue, Trennung, Tränen, trösten, Träume, Treuer, Thema, temperamentvoll, tanzen, telefonieren, Toleranz
21. Untreue, Umarmen, Umwelt, Umgang, Unterhaltung, Umsicht, Umfeld, ungeduldig, unerlaubt, Unternehmung
22. Vertrauen, verzweifeln, Verhältnis, Verhalten, vertrauensvoll, vergeben, Vergnügen, verstehen, versöhnen, Videoabend
23. Wille, Wortwechsel, Weichen stellen, wundervoll, Wahrheit, Wohlwollen, witzeln, weinen
24. x-beliebige Freundschaften
25. Y
26. Zutrauen, Zweisamkeit, zuhören, Zuneigung, Zusammenhalt, Ziel, Zufriedenheit, Zugeständnis, Zurückhaltung, Zusammensein

Früchte (Obst/Gemüse)

1. Ananas, Apfel, Avocado, Aubergine
2. Birne, Banane, Bohne
3. Chirimoya, Chicorée
4. Dattel
5. Erdbeere, Endivie, Erbse
6. Feigen, Fenchel
7. Granatapfel, Guave, Gurke
8. Heidelbeere, Honigmelone
9. Iostahbeere
10. Johannisbeere
11. Kaki, Kiwi, Kürbis
12. Limone, Limette
13. Mango, Mais, Mandarine, Möhre
14. Nispel, Nektarine, Nispero
15. Orange, Olive
16. Papaya, Pfirsich, Pflaume
17. Quitten
18. Rhabarber, Radieschen, Rettich
19. Stachelbeere, Salat, Sellerie, Spargel
20. Tomate
21. unreife Äpfel
22. verschiedene Trauben
23. Wassermelone, Weintraube
24. X
25. Y
26. Zitrone, Zucchini, Zuckerschote

Gefühle, allgemein

1. Angst, aggressiv
2. berauschend
3. chaotisch
4. dankbar
5. eifersüchtig
6. freudig, frustriert
7. geborgen
8. hilflos, Haß
9. innig
10. jauchzend
11. kalt
12. Liebe
13. Müdigkeit, Mißtrauen
14. Neid
15. ohnmächtig
16. prächtig
17. quälend
18. rosig
19. super
20. traurig, Trost
21. Unlust
22. verliebt, vertrauensvoll
23. wütend
24. X
25. Yoga
26. zweifelnd, zuversichtlich

Erinnerung:

Jede ABC-Liste ist

→ **eine Inventur,**

→ **eine Aktivierung Ihres passiven Wissens,**

→ **eine Hilfestellung, um Ihr Unterbewußtsein „anzuzapfen".**

Geschichte, römische

1. Augustus, Aufstände, Alemannen, Armee, Amphitheater, Adrianopel, Ausweitung (des Reiches), Adoptivkaisertum
2. Bibracte (Schlachtort gegen Helvetier), Barbaren, Byzanz, Besteuerung, Bevölkerungszuwachs
3. Christenverfolgung, Chaos, Christentum, Colloseum, Carthago, Cäsar
4. Diokletian, Dekadenz, Dekurionen, Decius, Denare, dekadente Gesellschaft
5. Elend, Edelmetallmünzen, Eroberungen, Export, Erbzwang
6. Flucht der Reichen, Freiheit, Frondienst, Franken (Volksgruppe)
7. Goten, Germanen, Goldmünzen, Großgrundbesitzer, Götter, Gladiatoren, Galeeren, Großräume
8. Hunneneinfall, Handel, Heer, Hannibal
9. Inflation, Import, Imperium, Italien
10. Julianische Verfassung, Jammer, Julius Cäsar, Jupiter, Julianischer Kalender, Judentum, Justinian
11. Kolonen, Krise des 3. Jhr., Kleinpächter, Kriege, Konstantin, Kaiserwechsel
12. Limes. Liturgien, Langobarden, Latein, Landnot
13. Manufakturen, Macht, Mehrkaisertum, Manufakturen, Münzen, Mittelmeerraum, Militär, Mitkaiser, Monotheismus
14. Neuplatonismus, Nivellierungsmaßnahmen, Naturaltausch
15. Odoaker-Reich, Opferbefehl, Oktavian, Opfer (für Götter), Ökumene
16. Provinzen, Platonismus, Palmyra, Plünderungen, Plotin, Prätorianer, Platon, Polytheismus
17. Qualen der armen Schichten, Quereinsteiger
18. Rom, Reichsteilung, Römisches Reich, Rituale, Reformen
19. Schlacht/en, Steuerreform, Soldatenkaiser, Sklaven, Senat, Statthalter, Stoiker
20. Trier (Wirtschaftszentrum), Tetrachie, Tugenden
21. Untergang des Römischen Reiches, Usurpation
22. Völkerwanderung, Verarmung, Vandalen, Vikar, Volksaufstände
23. Wirtschaftskrise, Währungsreform, Westgoten
24. Xenophobie
25. Yulataen
26. Zensoren, Zerstörung, Zentralisierung, Zahlungsunfähigkeit, Zwangsstaat

Gesundheit

1. Aufladung, Ausdauer, Anwendungen
2. Beten, Bäder, Bierhefe, Body
3. Check, Cholesterin, Calcium
4. Darm, Durchhaltevermögen, Dankbarkeit, Demut
5. Ehrlichkeit, Energie, Entgiftung, Ernährung, Enzym, Entspannung
6. Freude, Fitness, Fragen, Flaomoide
7. Geduld, gehen, Gehirn, Gymnastik, Grüngetränke
8. Herz, Humor, Hilfe, Heilstätten, Haut
9. Intuition, Intelligenz, Immunsystem
10. Joghurt
11. Körper, Konzentration, Kräuter(bäder)
12. Liebe, Leber, Leben, Loslassen, Luft
13. Mut, Magen, Massagen, Masken, Mineralien, Moorbad
14. Nachsicht, Nahrung, Neutralität, Nerven, nährstoffe
15. Ordnung, Objektivität, Osteoporose, Obst
16. Packungen, positive Sicht, positives Denken
17. Qualität
18. Rad fahren, Reinigung, Ruhe
19. Schlaf, Sport, Selbstdisziplin, Selbstlosigkeit
20. topfit, Tiefenentspannung, tun
21. Unterleib, umsetzen, Ursache
22. vergeben, Vitamine, Vitalität, Vollwert
23. Wissen, Weiterentwicklung, Wirkung, Wasser
24. X
25. Yoga, Yoghurt
26. Ziele, Zahnpflege, Zeit (nutzen)

Gewürze

1. Anis
2. Betram, Bärlauch, Basilikum, Bohnenkraut, Beinwell, Borretsch
3. Curry, Chili, Cayenne
4. Dill
5. Etagenzwiebel, Estragon
6. Fenchel
7. Galant, Gewürznelke
8. H
9. Ingwer
10. J
11. Kardamon, Kümmel, Kerbel, Knoblauch, Kapuzinerkresse
12. Lorbeer, Liebstöckel
13. Muskat, Mohnsamen, Majoran, Meerrettich
14. N
15. Oregano, Olive
16. Paprika, Peperoni, Petersilie
17. Q
18. Ruccola, Rosmarin
19. Safran, Senf, Sesam, Salbei, Sellerie, Schnittlauch
20. Thymian
21. U
22. Vanille
23. Wacholder, Wermut
24. X
25. Ysop
26. Zwiebel, Zimt

Hauptstädte, International

1. Athen, Ankara, Amsterdam
2. Bern, Berlin, Brüssel, Bukarest
3. Cayenne, Canberra
4. Dublin
5. El Rabat
6. Freetown
7. Guatemala
8. Helsinki
9. Istanbul
10. Jerusalem
11. Kiew, Kapstadt, Kopenhagen
12. London, Lissabon, Luxemburg
13. Madrid
14. Nikosia
15. Oslo
16. Paris
17. Quito
18. Rom, Reykjavik, Riga
19. Stockholm, Sydney
20. Tokyo, Tallin, Tirana
21. U
22. Valletta
23. Wien, Warschau
24. X
25. Yango
26. Zagreb

Heavy Metal Musik

1. ausflippen, Amen
2. Bands
3. C
4. Deftones, derb, dunkel
5. entsetzte Eltern
6. Frauen?
7. Gitarre, geile Typen
8. hart, Hard-Rock
9. inspiriert
10. Jupies
11. krass, Krach, Konzert
12. Linkin Park
13. Musik
14. nachdenklich
15. Open Airs
16. Prominenz
17. Qualm
18. raff
19. Songs, Schlagzeug
20. Tours
21. uh-geil
22. Verriß
23. wild, wütend
24. xenophil
25. yeah
26. Zorn

Herz

1. aussetzen
2. Bedürfnis
3. cool
4. Dankbarkeit
5. Emotion
6. flimmern
7. Größe
8. Himmel
9. Infarkt
10. (Herz)jagen
11. Krise
12. Liebe
13. Muskel
14. Not
15. Organ
16. Pein
17. Q-Tip
18. (Herz)rasen
19. (Herz)schlag
20. tot
21. Übel
22. (Herz)versagen
23. weinen
24. (x)sund
25. young
26. Zeit

Hobbies, Lieblings- u. Freizeitbeschäftigungen

1. ausruhen, austauschen, Angeln, analysieren, aufräumen
2. Bücher lesen, baden, basteln, beraten, Bergwandern, bügeln, beraten, Bewegung, Briefe schreiben, Beziehungen aufbauen
3. chatten, Computer schreiben, CD hören
4. diskutieren
5. essen, erzählen, einkaufen
6. Filme anschauen, Freunde treffen, Freundschaften (pflegen), Fernseher, Fitness
7. Gesundheit, Geschichte, gestalten, Gespräche, Gymnastik, grübeln, Gemütlichkeit
8. Häkeln, herumhängen, helfen, Haushalt, Handarbeiten,
9. Internet surfen, Informationen suchen, informieren, Inline-Skating
10. JoJo spielen, jonglieren, Jogging
11. Kino, Kultur, Körperpflege, kochen, Konzertbesuch, Körpertraining, Kontakte knüpfen
12. lesen, lernen, laufen. Langlauf, lehren
13. Musik hören, Museum besuchen, malen, Motorrad fahren, Mittagsschlaf
14. Natur erleben, nähen, Neues lernen, Naturgesetze „studieren"
15. organisieren, Oper, ordnen, Offenheit
16. Persönlichkeitsbildung, planen, putzen, Pflanzen
17. Querverbindungen suchen, quasseln
18. Rad fahren, reisen, reden, reiten, recherchieren, Ratschläge geben, relaxen, Rezepte finden
19. Schwimmen, Ski laufen, Sonnenbad genießen, schreiben, spazieren gehen, schwimmen, Sport, schmusen
20. telefonieren, träumen, tanzen, Theaterbesuch, Tagebuch schreiben
21. überlegen, unterrichten, umdekorieren/umgestalten der Wohnung
22. Velo fahren, Visionen, Vorträge hören, Veranstaltungen, Vhs-Kurs, vortragen
23. Wandern
24. x-beliebige Wege gehen
25. Yoga
26. zaudern, zögern, Zukunft planen, Zärtlichkeit, Zeitung lesen, Ziele suchen

Horror	Humor
1. Angst	1. Anmache
2. Blut	2. Begeisterung
3. Cut	3. Clown
4. Dämon	4. Dauerlacher
5. Eagle	5. Erwartung
6. Feuer	6. flippig
7. Gift, Galle	7. Gelächter, Gefühl
8. Hölle, Hexen	8. Hochstimmung
9. Imationalität	9. Idee, Intuition
10. junge Leute	10. Joke, Jugend
11. Kreuze	11. Kunst
12. Leichen	12. Liebe zum
13. Mystik	13. Maske
14. Nightmare	14. Nummer
15. Ornament	15. obligatorisch
16. Pulsrasen	16. pudelwohl
17. Quasimodo	17. quirlig
18. Rauchschwaden	18. Realität vergessen
19. Schweiß	19. Spaß
20. Teufel, Trauma	20. Team
21. Unheil	21. Unfug
22. Verdammnis	22. Virus
23. Wut, Waffen	23. Witz
24. x-Faktor	24. X
25. Yale	25. Yeah
26. Zerstörung	26. Zirkus

Achtung:

Falls Sie Interesse an speziellen ABC-Blocks (lang, für eine Liste) haben:

www.birkenbihl.de unter der Schublade EMPFEHLUNGEN können Sie diese bestellen.

Hund

1. ausgesetzt, aufmerksam, anhänglich, angriffslustig

2. Bauernhof, bellen, Blindenhund, beißen, Begleiter, Band, bissig

3. Coiffeur

4. Dressur, Dreck

5. eifersüchtig

6. Freßnapf, Fährten suchen, Filme, Friedhof, Futter, Freund, fressen, Floh

7. Gebell, Geschichten, Gebühren, Gefahr

8. Husky, Hussal, Haustier, hecheln, hundemüde, hundekalt, Hundekuchen, Hundeleben, Hundemarke, Haus, Hundeläden, Hundespuren, Hofhund, Hundewurf, Hundebeziehungen, Hundejahre, Hundeverstümmelung, Hundewerbung, hellhörig, Haltung, Hundewetter, Hundsfott, Hundesteuer, Hütte, Halter, hundsmiserabel, hündisch, hundsgemein, heulen, hundeelend, Hundearbeit

9. I

10. jaulen

11. Kette, klein, Kampfhunde, Kot, Korb, kneifen, kämpferisch, Kläffer, Köter, Kettenhund, Käfig, Knochen

12. Leine, Lassie, liebkosen, liegen, liebenswert, Lawinenhund

13. Mischling

14. niedlich, Namen, Nahrung

15. O

16. Polizeihunde, parieren, Pudel, pudelweich, pudelnaß, pudelnackt, Pfoten, Postermodell

17. Q

18. Rassen, Regel, Robi Dog, Raubtier

19. Sauhund, spielen, Schoßhund, Schutzhunde, Schäferhund, Schlittenhund, Suchhund, schwänzeln, Stammbaum, Schule, schnappen, schützen, schmeicheln, spähen, schubsen, springen, Schnauzer, Schwanz, scharf

20. treu

21. unmeßbar

22. Vermehrung

23. Welpen, Wachhund, wachsam, wedeln, Wegbegleiter

24. X

25. Y

26. Zucht, Züchtigung, Zwinger

Ideen für einen kranken Freund auf dem Weg der Gesundung

1. aufmerksam auf Lernzeichen werden

2. Beginne bei Dir! Biografien lesen, Vorbilder suchen; für andere beten, für sich beten „Gottes Licht und Liebe erfüllt jede Zelle meines Körpers. Gottes Friede erfüllt meine Seele. Ich danke für die wunderbare Heilung, die jetzt sich vollzieht!"

3. Charme ausstrahlen

4. Danke, für alles was ich habe!

5. Erwartungen an andere abbauen

6. Freude bei allem, was ich tue

7. Gesundheit durch lebendige Ernährung und Bewegung unterstützen

8. Hin-hören: Intuition zulassen

9. Information über Gesundheit und seelische Heilung sammeln

10. jemanden um Tips fragen

11. Kreativitätstechniken von V. F. Birkenbihl jeden Tag anwenden

12. Lebensauftrag in den momentanen Lebenslauf schicken; Lebensphasen erkennen

13. Mut, etwas zu ändern, aufbringen!

14. neu anfangen … immer wieder neu anfangen

15. optimistisch sein

16. Prioritäten setzen

17. Quelle des Friedens finden

18. Ressourcen entdecken

19. Störungen sofort beseitigen; selbstverantwortlich entscheiden; sprechen mit der eigenen Seele

20. Träume und Visionen mit Bildern entwickeln, aufschreiben und verwirklichen

21. Ursachen erkennen

22. viele neue Schritte tun

23. Wünsche jeden Tag aufschreiben

24. X

25. Y

26. Zeitgefühl entwickeln: Was ist heute wichtig?

Intuition

1. annehmen, Auswahl, anzapfen
2. bearbeiten, Bildung
3. Charakter, Charme
4. danken, dienen, Demut, deuten
5. einmalig, Ehrlichkeit, eigen
6. Freude, führen, fühlen, festhalten
7. Gefühle, Gott, groß, Güte, Gabe, Geld
8. Haus, hören, helfen/Hilfe, halten
9. Idee, Ideal, Irrgarten
10. Ja, aber …
11. Kunst, Kreativität
12. Loslassen, Liebe, Leichtigkeit, Last, Lust
13. Maßnahme, Mut, Meinung, Meister/in, Maß
14. Nein (sagen), normal, neutral, Neid, Nachsicht, Navigation
15. Objektivität, Obhut
16. prüfen, pflegen, Polarität, pragmatisch
17. Quelle, Qualität, quirlig
18. Reinheit, rege, retten
19. sprudeln, Spitze, Sendung, Sicht, sehen
20. tun, Treue, Team, treten, Teil, Tiefe, Türe
21. un(ter)bewußt, Umgang, unwohl
22. Vielfalt, vergeben, Versuchung, Vision, Verführung
23. Wille, Wunsch, Weisheit, Weg, Weite
24. X
25. Y
26. Ziel, zeigen, Zettel, zerteilen

Katze

1. anschmiegsam
2. beleidigt
3. Charakter, eigener
4. dominant
5. exaltiert
6. fauchen, frißt Ungeziefer
7. gähnen, genüßlich
8. herzig, herrisch
9. Individuum
10. Juckreiz
11. Krallen, knurren
12. liebesbedürftig
13. maunzen
14. nächtliche Pirsch
15. Ohren spitzen
16. Pfoten
17. Querulant
18. Rasse, Raubtier
19. schnurren, Samtpfoten
20. triebhaft (Jagd)
21. uninteressiert
22. verfressen
23. weich, wild
24. (x)sund
25. Yogastellung z. Schlaf
26. zutraulich, Zecke

Körperteil	Könige, Staatspräsidenten, Politiker, Generäle	Komplexität (Start)
1. Arm	1. Adenauer, Alarich, Albert, Alexander der Große, Augustus	1. Attraktor
2. Bein	2. Bernadotte (Schweden), Bismarck, Brüning, Bush	2. Bedeutung der log. Tiefe
3. C	3. Chruschtschow, Cäsar, Chirac, Carter, Churchill	3. Chaos
4. Daumen	4. de Gaulle, Demetrios, Desmoulins, Diokletian	4. Denken im Schwarm
5. Ellbogen	5. Eisenhower, Elisabeth II, Erhard (Ludwig)	5. Emergenz
6. Finger	6. Ferdinand von Aragon, Ford, Franco	6. Fraktale Mathematik
7. Gaumen	7. Gandhi, Garibaldi, Giolitti, Goebbels, Gonzalez	7. Gleichgewicht (fern von)
8. Hand	8. Haile Selassie, Haider, Hannibal, Heinemann	8. Huberman/Hogg. 85: O.K.C
9. Iris	9. Iwanowitsch, Isabella	9. Intelligenz
10. Jochbein	10. Juan Carlos, Johnson	10. J
11. Kopf	11. Kennedy, Karl der Große, Khomeini	11. Kreativität
12. Lunge	12. Lenin, Ludwig XIV.	12. Leben/Lernen
13. Mund	13. Mao Ze Dong, Montgomery, Mussolini	13. Menschen = komplex
14. Niere	14. Nofretete, Napoleon, Nero, Nehru	14. Nachr.Wert: Arb/Senders (Bennet)
15. Ohr	15. Otto der Große, Odoaker	15. Ordnung vs. Zufall/Chaos
16. P	16. Pappen, Putin, Park Chung Hee, Paulus, Peter der Große	16. Probleme vs. Prädikamente
17. Q	17. Quisling	17. Q
18. Rachen	18. Rommel, Reagan, Ribbentrop	18. Rand/Ordnung vs. R./Chaos
19. Stirn	19. Stuart (Mary), Schröder, Sun yat-sen, Stalin	19. Schmetterlings-Effekt
20. Thymusdrüsen	20. Thutmosis, Tiberius, Tito, Truman, Tschiang Kai-shek	20. Tiefe (via Exformation)
21. Unterarm	21. U Thant, Ustinow	21. Unordnung?
22. Vene	22. Valerian, Vance, Viktoria	22. VANTS
23. Wade	23. Washington, Wehner (Herbert), Weizsäcker, Wellington, Wenzel	23. Wellen & Wolken
24. X	24. Xerxes	24. x (Bild: Ver-NETZ-ung)
25. Y	25. York, Yüan Shik-Kai	25. Y
26. Zeh, Zunge	26. Zita (Kaiserin), Zimmermann (dt. General od. Admiral), Zahir (afghan. König)	26. Zufall (i. Sinne v. „random")

kreativ – innovative Themenfindung

1. ABC-Liste zu möglichen Themen erstellen (Birkenbihl), ABC-Kreativ (Birkenbihl); alle Assoziationen untereinander (linear) aufschreiben; ein Notizbüchlein bei sich tragen; automatisches Schreiben/ Sprechen; zu einer Idee 1 Minute Schreiben oder Sprechen

2. Brainstorming: erste Assoziationen zusammentragen; laufend ergänzen; Berufs-Ausbildung und Studienwünsche aufschreiben und bei der Themenwahl beachten

3. Checkliste mit Coach erstellen: Themenbeispiele vortragen

4. Diskutieren der Themenideen mit Kollegen/innen; Druck wahrnehmen; im Journal oder im Gespräch abbauen; Coach um Unterstützung bitten

5. Effizienz 207; eine oder zwei Kompetenzen herauspicken und üben; Eltern fragen, welche Knacknüsse es im Umfeld gibt

6. Freizeitbeschäftigungen analysieren und mögliche Ideen prüfen; Fernsehen – sich inspirieren lassen; Freunde fragen

7. Gedankensammlung schriftlich erstellen

8. Hobbies als Themenmöglichkeit berücksichtigen; Haltungen überprüfen; CK-Haltungshäuser 139; Konsequenzen ziehen

9. intuitives Aufschlagen in Büchern und Lexikas

10. jede Möglichkeit offen lassen

11. KaWa-Couvert-Technik zum gewählten Thema (nach Birkenbihl), mindestens 20, machen

12. (CK-)Leitfragespur 53; Leitplanken aufstellen: Was ist machbar? Leitfrage formulieren

13. Musik hören – Ideen, die kommen, laufend aufschreiben; viele Menschen im persönlichen Umkreis fragen; Mikro-Handlungen (zitiert nach Birkenbihl): z.B. KaWa in Mini-Schritten TUN; Motiv-Visionsbaum erstellen; Mut zum Neuanfang, wenn eine Themenwahl in eine Sackgasse führte

14. Niveau 29 bestimmen und entsprechende Ziele setzen und TUN

15. objektiv sich erkennen: CK-Projektsteine 123 aus dem Weg räumen, Journal schreiben

16. Projektrosinen oder Projektperlen suchen und finden; CK-Projektbrücke 25 zum gewählten Thema erstellen und Machbarkeit abschützen

17. Querverbindungen zu Assoziationen schaffen

18. richtiges Timing – Fragen beantworten und etwas ändern

19. Seele befragen: Was beschäftigt mich den ganzen Tag?

20. Tagträume anschauen; Visionen in einem Projekt umsetzen; „Tiefseetauchen" mit der KaWa-Technik (Birkenbihl); Thementiefe erarbeiten; Tatendrang nutzen: aufschreiben und skizzieren nicht vergessen

21. Unterbewußtsein aktivieren

22. (CK-)Vorentscheidungsniveau 121: Seite kopieren und Säulen ausfüllen; vernetzt Daten: Visionen entwerfen und mögliche Schritte planen; Verführung sein lassen und sich konzentrieren

23. Widerstände abbauen: Ziel in die Mitte schreiben, darum herum alle Widerstände. In einem weiteren Gedankengang zu jedem Widerstand persönliche Lösungsschritte formulieren (Julia, Cameron, 2000)

24. X

25. Y

26. Z

Länder, international

1. Algerien, Australien, Andorra
2. Belgien
3. China, Chile
4. Dänemark, Deutschland
5. England
6. Frankreich, Finnland
7. Griechenland
8. Holland
9. Island, Italien
10. Japan, Jugoslawien
11. Korea, Kanada
12. Lettland, Luxemburg
13. Malta, Mexiko, Monaco
14. Norwegen
15. Österreich
16. Polen, Portugal
17. Q
18. Rußland, Rumänien
19. Spanien, Schweden, Schweiz
20. Thailand, Taiwan
21. Ungarn, USA
22. Venezuela
23. Weißrußland
24. X
25. Y
26. Zaire, Zypern

Latein

1. Adverb: Grund (warum), Zeit (wann), Art und Weise (auf welche Weise), Ort (wo); Adjektive: a-Dekl., o-Dekl., i-Dekl., Misch-Dekl.; Ablativ: Mittel (womit, wo), wodurch, Trennung (wovon), Beschaffenheit; Apposition
2. Begehrsätze, Bindewörter
3. C
4. Deklinationen: a-Dekl., o-Dekl., e-Dekl., u-Dekl.
5. Endungen
6. Fälle: Nominativ, Genitiv, Dativ, Akkusativ, Ablativ; Fragewörter
7. Grammatik
8. H
9. irreale Sätze mit si und Konjunktiv Imperfekt
10. J
11. Konjugation: a-Konj.-, e-Konj., i-Konj., konsonantische Konj., esse, ire
12. lernen
13. M
14. N
15. O
16. Präpositionen; Akkusativ, Ablativ; Pronomen: Personal, Reflexiv, Possessiv, Demonstrativ
17. Q
18. reale Sätze
19. Substantivierte Adjektive
20. T
21. Umlaut
22. Verben
23. Wörter
24. X
25. Y
26. Zeiten: Vokativ, Partizip, Imperativ; Indikativ/Konjunktiv: aktiv/passiv, Präsens, Imperfekt, Futur I, Futur II, Perfekt, Plusquamperfekt

Lernmethoden

1. Auswertung, aktiv lernen, arbeiten, Anfang, aktiv hören, ABC-Listen machen, Aufzeichnungen
2. Bücher, beobachten, Brainstorming, bereit für Neues
3. Coach
4. Deutsch, denken
5. entdecken, entspannen
6. Französisch, Fremdsprachen, forschen, Farben benutzen, Fragen stellen, freiwillig
7. Geografie, Geschichte
8. Hilfe, Hilfsmittel
9. Ideen sammeln
10. J
11. KaWa, KaGa, Konzentration, Kreativität
12. Lernmethode, Lernstrategie, Lernort einrichten
13. Mathematik, motivieren, mitdenken
14. Notizen, Noten, Nutzung
15. Optimismus
16. passiv hören, positive Einstellung, Pausen
17. Q
18. Rechnen, recherchieren
19. schreiben, selbstständig arbeiten
20. Themen suchen, Texte
21. Unterhaltung, Übersetzungen, Übungen lösen
22. V
23. Wissen, wissensdurstig, wörtliche Übersetzungen
24. X
25. Y
26. Zimmerpunkte, Zeit einteilen, zuhören, Zusammenfassungen

Liebe

1. Amor, abheben, Aufopferung, Anerkennung
2. blind, Bewunderung
3. creativ, Charme, Clan
4. dumm?, Dauer
5. euphorisch, Emotion, Eifersucht
6. flirten, Freude, Flow
7. gemeinsam, gegenseitig
8. Herz, Hochzeit
9. inspiriert, Intuition
10. jung bleiben, Jagd
11. küssen, Kampf
12. Lust, Leid
13. Moral, Meinung
14. nur rosarot sehend, Neugier, Neid
15. Offenbarung, Orgasmus
16. Paar, Partner
17. Quantensprünge, Querulant
18. romantisch, Rausch
19. schmusen, sexsüchtig
20. total happy, Treue, Tatendrang
21. unfähig zu denken, unvoreingenommen
22. verliebt, Vertrauen
23. Wohlgefühl, Willenskraft
24. (x)sund
25. young
26. Zweisamkeit, Zusammenhalt

Literatur

1. Anna Karenina
2. Bibel
3. Caesar
4. Die Medici
5. Entscheidung liegt bei dir
6. Faust, Der Fünfte Berg
7. Gespräche mit Gott
8. Heute ist mein bester Tag
9. Im Namen Gottes
10. Jenseits von Afrika
11. Kameliendame
12. Lieben heißt die Angst verlieren
13. Miriam, Muscheln in meiner Hand
14. Nofretetes Tochter
15. Odysee
16. Parfüm, Der kleine Prinz
17. Quo vadis
18. Rainman
19. Sofies Welt
20. T
21. U
22. V
23. Weg zur finanziellen Freiheit
24. X
25. Y
26. Zeitmanagement

Marketing

1. Absatzpotenzial
2. Börsen
3. Corporate Identity
4. Distributionspolitik
5. Erhebungsmethoden
6. funktionsorientiertes Marketing
7. gebietsorientiertes Marketing
8. Handelsfunktionen
9. Ideen
10. Jahresplanung
11. Kontrahierungspolitik
12. Lebenszyklus
13. Marktprognosen
14. Netzplantechnik
15. Öffentlichkeitsarbeit
16. Produktpolitik
17. Qualität
18. Rabattpolitik
19. Strategien
20. Tendenzen
21. Umsatzziele
22. Verkaufsförderung
23. Werbung
24. X
25. Y
26. Zielgruppe

Mathematik, allgemein

1. Algebra, ausklammern, Additionsterme, Analysis, Analogie
2. Bruchrechnen, Beta, Berechnung, Binomische Formeln
3. Chemie
4. Dezimalzahlen, Dreieck, Division
5. Einheit, Euler'sche Zahl
6. Faktorisieren, Funktionen, Formeln, Flächenberechnungen, Fasskreis
7. Geometrie, gradlinig, Gleichung, Graphiken
8. Halbierende, Hohlmasse
9. irrationale Zahl, Integralrechnung, Innkreis
10. J
11. Kosinus, kombinieren, Kreis, Körper, konstruieren, Klammern
12. logische Blöcke, Lineal
13. Mengenlehre, Multiplikatoren, Multiplikation, Mittelsenkrechte
14. natürliche Zahl, Null, nachrechnen
15. Ordnungszahl, Oberflächenberechnung
16. Pi, Plus, Primzahl, Parallelogramm, Potenzen, Rythagoras
17. Quadrat
18. rationale Zahl, Relativität, Rechnung, Rechner, Rechteck, Relation, Resultate, Raute/Rhombus
19. Symmetrien, Statistik, System, Sinus, Stahlensätze, Satzaufgaben, Subtraktion, Skizze, Seitenhalbierende
20. Trigonometrie, Trapez, Tangente, Thaleskreis, Term, Taschenrechner, Trapez
21. Umkehrfunktion, Ungleichungen, Umkreis
22. Variable, Vorgehen, Viereck
23. Wahrscheinlichkeitsrechnung, Wurzelziehen, Winkel
24. x-beliebige Möglichkeiten
25. Y-Achse
26. Zinsrechnung, Zahlen, Zeichen, zeichnen

Musik

1. adagio
2. bewegt, bewußt
3. crescendo
4. diminuendo
5. espressivo
6. fortissimo
7. genießen
8. Hymne
9. inspiriert
10. Jubelklang
11. Kanon
12. Lied
13. moderato
14. Nachspiel
15. Opera, oh wie schön!
16. pianissimo, phantastisch
17. Quartett
18. rasant
19. Solfège
20. Takt, Tenor
21. unheimlich
22. Viertelnote
23. wohlig, Walküre
24. x-te Wiederholung
25. yogistisch
26. Zusammenspiel

Musik – Komponisten

1. Andrew Lloyd Webber
2. Beethoven, Brahms, Bernstein, Britten
3. Chris de Burgh
4. Dvorak, Donizetti
5. Eduard Grieg
6. Frederic Chopin, Franz Liszt
7. Grieg
8. Händel
9. Igo Strawinsky
10. Jacques Offenbach
11. Karajan
12. Liszt
13. Mozart, Mutter (Anne-Sophie), Mani Matter
14. Nigel Kennedy
15. Offenbach
16. Previn Andre
17. Q
18. Richard Strauss, Rossini
19. Schubert, Schumann, Strauss, Smetana
20. Tschaikowsky
21. Umberto Tozzi
22. Verdi, Vivaldi
23. Wagner
24. X
25. Y
26. Zacharias (Helmuth)

Nahrungsmittel

1. Ananas, Artischocke, Apfel, Amaranth, Aprikose, Avocado
2. Brot, Butter, Buchweizen, Birne, Blaukraut, Bananen, Bohnen
3. Chicorée
4. Datteln, Dickmilch
5. Erdbeere, Erdäpfel, Essig
6. Früchte, Fisch, Fett, Feigen, Fenchel
7. Gemüse, Getreide, Gurke, Gorgonzola, Gewürze
8. Hafer, Hirse, Holunder, Hefe, Himbeeren, Heidelbeeren, Honig, Hülsenfrüchte
9. Ingwer
10. Joghurt, Johannisbeere, Jostabeeren
11. Käse, Kraut, Kohl, Kohlrabi, Kartoffeln, Kiwi, Karotten, Kapern, Knoblauch, Kürbis
12. Linsen, Leinsamen, Lauch
13. Milchprodukt, Mango, Mandeln, Macadamia, Milch, mehl, Mais, Mangold, Melone
14. Nüsse, Nudeln, Nektarinen
15. Olivenöl, Orange, Okra
16. Paprika, Papaya, Parmesan, Polenta, Pfirsiche, Pastinake, Petersilie
17. Quark, Quinoa
18. Reis, Ruccola, Rotkohl, Rüben, Rahm, Rosinen, Rote Beete, Rettich, Roggen
19. Spargel, Salat, Sahne, Sesam, Sellerie, Spaghetti, Spinat, Schlagsahne, Schafskäse, Stangensellerie, Stechrübe
20. Tomate, Teigwaren, Topfen, Tompinapur, Tamari
21. U
22. Vollkornbrot, Vollmich
23. Weintrauben, Weinbeeren, Wirsing, Weizen
24. X
25. Yoghurt
26. Zwetschgen, Zitrone, Ziegenkäse, Zucchini, Zwiebel

Note/n

1. Auszeichnungsnote, Abstufung, Achtelnote, Agenda
2. Bedienungsnote, Ballettnote, Berufsnote, Begleitnoten, Banknote, Beurteilung
3. Chaos
4. Durchschnittsnote, dumm sein
5. Eiskunstlaufnoten, eigene Note, Ergebnis, Erfolg
6. festgesetzte Note, Freundschaftsnote, Fußnote, Frustration
7. gerechte Note, Gruppennote, genügende Note, Gleiches für alle
8. hervorragende Note, Himmel und Hölle
9. inhaltliche Note, Instrument, Irrwege
10. Jubel
11. Konzertnote, Kritik
12. Leistungsnote, Langeweile, Lehrpläne
13. Musiknote, mogeln, motiviert
14. Notengebung, Noteneinteilung, Notenbestimmung
15. optimale Note, Ohrfeige, Opfer
16. Prüfungsnote, persönliche Note, provisorische Note, Prüfung nicht bestanden
17. Querschnitt, Querellen
18. Rotstift, Rachegefühle
19. Selbsteinschätzung, spezielle Note, sinnvolle Note, strenge Note, Schule, Schlaflosigkeit
20. Textnote, Talente im Verborgenen lassen
21. ungerechte Note, ungenügende Note, Umsichtigkeit
22. Viertelnote, verzeihen
23. Wechselnote, Wut
24. X
25. Y
26. Zeugnisnote, Zensur, Ziel korrigieren

Oper

1. Akt, Arie, Applaus, Aida
2. Ballett, Beleuchter
3. Cellist, Coiffeur, Carmen
4. Dirigent, Don Giovanni
5. Empathie, Entführung aus dem Serail
6. Fan, Freude, Figaro
7. Genuß, Glanz, Götterdämmerung
8. Holzbläser
9. Inspizient, Iphigenie auf Tauris
10. Juhui!
11. Korrepetitor, Kostüme
12. Licht
13. Maskenbildner
14. Noten, Nabucco
15. Orchester
16. Partitur, Probe
17. Quälgeist
18. Regisseur, Rheingold
19. Sänger, Souffleuse
20. Tänzer, Tenor, Turandot
21. Unterboden
22. Vorhang
23. Wiederholung
24. X
25. Y
26. Zuhörer

Ortschaften, Schweiz

1. Arosa
2. Biel
3. Colobier
4. Davos
5. Eglisau
6. Faido
7. Göschenen
8. Hospental
9. Immensee
10. Jingenbohl
11. Kloten
12. Luzern
13. Muri
14. Nunnigen
15. Olten
16. Pavevu
17. Quinto
18. Rorschach
19. Sarnen
20. Thun
21. Üezwil
22. Vevey
23. Winterthur
24. X
25. Yverdon
26. Zuchwil

Personalwesen

1. Austausch, Abwechslung, Arbeitsrecht
2. Berufung, Balance: Betrieb/Menschen, beraten, beobachten, begeistern
3. Coach
4. denken
5. Entwicklung, Erwerb, Ergebnis
6. fördern, Freude, Finanzen
7. Geschäftsführung, Gehalt
8. Hausordnung, handeln
9. Interesse wecken, Initiative
10. jemanden fördern
11. Kommunikation
12. Leistung
13. Mensch Mittelpunkt, mitdenken
14. Nettoeinkommen, nette Kollegen
15. Organisation
16. P
17. Q
18. Rechtswesen
19. Schulung, Sozialkompetenz
20. Talentförderung
21. Unterstützung, Unklarheiten beseitigen
22. V
23. Weiterentwicklung, Widerruf
24. X
25. Y
26. Zeugnis, Zielvorgaben, zukunftgerichtet, zuhören

Probleme

1. Ängste, ausgeschlossen fühlen, Alkohol, alles zu pessimistich sehen, anderen nicht vertrauen können, Anerkennungsprobleme
2. Beziehungsprobleme, Berufsprobleme, Beschwerden aller Art
3. Chaos in allen Dingen
4. Depression
5. Energiemangel, eifersüchtig
6. Freundschaftsprobleme, familiäre Probleme
7. Geiz, Gefühl zu kurz zu kommen
8. Humorlosigkeit
9. im Leben keine gerade Linie haben: von einem Extrem ins andre fallen
10. jalouse
11. Krankheiten, Kommunikationsproblem
12. Liebeskummer, Lebensprobleme
13. mangelnde Lebensfreude
14. nicht sich selber sein
15. Ordnungsprobleme, oft „eingeschnappt" zu sein, Oberflächlichkeit
16. Problem, den Problemen auszuweichen
17. (zuviel) Quatsch
18. Ruhelosigkeit
19. Schule, Sehnsüchte, Süchte, sich immer beweisen müssen, Streß, Sicherheitsprobleme
20. Temperament nicht unter Kontrolle haben
21. Ungerechtigkeitsgefühle, Überforderung, Überfluß
22. Völlegefühle
23. Wünsche, die überfordern
24. X
25. Y
26. Ziellosigkeit , zu viele Sorgen machen, Zeitprobleme

Projektarbeit

1. Arbeitsweise
2. Begeisterung
3. Coach
4. deligieren
5. Erfolg
6. Flow
7. Gewinn
8. Handlungen
9. Interesse
10. Jagd nach Information
11. Kreativität
12. Last
13. Meinungen
14. Nomination
15. Organisation
16. Plan
17. Quersumme
18. Resultate
19. Sichtweisen
20. Tätigkeiten
21. unbeschreiblich
22. Vergessen
23. Weisungen
24. x-ray
25. yes
26. zielstrebig

Projektdidaktik

1. Ausstrahlung, akzeptieren, Anregungen geben, Adlerperspektive, Absprache, Anfang, Analyse, allumfassend Fragen stellen, Ausdauer, achtungsvoll begegnen, Auszüge, auswerten

2. Begründung, beobachten, Brücken-Schema, Bewertung, bildlich darstellen, Barriere öffnen, Begriffe, Bewertung zur Arbeitsstrategie

3. Coach richtig einsetzen, Coach fragen, Coachstrategie: Coachingpunkte und Coachingkills

4. Dialog führen, Durchhaltevermögen, definieren, delegieren, denken, Disziplin, dran bleiben, distanziert beobachten, Durchblick, Dokumentation, Dialogschritte

5. Erfindergeist, Effizienz, erlauben, erfinden, entscheiden, einteilen, Elan, Exaktheit, Energien sinnvoll einsetzen, Ehrlichkeit

6. Feedback, Flexibilität, Fragen formulieren, Fehler entdecken & eingestehen, Feuer, Fleiß, Farben, fragend forschen, Forderung, Fragekugel

7. gestalterische Technologie, Glück, „gecoachted" werden, Grenzen erkennen, Gefahren erkennen, Gespräch leiten, grafisch notieren, gegeben, Gesamtschau, „geniale" Projekte" Schritt für Schritt entwickeln

8. Haltungstechnologie, Höhe des Niveaus festlegen, hinterfragen, Holzwege frühzeitig erkennen, Hilfe anfordern und annehmen, Hindernisse überwenden, Haltung

9. Informationstechnologie, Intuition, In-sich-gehen, Infos richtig gebrauchen, Ideen, individuelle Stärken erkennen, inhaltliche Prioritäten setzen, Interview

10. jemanden vertrauen, Ja sagen, Ja-Nein-Balance

11. Kommunikation, Kreativität, Können, Kontrast geben, Kritik aushalten, Kurs einhalten, kritisch sein, kooperativ zusammenarbeiten, Kraft, Konzept

12. Lernmethoden, lernen & lehren, lebhaft, lustig, Leitfaden, Lerntagebuch führen, Lust zum lebenslangen Lernen entwickeln, Linie, Leitfrage

13. Material suchen, mitmachen, Motivation erspüren, Mut zum Handeln, Mittel, Miteinander, mental-intuitiv bestimmen, Meinungen begründen, Motiv-Visionsbaum, Motivationskarten

14. Naturoffenheit, Niveau festlegen, Nein sagen, Neugierde, Nachdenken, nehmen & geben, Nebensächliches weglassen, neue Wege finden

15. Organisation, optimistisch sein, Orte bestimmen und gestalten, ohne Angst, Offenheit, objektiv sich selbst bewerten

16. Problemlösung, Projektrosinen finden, Partnerarbeit, Projektperlen, Pause, probleme, permanent lernen, Prozeß, Persönlichkeit, prägnant zusammenfassen, Punkte, Präsentation, Projektcoaching, Projektbarometer, Profektform, Projektschlußbilanz, Projektzwischenbilanz

17. Quellensuche, quer vernetzen, quer denken, Qualität, Quatsch

18. Reflexion, Rückschau, Rat annehmen, reden, Ressourcen nutzen, richtiges Timing, Richtlinien, recherchieren

19. Sachkompetenz, schwebend refektieren, Selbstvertrauen, Streß, Selbsteinschätzung, Selbstständigkeit, selbst-

disipliniert Zeit gewinnen, Strategieprotokoll, Studenten-strategie: Projektfixpunkte und Projekttalente

20. Toleranz, Tatkraft, Taten, Teamwork, Talente erkennen, thematisch eingrenzen, Theo-rievortrag, Themenfindung: kreativ, innovativ

21. Umfeld, Unterstützung des Partners, überblicken, überlegt handeln, Übersicht, umfassend fragen, unverkrampft, über-schauend beurteilen, überzeu-gend argumentieren

22. Verantwortung, Verbesserung, vorausschauen, Vogelperspek-tive, voll, Vorkonzept

23. Wissenschaft, Weiterbildung, Weitblick, Willen, Waage, wie-derholen (Ausdauer), Wichti-ges/Unwichtiges erkennen, Wissen

24. X-citing

25. Y

26. Zeitgestaltung, Zeiteinheiten, Zeitgefühl, Zeitplanung, Zeich-nungen machen, Zusammen-arbeit, zurückschauen, zielori-entiert aufbauen, Ziele setzen, zitieren, Zeitprotokoll

Quantenphysik (Start)

1. Atom
2. Bosonen
3. Caesium
4. D
5. Elementar-Partikel
6. Fermionen
7. G
8. Heisenberg
9. implizit/explizit (Bohm)
10. J
11. komplimentär (Bohm)
12. Laser
13. Molekül
14. Nano-Technologie
15. Ordnung vs. Unordnung
16. phasenverriegelt
17. Q-Sprung
18. Relativität (Einstein)
19. superfluids
20. Tunnel-Effekt
21. Unschärfe-Relation
22. V
23. Welle & Teilchen
24. X-rays
25. YOUNG (19. Jh.)
26. Zwillings-Effekt

Schildkröte

1. Augen, Atmung, Apfel
2. Beeren, Beine, Birnen, Bananen, Brombeere
3. Charakter
4. Dunst
5. Ernährung, Erdbeere, Eier
6. Fütterung
7. Gemüse
8. Himbeere, Heidelbeere
9. intelligent
10. jung
11. Krallen, Krankheit
12. Landschildkröte
13. Männchen
14. Nase
15. Ohren
16. Panzer, Pfirsiche, Panzerschild, Pupille
17. Q
18. Reptilien
19. Schuppen, Salat
20. Tarnung
21. Unterhaltung
22. Verhalten
23. Wasserschildkröten
24. X
25. Y
26. Zunge, Zucchetti

Schuhe

1. Absatz, Ausgang, Armani, Adidas, altmodisch

2. bequem, Buffalos, Ballerinas, Badeschuhe, BataCube, China-Schlärpli

3. C

4. drücken, DC, Dosenbach-elegant, Events, eng

5. E

6. Freude, flache Schuhe, Fila, Fahrrad, farbig, Frauenschuh, Fußkleidung

7. groß, geschlossene Schuhe, Gabor, Gummistiefel, gefütterter Schuh

8. hoch, Halbschuh, Hausschuh, Holzschuh

9. ideenreich

10. J

11. klein, Klettverschluß, Kinderschuh, Kultur, Kunstleder

12. leicht, Läden, Leder, Langlaufschuh

13. Markenschuh, modisch, modern, Mokassin-/Masaischuhe, Männerschuh

14. Nike

15. offene Schuhe, originelle Schuhe

16. pink, Pumps, Puma, Plastik

17. Q

18. relativ, Riemenschuh

19. schön, schmutzig, schwer, spitz, Stöckelschu, Stiefel, Sandalen, Schnurschuhe/-stiefel, schwarz, Strandschuhe, Schlüpfschuhe, Schnürsenkel, Schnalle, Sohle, Stoff, Schabelschuh, Sommerschu, Ski-/Snowboardschuh, Steppschuh

20. teuer, Tiefenbacher, Turnschuh, Tanzschuh

21. U

22. Vögele, verschiedene Größen

23. wacklig, Wanderschuh, weiß, Winterschuh

24. X

25. Y

26. zu eng/klein weit/groß

Schule

1. ABC-Aufgaben

2. Belehrung, Begabung

3. Context

4. Diplom

5. Einmaleins

6. Fokus, Fehler

7. Glück

8. Humanität

9. Intelligenz

10. Ja-Sager

11. Kommunikation

12. Lehrer, lustvoll lernen

13. Musik, Mathematik

14. Noten

15. Obligatorium

16. Promotion, Prüfungen

17. Quantum

18. Rausschmiß, Recht

19. Streß, Selektion

20. Thema, Teufelskreis

21. Urteil, Unheil

22. Verbote

23. Willkür

24. X

25. Ypsilon

26. Ziele, Zeit

Seen

1. Aralsee, Amersee
2. Bielersee, Bodensee
3. Comer See, Chiemsee
4. Doré Lake
5. Eriesee
6. Fälensee
7. Genfersee
8. Halwilersee
9. Ladogasee
10. Jalpugsee
11. Kielsee
12. Langensee
13. Mauensee
14. Neuenburgersee
15. Ontaiosee
16. Pfäffikersee
17. Queen Mary Reservoir
18. Ryari Lake
19. Sankt Moritzersee
20. Thunersee
21. Untersee
22. Vierwaldstättersee
23. Walensee
24. X
25. Yuyuan-See
26. Zuggersee

Selbstmanagement

1. Ärger Ade! (oder Brief schreiben und nicht abschicken); Angst: Paradoxe Intervention (sich die gefürchtete Situation vornehmen); Authentizität – sei ganz Du selbst
2. B
3. charmant begrüßen
4. Dankbarkeit zeigen
5. E
6. Freude steckt an! Freundschaftshand vorstellen (Birkenbihl)
7. G
8. Humorfähigkeit entwickeln
9. meine Insel = deine Insel; Was ist in seiner Insel los?
10. J
11. KaWa.s zu Arbeitsthemen machen
12. Lache jeden Tag fünf Minuten!
13. M
14. Nachrichten, TV weglassen, niemehr Opfer sein; Ich beginne bei mir!
15. O
16. Wenn man zum Problem steht, geht es weg!
17. Q
18. R
19. Spreche nicht über Ärger, sonst Verdoppelung der schlechten Gefühle
20. T
21. U
22. V
23. Wünsche morgens und abends aufschreiben
24. X
25. Y
26. Zeitverschwendung finden, Zeitchance erkennen; Zeitung morgens weglassen

Selbstwertgefühl

1. Achtung, Anerkennung, auftanken, autonom, autark
2. Beziehungen, Bodenständigkeit
3. Charakter, „Chemie" zu anderen stimmt
4. Dankbarkeit, denken, Dialogfähigkeit
5. Ehrlichkeit, Einsatz, Entwicklung
6. Freiheit, Festigkeit, Flexibilität
7. Größe, Glaube, geliebt werden, Glück, Gesundheit, Gespräch
8. Heimat, Hoffnung, Herzlichkeit
9. Identität, Ich-Stärke
10. Ja sagen
11. Kraft, Können, Konfliktfähigkeit
12. Leitung, Liebe, Lebendigkeit
13. Motivation, Menschenwürde, Mitleid vermeiden
14. Natürlichkeit, Neues probieren
15. Offenheit, Optimismus
16. Pferdestärke, (eigene) Prozesse zulassen, Probleme lösen, Partizipation, Partnerschaft
17. „Quentchen Glück"
18. Reinigung, Recht, Richtung, Reife
19. Stärke, Seele, Selbstvertrauen, Sexualität
20. Tatkraft, Treue zu sich selbst
21. Umsetzung, Überwindung von Angst
22. Verständnis, Vertrauen, Verstand, Vergebung
23. Widerstandskraft, weitergehen
24. Xylophon spielen
25. Ying-Yang beachten
26. Zeitzeichen, zutrauen, Ziele, zukunftsorientiert

Städte, deutsche

1. Augsburg, Ansbach
2. Berlin, Bamberg, Bremen
3. Coburg, Chemnitz
4. Dortmund, Düsseldorf, Dresden
5. Essen, Erding
6. Füssen, Freiburg, Furth, Freudenstadt
7. Gelsenkirchen, Giessen
8. Hamburg, Hannover, Heilbronn
9. Immenstadt, Ingolstadt
10. Jena
11. Karlsruhe, Kaiserslautern
12. Lindau, Ludwigsburg, Ludwigshafen
13. München, Memmingen, Mönchengladbach
14. Nürnberg
15. Offenburg, Oldenburg
16. Paderborn
17. Quikborn
18. Rosenheim, Regensburg, Reutlingen
19. Singen, Schwabach, Schwäbisch Hall, Stuttgart
20. Tübingen
21. Ulm
22. Villach
23. Wiesbaden
24. X
25. Y
26. Zwickau

Stärken

1. aufmerksam, authentisch, aufnahmefähig, ausdauernd, ausgleichend, Ausdauer, Auftreten, Allgemeinwissen
2. Bewußtsein, Begeisterung, Begeisterungsfähigkeit, belastbar, bildhaft denken/darstellen
3. charmant, charismatisch, Charme
4. demütig, dankbar, Durchhaltevermögen, diplomatisch, Durchsetzungsvermögen, Diplomatie
5. einfühlsam, einbringen, Entscheidungsfreudigkeit, Ehrlichkeit, emotional
6. friedliebend, freundlich, fleißig, Frohsinn, Flexibilität, Frührungseigenschaften, feinfühlig
7. genau, genügsam, Groß denken, Glaubhaftigkeit, Gutmütigkeit, Geduld
8. hilfsbereit, hinterfragend, humorvoll, Höflichkeit, Herzlichkeit
9. idealistisch, improvisierend, Intuition, Intelligenz, intuitiv
10. jugendlich
11. kommunikationsstark, kontaktfreudig, Kommunikation, kreativ, konsequent, Konzentration
12. lernfreudig, liebenswert, Lernbereitschaft, leistungsorientiert, Loyalität
13. mitdenkend, Menschenkenntnis, mutig, Motivationsstärke, maßvoll, mitfühlend, Menschenkenntnis
14. natürlich, Neutralität, Nachsichtigkeit
15. ordnungsliebend, originell, optimistisch, Offenheit, Organisationstalent
16. pflichtbewußt, positiv, Prioritäten erkennen, Planung, positive LS, Pünktlichkeit
17. querdenkend, quietschfidel
18. ruhig, redegewandt, resultatorientiert, Rücksicht, risikobereit, Rhetorik, Ruhe ausstrahlen
19. sprachbegabt, Selbstdisziplin, selbstsicher, Souveränität, sorgfältig, Selbstdisziplin, Sprache, schreiben
20. tapfer, treu, Toleranz, teamfähig
21. überlegt, Unternehmungsgeist, ursprünglich, unkompliziert,
22. verantwortungsbewußt, Verantwortung, vertrauenswürdig, vergeben, vielseitig
23. wißbegierig, Willensstärke
24. X
25. Y
26. zielorientiert, zuhören können, Zeit haben, zuverlässig, zielstrebig, Zeiteinteilung, zuvorkommend, zärtlich

Talente	Tätigkeiten am Arbeitsplatz	UNO (Vereinte Nationen)
1. Atmosphäre schaffen	1. Ablage, Artikelaufnahme, Auftragsannahme, Angebote	1. Atlantik-Charta, Annan (Kofi), Abrüstung
2. Blumen arrangieren	2. Büromaterial bestellen, Briefe schreiben, Buchhaltung	2. Boutros-Chali (Boutros), Blauhelme
3. Coachen	3. Computerarbeit	3. Charta
4. dienen	4. DHL-Sendung vorbereiten	4. Demokratie, Demokratisierung
5. erfinden, erziehen	5. Eingabe von Daten, Einkauf, Euro-Umstellung	5. ECOSOC, Entkolonisation, Embargo, Entwicklungshilfe
6. Farben erkennen	6. formulieren, Fax bedienen	6. Friedensoperation, FAO, Frauenkonferenzen
7. Glück wünschen	7. Gehaltsabrechnung	7. Gend (UN-Filiale), Generalversammlung, GATT, Gewaltprävention
8. herrschen	8. H	8. Hammarskjöld (Dag)
9. intuitiv wahrnehmen	9. Ideen umsetzen	9. Internationaler Gerichtshof, ILO, IMF
10. J	10. J	10. Jalta-Konferenz
11. kochen	11. Kalkulation, Kundenstamm pflegen, Knopfkarten fertigen	11. Kollektive Sicherheit, Kooperation, Klimakonferenzen
12. lesen, liebevoll	12. Lieferantenpflege	12. Lie (Trygve), 1. Generalsekretär
13. malen	13. Materialverwaltung	13. Menschenrechte, Multilaterale Abkommen
14. neue Ideen kreieren	14. Nachkalkulation, Nachfassen bei Angeboten	14. New York (Hauptsitz), Nord-Süd-Gegensatz, Nairobi (UN-Filiale), NGO
15. optimistisch sein	15. Ordnung halten	15. ONU (franz. für UNO), Ost-West-Konflikt
16. plaudern	16. Projekte planen	16. Pérez de Cuellar (Javier), Peacekeeping
17. Q	17. Q	17. „Quatschbude" (verächtlich für UNO)
18. Ressourcen	18. Reklamationsbearbeitung	18. Resolution
19. schreiben	19. Softwarepflege, Schulung neuer Mitarbeiter, Systeme einführen	19. San Francisco (Gründungsort), Sicherheitsrat, Solzialrat, Sanktionen
20. tanzen, telefonieren	20. Telefondienst, Terminüberwachung, Tabellen anfertigen	20. Treuhandrat
21. umfassend beraten	21. Übersetzungen	21. U Thant (Sithu), UNESCO, UNCTAD, UNHCR
22. Vorbild sein	22. Vorlage, Vertretung	22. Völkerbund (Vorläufer der UNO), Veto (im Sicherheitsrat), Völkerrecht
23. wandern	23. Waschversuche vorbereiten	23. Waldheim (Kurt), Weltfrieden, WHO, Weltbank
24. X	24. X	24. X
25. Y	25. Y	25. Y
26. zuhören, Ziele setzen und erreichen, Zeit planen, Zusammenhänge erkennen	26. Zuteilung von Arbeit	26. Zwangsmaßnahmen

USA-Reise

1. Arizona, Autos
2. Bush
3. Chicago, Colorado
4. Dallas
5. Einkaufszentrum
6. Freiheitsstatue, Flamingo, Florida
7. Grand Canyon, Golden Gate Bridge, Großstadtbummel
8. Hollywood, Hochhäuser
9. Ideen, Indianer
10. J
11. Key West, Kennedy, Kino
12. Lincoln, Los Angeles, Las Vegas
13. Museen, Mississippi, Musik-business, Mode
14. New York, Nigeriakiels
15. Ohio
16. Post Office
17. Q
18. Rocky Mountains, Rockefeller Center
19. San Fricisco, Springfield
20. Texas, Theater
21. UNO-Gebäude
22. Virginia
23. Washington D.C., Wilder Westen, Wüsten
24. X
25. Yellowstone
26. Z

verlieren können, vereinen

1. Aufrichtigkeit, annehmen, anerkennen
2. Bereitschaft, bitten, beten
3. Christus, chronos
4. Denmut, Dankbarkeit, Diplomatie, dauerhaft
5. ehrlich zu sich und anderen, Edelmut, Ernst, Einigkeit
6. Fragen, fröhlich, Freude, Friede, Feind
7. Güte, Großmut, geben , Geduld
8. Hilfe, Herzlichkeit, heute, Harmonie, Humor
9. Intuition, Innere Stimme, innerlich
10. Ja sagen
11. Kooperation, Kosmos, Konzentration
12. Liebe, Loslassen
13. Mut, Meinung ändern
14. Nachsicht, nachgeben, Neutralität
15. ohne Geroll, Objektivität, Obhut
16. prüfen
17. Quellensuche
18. Ruhe bewahren, rasten, richtig, Reue
19. Stille, schweigen
20. tun, teilen
21. Urteile abbauen
22. verlieren können, vereinen
23. würdevoll
24. X
25. Y
26. Zuversicht, zu weit, Zwiespalt, Zweifel

Vision

1. Ausdauer
2. Biß
3. Cloud
4. dran bleiben
5. Eingabe
6. Flow
7. Gewinn
8. Hinternisse
9. Idee
10. Jagd
11. Können
12. Leistung
13. Meditation
14. Navigation
15. Optimismus
16. Plus/Minus
17. Quantensprünge
18. rudimentär
19. Sterne
20. Traum
21. unendlich
22. Version
23. Wunder
24. xenophil
25. Yahoo
26. Zoom

Volkswirtschaft

1. Arbeiter, Absprache, Aktionen
2. Betrieb, Bedürfnisbefriedigung, Börse
3. C
4. Dienstleistungen
5. Entscheidungen, Einfluß, externe Effekte
6. Fragen, Firmen
7. Güter
8. Handel, Herstellung
9. Investition, Inflation
10. J
11. komplexe Wirtschaft, Konsumgüter, Kapitalgüter, Kosten, Kartelle, Käufer
12. Leistung
13. Markt, Marktmechanismus, Modelle, Monopole, Manipulation
14. Nachfrage
15. Organisation, Ökonomen, Obligationenmärkte
16. Politik, Produktion , Preiselastizität
17. Q
18. Ressourcen, Risiko
19. Spekulation, Selbstversorgung, System
20. Transport
21. Umweltgüter
22. Verkäufer
23. Werturteile, Wirtschaftskreislauf
24. X
25. Y
26. Zinsen

Vorbilder

1. Adenauer, Konrad
2. Birkenbihl, Vera F.
3. Chaplin, Charlie; Christus
4. Dunant, Henri (Gründer des Roten Kreuzes)
5. Einstein, Albert; Eugen, Prinz von Savoyen
6. Frisch, Max (schwed. Schriftsteller)
7. Gandhi, Mahatma; Galilei Galileo
8. Hammarskjöld, Dag (UNO-Generalsekretär)
9. Ibsen, Henrik (norweg. Dichter)
10. Jaspers, Karl; Jefferson, Thomas; Johannes XXIII. (Papst)
11. Kennedy, John F.; Karajan, Herbert von; Kneipp, Sebastian
12. Lagerlöf, Salma (schwed Autorin); Lessing, G.E.; Leonardo da Vinci
13. Menuhin, Yehudi; Morus, Thomas
14. Nansen, Fridtjof; Napoleon der Große
15. Ortega y Gasset (span. Philosoph)
16. Piccard, Anguste (schweiz. Physiker), Planck, Max
17. Quesnay, François (franz. Aufklärer und Nationalökonom)
18. Rühmann, Heinz (Schauspieler); Rilke, Rainer Maria
19. Smuts, Jan (südafrik. Politiker); Schuman, Robert (franz. Politiker)
20. Toscanini, Arturo
21. Uhland, Ludwig (dtsch. Dichter)
22. Verdi, Guiseppe; Königin Viktoria
23. Washington, George
24. Ximénez de Cisneros (span. Politiker und Erzbischof, 15. Jhr.)
25. York J.D. (15. Jhr. in England)
26. Zweig, Stefan (österr. Schriftsteller); Zuckmeyer, Carl (dtsch. Dichter)

Ziele

1. Autorin, Aufstieg, Akademie
2. Beratung, bereit sein
3. Charaktereigenschaft
4. dienen, Demut, Dankbarkeit
5. Erfolg, Entwicklung, Ethik
6. Führung, Firmenberatung
7. Gesundheit, Genialität, geistige Gesundheit, Gelassenheit, Geduld
8. Heiterkeit, Handwerkszeug, Hilfe (von oben), Hilfe bieten
9. Ideen verwirklichen
10. J
11. Kooperation, Kommunikation, Konzepte
12. Lebensmanagement, liebevoller Umgang, Loslassen von alten Strukturen, Lebenserfolg
13. Meisterschaft, Modelle entwickeln, Mitarbeiter im Universum
14. Netzwerk, neue Wege, Neues entwickeln, Nutzen bieten
15. Ordnung, Organisation
16. Partner/in, beruflich und privat
17. Q
18. Ruhe ausstrahlen, Reisen (beruflich/privat)
19. Sonne, schreiben, Seminare, Selbstständigkeit
20. Training, Team
21. Unternehmensberatung, Universum
22. Vorbild
23. Wissen vermitteln, Wertvorstellungen, Workshops, Wandel
24. X
25. Y
26. Zeit haben, Ziele verwirklichen

Ziel, Zeit, Erfolge

1. Ausdauer
2. Begabung
3. Coach
4. Durchhaltevermögen
5. Energie
6. Flow
7. Geduld
8. Hilfe
9. Intuition
10. Ja-Sager
11. Kreativität
12. Lust
13. Möglichkeiten
14. Neigung
15. Organisation
16. Power
17. Quantum
18. Ratio
19. Supervision
20. Testlauf
21. Utopie
22. Vision
23. Wunder
24. x-ten Mal
25. Y
26. Ziel

Wir danken allen, die uns ihre Listen (als Fallbeispiel) geschickt haben, auf daß viele profitieren.

Bilinguale Listen

Berufe (deutsch)

1. Archäologe/in, Astronom/in
2. Bäcker/in
3. Choreograph/in
4. Dekorateur/in
5. Englischlehrer/in
6. Flugbegleiter/in
7. Gärtner/in
8. Heiler/in
9. Informationsbroker
10. Jongleur
11. König/in
12. Leibwächter/in, Lebensretter/in, Lama
13. Morser
14. Neurologe, Nachtportier
15. Opernsänger/in
16. Psychologe
17. QiGonglehrer/in
18. Reporter/in
19. Schwester *
20. Therapeut/in
21. Urologe
22. Vikar
23. Weisheitszahnzieher
24. X
25. Yacht-Designer
26. Zitherspieler/in

* im Sinne von „NONNE"

Berufe (englisch)

1. archaeologist, astronomer
2. baker
3. choreographer
4. decorator
5. English teacher
6. flight attendant
7. Gardener
8. healer
9. information broker
10. juggler
11. king
12. life guard, lama
13. morse operator
14. neurologist, night porter
15. opera singer
16. psychologist
17. QiGong master
18. reporter
19. sister
20. therapist
21. urologist
22. vicar
23. wisdomtoothpuller **
24. X
25. yacht designer
26. zither player

** This person tries to pull our leg ...

Pflanzen (deutsch)	Pflanzen (englisch)
1. Apfelbaum	1. appletree
2. Brokkoli, Banane	2. broccoli, banana
3. Chili, Chrysantheme	3. chili, chrysanthemum
4. Dattelbaum, Dahlie	4. date, dahlia
5. Endivie, Eukalyptusbaum	5. endive, eurcalyptus
6. Fenchel, Farn	6. fennel, fern
7. Geranie, Gardenie	7. geranium, gardenia
8. Hopfen	8. hop
9. Iris (= Schwertlilie)	9. iris
10. Jasmin	10. jasmine bzw. jessamine
11. Kiwi	11. kiwi
12. Lerche, Lorbeer	12. larch, laurel
13. Mangobaum, Magnolie	13. mango, magnolia
14. Narzisse	14. narcissus
15. Orchidee	15. orchid
16. Pfirsichbaum	16. peach
17. Quittenbaum	17. quince
18. Reis, Radieschen	18. rice, radish
19. Sojabohne, Spinat	19. soya, spinach
20. Thymian, Tee	20. thyme, tea
21. U	21. U
22. Veilchen	22. violet
23. Weizen, Wassermelone	23. wheat, watermelon
24. X	24. X
25. Yuccapalme	25. yucca
26. Zucchini	26. zucchini

Merkblatt Nr. 2
11 km contra 15 mm?

In diesem Merkblatt möchte ich die Entwicklung meiner Metapher von den „berühmt-berüchtigten" 11 km contra 15 mm aufzeigen. Es handelt sich um Daten aus der Wahrnehmungs- und Gehirnforschung. Schwerpunkt ist zum einen die sogenannte Bandbreite (wieviel Reize kann ein Sinnesorgan in einer bestimmten Zeit aufnehmen?). Erste Experimente hierzu liefen bereits Mitte des 19. Jahrhunderts (z.B. von HELMHOLTZ, der 1850 das Reaktions-Vermögen der Menschen testete).

Über die sogenannte Bandbreite berichten viele Autoren (z.B. SCHACTER, NØR-RETRANDERS) und die Zahlen (eines gewissen ZIMMERMANN, die oft zitiert werden) sehen so aus: Mit „**Bandbreite**" ist die gesamte Wahrnehmungsmöglichkeit des neurophysiologischen „Apparates" gemeint, im Gegensatz zur **bewußten Wahrnehmung** (ganz rechts). Gerechnet wird in Info-Bits pro Sekunde.

Mehr über von HELMHOLTZ und welche Forschungs-Lawine seine Ergebnisse (aber erst nach großen Anlaufschwierigkeiten) auslösten, vgl. Merkblatt Nr. 4 „Subliminale Wahrnehmung" (S. 344 ff.) und Modul „Unterschwellig?" (S. 279 ff.).

Sinn	Bandbreite	Bewußte Wahrnehmung
Auge	10 Mio	40
Ohr	100.000	30
Haut	1 Mio	5
Geruch	100.000	1
Geschmack	1000	1

Quelle: Tor NØRRETRANDERS

Wenn wir alles zusammenzählen, kommt **eine sehr große Zahl** (**Bandbreite**) heraus, während der **Durchschnitt** dessen, was wir **bewußt registrieren** können, immens klein ist:

> **Die Bandbreite unseres Bewußtsein ist mikroskopisch, verglichen mit der Bandbreite unseres Unbewußten!**

Da unser Vorstellungsvermögen mit Zahlen um die 20 aufhört, können wir uns von großen Zahlen **kein rechtes „Bild"** mehr machen. Deshalb „goß" ich diese Zahlen in eine vorstellbare Strecke, wobei ich Sie einladen

Deshalb (wie Arthur KOEST-LER einmal feststellte), regen wir uns viel mehr über ein Opfer eines Gewaltaktes auf, als wenn wir erfahren, daß 50, 500 oder gar 50.000 irgendwo zu Tode gekommen sind. Deshalb kommen Massen-mörder wesentlich glimpfli-cher weg, weil wir **keine Vorstellung von großen Zahlen** haben. Dies veranlaßt gute Staats-anwälte, so viele überle-bende Opfer wie möglich einzeln in den Zeugen-stand zu rufen, auch Angehörige von Geschän-deten und Ermordeten, da erst so jedes einzelne Schicksal vorstellbar wird!

möchte, sich eine ganz konkrete 11 km-Strecke vorzustellen. Wenn Sie nun einen „Schlauch" von fast dieser Länge (wegen der Breite) denken, der das gigantische Unbewußte repräsentiert, während die Breite Ihres Fingernagels (kleiner Finger!) Ihr bewußtes Wahrnehmen und Denken beschreibt, dann haben Sie doch zumindest eine Ahnung gewonnen (mehr können Meta-phern auch nicht).

Weil also große Zahlen nicht vorstellbar sind, packte ich diese Zahlen in die **11 km-/15 mm-Metapher**; es geht dabei um die **Relation der Zahlen zueinander**, nicht um exakte Arithmetik!

Damals fühlte ich mich oft genötigt, Lewis CARROLL zu bemühen und auf eine Szene aus *„Alice hinter den Spiegeln"* (dem Folgeband von *„Alice im Wun-derland"*, bei uns kaum bekannt) zurückzugreifen. Hier tadelt die rote Königin Alice, die gerade ausgerufen hatte, etwas sei **völlig unglaublich**! Ich paraphrasiere (aus der Erinnerung):

„Kindchen", sagte die rote Königin, „du scheinst darin keine Übung zu haben?! Das muß man trainieren. Als ich in dei-nem Alter war, da gelang es mir oft, noch vor dem Frühstück **sechs un-glaubliche Dinge zu glauben!"**

Diese Erklärung finden Sie z.B. in meinem Video-Vor-trag: *„Gehirn-gerechte Ein-führung in die Quanten-physik"*, weil es auch hier um viel „Unglaubliches" geht.

Dann erklärte ich meinen ZuhörerInnen, sie müßten es ja nicht glauben, aber sie sollten doch zumindest versuchen, es **wenig-stens einmal zu denken wagen** …

Wurde ich auch eingangs noch angegriffen (ca. 1990 war die Idee einfach noch völlig „unglaublich"!), so können wir heute feststellen:

Je mehr wir über subliminale Wahrnehmungen erfahren, desto klarer wird der gigantische Reichtum in unserem Inneren.

Wenn Wahrnehmung ein **Akt der KONSTRUKTION** ist und **wenn** Erinnerung ein **Re-KONSTRUIEREN** des damals Konstruierten darstellt, **dann** können wir die Metapher auf unbewußte Geistesprozesse (inkl. Gedächtnis) ausdehnen. Und in dem Maß, indem **immer klarer** wurde, daß gerade **assoziative Prozesse** in ungeheuren „Tiefen" angeln können, was bei der von mir entwickelten COUVERT-TECHNIK (s. **Rand**) passiert, hat sich die Metapher von Jahr zu Jahr mehr bestätigt.

Trotzdem sollte uns klar sein, daß jede Metapher (wie auch jeder Vergleich) letztlich „hinken" muß. Dies gilt selbstverständlich auch für meine 11 km-/ 15 mm-Metapher! Denn jede Metapher (wie GOATLY feststellt), hebt zwar einige Aspekte einer Sache besonders hervor, betont und unterstreicht sie, während sie gleichzeit, andere Aspekte zwangsläufig unterdrücken, verleugnen, negieren muß. Diese Gefahr kannte auch Neil POSTMAN, der uns vorschlägt, einen Rat von FREUD zu beherzigen (dem die Gefahr ebenfalls bekannt war):

> **Bilden Sie zu jedem Gegenstand, den Sie besser begreifen wollen, so viele Metaphern wie möglich. Jede wird manche Aspekte betonen, so daß Sie im Lauf der Zeit ein multidimensionales, tiefes Verständnis der Sache entwickeln können.**

Recht haben sie beide (FREUD und POSTMAN)! So enthält die 11 km-/15 mm-Metapher vor allem einen Streckenvergleich, damit die Giga-Zahl (Bandbreite des Unbewußten) vorstellbar wird. Wenn wir diese Metapher aber mit der des Wissens-Netzes verbinden wollen, müssen wir uns entweder ein sehr schmales langes Wissens-Netz vorstellen, oder die 11 km fallen lassen und uns ein gigantisches Netz denken, in dem wir mit der kleinen Taschenlampe unseres Bewußtseins „herumleuchten". Wesentlich ist:

> **Wenn solche Metaphern uns Mut machen, die reichen Schatzkammern in unserem geheimen inneren Archiv zu nutzen, dann sind sie hilfreich.**

Und genau das hoffe ich mit diesem Buch ein für allemal zu klären. Sie wissen weit mehr als Sie bisher angenommen haben! Wetten?

Im „*Das große Analografiti-Buch*" finden Sie eine Hinführung, im Band 2 (derzeit in Vorbereitung) wird dies eines der zentralen Themen werden. Einen extrem kurzen Abriß finden Sie unter COUVERT-TECHNIK (S. 79 ff.).

Merkblatt Nr. 3
Inneres Archiv

Das innere Archiv und die Schule

Mit „Schul-System" und Lehrkräften meinen wir das Schul-System **der industrialisierten Länder!** Aber an der Schwelle zum **Wissens-Zeitalter** müssen wir unseren **Traum wiederfinden!** (Vgl. „Lehrer-Modul", S. 242 ff.)

Wenn Sie die hier (und in *„Stroh im Kopf?"*, besonders ab 36. Auflage) vorgestellten Ansätze zum Auf- und Ausbau eines inneren Archivs mit Prozessen in Schul-, Aus- und (beruflicher) Weiterbildung vergleichen, dann merken Sie: Schulbetriebsamkeit hat meist wenig zu tun mit **Aktivitäten, die im Idealfall dazu beitragen, ein reiches inneres Archiv aufzubauen und nutzen**. Weil ich sehr oft über diese Diskrepanz befragt werde, möchte ich meine Antwort in diesem Merkblatt festhalten:

1. Ein Lehrer mag ja der Welt größter Künstler sein, wenn seine Schüler die nötige konkave Kreativität für sein „Kunstwerk" (noch) nicht entwickeln konnten, werden seine Worte in ihren Ohren wie Fliegengesumm klingen (wie die alten Ägypter schon zu sagen pflegten).

2. Ein Künstler darf behaupten, die Welt sei noch nicht reif für sein Kunstwerk, LehrerInnen und Ausbilder können sich diesen Luxus **nicht** leisten. Damit möchte ich mich stellvertretend für Millionen von SchülerInnen gegen den Vorwurf wehren, diese seien schuld, wenn sie den Lehrer nicht verstehen. Schließlich: Wenn die SchülerInnen vorher genügend Wissen besäßen, um die Botschaften der LehrerInnen richtig zu verstehen, bräuchten sie diese Botschaften ja nicht mehr, oder? Wenn wir aber davon ausgehen, daß ihnen die „nötigen" Fäden im Wissens-Netz noch fehlen, dann ist es Aufgabe derer, die das Wissen **vermitteln** sollen, es so aufzubereiten, daß die Lernenden eine **faire Chance** haben. (Also akzeptiere ich, daß in den ungünstigsten Verhältnissen maximal 20 % der Schüler „ungeeignet" sein mögen, aber wenn Lehrer im Gegenteil ca. 89 % ihrer SchülerInnen als „ungeeignet" bezeichnen , dann sollten sie sich dieses Etikett selbst aufkleben.)

Vgl. die ABC-Listen in römische Geschichte (S. 314).

3. In dem Maß, in dem mehr und mehr LehrerInnen das **Konzept des inneren Archivs** als wesentliche Zielstellung von Ausbildungsstätten akzeptieren und wirklich bereit sind, **gemeinsam** mit ihren SchülerInnen Wege zu finden, wie die zu lernende Informationen **in die Archive der SchülerInnen „verbracht" werden können**, wird **Unterricht spannend, faszinierend und auf einmal haben alle weit mehr Erfolg.**

4. Erst wenn mehr SchülerInnen (ab. ca. 12 Jahren) und StudentInnen sowie erwachsene Lernende (wieder) lernen, **ihr inneres Archiv weitgehend selbstverantwortlich zu managen**, können sie erkennen, wo sie den **Sender wechseln** müssen. Bisher denken ja die meisten versagenden SchülerInnen immer noch, sie seien schuld. Aber was tun wir mit der Fernbedienung, wenn jemand unverständlich daherredet? Wir drücken einen Knopf und – zap – weg ist er. Aber LehrerInnen scheinen noch weitgehend Immunität zu besitzen – zumindest haben sie (noch) die Macht, schlechte Noten zu vergeben. Gottseidank entstehen für SchülerInnen heute immer mehr Möglichkeiten, die es nie zuvor gab. Für so gut wie jedes Lernfach gibt es (und erscheinen ständig mehr) PC- und Internet-Programme für spielerisches Lernen; die Rolle der Schule der Zukunft ist sowieso **nicht** das Vortragen und Einpauken von nackten Fakten. Dies war im Mittelalter (bis in die 1950er Jahre) notwendig, weil es zu wenige Bücher gab. Die Schule der Zukunft wird ganz andere (enorm wichtige) Rollen übernehmen müssen, aber das ist nicht unser Thema hier.

Natürlich denke ich an Emotionale Intelligenz, Gruppen- und Team-Fähigkeit u.ä. zukunftsträchtige Entwicklungen, die wir bewältigen müssen. In kleinen „Kernfamilien" wird das Zusammenleben nicht mehr gelernt, das kann und muß in der zukünftigen Schule geschehen …

5. In dem Maß, in dem SchülerInnen **Selbstverantwortung** übernehmen, können sie in **allen** objektiv meßbaren Fächern weit besser abschneiden. Eine Rechenaufgabe ist weitgehend „objektiv beurteilbar", ein Aufsatz jedoch ist es nicht. Wenn wir wirklich faire Beurteilungen wollten, müßten wir bei allen „weichen" Arbeiten Juries einsetzen, die aus mehreren Personen bestehen. Auf der anderen Seite sollte man die Notwendigkeit von Noten hinterfragen. Wenn wir Sinn und Bedeutung in den Lernprozeß zurückbringen (wo er in der Antike einst war!), dann wird die Note sinnlos. **Merke: Noten sind wie Punkte in einem Quizspiel**: gute Noten = hoher Punktestand – der Kandidat mag eine Million Euro gewinnen, aber verstehen mußte er nichts. Solange der Kandidat seine Fragen nach isolierten Bits und Bytes beantworten kann, gilt er als „gebildet"; ein verheerendes Fehlurteil.

Vgl. „Lehrer-Modul" (S. 242 ff.).

Zwar sind die auch nicht gefeit gegen Ungerechtigkeiten, wie das Eiskunstlaufen bei allen großen Wettbewerben immer wieder vor Augen führt, aber hier spielen mehr politische Gründe mit als an einer Schule mitspielen dürften.

6. Solange wir nicht lernen, zwischen nackten Daten und Informationen und **wesentlichen Informationen (inkl. Exformationen)** zu unterscheiden, werden wir den Sprung von der ersten post-industriellen in die **zweite post-industrielle Phase** nicht schaffen.

Der Sprung von der Info zur **Wissens-Gesellschaft**.

Merkblatt Nr. 4:
Subliminale Wahrnehmungen

Mini-Abriß der geschichtlichen Entwicklung und Forschung

Hintergrund zum Modul „Unterschwellig?" (S. 279 ff.)

Einst wußten die Menschen, daß es vieles in der Welt gab, das sie **nicht** wußten, inklusive über sich selbst und ihre geistigen Prozesse. Man erklärte Unerklärliches mit Geistern, Teufeln, Hexenkräften etc., aber man wußte, daß vieles dem Wissen nicht zugängig war. **Analog** gehörte es zu den Selbstverständlichkeiten des Lebens, daß es Unsicherheiten und Unwägbarkeiten gab. Wir aber sind Kinder des Industriezeitalters und der Ära, in der die sogenannten „exakten Wissenschaften" ihren weltweiten Siegeszug antraten. Deshalb können wir uns nur schwer vorstellen, daß die vermeintliche Sicherheit mit der wir aufwuchsen, weniger als drei Jahrhunderte alt ist, und daß wir den Zenit der angeblichen Prognostizierbarkeit (und Machbarkeit von allem) bereits überschritten haben. Wir wollen **vorab** wissen, was sich ereignen wird, wie beim Fernsehprogramm und Wetterbericht. Zwar gibt es keinen akkuraten Wetterbericht für mehr als einige Stunden (wiewohl man heute Klima vorhersagen kann; nicht aber regional/lokales Wetter), trotzdem lauschen wir gerne dem Wetterbericht am Ende einer Nachrichtensendung.

Zuerst kamen die Quantenphysiker auf den Trichter (HEISENBERGs Unschärfe-Relation). Normale Menschen nahmen dies kaum zur Kenntnis, und wenn, dann trösteten sie sich damit, daß die Unsicherheiten innerhalb des Atoms wohl kaum Auswirkungen auf ihr „sicheres" (prognostizierbares, berechenbares) Leben mit Blitzableiter, Wetterbericht, Versicherungen etc. haben könnte. Mitte der 1950er Jahre riß die beginnende Chaos-Forschung ein großes Loch in die sicherheitsverliebte heile Welt und in den 1970er Jahren wurde es dramatisch, als die Komplexitätsforschung zeigte, daß komplexe Systeme weder mit einfachen Formeln beschrieben noch berechnet werden können.

Vgl. Sie auch meine Video-Vorträge: „*Gehirn-gerechte Einführung in die Quantenphysik*" (man sollte doch wohl zumindest eine Ahnung haben, worum es überhaupt geht, oder?) und „*Gehirn-gerechte Einführung in die Komplexitäts-Theorie*". Hier spreche ich u.a. auch über INFORMATION und EXFORMATION (nach NØRRETRANDERS), z.B. auch in Bezug auf „flache" TV-Sendungen (Fastfood für den Geist).

Und in dieser Phase, in der mehr und mehr Menschen das Gefühl hatten, sie könnten den „sicheren" Boden unter den Füßen verlieren – just zu diesem Zeitpunkt (1957) platzt die „Atombombe der Psychologie" und ihr Fallout wirkt bis heute nach! Aber beginnen wir der Reihe nach …

Europa

1641 deklarierte DESCARTES in **Frankreich** sein berühmtes „**Cogito ergo sum**" („Ich denke, daher bin ich"), wodurch er den geistigen Fähigkeiten erstmals große Wichtigkeit zuschrieb. NØRRETRANDERS formuliert es so:

> Das Bewußtsein (war das) eigentliche Pfand des Daseins, es war in Wahrheit das einzige, woran nicht zu zweifeln war.

1641

Sein „Cogito ergo sum" entstammt den Meditationes, die 1641 erstmals publiziert wurden.

Das **Bewußtsein** begann gleichsam aus dem großen Strom unbewußter Prozesse „**aufzutauchen**" und innerhalb von nur zwei Generationen eine so prominente Position im allgemeinen „Bewußtsein" der Menschen zu erringen, daß es kaum noch vorstellbar war, daß die Menschen einst keinen Gedanken daran verschwendet hatten.

Das Bewußtsein taucht auf.

1689 postulierte John LOCKE in **England** einen für die damalige Zeit bahnbrechenden Gedanken, nämlich:

> **Das Bewußtsein gibt uns die Fähigkeit, die Welt zu erkennen.**

1689

Bitte berücksichtigen Sie: Je größer Ihr Erstaunen darüber, daß diese „Binsenweisheit" eine bahnbrechende Neuigkeit darstellen soll, desto mehr zeigt dies, wie sehr Sie ein „Kind unserer Zeit", vor allem ein Kind des Industriezeitalters mit seinen klassischen („harten", „exakten") Wissenschaften sind. Unser Erstaunen beweist, wie **vertraut** wir **heute** mit einer Idee sind, die **damals** ketzerisch war.[*]

Die seinerzeit aufkommende Hypothese führte zu der weiteren großen Idee eines **transparenten Menschen.** Sie stellte eine Art perfekte Menschenkenntnis in Aussicht. Das heißt, man begann sich an **die Idee eines eigenen Bewußtseins zu gewöhnen**. Dabei half, daß dieses Paradigma mehr Kontrolle im Leben versprechen könnte.

Der transparente Mensch?

1850 publizierte VON HELMHOLTZ spannende Versuchsreihen über **bewußte** bzw. **unbewußte** Wahrnehmungen. Zu dieser Zeit gab es bereits ein faszi-

1850

---

[*] Das ist ein faszinierender Aspekt in der Evolution einer neuen Wirklichkeits-Auffassung: Hat sich die neue einmal durchgesetzt, kann man sich überhaupt nicht mehr vorstellen, wie man zuvor jemals „klargekommen" war. Nun, da das Bewußtsein zu existieren begonnen hatte, war es einfach nicht mehr wegzudenken! Aber wir Heutigen müssen uns klar sein darüber, daß es sich hier um eine extrem späte Entwicklung für die gesamte Menschheit handelt, und daß vielleicht gerade deshalb die Wogen so hochschlugen, wie wir gleich sehen werden.

TACHISKOP: Ein Projektor, mit dem man visuelle Reize (Bilder und/oder Wörter) so kurz (1/1000 Sekunde) anbieten kann, daß das **Bewußtsein** nichts registriert. *Tacho* = Geschwindigkeit (vgl. Tachometer), *Skopein* (gr.) = Schauen (vgl. Horoskop = Stunden-schau).

nierendes Gerät, ein sogenanntes **Tachiskop**, das extrem kurze Darbietung von Sinnesreizen erlaubt (vgl. Rand).

VON HELMHOLTZ testete das Reaktionsvermögen von Versuchspersonen durch **immer kürzer** werdende **Reize**, bis hin zu Reizen, die **nicht mehr** als solche erkannt werden konnten. Wenn die frustrierten Versuchspersonen klagten, sie könnten die Bilder (oder Worte) nicht (mehr) erkennen, um richtig zu reagieren, lud er sie ein, zu „raten" – und sie rieten **dermaßen akkurat**, daß VON HELMHOLTZ begriff:

> **Man kann sehr wohl unbewußt wahrnehmen, ohne auch nur zu ahnen, daß man wahrgenommen hatte.**

Nach jahrelangen Versuchsreihen stellte er eindeutig fest: **Der weitaus größte Teil der Inhalte in unserem Kopf bleibt unbewußt.**

NØRRETRANDERS paraphrasiert VON HELMHOLTZ: Selbst die Sinneswahrnehmung beruhe auf Schlüssen, die dem Bewußtsein nicht zugänglich seien. Er fügt hinzu (Hervorhebungen meine):

> **Unbewußte Schlußfolgerungen** waren Ende des 19. Jahrhunderts ein sehr **unpopulärer** Gedanke (…) Vorankündigung des Sturms der Entrüstung, den FREUD mit seinem Konzept des Unbewußten auslösen sollte (Verdrängung vieler Erfahrungen ins Unbewußte) (…) Denn **dies widerspricht dem Ideal des transparenten Menschen** (…) VON HELMHOLTZs Abrechnung mit der Alleinherrschaft des Bewußtseins war **radikaler als** die FREUDs. VON HELMHOLTZ zeigte erstens, daß bewußte Entschlüsse von unbewußten Regungen beeinflußt oder verändert werden können. Darüber hinaus macht er deutlich, daß (zweitens) das **Bewußtsein** notwendigerweise das **Resultat unbewußter Prozesse** ist.

Amerika

1884 Aber nicht nur in Europa ging es dem neugefundenen Bewußtsein an den Kragen, auch in Amerika wurde geforscht. Zwei Wissenschaftler, der Mathematiker und Philosoph Charles Sanders PEIRCE und der Wahrnehmungs-Psychologe Joseph JASTROW führten extrem spannende und folgeschwere Experimente durch, die alle denselben Schluß **erzwangen**.

Es ging (zunächst) um völlig mondäne Wahrnehmungs-Experimente*, wie sie damals Mode waren: Man bot Versuchspersonen z.B. zwei Gewichte (je eins pro Hand) und sie sollten schätzen, welches (um wieviel) schwerer/leichter war.

Bei großen Gewichtsunterschieden (z.B. linke Hand 1 kg, rechte Hand 1 Pfund) schnitten fast alle Personen ziemlich gut ab, aber PEIRCE und JASTROW berichteten über eine schockierende Tatsache:

1884 (am 17. Oktober) hielten sie einen Vortrag (an der Akademie für Wissenschaften). Er wurde später in den Annalen der Akademie publiziert: *„Kleine Unterschiede der Sinneswahrnehmung"*.

Sie hatten die Gewichtsunterschiede immer „kleiner" gemacht, so daß die Versuchspersonen den Punkt erreichen **mußten**, an dem sie **nicht mehr schätzen konnten**, weil die beiden Gewichte (**fast**) identisch waren. Aber man wollte eben jenes „**fast**" näher erforschen und deshalb lud man auch hier die Versuchspersonen ein, zu **raten** („Einfach so!"). Nach zahlreichen Versuchen mit Gewichtsunterschieden im Bereich von **Apotheker-Gewichten** (Gramm bis Milligramm-Bereich!) stellten die Wissenschaftler fest:

> **Die Versuchspersonen rieten dermaßen oft korrekt, daß man davon ausgehen muß: wiewohl sie bewußt den Gewichts-Unterschied nicht (mehr) registrieren konnten, mußte irgendein Teil von ihnen ihn wahrnehmen, so daß sie gleichsam unbewußtes Wissen besaßen.**

Solche Erfahrungen gab es viele, nur sprach man offiziell nicht darüber, höchstens nach dem Dinner, mit einem Gläschen Cognac: „Haben Sie schon gehört …?"

Aber es gab Stories, die besonders beunruhigten, weil man keine Erklärung finden konnte. So war PEIRCE einige Jahre zuvor in der Lage gewesen, einen Dieb zu identifizieren, den er **bewußt nie gesehen** hatte. **Irgendwie** hatte auch er implizit **„gewußt ohne zu wissen"**, wie dieser Mann aussah, wiewohl er ihn nur extrem kurz von hinten sah, als jener (im Dunkeln) um eine Ecke rannte. Solche Geschichten konnte man im Notfall noch als Beispiele für „**weibliche Intuition**" verkraften, aber daß ganz normale Menschen (inkl. Angehörige der männlichen Spezies), bei solchen Experimenten richtig raten konnten, war **ungeheuerlich**.

JASTROW postulierte, daß diese „weibliche Intuition" durchaus damit zu tun haben könnte, daß **Frauen** vielleicht einen besseren Zugang zu diesem impliziten Wissen haben?

---

* Damals waren Unterscheidungs-Experiments so populär, daß man sie sogar mit **Tieren** durchführte und dabei z.B. feststellte: Läßt man einen Hund zwischen Kreis und Ellipse unterscheiden, so kann dieser prima mitspielen. Wird aber die Ellipse immer runder (und/oder der Kreis immer ellipsenförmiger), dann stürzt man Hunde in einen Entscheidungs-Konflikt (Frustration etc.) und löst hochgradigen Streß aus. Daraus sehen wir erstens, daß Entscheidungs-Kompetenz nicht nur „menschlich" ist und zweitens, daß sie so wichtig zum Überleben ist, daß ihre Einschränkung akuten Streß auslöst.

Deshalb war der **Bericht über die Gewichte** sehr mutig und wissenschaftlich **beachtlich** – so sehr, daß wir heute, 125 Jahre später, noch darüber reden! Fazit der Experimente von JASTROW und PEIRCE (nach NØRRETRANDERS):

Das Unbewußte ist fähig, zwischen **minimalen Unterschieden** zu unterscheiden, die das Bewußtsein überhaupt nicht registrieren kann. Damit (aber) war die Grenze (im Sinne der Unterschieds-Schwelle) **aufgehoben** worden.

NØRRETRANDERS zitiert auch den PEIRCE-Kenner Peter Voetman CHRISTIANSEN (Hervorhebungen meine):

„(Es) beruhte (…) auf der Fähigkeit, den inneren **sprachlichen Dialog** zum Stillstand zu bringen und sich selbst in einen Zustand **passiver Empfänglichkeit** für die nonverbalen Signale zu bringen, die gewöhnlich **im Rauschen der Hirnrinde** untergehen."*

Nochmal Europa

1890

In Dänemark stellte **1890** der Philosoph und Psychologe Harald HØFFDING nach eine Reihe von Versuchen ebenfalls fest:

Mentale Aktivität kann auch ohne Bewußtsein ablaufen!

Die Entwicklung der Bewußtseins-Forschung erzeugte also ihr eigenes Paradox: Bis vor einigen Jahrzehnten hatte (mit Ausnahme einiger Schamanen, Yogis und „Spinner") **niemand** ein „Gefühl" für das Bewußtsein besessen. Nun, da es der Menschheit erstmals „bewußt" geworden war (man beachte die Wortbildung!), wollte man es nicht wieder gefährdet sehen! Deshalb lösten Veröffentlichungen solcher Forschungs-Ergebnisse **Abwehr** aus. **Man wollte das nicht wissen.**

Man wollte nicht (mit dem Bewußtsein!) darüber nachdenken, daß es vielleicht etwas gäbe, das darüber hinaus reichte, insbesondere, da dieses Etwas möglicherweise **so viel potenter sein könnte**, als das Bewußtsein selbst. Langsam wuchs ein großes Unbehagen gegen das **Unbewußte** und schuf

---

* Wer Carlos CASTANEDA (z.B. „*Reise nach Ixtlan*") gelesen hat, weiß: es gilt „die Welt zu stoppen", d.h. den innerer Monolog zu beenden. (CASTANEDA bezeichnet das innere Selbstgespräch als „Monolog", CHRISTIANSEN als „Dialog"; sie meinen dasselbe). Erst wenn die Welt „stillsteht" (der innere Monolog ruhig ist), können die außergewöhnlichen Dinge passieren, die zum Großteil auf einer besseren Beherrschung des impliziten Wissens und Könnens beruhen!

einen **Nährboden der sozialen Verurteilung** für Wissenschaftler, die es wagten, die heile Welt der totalen Bewußtheit unseres Bewußtseins infrage zu stellen. Niemand war begeistert, als PLÖTZL **1917** publizierte, was heute als *PLÖTZLs Einsicht* (oder als *PLÖTZL'sches Phänomen*) bekannt ist.

PLÖTZL-Effekt

(oder: das PLÖTZL'sche Phänomen):

Er stellte nämlich fest, daß **subliminale Wahrnehmungen** eine interessante Tendenz haben …

Unterschwellig wahrgenommene Infos haben die Tendenz, später im Bewußtsein **aufzutauchen**.

Konkret: Subliminale Wahrnehmungen tauchen auf, und zwar bevorzugt in (Tag-)**Träumen** und bei **freien (Wort-)Assoziations-Reihen**. Der letzte Punkt ist sehr wichtig, denn auch meine eigenen Versuchsreihen hatten immer wieder gezeigt:

Der PLÖTZL-Effekt wirkt auch bei assoziativen **Übungen**! Ich halte das für den entscheidenden Grund dafür, daß wir mit „einfachen" KaWa.s und/oder „albernen" ABC-Listen **dem „Rauschen der Hirnrinde" ebenfalls entkommen** können und daß diese Techniken so erfolgreich sind. Dies ist eines der **Geheimnisse des assoziativen Denkens**, und erklärt auch, warum „einfachste" ABC-Listen so ertrag-REICH sein müssen und so oft **unerwartete** Aus-BEUTE bringen! Mit dieser Denk-Technik „zapfen" wir **unser eigenes implizites Wissen** im Unbewußten an und „er-BEUTEN" de facto **verborgene Inhalte** der geheimen Anteile unseres **inneren Archivs**!

Neugierig geworden, begann ich diesen Aspekt systematischer zu recherchieren; vor allem wollte ich wissen, was Pioniere auf diesem Gebiet herausgefunden hatten, d.h. Forscher, die sowohl **systematisch assoziativ** gearbeitet als auch darüber publiziert hatten (wie Sir Francis **GALTON**, später **FREUD**, **ADLER**, **JUNG** etc). Sie alle wußten Ähnliches zu berichten.

Daran hat sich bis heute nichts geändert. Alle „paranormale" Forschung fristet ein Schattendasein. In der berühmten **Princeton University** (USA), an der **EINSTEIN** viele Jahre lebte und wirkte, werden solche Experimente seit über 30 Jahren mit großem Erfolg durchgeführt – **aber im Keller, zwischen Heißwasserrohren.**

Es sind Leute, die sich weigern, echte Versuche zu unternehmen, die gerne müde abwinken, indem sie von „einfachen" KaWa.s und/oder „albernen" ABC-Listen reden. Sie versäumen sehr viel. Schade!

Mit „erfolgreich" meine ich: REICH an gedanklicher Aus-**BEUTE**, **viele** Assoziationen, viele **neue Verbindungen** und **neue Ideen**.

Ich entwickelte eine Reihe neuer Experimente.* Eines davon führte letztlich zur Entwicklung jener unglaublichen Denk-Technik, erstmals (1999) in meinem monatlichen Beratungs-Brief publiziert, aber inzwischen auch „offiziell" der Öffentlichkeit übergeben (in *„Das große Analograffiti-Buch")*. Sie ahnen bereits, es geht um die COUVERT-Variante. Nun verstehen wir besser, **warum** die **COUVERT-TECHNIKEN** so erfolgreich ist.

Vgl. Modul „COUVERT-TECHNIK" (S. 79 ff.).

Anfang des 20. Jahrhunderts war das Unbehagen über die Gefährdung des Bewußtseins so groß, daß sich eine Gegenbewegung formierte. Sie lehnte alle **introspektiven** Forschungen, sowie den Begriff „Bewußtsein" kategorisch ab. Die neue Bewegung bekämpfte jede Art der Forschung, bei der jemand **sagen muß**, was in ihm vorgeht, was er denkt, annimmt, fühlt, assoziiert ... Dies schloß genau jene Arten von Studien aus, die wir bis hier gestreift hatten: VON HELMHOLTZ bis PEIRCE und JASTROW.

Der Begriff **Introspektion** setzt sich zusammen aus intro = *innen*, spekein = *hat immer mit Schauen zu tun*, also soviel wie *Innenschau*.

Diese Bewegung war der sogenannte **Behaviorismus** (von *behavior* = Verhalten hergeleitet); die Behavioristen wollten nur das nackte Verhalten studieren. Zentrale Idee war die berühmte **Black box** (die schwarze Kiste). Sie sollte Bewußtsein und all das „Zeug", das einen nicht mehr kümmern durfte, einschließen und verriegeln, damit niemand mehr hineinsah! Als „wichtig", meßbar (im Sinne der klassischen Physik) und als „sauber" erforschbar galt nur der **INPUT** (was hineinging: also die Information) und der OUTPUT, der „hinten" herauskam (also das beobachtbare, meßbare Verhalten).**

Ironie: Die klassische Physik war der modernen Quantenphysik gewichen und hatte aufgehört, alles für prognostizierbar und meßbar zu halten! 20 Jahre später beginnen die Psychologen genau jene „klassische" Position einzunehmen ...

Bewußtseinsforschung war, wie auch NØRRETRANDERS feststellt, **eindeutig verboten!** Da nennt man sich „Wissende/r von der Seele" (Psychologe) und verbannt alles Sensible, Inspirierende, Transzendente, kurz, **alles**

---

* An dieser Stelle einen besonderen Dank allen, die mitgemacht haben, die oft plötzlich spontan innerhalb von Minuten ihre Assoziationen zu irgendeiner Frage „rübergefaxt" oder „gemailed" haben, denn eine dieser Studien hatte damit zu tun, was passiert, wenn man aus konzentrierter Arbeit herausgerissen wird. Daher wissen wir: 90 Sekunden verkrafteten alle hervorragend (manche bis zu 3 Minuten), ohne Auswirkungen auf die Konzentration. Aber oft hatte die kurze Assoziationsreihe völlig neue Ideen für die vorliegende Sache „losgetreten", also einen weiteren Vorteil dieser analografischen Denk-Techniken gezeigt!

** Aus heutiger Sicht ist es absolut absurd, daß man einst dachte, man könnte so vorgehen, schon der Input ist heikel: Was ist eine „Botschaft"? Wieviel muß der Empfänger wissen, um sie zu verstehen? Wieviel muß er ergänzen? Solche und ähnliche Fragen zeigen inzwischen, daß auch der Teil außerhalb der **Black box** nicht klar erfaßbar ist, solange wir es mit Menschen zu tun haben im Gegensatz zum Robotern oder Computern.

wirklich Menschliche aus der Forschung. Ich landete voll in diesem Klima, als ich Mitte der 1960er in den USA studierte, es dauerte eine Weile, bis ich mich später aus diesem geistigen Gefängnis befreien konnte.

Aber natürlich kann man Forschung auf Dauer nicht unterdrücken, was aber **Verbote** bedeuten, ist zweierlei:

1. Seriöse Forscher, die keine Gelder bekommen, müssen **aufhören** oder gehen in **ferne Länder**, in denen sie forschen können.

2. Andere Forscher gehen in den **Untergrund**, wo alle sozial Geächteten ihr Dasein fristen. Natürlich erfährt die Öffentlichkeit jetzt nicht mehr, worüber geforscht wird. Das Prinzip des Publizierens, so daß andere, die auf demselben Gebiet arbeiten, sich informieren und austauschen können, kommt zum Erliegen. Und da im Untergrund nur andere Unterweltler Zutritt haben, kommen auch keine Wissenschafts-Publizisten und Journalisten, um zu erfahren, was man macht; deshalb erfährt die Öffentlichkeit möglicherweise erst, was gespielt wird, wenn es (vielleicht zu) spät ist ...

Dies sollten sich all jene überlegen, die fordern, die Genforschung **sofort** zu stoppen. Ähnliches gilt für politisch-unliebsame Gruppen: Werden sie verboten, dann müssen sie in den Untergrund und man sieht nicht mehr, wie weit sie sich „entwickeln" ...

Von 1917 (PLÖTZL; ein Jahr vor Ende des Ersten Weltkrieges) **bis zum Ende des Zweiten Weltkrieges** tröpfelte die „menschliche" psychologische Bewußtseins-Forschung dahin, bis der Frieden „ausgebrochen" war und das universitäre Leben in Europa wieder in Gang kam. Inzwischen hatte leider der mechanistische **Behaviorismus** seinen **Siegeszug** angetreten. Und die **verbotene Forschung** blieb unsichtbar, bis 1957 die Bombe explodierte, und zwar in den USA.

Der Behaviorismus bescherte uns letztlich neben der Apparate-Medizin eine „Krankheits-Industrie", die sich „Gesundheit" auf die Fahne schreibt, aber die Krankheit feiert, denn Krankheit ist weit genauer meßbar und quantifizierbar als Gesundheit! Bezeichnenderweise haben wir Krankenkassen und Krankenhäuser ...

Amerika: 1957 –
die Atombombe der Psychologie!

1957 Im Jahre 1957 traten gleich zwei kommerzielle Unternehmen an die Öffentlichkeit. Beide behaupteten, Menschen mittels subliminaler Reize zu **höherem Konsum** manipulieren zu können.[7]

Man beachte: Hatten die Forscher sich **ursprünglich** mit unterschwelligen Wahrnehmungen befaßt, so hatte die **verbotene** Forschung im **Untergrund** plötzlich einen **ganz anderen Akzent** gesetzt und mit **Suggestionen** experimentiert. Nach dem Motto:

> **Können wir Menschen zu Verhalten veranlassen, ohne daß diese merken, daß der Handlungs-Impuls nicht ihrem eigenen be-2wußten Willen entsprungen war?**

Leider kann von solchen verbotenen Studien nicht viel nachvollzogen werden und so schlug dann die Ankündigung der beiden Firmen (s. Fußnote) wie eine Bombe ein! Es gab einen Aufschrei, dessen Echo heute (fast zwei Generationen später) noch nachhallt! Worum ging es? Was war das Ungeheuerliche, das hier geschehen war? Zu welchen entsetzlichen Handlungen hatte wer wen auf subliminale Weise manipuliert?

Antwort: In einem Kino sollen die Leute mehr Cola getrunken und mehr Popcorn gegessen haben, weil sie durch **im Film eingebettete ultrakurze Reize**, die ihr Bewußtsein übertölpelten, dazu animiert (manipuliert) worden waren. Schon **1850** hatte VON HELMHOLTZ mit einem **Tachiskop** (Erklärung s. Rand, S. 346) gearbeitet. Normalerweise benötigen wir für einen visuellen Reiz eine **1/18 Sekunde**, damit er „sichtbar" wird. Deshalb können wir das grandiose Schauspiel eines Wassertropfens, der in ein Milchschälchen fällt, nicht mit dem Auge verfolgen; nur in Zeitlupe sehen wir, was uns normalerweise entgeht. Bietet man uns visuelle Reize wesentlich schneller an, dann kann das Bewußtsein nichts mehr „sehen".

Natürlich gibt es auch akustische Parallelen, aber bleiben wir bei den visuellen Reizen in **Filmen**. Diese bestehen, wie wir alle wissen, aus **Einzelbildern**, die so schnell „ablaufen", daß die Illusion einer fortwährenden Bewegung entsteht. Da es aber in Wirklichkeit Einzelbilder sind, kann man theoretisch einzelne Rahmen dazwischenschieben, deren Inhalte so schnell vorüberziehen, daß sie nur unterschwellig (also **subliminal**) **wahrgenom-**

PRECON PROCESS & EQUIPMENT Corp. in New Orleans machte Reklame für subliminale Beeinflussung. 2. Die Firme SUBLIMINAL PROJECTION begann ihre Geschäfts-Aktivitäten gleich mit einer Pressekonferenz in New York, wo sie massive Verkaufssteigerungen versprachen (vgl. NØRRETRANDERS).

men werden können. **Somit kann eine subliminale Suggestion als Zünglein an der Waage gesehen werden. Hängt die Waage eindeutig auf der einen oder anderen Seite „runter", dann wird keine Anregung, offen oder subliminal, diese Position verändern.*** Enthalten diese Bilder eine kühle Colaflasche (mit Tautropfen etc.) und/oder Worte (z.B. „Trink Coca Cola!") dann haben wir eine **subliminale Suggestion** und darum ging es 1957, als diese beiden Firmen solche Behauptungen in der Öffentlichkeit aufstellten.

Bis sich herausstellte, daß wir bei Subliminal-Suggestionen genau so reagieren wie in Hypnose (wir tun nichts, was wir nicht sowie getan hätten), **war es zu spät**.

Man kann (im Gegensatz zur Handlung mancher Filme!) **nicht** zu etwas überredet werden, was man normalerweise **auch nicht** getan hätte. Nur **unentschlossene „Zaunhocker"**, die sich einfach nicht entscheiden können („Soll ich mir eine Cola kaufen, oder lieber nicht?") erhalten einen kleinen Schubs in die vom Werbetreibenden gewünschte Richtung.

Im **offenen Markt** sind das wenige Prozent der Bevölkerung, aber diese Betroffenen spielten bereits **vor der** unbewußten **Wahrnehmung** jener **Subliminal-Suggestionen intensiv** mit dem Gedanken, das (gewünschte) Verhalten an den Tag zu legen.

Je genauer wir wissen, wer wir sind, was wir (denken) wollen, desto sicherer sind wir vor (unterschwelligen) Manipulationen.

Nur wenn man innerlich hin- und hergerissen ist, wenn die Waage gleichsam ständig in Bewegung ist, millimeterweise, rauf, runter ... dann kann eine offene oder eine subliminal gesendete Suggestion sehr wohl den Ausschlag geben.

Also müssen nur die großen Zauderer vom Dienst sich hüten ...

---

* Quelle: 1. Vance PACKARD, der jedoch viel Polemik, wenig Namen und noch weniger Quellen für seine Berichte über Studien und Praxis-Versuche angibt.

Ehrlichkeits-Suggestionen würden hingegen Profi-Diebe, die gezielt einen Gegenstand suchen, den jemand bei ihnen bestellt hat, **nicht** abhalten. Nur bei **Unentschlossenheit** kann die Suggestion „greifen".

Es gibt allerdings **eine** Situation, in der sich subliminale Suggestionen bewährt haben sollen, nämlich in großen Geschäften, die akustisch „unhörbar" suggerieren, daß man lieber **ehrlich** sein möchte.

Aber es leuchtet ein, denn der Grund, warum es hier funktioniert liegt m.E. darin: Die Anzahl von Menschen, insbesondere von **Teenagern**, die innerlich „auf der Kippe stehen" und erst vor Ort entscheiden, ob und was sie stehlen werden, dürfte statistisch weit höher sein als die Anzahl von Menschen, die im Kino unschlüssig sind, ob sie der Eisverkäuferin ein Eis abkaufen wollen.

Die Atombombe und ihr Fallout

Zurück zu 1957: Als publik wurde, was diese Leute behaupteten, ging ein Aufschrei durch Amerika. Für Amerikaner ist jede Form der Einmischung besonders schlimm, schließlich waren viele von ihnen Nachfahren von Menschen, die ihr Leben riskiert hatten, um der Bevormundung der Engländer zu entgehen. Zuerst, als sie nach Amerika emigrierten und später, als die Engländer versuchten, ihre Kolonien zu regieren. Letztlich kam es eben wegen solchen Ärgers zu der Entwicklung, die in der amerikanischen Unabhängigkeit mündete (Stichwort: „Boston Tea Party").

Und nun behaupten diese Typen, nachdem man jahrzehntelang jegliche Bewußtseins- und Subliminal-Forschung unterdrückt hatte: „Leute, wir haben heimlich geforscht und wir können Kunden dazu verleiten, zu kaufen, was sie gar nicht kaufen wollen, wenn wir in Radio- und Fernsehsendungen subliminale Botschaften einpflanzen. Hier können Sie unterschreiben." Und das taten die großen Sender und dann brach der Sturm los, der die Forschung für weitere Jahrzehnte behindern sollte. Hatte man die Forschung über Bewußtsein, subliminale Wahrnehmung etc. **ursprünglich** verhindert, weil man davon **nichts wissen wollte**, so konnten Forscher auf diesem Gebiet einigermaßen frei arbeiten, falls sie bereit waren,

a) um Gelder zu kämpfen,

b) wenig Möglichkeiten für Veröffentlichungen zu haben (jedenfalls nicht in den wissenschaftlichen Publikationen mit großem Prestige) und

c) sozial **keine** Anerkennung zu genießen.

Aber nach der 1957er Bombe **veränderte sich das Klima** über Nacht. Danach war es kein sozialer Fauxpas, ab jetzt wurden Forscher auf diesem

Gebiet **wie Kriminelle** behandelt, was zu einem **unmittelbaren Stop** der meisten der ohnehin wenigen Studien führte, die damals überhaupt noch liefen.

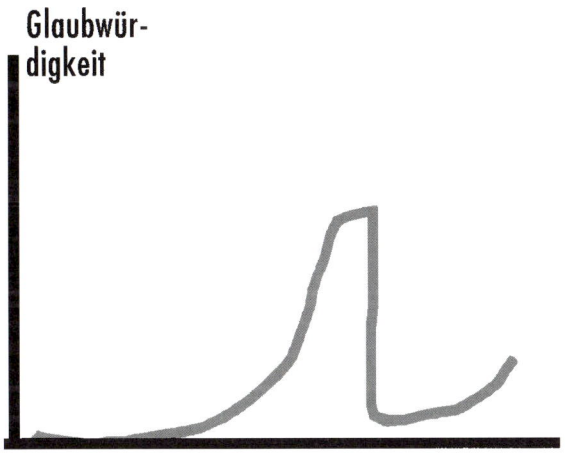

**Glaubwür-
digkeit**

Norman DIXON zeichnet den totalen Abschwung der Forschung nach.

Zu den Opfern jener Prozesse gehören wir alle, denn wir verdanken den vagen Ängsten (das Bewußtsein könne sich als **nicht** allmächtig herausstellen), vier Generationen Zeitverlust, wiewohl sich die Subliminal-Forschung als **eines der wichtigsten Gebiete** entpuppen könnte, auf dem Psychologen jemals geforscht haben! Im Jahre 1958 äußerte sich eine Gruppe von Wahrnehmungs-Psychologen in einem Artikel:

> Die sehr emotionale öffentliche Reaktion auf die „Entdeckung" subliminaler Wahrnehmung sollte unserer Profession als Anschauungsunterricht dienen; denn im hellen Lichte der öffentlichen Aufmerksamkeit werden (…) Vorzeichen für Entwicklungen sichtbar (…) Als die theoretische Beschreibung $E = mc^2$ **in die praktische Anwendung der Atombombe mündete**, sah sich die Gemeinschaft der **Physiker** mit ihrer sozialen und wissenschaftlichen Verantwortung konfrontiert. Hält man sich die Heftigkeit des öffentlichen Aufschreis bei einem Minimum faktischer Kenntnisse über dieses subliminale **soziale Atom** vor Augen, drängt sich den Psychologen die Notwendigkeit geradezu auf, die ethischen Probleme zu prüfen, die mit der Anwendung ihrer Forschungsergebnisse (…) verbunden sind.

McCONNEL, CUTLER und McNEIL: *„Subliminal Stimulation: An Overview."*, in: American Psychology 13, 1958, (S. 229–242), zitiert in NØRRETRANDERS: *„Spüre die Welt"*.

NØRRETRANDERS fügt hinzu, daß die Psychologen eben das **nicht** taten, im Gegenteil: „Sie taten, als sei (das) alles nur ein Mißverständnis." Dies veranlaßte einen der wichtigen Forscher auf diesem sensiblen Gebiet, den Engländer Norman DIXON (der sich sehr über die Charakterlosigkeit vieler seiner Kollegen ärgerte), zu schreiben:

> „Ehemalige **Verfechter** der subliminalen Wahrnehmung **änderten ihre Meinung**. Eine tiefgreifende Umwertung früherer Forschungen und Schlußfolgerungen begann (…) (Die Physiker) konnten die Wirklichkeit der Kernspaltung schlecht **leugnen**, ein Handicap, das die **Psychologen hinsichtlich der subliminalen Wahrnehmung** nicht hatten (…) (Sie) zogen den Schwanz ein (…)"

So wurde aus dem „**sozialen Atom**" (von McCONNEL und Team) DIXONs metaphorische „**Atombombe der Psychologie**". Ich füge dem hinzu, daß der **Fallout** noch immer gefährlich „radioaktiv" ist.

Der ursprüngliche 1957-Schock hielt ein Vierteljahrhundert lang an; es wurde extrem wenig und in den USA eher heimlich geforscht, dies veranlaßte Vance PACKARD 1978 und 1982 (in Neuauflagen seines Bestsellers), sich über das kleine Rinnsal aufzuregen. Statt zu begreifen, daß gerade diese „Atombombe" nur „gezündet" werden konnte, **weil** man diesen Forschungszweig **in den Untergrund gedrängt** hatte, hackte er auf den wenigen Leuten herum, die es wagten, diesen schweren Weg zu gehen und auf einem so unbeliebten Feld zu forschen.

Ich hatte das Buch Anfang der 60er Jahre gelesen und brauchte später lange, um das **MEM** („Jegliche Subliminal-Forschung ist böse!") wieder loszuwerden.

Bei PACKARD konnten (auch 1978 und 1982 wieder!) Millionen Leute (erneut) lesen, wie unschuldige Opfer auf hinterhältigste Weise zu einem Eisriegel verurteilt wurden (wiewohl bereits seit Jahren fest stand, daß das **sachlich nicht stimmte**, aber das wäre ja weniger spannend zu lesen, nicht wahr?). PACKARD schrieb:

> **Tatsächlich ist das Interesse an unterschwelliger Wahrnehmung nicht tot; es ging weiter, freilich viel unauffälliger.**

Zwar gibt er in einem Nebensatz zu, daß es sich **nur um Behauptungen** handelt, sowie, daß der US-Congress **nach Prüfung** **kein Verbot** bewirkt, sondern die Werbetreibenden (wie die Psychologen!) sich **freiwillig** einer

---

Norman DIXON publizierte zwei sehr wichtige Bücher: „Subliminal Perception: The Nature of a controversy", London, McGraw Hill, 1971 (hieraus entstammt des Zitat) und „Preconscious Processing", Chichester, John Wiley, 1981.

Mit seinem provozierenden Titel „Die geheimen Verführer" machte PACKARD von vornherein klar, daß alles von ihm beschriebene „böse" war, und mit seiner flotten Feder heizte er die vorhandenen Ängste noch kräftig an.

Bei Interesse an MEMetik, vgl. meinen Video-Vortrag „Viren des Geistes – gehirn-gerechte Einführung in die neue Wissenschaft der Memetik".

Selbstzensur unterwarfen. Aber wer flüchtig liest, schwört hinterher, die Subliminal-Techniken seien damals „verboten" worden (fragen Sie im Freundeskreis herum, das „weiß" fast jede/r)! Und dieses „Wissen" bezieht sich auf PACKARDs Buch, das Ihre Freunde entweder selbst lasen, oder weil sie jemanden kennen, der es gelesen hat. So entstehen **MEM**e, die Laien wie Wissenschaftler gleichermaßen an kritischem Denken hindern.

Man beachte auch PACKARDs **raffinierte Benutzung von Sprache**, insbesondere, was er **nicht** sagt! Der Satz: „Das Interesse an unterschwelliger Wahrnehmung ist **nicht** tot", **impliziert natürlich**, daß das Interesse **tot sein sollte!** Und eine Implikation muß man nicht extra in Worte kleiden. Das ist die **hohe Kunst der Demagogie**. NØRRETRANDERS fügt hinzu:

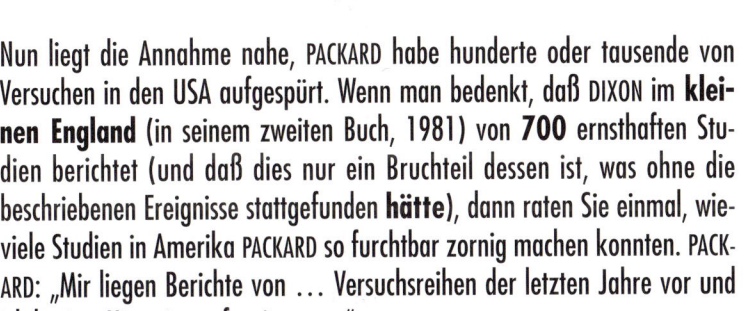

Allein die Tatsache, daß der Gegenstand **erforscht** wird, ist für PACKARD bereits ein **Stein des Anstoßes**, eine Haltung, in der ein klassisches Problem zum Ausdruck kommt: Soll die Gesellschaft bestehende Forschung verbieten (…)? Im Fall der subliminalen Wahrnehmung entschlossen sich die Wissenschaftler zur Selbstzensur. Das funktioniert jedoch nur eine Zeit und die geht nun ihrem Ende entgegen.

Nun liegt die Annahme nahe, PACKARD habe hunderte oder tausende von Versuchen in den USA aufgespürt. Wenn man bedenkt, daß DIXON im **kleinen England** (in seinem zweiten Buch, 1981) von **700** ernsthaften Studien berichtet (und daß dies nur ein Bruchteil dessen ist, was ohne die beschriebenen Ereignisse stattgefunden **hätte**), dann raten Sie einmal, wieviele Studien in Amerika PACKARD so furchtbar zornig machen konnten. PACKARD: „Mir liegen Berichte von … Versuchsreihen der letzten Jahre vor und ich besitze Hinweise auf weitere …"

NØRRETRANDERS schrieb das etwa 1990, denn die dänische Originalausgabe wurde 1991 publiziert.

Na, was meinen Sie? Wieviele Studien? _____

Das entspricht der „Logik" der alten Dame, die sich bei ihren Nachbarn darüber entrüstet, daß sie **durch ihr Fernglas** zusehen „muß", wenn diese nackt im Garten sitzen ...

Das muß man sich mal vorstellen: In einem Land mit damals über 180 Millionen Einwohnern, förderten seine Recherchen (über 20 Jahre nach dem damaligen Stop von fast allen der wenigen noch verbleibenden Forschungsarbeiten) einige 14 bis 20 Versuchsreihen ans Licht, und darüber muß er sich so aufregen, daß er in seinen Neuauflagen im Epilog ausführlich darauf eingeht.

Merkblatt Nr. 5
Von Mr. Rechts und Mr. Links zum analografischen Denken

Dieses Merkblatt zeichnet meinen persönlichen Weg nach. Ich beantworte hier eine Frage, die immer und immer wieder gestellt wird: Wie wurden Mr. Links und Mr. Rechts eigentlich „arbeitslos"?

Der **Vorläufer** jenes analografischen Denk-Stils war die Unterscheidung zwischen der Arbeitsweise des linken und des rechten Gehirns (gemeint ist bei solchen Aussagen immer das Denk-Gehirn, der Kortex).

Ich darf hier beiläufig erwähnen, daß ich zu den allerersten gehörte, die (1969) die damals bahnbrechenden Forschungs-Ergebnisse aus der Gehirnforschung mit Gedächtnis-Techniken in Verbindung brachte. Damals agierten die Memory-Trainer hier und die Neurophysiologen im Elfenbeinturm dort **„and never the twain did meet"**, um ein berühmtes Shakespeare-Wort zu zitieren

„**... and never the twain did meet"** (und niemals die zwei sich trafen)

Dann stellte sich heraus, daß individuelle Gehirne sehr unterschiedlich „gebaut" sein konnten, sowie daß die Architektur von Männer- und Frauenhirnen sich weit mehr voneinander unterschieden als man (genauer: „Mann"!) lange wahrhaben wollte. Zu jenem Zeitpunkt war es politisch nicht opportun, laut zu sagen, daß es mehr als den „kleinen Unterschied" gab, wobei insbesondere Männer die Forschung in diesem Bereich maßgeblich verzögerten. Nicht aus chauvinistischen Gründen, sondern weil männliche Wissenschaftler **karrierebewußter** forschen als weibliche, deren große Neugierde ja sprichwörtlich ist. Da aber zu jenem Zeitpunkt fast ausschließlich Männer darüber befanden, welche Forschungsgelder zu welchen Projekten „gehen" würden, war es „sicherer", als „braver" Forscher innerhalb der etablierten Vorurteile zu verbleiben.

Besonders pikant finde ich, daß dies die Entwicklung in den westlichen demokratischen Ländern war, die sich viel auf ihre freie Forschung einbildeten (wußte doch jeder, wie unfrei die armen Kollegen hinter dem eisernen Vorhang damals waren).

Jedenfalls darf ich ebenfalls vermelden, daß ich wiederum zu den ersten gehörte, die damals feststellten, daß wir **das Konzept der beiden Hirnhälften als Metapher sehen** sollten (ca. 1987).

Jedenfalls war ich Ende der 1980er Jahre dazu übergegangen, nicht mehr von den beiden Gehirnhälften, sondern, beeinflußt von Betty EDWARDS, (in *„Garantiert zeichnen lernen"*) zwischen dem L-Stil (*linear, logisch*) und dem R-Stil *(relational)* zu unterscheiden. Es war damals „in", diese Unterschiede vor allem in Bezug auf **Gedächtnis** und **Kreativität** zu sehen, nach dem Motto: „Wenn ich die beiden metaphorischen Mitarbeiter im Kopf schön im Team arbeiten lasse, dann arbeite ich sozusagen vollständiger (ganzhirnig) und das ist irgendwie besser. Oder so . . ."

Das waren wichtige **erste** Schritte, aber sie gingen **nicht weit genug**. Je weiter die Gehirnforschung vorwärts schritt, desto verwirrender wurde das Bild, denn durch den Aufruf des amerikanischen Kongresses, die 1990er Jahre als Jahrzehnt des Gehirns zu betrachten, gab es plötzlich ca. zehnmal so viele Forschungsgelder und die Ereignisse überschlugen sich. Forschten früher vor allem Neurophysiologen (die sich für die Arbeit der Nervenzellen im Gehirn interessierten) und Psychologen (die sich mit Gedächtnis beschäftigten), so war inzwischen ein reger Zulauf anderer Fakultäten zu verzeichnen (von Endokrinologen über Immunologen bis zu Molekularbiologen). Inzwischen war der Begriff vom „wet brain" (nassen Gehirn) aufgetaucht, weil Prozesse, die man einst für elektrisch (= trocken) gehalten hatten, sich als hormonell herausstellten. So wie die Teilchen-Physiker einst einen regelrechten „Teilchenzoo" erforschten, als mehr und mehr ursprünglich berechnete und vorausgesagte Teilchen in die Wirklichkeit „traten" (wo sie dann gefunden werden konnten), so auch hier: Mehr und mehr Neuropeptide wurden entdeckt.

Deshalb fiel das Denk-Modell **der beiden kleinen Mitarbeiter im Kopf** anläßlich der vollständigen Überarbeitung meines Klassikers *„Stroh im Kopf?"* ganz weg, die beiden wurden also „freigestellt" und schafften es nur noch in den 410.000 Exemplaren älterer Ausgaben des Buches.

Diese dritte „Runderneuerung" geschah anläßlich der 36. Auflage, die wir deshalb *„Das neue Stroh im Kopf?"* nannten. Dieses Wörtchen „neu" lassen wir jetzt anläßlich der 40. Auflage wieder fallen.

Literaturverzeichnis

ANDERSON (in Verbindung mit LANGER, Ellen J.)

BADDELEY, Alan:

Die Psychologie des Gedächtnisses. Klett-Cotta, Stuttgart 1979

So denkt der Mensch – Unser Gedächtnis und wie es funktioniert. Droemer Knaur, München 1991

BIRKENBIHL, Vera F.:

Stroh im Kopf? – Vom Gehirn-Besitzer zum Gehirn-Benutzer. mvg, München, 40. Auflage 2002

ABC-Kreativ© – Techniken zur kreativen Problemlösung. Hugendubel (Ariston), Kreuzlingen/München 2002

Alzheimer-Studien, zwei Artikel in: Sonderheft Spektrum der Wissenschaft

Das große Analograffiti-Buch. Junfermann Verlag, Paderborn 2002

Der Birkenbihl-Power-Tag. mvg, München, 4. Auflage 2000

Fragen Sie sich zum Erfolg. Cassettenkurs, Gabal, Offenbach 2002

Fragetechnik schnell trainiert. mvg, München, 12. Auflage 2000

Freude durch Streß. mvg, München, 14. Auflage 2001

Humor – an Ihrem Lachen soll man Sie erkennen. mvg, München 2001

Sprachenlernen leicht gemacht. Gabal, Offenbach 1998

Täglich weniger ärgern. Midena, München 2002

> **VIDEO-VORTRÄGE** (Gabal, Offenbach):
> Gehirn-gerechte Einführung in die Quantenphysik
> Gehirn-gerechte Einführung in die Komplexitäts-Theorie
> Gehirn-gerechtes Rechen-Training
> Viren des Geistes – Gehirn-gerechte Einführung in die neue Wissenschaft Memetik

BOHM, David: Wholeness and the Implicate Order. Routledge, New York 1996

CALVIN, William H.: Wie das Gehirn denkt – Die Evolution der Intelligenz. Spektrum Akademischer Verlag, Heidelberg/Berlin1998

CARRUTHERS, Mary J.: The Book of Memory – A Study of Memory in Medieval Culture. Cambridge University Press 1992

CASTANEDA, Carlos: Reise nach Ixtlan – Die Lehre des Don Juan. Fischer TB-Verlag 1998

CHRISTIANSEN, Peter Voetman: zit. von NØRRETRANDERS, Tor

D'AVIS, Winfried: Neue Einheit der Wissenschaften. Campus Verlag 1998

DAHAENE, Stanislas: Der Zahlensinn oder Warum wir rechnen können. Birkhäuser Verlag, Basel 1999

DENNET, Daniel/AUNGAR, Robert (Hrsg.): Darwinizing Culture. Oxford University Press 2001

DENNIS, Wayne: zit. SIMONTON, Dean Keith

DESCARTES, René: Meditationen über die Grundlagen der Philosophie. Felix Meiner Verlag, Hamburg 1976

DIXON, Norman:

Preconscious Processing. John Wiley, Chichester 1981

Subliminal Perception: The Nature of a controversy. London, McGraw Hill, 1997

EASWARAN, Eknath: Mantram – Hilfe durch die Kraft des Wortes. Herman Bauer, Freiburg 2000

EDWARDS, Betty: Der Künstler in Dir. Rowohlt, Reinbek 1992

GELB, Michael: Das Leonardo-Prinzip – Die sieben Schritte zum Erfolg (Original: How to think like Leonardo da Vinci). Ullstein Verlag, München 2001

HELMHOLTZ, Hermann von: zit. von NØRRETRANDERS, Tor

JASTROW, Joseph: zit. von NØRRETRANDERS, Tor

KAHL, Reinhard: Vom Lob des Fehlers. Video-Filme

KEMMERICH: zit. bei YATES, Frances A.

KIRCHNER: zit. bei YATES, Frances A.

KOESTLER, Arthur:
  Der Mensch – Irrläufer der Evolution (Original: Janus. A Summing Up). Goldmann Verlag, Bern/München, 2. Auflage 1981
  Die Armut der Psychologie – Zwischen Couch und Skinner-Box und andere Schriften. Fischer, Frankfurt/Main 1989
LANGER, Ellen J./WHITMORE, Paul/DEMAY, Douglas: *Studie Piano-Lektion*
LANGER, Ellen J.:
  Kluges Lernen – Sieben Kapitel über kreatives Denken und Handeln, rororo, 2002
  The Power of Mindful Learning. Perseus, Cambridge 1998
LIBERMAN, Jacob: *Natürliche Gesundheit für die Augen – Sehstörungen beheben, die Sehkraft verbessern.* Integral, Bern/München 1997
LOFTUS, Elisabeth: zit. bei SCHACTER, Daniel L.
LULLUS, Raimundus: zit. bei YATES, Frances A.
  Opera – Clavis Pansophiae 2,1. Frommann-holzboog, Stuttgart/Bad Cannstatt 1996
  Opera – Clavis Pansophiae 2,2. Frommann-holzboog, Stuttgart/Bad Cannstatt 1996
MANGUEL, Alberto: *Eine Geschichte des Lesens* (Original: History of Reading. USA, 1995). Rowohlt, Reinbek 1999
McCONNEL/CUTLER/McNEIL: *Subliminal Stimulation: An Overview.* In: American Psychology 13, 1958 (S. 229–242)
MELLANDER, Klaas: *PowerLearning – Die wirksamsten Methoden, damit Lernen richtig Spaß macht.* mvg, München 2001
MICHALKO, Michael: *Erfolgsgeheimnis Kreativität – Was wir von Michelangelo, Einstein & Co. lernen können.* mvg, München 2001
MOLES: zit. bei SIMONTON, Dean Keith
MORRIS COX, Catharine: *Genetic Studies of Genius, Volume II.* Stanford University Press, Stanford 1969
NEISSER, Ulric: zit. bei NØRRETRANDERS, Tor
NØRRETRANDERS, Tor: *Spüre die Welt. Die Wissenschaft des Bewusstseins.* Rowohlt, Reinbek 1997
PACKARD, Vance: *Die geheimen Verführer. Der Griff nach dem Unbewußten in Jedermann.* Econ, München 1992
PEIRCE, Charles Sanders: zit. bei NØRRETRANDERS, Tor
PERKINS, David:
  Geistesblitze. Campus, Frankfurt/Main 2001
  Outsmarting IQ – The Emerging Science of Learnable Intelligence. The Free Press, New York 1995
  Smart Schools – Better Thinking and Learning for Every Child. The Free Press, New York 1992
PLÖTZL: zit. bei NØRRETRANDERS, Tor
POSTMAN, Neil:
  Wir amüsieren uns zu Tode – Urteilsbildung im Zeitalter der Unterhaltungsindustrie. Fischer Taschenbuch Verlag, Frankfurt/Main 1988
  Die zweite Aufklärung (Original: A Bridge to the Eighteenth Century). Berlin Verlag, Berlin 1999
  Keine Götter mehr. Das Ende der Erziehung. dtv, München 1997
PÖPPEL, Ernst: *Grenzen des Bewußtseins.* Insel, Frankfurt/Main 2000
RIEGER, Stefan: *Speichern/Merken – Die künstliche Intelligenzen des Barock.* Wilhelm Fink Verlag, München 1997
SCHACTER, Daniel L.: *Wir sind Erinnerung – Gedächtnis und Persönlichkeit.* Rowohlt Verlag, Reinbek 2001
SCHNEIDER, Wolf: *Wörter machen Leute.* Piper, München 1996
SEMON, Richard: *Die Mneme.* zit. bei NØRRETRANDERS, Tor
SIMONTON, Dean Keith:
  Genius, Creativity and Leadership: Historiometric Inquiries. Harvard University Press 1984, überarb. 1999
  Origins of Genius – Darwinian Perspectives on Creativity. Oxford University Press, 1999
STERNBERG, Robert J.: *Erfolgsintelligenz – Warum wir mehr brauchen als EQ + IQ* (Original: Successful Intelligence). Lichtenberg Verlag, München 1998
SVANTESSON, Ingemar: *Mind Mapping und Gedächtnistraining.* Gabal, Offenbach 2001
THUROW, Lester: *Die Reichtums-Pyramide – Leben im 21. Jahrhundert.* Metropolitan Verlag, Düsseldorf/Regensburg 1999
TOFFLER, Alwin: *Der Zukunftsschock.* Goldmann, München 1988
WATT, Henry X.: zit. bei SCHACTER, Daniel L.
WATTS, Alan W.: *Kosmologie der Freude.* AT Verlag, Aarau 2000
YATES, Frances A.: *Gedächtnis und Erinnern – Mnemonik von Aristoteles bis Shakespeare.* Akademie Verlag, Berlin, 4. Auflage 1997
ZAJONC, R.: *Attributional Effects of Mere Exposure.* In: *Journal of Pers. and Social Psych. 9,* suppl. No. 2, part 2, 1968.

Stichwortverzeichnis

Für Leute, die mehr wollen.
Mehr Buch, mehr Web, mehr Erfolg.

book@**web** ist ein medialer Brückenschlag, der die Vorteile beider Medien nutzt: **das Buch** als ideales Medium für lineare Informationen, **das Internet** mit seinen hypermedialen Kommunikationstools.

Zu jedem book@**web**-Buch gibt es unter **www.book-at-web.de** einen **kostenlosen Workshop** zum aktiven Training: mit interaktiven Übungen, Formularen zum Downloaden, Audios und Videos.

book@web

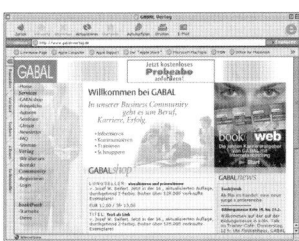

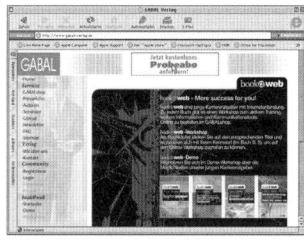

➤ **Business Community**

➤ **Shop, Autoren, Seminare**

➤ **Kommunikation via Foren**

➤ **Interaktive Workshops**

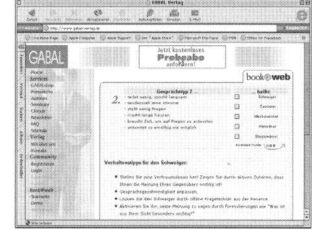

www.book-at-web.de

 **Business-Bücher für Erfolg und Karriere**

| *Arbeitstechniken* | *Management* |

Lothar J. Seiwert
**Das neue 1 x 1 des
Zeitmanagement**
Der Euro-Bestseller
120 Seiten, A5, Hardcover,
4-farbig, mit Zeichnungen
und Fotos
ISBN 3-923984-89-8

Mogens Kirckhoff
Mind Mapping
Einführung in eine kreative
Arbeitsmethode
120 Seiten, 265 x 200 mm
4-farbig, Hardcover
ISBN 3-923984-91-X

Jacques Boy, Christian
Dudek, Sabine Kuschel
Projektmanagement
Grundlagen, Methoden und
Techniken, Zusammenhänge
160 Seiten, A5, Hardcover
mit Illustrationen und Grafik
inkl. 1 Diskette (für PC
und Mac geeignet)
ISBN 3-930799-01-4

Josef W. Seifert
**Visualisieren Präsentieren
Moderieren**
176 Seiten, A5, Hardcover,
zahlreiche Illustrationen
ISBN 3-930799-00-6

**Bestseller: 39. Auflage
über 250.000 Exemplare:**

Vera F. Birkenbihl
**Das "neue"
Stroh im Kopf?**
Vom "Gehirn-Besitzer"
zum "Gehirn-Benutzer"
320 Seiten, A5, Hardcover,
mit zahlreichen Abbildungen
ISBN 3-923984-99-5

Susanne Motamedi
Konfliktmanagement
Vom Konfliktvermeider zum
Konfliktmanager
144 Seiten, A5, Hardcover,
mit Illustrationen
ISBN 3-89749-002-1

Günter Ederer
Lothar J. Seiwert
Der Kunde ist König
Das 1x1 der Kunden-
orientierung
288 Seiten, A5, Hardcover,
2-farbig, mit zahlreichen
Illustrationen und Grafiken
ISBN 3-930799-47-2

H. Hamann, H. Sieber, S. Stritch
Wandel im Unternehmen
Praxisleitfaden Change
Managment
200 Seiten, mit Diskette
ISBN 3-930799-76-6

Hans-Jürgen Kratz
Delegieren – aber wie?
Persönliche Entlastung,
Mitarbeiter motivieren,
Potentiale nutzen
144 Seiten, A5, Hardcover,
mit Illustrationen
ISBN 3-89749-001-3

**Für weitere Titel fordern Sie bitte unseren kostenlosen Gesamtkatalog an:
GABAL VERLAG, Tel. 0 69/83 00 66 - 46 oder in Ihrer Buchhandlung.**